Neuer Stuttgarter Kommentar
– Altes Testament 20/1 –

Neuer Stuttgarter Kommentar
– Altes Testament 20/1 –

Herausgegeben von Christoph Dohmen

Christian Frevel

Die Klagelieder

Verlag Katholisches Bibelwerk GmbH, Stuttgart

In memoriam

Erich Zenger (5.7.1939–4.4.2010)
Frank-Lothar Hossfeld (19.6.1942–2.11.2015)

www.bibelwerk.de

ISBN 978-3-460-07201-5

Gestaltung: Rund ums Buch – Rudi Kern, Kirchheim/Teck
Druck: finidr s.r.o., Český Těšín
Printed in the Czech Republic

Inhaltsverzeichnis

Vorwort

Was beschäftigst du dich mit so dunklen Texten voller Depression, in denen Gott brutal und gewalttätig geschildert wird? Diese Frage habe ich mir öfters anhören müssen, wenn ich meine Begeisterung über die fünf Lieder nicht zurückhalten konnte. Die Klagelieder Jeremias sind mir in den vergangenen zwei Dekaden, in denen ich immer wieder in unterschiedlicher Intensität an diesen Texten gearbeitet habe, sehr lieb geworden. Die Wucht, mit der ihre Gewaltschilderung auf die Leserinnen und Leser trifft, wirft mich nicht mehr aus der Bahn. Im Gegenteil, ich lese in ihnen neben der Herausforderung auch Ansätze zur Bewältigung der Gewalt. Ich höre und lese in ihnen leise Stimmen des Widerstands und eine außergewöhnliche poetische Kraft. Immer neu gehen mir Perspektiven und Sichtweisen in diesen Texten auf, die nicht an der Oberfläche liegen. Es sind Texte, die ein Gewebe der Zuversicht wie ein Sprungtuch tragen, auch wenn der tiefste Aufschrei der Klage bis zum Ende nicht verhallt. Es sind Texte, deren Aktualität sich immer wieder dann erweist, wenn Katastrophen kollektiv zu bewältigen sind. Die Klagelieder sind eine theologische Herausforderung, die es wert ist, sich ihr zu stellen.

Die Kommentierung war mir ein Anliegen und ich bedaure, dass sie so lange hat auf sich warten lassen. Da die Beschäftigung immer wieder unterbrochen wurde, weil sich andere Projekte in den Vordergrund geschoben haben, ist der Eindruck, den ich von diesen Texten gewonnen habe, einem Wandel unterzogen gewesen. Das betrifft sowohl die Theologie als auch die Entstehungsgeschichte. Der Kommentar bezieht sich auf die revidierte Fassung der Einheitsübersetzung von 2016, sofern das nicht anders vermerkt wird.

Ich danke dem Herausgeber Christoph Dohmen für die Geduld und die Beharrlichkeit, mit der er das Manuskript eingefordert hat. Was als Last empfunden wurde, hat vielleicht letzten Endes doch dazu geführt, dass der Kommentar neben vielen anderen Aufgaben abgeschlossen wurde. Wäre ich dabei nicht von den jeweiligen Teams in Bonn, Köln und Bochum und vor allem von meiner Frau Sabine so nachhaltig, entlastend und verständnisvoll unterstützt worden, wäre der Kommentar sicher nicht fertig geworden. Dankbar bin ich auch vielen Kolleginnen und Kollegen für vielfältigen und bereichernden Austausch über die Klagelieder und ihre Auslegung, besonders Klaus Koenen, Katharina Pyschny und Dirk Human. Erich Zenger und Frank-Lothar Hossfeld haben seinerzeit die Beschäftigung mit den Klageliedern angeregt und mich als Mentoren und Freunde begleitet. Beiden sei der Band *in memoriam* dankbar gewidmet.

Bochum, am 9. Av 5776 *Christian Frevel*

ERSTER TEIL

Einleitung

I. Bezeichnungen des Buches

In der Einheitsübersetzung[1] ist das Buch „Die Klagelieder" überschrieben. Das ist die Übersetzung der altgriechischen Bezeichnung für Klagegesänge *threnoi*, das in dem lateinischen *lamentationes* „Jammern, Wehklagen" aufgenommen ist.

So wie der lateinische Titel in der Vulgata oft zu „Lamentationes Jeremiae (Prophetae)" erweitert ist, findet er sich auch bei Luther „Die Klaglieder Jeremia" und entsprechend in der revidierten Lutherübersetzung (2016) als „Die Klagelieder Jeremias". Das rührt letztlich von der griechischen Fassung der → Septuaginta her, in der vor dem ersten Vers ein Incipit steht. Das lautet in Übersetzung:

> Und es geschah, nach der Wegführung Israels und als Jerusalem verwüstet war, da saß Jeremia weinend da und sang klagend diesen Klagegesang über Jerusalem und sprach:

Die Klagelieder werden hier zeitgeschichtlich verortet und in die unmittelbare Nähe der Eroberung Jerusalems 587 v. Chr. gestellt. Zugleich werden sie dem Propheten Jeremia als Autor zugeschrieben, was im hebräischen Text nicht der Fall ist. Der Klagegesang wird als *threnos* bezeichnet, wovon sich die latinisierte Bezeichnung Threni ableitet. In der jüdischen Tradition werden die Klagelieder nach dem Anfangswort der Klgl 1, 2 und 4 *'Echa* benannt,

1 Einheitsübersetzung (EÜ) bezieht sich sofern nicht ausdrücklich auf die erste Fassung von 1979 verwiesen wird, auf die *revidierte* Fassung von 2016. Alle Bibelzitate sind – sofern nicht anders angegeben – der Einheitsübersetzung entnommen.

was mit „Wehe!" oder „Ach!" zu übersetzen ist. Daneben wird schon früh, etwa im Talmud, der Titel *qinôt* benutzt, was eine Gattungsbezeichung für Klagen, insbesondere Totenklagen im Alten Testament ist. Das Wort *qînāh* „Leichenklage" kommt im AT nur in 2 Chr 35,25 im (regulären) Plural vor, wo von Liedern der Totenklage Jeremias auf König Joschija die Rede ist.

II. Stellung im Kanon

Da die Klagelieder schon früh mit dem Propheten Jeremia verbunden waren, finden sie sich in der Einheitsübersetzung unmittelbar nach dem Buch Jeremia. Das lehnt sich an die lateinische Fassung der Vulgata an. Jeremia wird so zum Sprecher der Klagelieder. Bei den Kirchenvätern und vielleicht auch schon in der jüdischen Tradition, für die sich bei dem jüdischen Schriftsteller Josephus und bei Hieronymus Hinweise finden, wird das Buch oft mit Jeremia als ein Buch gezählt. In den griechischen Codizes steht das Buch jedoch meist nach Baruch, das sich in seiner Überschrift auf den fünften Jahrestag der Eroberung Jerusalems bezieht. In der jüdischen Tradition hingegen wird das Buch nicht unter die Propheten gerechnet, sondern zählt als eine der fünf *Megillôt* genannten Rollen, die an den Festen gelesen werden, zum dritten Kanonteil *Ketûbîm* „Schriften". Dabei finden sich ab dem 11. Jh. zwei Anordnungsprinzipien: Entweder sind die fünf Bücher dem Festkalender entsprechend geordnet, beginnend im Frühjahr mit dem Hohelied (Pessach), Rut (Wochenfest), Klagelieder (Gedenktag der Tempelzerstörung am 9. Av), Kohelet (Laubhüttenfest) und Ester (Purim). Die alternative etwas spätere Anordnung orientiert sich an der vermeintlichen Entstehungszeit und den zugeschriebenen Verfassern der Bücher. Rut steht dann voran, weil es von den Vorfahren Davids handelt und in der Tradition Samuel zugeschrieben wird. Nach den „salomonischen" Büchern Hohelied und Kohelet folgen dann die Jeremia zugeschriebenen Klagelieder und am Schluss steht das Buch Ester, das am persischen Hof spielt und Mordechai zugeschrieben wurde.

III. Jeremia als Autor der Klagelieder

Wie das oben zitierte Incipit der → Septuaginta-Übersetzung belegt, sind die Klagelieder schon sehr früh mit Jeremia verbunden worden. Auch im aramäischen Targum und im Babylonischen Talmud (Baba Batra 15a) ist diese Autoren-Zuschreibung schon früh belegt. Von der Antike bis in die Neuzeit war Jeremia als Autor unhinterfragt. Gelegentlich griff man dabei zur Begründung auf 2 Chr 35,25 zurück, wo Jeremia über den Tod Joschijas klagt und ein *threnoi* genanntes Buch von Klageliedern erwähnt wird. Jene Stelle eignet sich aber kaum zur Begründung der Autorschaft der Klagelieder, da die Threni nicht über den Tod Joschijas klagen, auch nicht 4,20, das vor allem jüdische Kommentare auf Joschija bezogen haben.

1. Infragestellung der Autorschaft Jeremias

Daher wurde in der kritischen Bibelwissenschaft durchgehend bestritten, dass Jeremia der Autor der Klagelieder sein kann. Die ersten Versuche dazu gehen auf das 18. Jh. zurück und wurden klassisch im 20. Jh. ausgebaut. So wurden Spannungen zwischen Klageliedern und Jeremia ausgemacht, etwa dass der Autor nach 4,19 am Fluchtversuch Zidkijas doch offenbar beteiligt war, was für Jeremia nicht zutreffe, und Jeremia doch Zidkija außerdem harsch kritisiert habe (Jer 21,4–5; 37,18). Oder dass der Verfasser in 2,9 klage, die Propheten würden keine Offenbarungen mehr empfangen, was für Jeremia doch nicht gelte. Oder dass in den Klageliedern der 14-mal vorkommende Gottestitel Adonai „Herr“ anders als immer in Jeremia nie mit dem → Tetragramm YHWH „Herr“ verbunden sei etc. In der jüngeren kritischen Bibelwissenschaft wurde zudem bald die einheitliche Verfasserschaft der fünf Lieder bestritten, da die einzelnen Lieder zum Teil in poetischer und theologischer Hinsicht sehr weit auseinanderliegen. Während Jerusalem im ersten Lied selbstreflexiv ist, dominieren im zweiten Lied Schock und Enttäuschung über das Verhalten Gottes. Das dritte Lied ist hoch reflexiv durch das Auftreten des Einzelnen. Sein Rückgriff auf die Tradition und das darin erinnerte Vertrauen hebt sich deutlich von dem einzelnen Sprecher in Lied 1 ab. In Lied 4 steht neben der Unfassbarkeit des Leids die Heilszusage. Während in Lied 1 das Sündenbekenntnis auch die Schuld Jerusalems einschließt, behaupten die Sprecher von 5,7, nur die Väter hätten gesündigt. Insbesondere Klgl 3 und Klgl 5 unterscheiden sich untereinander, aber auch stark von Klgl 1, 2 und 4. Die Rede von Sünde und Schuld in den Liedern ist sehr unterschiedlich (z.B. 1,8.14; 2,6; 3,39.42; 4,6.13.22) und lässt sich nur schwer mit der Annahme einheitlicher Autorschaft zusammenbringen. Die explizite Personifikation Zions tritt in Lied 3–5 stark zurück – Stadtfrau ist Jerusalem nur in den ersten beiden Liedern. Während der Zorn Gottes im zweiten Lied destruktiv, exzessiv und *endlos* scheint, ist er im ersten Lied gerecht, aber *andauernd*, im vierten Lied durchgreifend, aber *begrenzt*, im fünften hingegen gerecht, aber *überzogen*. Während Gott im ersten Lied der einzige ist, der als Tröster in Frage kommt, scheint diese Seite Gottes in den folgenden Liedern ausgeschlossen. Das Vertrauensbekenntnis und die Rettungserfahrungen des Einzelnen in Klgl 3 scheinen keine Auswirkungen auf die Klage in den folgenden Liedern zu haben. Während in 1,4.19; 2,6.20 Priester als Teil der Führungselite positiv gesehen werden, werden sie in 4,13 harsch kritisiert (vgl. aber 4,16). Die Propheten wurden in 2,20 im Heiligtum erschlagen, während sie in 4,13 selbst Blut vergossen haben. Die Beispiele ließen sich vermehren und durch Beobachtungen zur Dichtung ergänzen. Insgesamt ist das theologische und poetische Profil der Lieder sehr unterschiedlich (s. ausführlicher in der Einzelauslegung), was eindeutig gegen eine einheitliche Verfasserschaft der fünf Lieder spricht.

2. Autoren und Tradenten der Klagelieder

Während die Bestreitung der einheitlichen jeremianischen Verfasserschaft in literarhistorischer Perspektive als Konsens der Bibelwissenschaft gelten kann, gibt es nur wenig belastbare Hinweise auf die Autorschaft der einzelnen Lieder. Für das fünfte Lied ist auf die Nähe zu den anderen Volksklagen, insbesondere auf die Asafpsalmen zu verweisen. Das fünfte Lied dürfte in einem ähnlichen Milieu überliefert worden sein, bis es an die übrigen vier

Klagelieder angehängt wurde. Während jedoch das fünfte Lied nicht auf die übrigen Lieder bezogen ist, sind diese bei aller Unterschiedlichkeit doch untereinander durch Aufnahmen und Bezüge vernetzt (z.B. 1,20 auf 2,10; 3,32–33 auf 1,4.5.12; 3,41 auf 2,19). Sie dürften daher einem Trägerkreis zuzuordnen sein, der über einen längeren Zeitraum existiert haben muss, sich aber nur annäherungsweise bestimmen lässt: Er ist gekennzeichnet durch den engen Bezug auf die Stadt Jerusalem und die Stadttheologie, wobei die Autoren sich sehr kritisch mit der überkommenen Zionstheologie auseinandersetzen. Insbesondere in Klgl 4 ist eine große Nähe zur bürgerlichen Elite der Stadt zu erkennen, die aber keinen direkten Bezug zum Tempel und seinem Umfeld hat. Unverkennbar ist in Klgl 1 und 2 eine Nähe in Bildern, Metaphern und Formulierungen zur Prophetie Jeremias, Jesajas und dem Zwölfprophetenbuch, wobei z. T. Aussagen aufgenommen, andere kontrastiert werden. Klgl 3 hat eine besondere Nähe zur weisheitlichen Theologie etwa bei Ijob und dem weisheitlichen Denken gewisser Psalmen. Daneben werden traditionelle Vertrauensbekenntnisse, wie sie in den Psalmen oder den Konfessionen Jeremias verarbeitet sind, ein- und angespielt. Demgegenüber fehlt eine erkennbare Nähe zu priesterlicher Theologie ebenso wie zu frühen deuteronomistischen theologischen Denkmustern von Schuld und Strafe. Lediglich die Umkehrthematik lässt eine Nähe zur spätdeuteronomistischen Theologie erkennen. Die Perspektive der Exilierten fehlt, deshalb scheint es wahrscheinlich, die Kreise der Autoren in Jerusalem zu suchen. Die Trägerkreise gestalten die Klagelieder als theologische Auseinandersetzungsliteratur, nicht als liturgische Texte für den Gottesdienst. Nachdem Klgl 2 als früheste Komposition Gott in unglaublicher Härte angegangen ist, ummanteln die Lieder 1 und 4 diese erste Komposition bereits in nachexilischer Zeit. Klgl 3 ist als theologische Reflexion deutlich danach entstanden und macht die Klagelieder zu einem Lehrstück des Vertrauens auf Gott, womit die theologischen Härten von Klgl 2 weiter abgefedert werden.

3. Jeremia als auktorialer Fluchtpunkt der Klagelieder

Mit diesen Überlegungen zu den Autoren und Trägerkreisen ist die besondere Nähe und die Zuschreibung der Klagelieder zu Jeremia noch nicht wirklich zureichend erklärt. So scheint es zwar nach wie vor richtig, Jeremia in literarhistorischer Sicht *nicht* als den Verfasser (den *historischen* Autor) der Klagelieder zu sehen, zugleich muss überlegt werden, ob nicht die Bezüge zu Jeremia mehr als nur zufällig sind und die Komposition gezielt Jeremia zugerechnet wurde. Diese implizite Zuschreibung zu Jeremia als paradigmatischen „Autor“ hätte dann die Rezeption (im Zuge der generellen Tendenz, die Traditionsliteratur des Alten Testamentes Autoren zuzuordnen) schon früh explizit gemacht. Dafür lassen sich eine ganze Reihe von Gründen anführen: Jeremia ist der einzige Prophet, der nach biblischer Auffassung die Zerstörung Jerusalems erlebt hat. Zugleich gibt es kaum einen Propheten, der eine größere Bedeutung in der biblischen Rezeption entfaltet hat. Jeremia ist nicht nur der Prophet mit dem größten Textumfang, vielleicht wurden ihm sogar einmal Jes 40–55 zugeschrieben, worauf das in 2 Chr 36,21–22; Esra 1,1 erwähnte Zitat Jeremias hindeuten könnte. Unabhängig davon sind die im Jeremiabuch (Jer 25,11–12; 29,10) genannten siebzig Jahre des Exils ausgesprochen wichtig für den Geschichtsaufriss des AT geworden, was ebenfalls die Bedeutung Jeremias als Prophet unterstreicht (Dan 9,2.24; Sach 1,12; 7,5; 2 Chr 36,21). Das Jeremiabuch weist einige Strukturparallelen zu den Klageliedern auf. So fallen im Vergleich Passagen ins Auge, in denen sich Jerusalem als Sprecherin nahelegt bzw. ein Sprecherwechsel stattzufinden scheint (Jer 4,19–22; 10,19–21). So wie in Klgl 3 der einzelne Mann in die Katastrophe hineingezogen und Teil des „Wir“ wird, so ähnlich wird Jeremia immer tiefer in den Sog des Untergangs Jerusalems hineingezogen. Jer 1,18 „ich mache dich heute zur befestigten Stadt“ scheint Jeremia und die Stadt zu identifizieren, so wie sich in Klgl 3,48 die Tränen des Sprechers den Tränen Jerusalems Klgl 1,16; 2,18 angleichen. Jeremias klagende Konfessionen haben enge Bezüge zu den Klageliedern. Jeremia ist der einzige Prophet, der ausführlich über die Stadt klagt und dabei ähnlich wie Jerusalem körperlich leidet (Jer 4,19; 8,18). Sieht man von der Chronik ab, kommt die Stadt Jerusalem rein statistisch am häufigsten in Jeremia vor. Außerdem fällt Jeremia auf, weil die Stadt oft direkt angeredet wird. Die in 3,53 erwähnte Grube, in die der Sprecher sich gestürzt sieht, erinnert an die Grube/Zisterne (im Hebräischen ein Wort: *bôr*), in die Jeremia geworfen wurde (Jer 18,20.22; 38,6–13). Die Klage in Jer 8,23 erinnert in Vielem an die Klagelieder (2,11.18; 3,48). Die Rede von „der Tochter meines Volkes" findet sich außer in Jes 22,4 *nur* in Jeremia (9-mal) und den Klageliedern (5-mal). Jeremias Herz ist krank (Jer 8,18) und dieselbe (seltene) Wendung wird für Jerusalem 1,22 gebraucht. Jer 14,17 unterstreicht das Mitleid Gottes über das Schicksal Jerusalems und genau diese Wendung wird in Klgl 2,10 und 3,48 aufgenommen. Die Bezüge ließen sich nicht beliebig, aber doch noch erheblich vermehren (z. B. Klgl 2,9//Jer 14,2; Klgl 2,14//Jer 5,31; Klgl 2,22// Jer 6,25; Klgl 3,14//Jer 20,7; Klgl 4,17//Jer 2,36). Zwar sind vor allem in Klgl 1 auch enge Bezüge zu Wendungen in Jesaja zu erkennen, doch überwiegt insgesamt eindeutig die Nähe zu Jeremia, die sich zudem über die ersten vier Klagelieder erstreckt.

Akzeptiert man Jeremia als impliziten Autor der Klagelieder, dann legt sich die Klage des Propheten wie eine zweite Identität über die Klagelieder, sodass bei den Lesenden ein wechselseitiger Verweis- und Verstehensprozess in Gang gesetzt wird. Jeremia ist derjenige, der seine eigenen Erfahrungen in der Klage reflektiert und Jeremia empfiehlt die Klage über Jerusalem. Er klagt stellvertretend über und für Jerusalem. Die Konfessionen Jeremias (Jer 11,18–12,6; 15,10–21; 17,14–18; 18,18–23 und 20,7–18) werden so zu paradigmatischen Texten für Jerusalem. Durch die Zuschreibung der Klage an Jeremia werden zudem die Lieder raumzeitlich fixiert und mit der historischen Situation der Katastrophe von 587 v. Chr. verbunden, was im Text nicht ausdrücklich der Fall ist.

Kurzum: Es scheint weiterführend, zumindest in einer kanonischen Perspektive Jeremia nicht als Verfasser, aber dennoch als Autor der Klagelieder zu verstehen. Zumindest aber ist in den Beispielen deutlich geworden, wie nahe es lag, die Klagelieder mit der Verfasserschaft Jeremias zu verbinden.

IV. Zur poetischen Form der Klagelieder

Die Klagelieder bilden eine Komposition aus fünf Liedern, die je für sich ein eigenes Profil haben und verglichen miteinander sehr unterschiedlich sind. Als erstes fällt auf, dass die Lieder nicht gleich lang sind. Während die ersten drei Lieder annähernd die gleiche Wort- und Zeichenzahl aufweisen, sind das vierte und besonders das fünfte Lied deutlich kürzer. Auf die ersten drei Lieder verteilen sich je knapp ein viertel der Gesamtanzahl der Zeichen, auf das fünfte Lied hingegen entfallen nur etwa 10 %. Die ersten zwei Lieder bestehen meist pro Vers aus je drei → Stichoi, von denen die erste Zeile mit dem entsprechenden Buchstaben des Alphabets anfängt (→ Akrostichon, s.u. IV.3). Das dritte Lied ist ähnlich, nur dass dort je drei Verse mit einem Buchstaben anfangen. Im vierten Lied hingegen sind die Verse nur aus je zwei Stichoi gebildet und schließlich im fünften Lied nur aus je einer Zeile. Meist sind die einzelnen Stichoi deutlich zweigeteilt und die beiden – im Druck der EÜ durch einen Schrägstrich getrennten – Hemi-Stichoi (Halbzeilen) aufeinander bezogen. Die Zeilen bilden nahezu immer einen Satz (z.B. 2,5c: „Auf die Tochter Juda hat er gehäuft / Jammer über Jammer“), zum Teil bilden sie aber auch zwei parallele Sätze (z.B. 3,22: „Die Huld des Herrn ist nicht erschöpft, / sein Erbarmen ist nicht zu Ende“ oder 5,17: „Darum ist krank unser Herz, / darum sind trüb unsere Augen“). Schon diese wenigen Beobachtungen zeigen: Die Klagelieder sind nicht einheitlich gedichtet, auch wenn die einzelnen Lieder Gemeinsamkeiten aufweisen. Die allermeisten Verse sind im → *Parallelismus membrorum* formuliert, d. h. dass zwei Vershälften aufeinander bezogen sind und sich entweder in ihren Aussagen entsprechen oder aufeinander beziehen. Ein besonderes Metrum, das die Klagelieder zu Leichenliedern oder Totenklagen machen würde, lässt sich nicht durchgängig nachweisen. An manchen Stellen zeigt aber auch die Übersetzung ein Ungleichgewicht der beiden Vershälften, das als Qina-Metrum beschrieben worden ist. Die zweite Hälfte der Zeile ist dann kürzer als die erste, sodass die Wirkung ein „Hinken“ ist, so als ob am Ende eine Leere entstünde. Dieses „Hinken“ wird in Bezug auf die Komposition durch die drei gleichlangen ersten Lieder und die beiden kürzeren hinteren Lieder geradezu kopiert.

Die Klagelieder sind, was vielleicht wichtiger ist, voll von Vergleichen, Metaphern, Bildern. Das Profil der einzelnen Lieder lässt sich auch mit Blick auf die Motive und Bilder erkennen, wie die folgenden Beispiele zeigen. Die Erwähnung der Feinde konzentriert sich auf die ersten beiden Kapitel. Die Belege von *'ôyēb* „Feind" (1,2.5.9.16.21; 2,3.4.5.7.16.17.22; 3,46.52; 4,12) und *ṣār* „Bedränger, Gegner" (1,5.7.10.17.20; 2,4.17; 4,12) treten in Klgl 3–4 stark zurück, im fünften fehlen sie ganz. Von den Freunden, Nachbarn und Liebhabern (1,2.17.19) und von dem fehlenden Tröster Jerusalems (1,2.9.16.17.21, vgl. nur noch 2,13) ist nur im ersten Lied die Rede. Die vielen Vergleiche sind meist durch eine Vergleichspartikel („wie" o. ä.) sprachlich markiert: Jerusalem sitzt „wie eine Witwe" (1,1), die Obersten sind „wie Hirsche" (1,6), „was drinnen ist, gleicht dem Tod" (1,20), die Kinder sind „wie tödlich verwundet" (2,12), die Bevölkerung Jerusalems „wie Strauße in der Wüste" (4,3), die Mütter „wie Witwen" (5,3), die Feinde lärmen „wie am Festtag" (2,7.22), jagen den Beter „wie einen Vogel" (3,52). Gott brennt „wie flammendes Feuer" (2,3), zertritt „wie einen Garten" (2,6) und agiert „wie ein Feind" (2,4.5) und stellt den Beter „wie eine Zielscheibe" (3,12) auf. Die Tränen fließen nicht als Bach, sondern „wie ein Bach" (2,18) oder „wie Wasser" (2,19) und die Haut vom Hunger ist dürr „wie Holz" (4,8) und „wie ein Ofen" (5,10). Nur das vierte Lied arbeitet zusätzlich häufiger mit Steigerungen in den Vergleichen: Jerusalems Schuld ist „größer als die Sünde Sodoms" (4,6), die Vornehmen waren „reiner als Schnee, weißer als Milch, rosiger als Korallen" (4,7), sind aber jetzt „schwärzer als Ruß" (4,8). Die „vom Schwert Getöteten" hatten es „besser als die vom Hunger Getöteten" (4,9) und die Verfolger sind „schneller als Adler" (4,19). Metaphern als verkürzte Vergleiche sind selten (und in der Übersetzung noch seltener als im Hebräischen Text). YHWH (zur Schreibweise s. → Tetragramm) *ist* „ein lauernder Bär, ein Löwe im Versteck" (3,10). Die kostbaren Kinder Zions *sind* „Krüge aus Ton, Werk von Töpferhand" (4,2), die Vornehmen *sind* Saphir.

Nicht nur Jerusalem und Juda werden personifiziert, sondern auch das Schwert (1,20), das mordet, „Wall und Mauern" (2,8), die trauern. Viele der Bilder sind unmittelbar verständlich, wie etwa das Kleben der Zunge am Gaumen (4,4), das schmerzende Auge (3,51), das Beißen auf Kiesel (3,16) oder der gesenkte Kopf der

Trauernden (2,11). Andere sind heutiger Lebenswelt fremd wie der Zornesbecher (4,21), die milchige Haut der Vornehmen (4,7), der bittere Wermut (3,15.19) oder das Klatschen als Ausdruck der Verachtung (3,15).

Die Fülle der Bilder beschreibt nicht eine Realität, sondern drückt sehr unterschiedliche Aspekte aus und ruft Assoziationen wach. So etwa das „Joch meiner Verfehlungen“ (1,14) für die Sündenlast, das „Treten der Kelter“ (1,15) für die blutige Vernichtung der Bevölkerung, das Sehen „der entblößten Scham“ (1,8) für die Erniedrigung der Eroberung oder das „Abhauen jedes Horns“ (2,3) für das Brechen aller Widerstände, das sich „Klammern an Unrat“ (4,5) für die zugespitzte Not.

Besonders auffallend sind die Körperbilder, die vom umgedrehten (1,20), kranken (1,22; 5,17), schreienden (1,18), ausgeschütteten (1,19), erhobenen (3,41) Herz, der zu Boden geschütteten Leber (2,11) oder dem glühenden Inneren (2,11), den von Pfeilen durchdrungenen Nieren (3,13), der bloßgestellten Scham (1,8) reden. Neben dem Herz spielen die Augen eine besondere Rolle in allen Liedern (1,16; 2,4.11.18; 3,48.49.51; 4,17; 5,17). Dabei werden durch die Körperbilder nicht nur Akzente bei der personifizierten Stadtfrau Zions gelegt, sondern auch bei den übrigen Personen der Klagelieder. Dadurch werden Innen und Außen miteinander verknüpft und so das emotionale Erleben in besonderer Weise herausgehoben. Zugleich erzeugt die Eindringlichkeit der Bilder ein hohes Maß an Betroffenheit und führt die Betrachter (und damit letztlich auch die Leserinnen und Leser) in eine empathische Bindung an die Stadtfrau Jerusalem und ihr Leid. Der Schmerz wird so *mit-teilbar.* Dem gleichen Ziel dient die Betonung, die auf dem Sehen, Schauen, Wahrnehmen etc. liegt (1,7–12.18.20; 2,16.20; 3,1.36.50.59–60.63; 4,16; 5,1), wodurch der Rezipient auch zum *Betrachter* werden soll. Das zeigt sich besonders im ersten Lied, wo erst YHWH aufgefordert wird, genau hinzuschauen (1,9.11.20) und diese Aufforderung dann auf die am Weg Stehenden (1,12) und alle Völker (1,18) übertragen wird. Das „Hört all ihr Völker und seht meinen Schmerz“ richtet sich implizit auch an die Rezipienten der Klagelieder. Ein letztes Beispiel für die absichtsvolle poetische Kraft der Bilder zeigt sich, wenn man auf die Emotionen achtet, die besonders das erste Lied auszeichnen: Jerusalem ist verachtet (1,8.11), ausgelacht (1,7), zum Abscheu geworden (1,8), entblößt (1,8), wurde betrübt (1,12), wurde krank (1,14). Die ehemaligen Verehrer Jerusalems verachten sie jetzt, weil sie ihre Scham entblößt gesehen haben (1,8) und ihre Befleckung erleben (1,9). Die Feinde verabscheuen sie als Erniedrigte und Entehrte. Dem stehen die Emotionen Zions gegenüber: Jerusalem weint bitterlich (1,2), sie stöhnt auf (1,8), seufzt (1,21.22), spricht von „meinem Elend" (1,9), „meinem Schmerz" (1,12.18), ist trostlos (1,2.9.16.17.21), leidet (1,12), ist bedrängt (1,20). Jerusalem beschreibt ihr Befinden in sprechenden Bildern: „mir ist angst", „mein Inneres glüht", „mir dreht sich das Herz im Leibe" (1,20), „mein Herz ist krank" (1,22). Emotionalität und Körperlichkeit gehören eng zusammen. Es ist eine traumatisierte Körperlichkeit, die Jerusalem im ersten Lied adressiert. Nirgendwo außerhalb des ersten Liedes wird Jerusalems Körper vergleichbar Gegenstand der Metaphorik und das hat seinen Grund: Die Zerstörung soll buchstäblich „unter die Haut gehen" und die „Bloßstellung", die die Eroberung bedeutet, soll den Rezipienten im wahrsten Sinne vor Augen geführt werden. In der Auslegung werden weitere Beispiele dieser meisterhaften poetischen Gestaltung erläutert.

Dass es den Klageliedern nicht auf eine Beschreibung der Ereignisse oder einen Bericht ankommt, macht auch die Verteilung der Sprecherrollen deutlich, die als Besonderheit der poetischen Gestaltung der Lieder gekennzeichnet ist.

1. Sprecherrollen und Sprechrichtungen

Ein unmittelbar auffallendes Merkmal der Klagelieder sind die unterschiedlichen Stimmen in den Klageliedern. Einmal spricht Jerusalem selbst, dann wird über Jerusalem gesprochen und dann spricht ein „Wir" ohne Bezug zu Jerusalem. Jerusalem spricht sowohl Gott als auch die Völker an. Der Hauptteil der Klagelieder fällt jedoch nicht auf die Rede Jerusalems, sondern auf einen Sprecher, der Jerusalem gegenübersteht, aber auch einen persönlichen Bezug zur Stadt hat und der die Vergangenheit und Gegenwart Zions kennt. Der Sprecher richtet sich in seinen Redepassagen sowohl an YHWH als auch vor allem in den ersten Liedern an Jerusalem. Daneben finden sich Kurzzitate Zions, seiner Bewohner, der triumphierenden Gegner und auch des einzelnen Sprechers.

Die Zuordnung der Sprecherrollen ist nicht immer ganz einfach, denn es ist keinesfalls klar, ob das „Wir“ immer die gleiche Gruppe ist oder es nicht mehrere singularische Sprecher gibt. Auch wenn das Subjekt wechselt, kann manchmal derselbe Sprecher reden. Die Sprecherrollen sind nicht durch Einführungsformeln oder Redeeinleitungen markiert, was die Identifikation erleichtern würde. So schwankt die Anzahl der angenommenen Sprecherpersonen in den Kommentaren von drei bis zu sechs. Neben dem Wechsel der Sprecherrollen ist noch ein Sprechrichtungswechsel zu verzeichnen. Das meint, dass eine Rede über Zion zu einer *Anrede* Zions wechselt oder eine Rede *zu* YHWH unvermittelt die Anrede verlässt und über YHWH spricht. Wie viele Stimmen es in den Klageliedern gibt, soll zunächst ein Durchgang zeigen (s. dazu die graphische Übersicht zu den Sprecherrollen S. 23).

Relativ leicht kann man die Rede Jerusalems identifizieren, auch wenn die Abgrenzung der einzelnen Redeteile schon Schwierigkeiten bereitet. Erstmalig ist die Stimme Zions in 1,9 zu finden, wo sie die Rede eines Sprechers über Jerusalem, mit der die Klagelieder begonnen haben, durchbricht. Die Sprechrichtung wechselt eindeutig in das Du und ist an YHWH gerichtet. Diese Rede wiederum wird durch die erneute Beschreibung Jerusalems in V.10–11a gebrochen, wo aber ebenfalls Gott angeredet wird. In V.11b beginnt die zweite Rede der Stadtfrau Jerusalem, jedoch ist das Ende in V.15a oder 16 unscharf, da V.15b auch aus dem Mund des Sprechers stammen kann, der in V.17 Zion beschreibt. Ab V.18 spricht dann eindeutig wieder Jerusalem. Weit stummer ist Zion im zweiten Lied. In den V.1–10 beschreibt ein Sprecher (der gleiche wie in Kap. 1?) die Lage Jerusalems. In V.11 spricht dann (ein anderer?) in der Ich-Form. Da V.12 sich grammatisch auf V.11 zurückbezieht, läuft die Rede weiter, obwohl sie in die Beschreibung wechselt. Ab V.13 wird Jerusalem direkt angeredet und wahrscheinlich wird die Rede trotz des schwierigen Textes in V.18 (s. Auslegung) durchgehalten. Erst am Ende des zweiten Liedes in V.20–22 erhebt Jerusalem noch einmal selbst die Stimme und spricht dabei Gott direkt an.

Mit 3,1 findet sich dann der markanteste Bruch in den Klageliedern. Jerusalem scheint die Bühne verlassen zu haben und ein Ein-

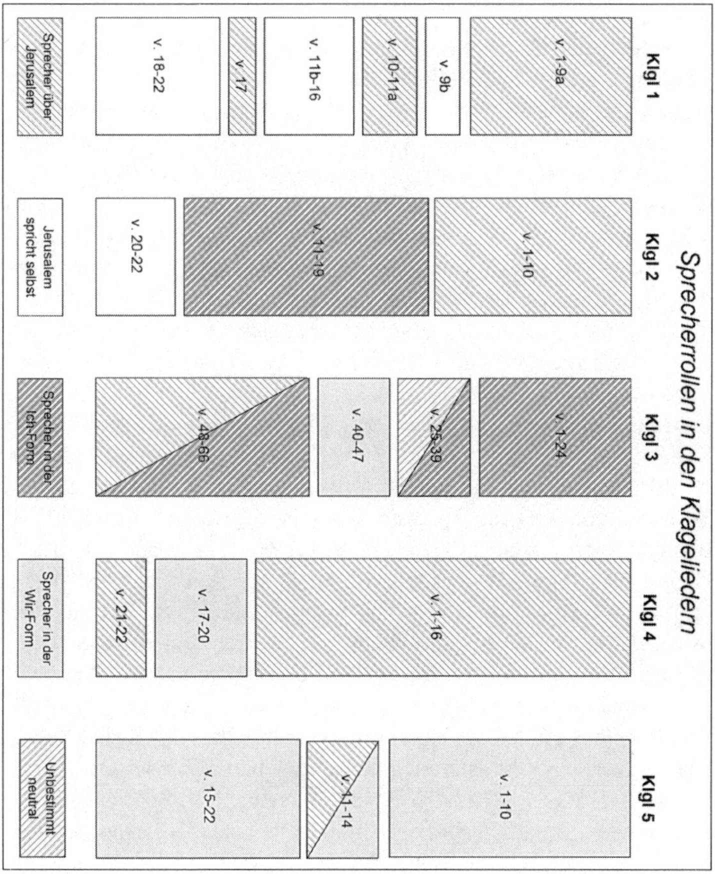

zelner erhebt die Stimme. Der Sprecher wird nicht eingeführt, aber es wird auch kein Textsignal gegeben, dass er mit dem individuellen Sprecher der beiden vorhergehenden Lieder identisch ist. Die Stadt Jerusalem spielt in der Rede jedoch keine erkennbare Rolle. Erst in V.48 spricht der Sprecher von der „Tochter meines Volkes" und in V.51 von „meiner Stadt". Auch Gott wird erst in V.17.23 direkt angeredet. Ob die Rede des Einzelnen in V.25–39 weiterläuft und weisheitliche Sentenzen zitiert werden oder hier eine Einschaltung ohne klaren Sprecher erfolgt, lässt sich kaum entscheiden. Sicher aber wechselt Klgl 3 zu einem zuvor stummen „Wir“, das mit einer Selbstaufforderung beginnt, dann aber in V.42 die Sprechrichtung zu Gott hin wechselt und ihn als „Du“ anklagt. In V.48 jedoch wechselt das Lied wieder zu der Stimme eines Einzelnen, die dann bis zum Ende des Liedes ihr Schicksal beschreibt. Da es keine Textsignale gibt, die diese Einzelperson von dem Mann in 3,1 unterscheiden, dürfte der Sprecher derselbe sein. Ob das auch in Klgl 4 der Fall ist, lässt sich nur schwer entscheiden. Die Perspektive und der Sprachduktus wechseln, aber es spricht ein Einzelner, der jetzt eindeutig Jerusalem in den Blick nimmt und die Katastrophe aus einer Beobachterperspektive beschreibt. Dass der Sprecher einen Bezug zu der Stadt hat, wird in V.3.6.10 in dem Gebrauch des „Tochter meines Volkes“ deutlich, womit Jerusalem bzw. Zion gemeint ist. Jerusalem erhebt an keiner Stelle selbst die Stimme. V.17 setzt in der ersten Person Plural die Rede fort, wobei nicht klar ist, ob der Sprecher als Bewohner Jerusalems mit dem „Wir“ auf die Situation vor der Eroberung der Stadt Bezug nimmt. Wer schließlich der Sprecher der beiden Schlussverse ist, in denen Edom und Zion direkt angeredet werden, offenbart der Text nicht. Es spricht allerdings textpragmatisch nichts dagegen, auch diese Passage dem Sprecher, der in V.1 begonnen hat, zuzuweisen und nur von einem Sprechrichtungswechsel auszugehen. Das fünfte Klagelied beginnt mit einer imperativischen Anrede an YHWH, die wieder ein Kollektiv formuliert. Nichts lässt erkennen, dass dies das Kollektiv aus Kap. 3 ist, es spricht aber auch nichts dagegen, beide zu identifizieren. Erst ab V.11 wird das „Wir“ verlassen und eine Schilderung angeschlossen, die ihren Sprecher nicht offenbart, also grundsätzlich auch von dem „Wir“ sein könnte, das in V.15 wieder die Stimme erhebt und bis V.18 ohne Anrede die Situation beschreibt. V.19–22 kehren zu der Anrede YHWHs aus V.1 zurück. Sie beziehen nach der Doxologie in V.19 auch wieder das „Wir“ sprachlich ein, ohne die Anrede zu verlassen, die in einer Frage in V.22 „Oder hast du uns denn ganz verworfen, zürnst du uns über alle Maßen?“ endet.

Insgesamt bleibt der Eindruck von vielen Sprechrichtungswechseln, mal wird das Volk, mal Jerusalem, mal Gott angeredet. Sieht man von den inhaltlichen Differenzen einmal ab, ließen sich die kollektiven „Wir“-Passagen als ein Perspektivwechsel in die Stimme des Einzelnen, der Jerusalem in 1,1 gegenübersteht und die

Stadt beschreibt, integrieren. Ein Grund, warum der Sprecher dann aber in Klgl 3 in eine kollektive „Wir“-Perspektive übergeht und dann wieder zurückfällt, lässt sich kaum angeben. Nur mit großer Mühe sind schließlich die Passagen, in denen die Stadtfrau Jerusalem in 1,9.11b–16.18–22; 2,20–22 spricht, als Zitate in die Stimme des Einzelnen zu integrieren, der über Jerusalem spricht. Man kommt also ohne Sprecherwechsel nicht aus, will man die vielen Stimmen der Klagelieder erklären.

Auch die „Vielstimmigkeit“ dient dazu, das Leid als *umfassend* und *alle betreffend* zu markieren. Die Stimmen lassen die Lieder nicht als Poesie, sondern als Drama erscheinen, allerdings findet ein wirklicher Dialog auf der „Bühne“ nicht statt. Aber die Situation Jerusalems hat etwas Tragisches, ihr Auftritt in 1,1 (ihr Sitzen wie in der Mitte der Bühne) und ihr Klagen lassen sie wie eine Tragödin erscheinen. Der Sprecher des Chores scheint in die Klage mit einbezogen, Chor und „Schauspieler“ wirken wie beim griechischen Kommos zusammen. Der Vorsänger bringt Emotionen zum Ausdruck, die Stimmen bleiben sehr begrenzt, der Chorführer kommuniziert mit dem Chor im Hintergrund. Natürlich soll damit nicht gesagt werden, dass es sich bei der Komposition der Klagelieder bzw. bei Klgl 1–2 um ein Theaterstück gehandelt hat oder die sich im 6./5. Jh. v. Chr. herausbildende Tragödie mit ihrer Ausdifferenzierung der Rollen Pate gestanden hat. Es soll vielmehr damit deutlich gemacht werden, dass die Assoziationen von Inszenierung und Drama den Klageliedern angemessener sind als die gottesdienstliche Verwendung. Dafür, dass die Klagelieder *aufgeführt* und mit unterschiedlichen Stimmen vorgetragen wurden, gibt es keine Hinweise. Sprecherwechsel sind aus den Psalmen, aber auch aus der viel älteren altorientalischen Klageliteratur und auch aus der zeitlich näheren griechischen Klage bekannt und somit nichts Besonderes. Besonders ist lediglich die Vielzahl der unterschiedlichen Stimmen in den Klageliedern. Von vielen Psalmen heben sich die Klagelieder dadurch ab, dass die Stimme Gottes (außer in der Rückschau 3,56) nicht repräsentiert ist. Die Sprach- und Fassungslosigkeit angesichts der Katastrophe ist *das* Thema der Lieder. Gott scheint in der Katastrophe in eine unhörbare Ferne gerückt.

Mit Blick auf die gesamte Komposition der fünf Lieder, lassen sich einige übergreifende Beobachtungen machen: 1. Die Stimme

Zions verstummt bzw. wird überblendet. Während sie in den ersten beiden Liedern besonders am Ende präsent ist, fehlt ab dem dritten Lied jede Rede der personifizierten Stadt. Das deckt sich mit der Beobachtung, dass die Bezeichnungen Jerusalem/Zion/Tochter meines Volkes etc. in Klgl 3–5 fast ganz zurücktreten (nur noch 3,48.51; 4,1.3.6.10.22; 5.11.18 gegenüber 18 Bezeichnungen in Klgl 1–2). 2. Zugleich tritt die Stimme des „Wir" deutlicher hervor, zunächst in 3,40–47, dann in 4,17–20 und schließlich im ganzen fünften Lied. 3. Der Sprecher, der über Jerusalem zunächst beschreibend spricht, tritt zwar nicht zurück, denn er ist in Kap. 4 erneut präsent, doch schwindet seine emotionale Betroffenheit, die ihn in 2,11–13 und 3,48–51 fast zerrissen hätte. Auch sein anklagender Ton tritt in Klgl 4 und 5 zurück. Sein lehrhafter, zum Teil belehrender, aber auch tröstender Ton in Kap. 3 löst sich nicht ganz aus der Betroffenheit der ersten beiden Lieder, jedoch tritt das Schicksal Jerusalems in Klgl 3 deutlich zurück. Das steht im Zusammenhang mit seiner von Jerusalem vollständig abgelösten Vertrauensaussage in 3,20–24 und 3,55–66. Versucht man das zusammenzubringen, so ergibt sich für die Komposition ein „Spiel", das durchaus eine Richtung hat und dem Kollektiv wie dem Einzelnen dieselbe Aufforderung mitgibt: Nicht bei der Klage stehenbleiben, sondern das Zeugnis daneben stellen. Die Gottverlassenheit ist nicht alles und sie kann nur durch neues Vertrauen überwunden werden. Das „Wir" soll zu dem Vertrauensbekenntnis, von dem der Einzelne Zeugnis gibt, zurückfinden, und findet am Ende auch dazu zurück, wenn Gott eindringlich um sein Eingreifen gebeten wird. Dabei wird zugleich das Leid der Stadtfrau weder gemindert noch geleugnet. Ihr Elend bricht sich Bahn in den kurzen Einwürfen in den ersten beiden Klageliedern, aber ihre Stimme verstummt. Jerusalem ist eine gebrochene Person. Jerusalem ist so schwer beschädigt, dass es nicht von alleine zurückfinden kann zu seinem Gott. Die Institutionen, denen das zugetraut werden könnte, Tempel und Palast, sind zerstört. Auch dass die Bewohner in der Stadt leiden, ist unverkennbar. Damit das nicht in totaler Resignation endet, führt der Einzelne in Klgl 3 sein Vertrauensbekenntnis offen vor. Das soll das „Wir" motivieren, das Klagen nicht zu lassen, aber auch nicht dabei stehen zu bleiben. Die kollektiven Passagen in Klgl 3–5 sind zwar nicht völlig gleich oder als Text komponiert, jedoch scheint es eine gemeinsame Perspektive zu geben. Der „Gedankengang“ beginnt und endet mit dem Thema Umkehr (3,40; 5,21)

Das „Wie lange noch?“, das am Ende des fünften Liedes steht, hofft erneut auf ein Eingreifen Gottes, was in Klgl 4 noch undenkbar war und erst durch die Neubegründung des Gottesverhältnisses in der Aufhebung der Schuld in 4,21–22 ermöglicht wurde. Der Einzelne, der in Klgl 1 die Beschreibung Jerusalems begonnen hat, wird vom Leid affiziert (2,11) und klagt stellvertretend an der Seite Jerusalems. Identifiziert man diesen Einzelnen mit dem Beter aus dem dritten Lied, dann führt seine Reflexion paradigmatisch zur Überwindung der Klage Jerusalems. In einer synchronen Perspektive kann man den Stimmenwechsel trotz der sehr unterschiedlichen Perspektiven in den einzelnen Liedern in einen sinnvollen Zusammenhang bringen.

2. Die Personifizierung Jerusalems und die Stilisierung als Stadtklage

Im ersten Lied ist die Stadt so prominent personifiziert wie kaum an anderer Stelle im Alten Testament: Jerusalem sitzt (1,1), weint (1,2.16), seufzt (1,8), stöhnt (1,21), empfindet Schmerzen (1,12.18), hat Angst (1,20) und denkt (1,7). Sie hat einen Körper, Füße, Arme, Hände, Scham, Hals, Wangen Herz, und Leber (1,2.13–14.16–17.20). Sie hatte Kinder (1,5), Freunde (1,2), Liebhaber (1,2.19), Verehrer (1,8), trug den Titel „Fürstin über die Länder“ (1,1), ist aber jetzt einer Witwe gleich (1,1). Die Dichte an Körperbegriffen und Emotionen ist ungewöhnlich und zeichnet die Personifizierung der Klagelieder aus.

Jerusalem wird als Stadtfrau vorgestellt. Dass eine Stadt durch eine Frau symbolisiert wird, ist in alttestamentlichen Texten nicht ungewöhnlich (Jes 10,30; 47; Ez 16; 23; Sach 2,11; Ps 45,3; 137,8 u. ö.). Da Städte vom grammatischen Geschlecht im Hebräischen *immer* weiblich sind, werden sie weiblich personifiziert und mit weiblichen Rollen verknüpft. Das gilt schon in Assyrien und setzt sich in alttestamentlichen Texten fort. Zwar werden auch andere Städte personifiziert (z. B. Samaria Ez 23; Tyrus Ez 27; Babylon

Ps 137,8; Jes 47,1; Ninive Nah 2), jedoch ist es insbesondere Jerusalem, die in alttestamentlichen Texten als personifizierte Frau auftaucht. Dabei werden ihr verschiedene Rollen zugewiesen: Jungfrau, Tochter, Mutter, Ehefrau, Fürstin, Dirne etc. Besonders prominent ist die Rede als Tochter, die sich für die Tochter Babel (Jes 47,1), die Tochter Sidon (Jes 23,12), die Tochter Dibon (Jes 15,2), vor allem die Tochter Zion (Jes 1,8; Jes 52,2; Jer 4,31; 6,2; Mi 4,10.13; Sach 9,9 u. ö.) findet. Es handelt sich dabei durchgehend um Synonymbezeichnungen, d. h. die „Tochter Zion" ist nichts anderes als Zion. Wird die Bezeichnung „Tochter Zion", die insgesamt 25-mal vor allem bei Jesaja, Jeremia, Micha und Sacharja vorkommt, verwendet, ist der Kontext oft die Eroberung, Verschleppung oder auch Restaurierung der Stadt Jerusalem. Wenn von der Tochter Zion die Rede ist, spielen die Eltern im Bild keine Rolle. Weder von der Mutter noch dem Vater Zions ist je die Rede, es geht um die besondere Schutzbedürftigkeit der bedrohten Stadt.

Die Rede von der „Tochter Zion" leitet sich ab von der geographischen Bezeichnung „Zion", womit ursprünglich der Südosthügel bzw. dessen Akropolis bezeichnet wurde (vgl. die Stadt Davids in 2 Sam 5,7; 8,1; 2 Chr 5,2, s. Abb. 3). Schon früh wird mit dem Begriff Zion der Tempelberg verbunden, sodass der Zion als Ort, wo der Tempel steht, zum Mittelpunkt der Stadt avanciert (Ps 2,6; 48,3; 78,68–69). Die Bezeichnung Zion wird zudem synonym zu Jerusalem als Bezeichnung für die ganze Stadt gebraucht (Ps 69,36; Jes 40,9; 52,1; Jer 3,14; Sach 8,3; Klgl 5,11). Dass die Bezeichnung „Zion" wie heute den Westhügel bezeichnet, ist eine nachbiblische Entwicklung. Während die Bezeichnung Zion schon vorexilisch existierte, wurde die Rede von der „*Tochter* Zion" vor allem in exilisch-nachexilischen Texten entwickelt. Auch sie wird synonym zu Jerusalem gebraucht, doch kommt in ihr durch den Familienbegriff noch ein emotionaler Aspekt zum Tragen. Die Tochter ist im patriarchalen Haushalt vom *pater familias*, der der Familie vorsteht, besonders zu schützen. Vor der Heirat darf sie nicht in den Verfügungsbereich eines fremden Mannes außerhalb der Familie gegeben werden. Wenn Städte als „Tochter" bezeichnet werden, steht der Aspekt der Verwundbarkeit und Wehrlosigkeit im Vordergrund. Das zeigt sich bei Babel, Sidon, Tarschisch, Dibon oder Edom, wo es immer um die Eroberung oder Zerstörung geht. Die verwandtschaftliche Verbindung zu dem Vater der Tochter spielt dabei keine Rolle.

In den Klageliedern häufen sich die Verbindungen, in denen der Begriff „Tochter“ mit einer geographischen oder politischen Bezeichnung verbunden ist. Weder von der Tochter Juda noch der Tochter Edom ist außerhalb der Klagelieder die Rede. Wenn in den Klageliedern von der „Tochter Jerusalem“ (2,13.15) oder der „Tochter Zion“ (1,6; 2,1.4.8.10.13.18; 4,22) die Rede ist, steht ebenso wenig wie bei der „Tochter meines Volkes“ (2,11; 3,48; 4,3.6.10) oder der „Tochter Juda“ (1,15; 2,2.5) oder der „Tochter Edom“ (4,21.22) die verwandtschaftliche Verbindung im Hintergrund. Vielmehr wird bei Jerusalem die Verletzlichkeit und Schutzlosigkeit zum Ausdruck gebracht, ohne dass auch nur ein einziges Mal der im Hintergrund des Bildes stehende Vater ausdrücklich nach vorne treten würde. Das ermöglicht eine gewisse Flexibilität in der Aussage. Mal kann die Bevölkerung die Schutz Gewährende sein, meist aber steht die Erwartung im Hintergrund, dass YHWH der Stadt den Schutz hätte gewähren müssen. Gerade in den ersten beiden Liedern wird ja Jerusalem gezeichnet als die verletzte, bloßgestellte und schutzlos ausgelieferte Stadt. Während Jerusalem früher stark und geachtet war, ist sie jetzt zerstört und schutzlos. Das Motiv des fehlenden Trösters in Kap. 1 verstärkt diese stark emotionale Betonung der Schutzlosigkeit.

Neben der Personifizierung der Stadt als Tochter, die für die Klagelieder von großer Bedeutung ist, kommt vor allem in der prophetischen Literatur die Personifizierung Jerusalems herausgehoben in der sog. Ehe- oder Ehebruchmetaphorik vor. Dabei geht es um den Anspruch der ausschließlichen Verehrung YHWHs, kurz, um den Sachverhalt des ersten Gebotes. Die in der Erwählungstheologie exklusive Bindung YHWHs an Israel wird durch das Bild einer Ehe symbolisiert (Jer 2,1–4,4; anschaulich auch in der Transformation Jes 62,1–5). Der göttliche Eheherr (hebr. Baal) beansprucht die exklusive Bindung seiner Frau Israel (Hos 1,2; 2,4.14; 3,1–5; 4,13–14 u. ö.) und ist eifersüchtig auf andere Götter (Ex 20,5; 34,14; Dtn 4,24; 5,9; Jos 24,19–20 u. ö.). In diesem Bildkontext wird die Verehrung fremder Gottheiten durch den menschlichen weiblichen Partner als „Unzucht“ und „Ehebruch“ metaphorisiert (Jer 3,9; Ez 16,26; Hos 9,1; Mi 1,7 u. ö.). Die fremden Götter sind ent-

Abb. 1: Fragment einer Stele aus Assur. Zu sehen ist Assurscharrat (der Name bedeutet „Die Stadt Assur ist Königin"), die Gemahlin des Königs Assurbanipal (669–631 v. Chr.)

sprechend „Liebhaber" (Jer 4,30; Ez 16,33.36–37; 23,5.20; Hos 2,7.15 u. ö.). Auch außenpolitische Bündnisse können als Ehebruch stilisiert werden, insofern in den Bundesschlüssen fremde Götter als Landesgötter einbezogen sind und YHWH als exklusiver Landesgott Israels verlassen wird. In der Ehemetapher können das Land, Israel, Juda oder Jerusalem als Partnerinnen stilisiert werden (Jer 3,8–9; 5,7–9; 11,10; 22,9; 23,14; Ez 23,37; Jes 1,21–31 u. ö.). Die Ehemetaphorik ist breiter und nicht auf die Stadt Jerusalem beschränkt, für die Stadt indes durch das Jeremiabuch (Jer 13,27) und die großen Bildreden im Ezechielbuch (Ez 16; 23) sehr prominent. Dabei fällt aber auf, dass in den Propheten die Ehemetapher nicht auf die „Tochter Zion" bezogen ist bzw. in ehemetaphorischen Aussagen die Bezeichnung „Zion" keine prominente Rolle spielt.

Für die Klagelieder ist bemerkenswert, dass die prophetischen Bilder von Unzucht oder Ehebruch gar keine Rolle spielen. Vor allem in Klgl 1 ist zwar von Liebhabern mehrfach die Rede (1,2.8.19), doch wird an keiner Stelle das Verhältnis zwischen Jerusalem und YHWH als (gebrochene) Ehe stilisiert. Jerusalem sitzt – und da ist der kleine sprachliche Unterschied von Bedeutung – eben nicht als Witwe in 1,1, sondern *wie* eine Witwe, was auf den Sozialstatus der Frau, nicht auf den verstorbenen Ehemann abhebt (s. Auslegung). Die Verehrung anderer Götter spielt in den Klageliedern *keine* Rolle, fremde Götter kommen nicht einmal vor. Das Verlassen YHWHs wird auch nicht als Grund für die Katastrophe genannt. Das ist im Vergleich zu den Propheten auffallend. Die Personifizierung Jerusalems kann sich daher für die Klagelieder (wie an anderen Stellen auch) nicht aus der Ehemetapher ableiten.

Abb. 2: Frauenkopf mit Zinnenkrone (Makmisch, Ende 5. Jh. v. Chr.)

Als Hintergrund der Personifizierung hat man vielfach auf Stadtgöttinnen verwiesen, die seit dem 3. Jt. v. Chr. im Alten Orient wie auch in Griechenland belegt sind. Dabei muss die Stadtgöttin nicht exklusiv mit einer Stadt verbunden sein, vielmehr können Hauptgöttinnen als Lokalvarianten (Ischtar von Arbela, Ischtar von Ninive) eine besondere Verbindung zur Stadt eingehen. In den sumerischen *balag*-Klagen bezeichnet die Stadtgöttin die Stadt als ihre Mutter und unterstreicht damit das feste Band zwischen Stadt und Göttin. Neben Stadtgöttinnen sind auch Stadtgötter (vor allem der Gott Assur für die Stadt Assur) belegt. Schon im 7. Jh. v. Chr. wird Assurscharrat, die Gattin Assurbanipals, auf dem Fragment eines neuassyrischen Reliefs als Personifikation der Stadt mit einem Mauerkronendiadem dargestellt (Abb. 1). Die Beispiele aus Mesopotamien lassen das Mauerkronendiadem jedoch zunächst als Ausdruck der *königlichen* Stärke und Macht erscheinen. So taucht ein Mauerkronendiadem auch noch bei den persischen Königen auf. So ist nicht jede Frau, die ein Mauerkronendiadem trägt, eine Stadtgöttin oder eine personifizierte Stadt. Vielfach angeführt für die Darstellung von Städten werden die frühestens ab dem 4. Jh. v. Chr. belegten griechischen Beispiele der Darstellungen der Stadtgöttin Tyche mit der Mauerkrone, von denen das Beispiel aus Makmisch (Abb. 2) eines der kleinsten und frühesten Beispiele ist.

Ob die Personifizierung der Stadt als Frau aber auf einen Zusammenhang mit der Stadtgöttin verweist, bleibt religionsgeschichtlich unklar. Dafür spricht, dass auch dort, wo das grammatische Geschlecht der Städte nicht wie im Westsemitischen feminin ist, die

Städte weiblich personifiziert werden. Dagegen spricht aber z. B., dass auch Länder wie z. B. Israel oder Juda durchgehend weiblich personifiziert werden, obwohl sie nicht primär mit einer weiblichen Gottheit verbunden waren. Für die Klagelieder ist die Klärung der Herleitung aber nicht zentral, sodass sie hier nicht abschließend entschieden werden muss. Jedenfalls ist zutreffend, dass die Klage Jerusalems über den erlittenen Verlust vor allem in Klgl 1 und 2 der Klage der Stadtgöttin in der mesopotamischen Literatur durchaus ähnlich ist. Doch kann dies auch der Nähe zwischen den beiden Literaturen geschuldet sein, sodass auch daraus nicht abzuleiten ist, dass im Hintergrund der personifizierten Stadt der Klagelieder eine Stadtgöttin steht.

In den sumerischen Stadtklagen aus dem ausgehenden 3. Jt. v. Chr., von denen fünf über den Untergang von Sumer, Ur, Uruk, Eridu und Nippur überliefert sind, werden die Stadtzerstörungen in ihren katastrophalen Auswirkungen beschrieben: Feuer, Hunger, Pest, Verwüstung, das Eindringen der Feinde, das Einbrechen des Chaos und der Zusammenbruch jeder Ordnung. Stadtgöttinnen sind ebenfalls von den Folgen betroffen und klagen bitterlich. Auch die Stadt kann wie in der Klage über die Zerstörung der Stadt Nippur personifiziert auftreten und über die Verwüstung sowie das Schicksal der Bevölkerung, an dem sie teilhat, klagen. Die Zerstörung ist meist nicht unabhängig von dem Zorn eines Gottes, vorwiegend des übergeordneten Hauptgottes Enlil und wird auf Beschluss der Götterversammlung durchgeführt. Daneben und davon wohl auch nicht unabhängig existieren die etwas späteren *balag*- und *eršemma*-Klagen, die im 2. Jt. v. Chr. standardisiert wurden. Allen Stadtklagen ist gemeinsam, dass sie auf die Zerstörung einer Stadt oder eines Stadtstaates zurückschauen und das ergangene Leid eindringlich in Metaphern und Bildern schildern, die bis in die Perspektive und Einzelmotive hinein eine Ähnlichkeit mit den Klageliedern aufweisen. So z. B. die Personifizierung der Stadt, der Einst-Jetzt-Gegensatz, die verschiedenen Sprecher, die von Tränen überfließenden Augen, die Unvergleichbarkeit des Leids, der Verlust der Kinder, die Leichen in den Straßen, die Gottverlassenheit und die Verantwortung des Stadtgottes etc. So klagt z. B. die Göttin Inanna gegenüber Enlil in einer *balag*-Klage: „Was mich, die Herrin betrifft, wer wurde je so behandelt wie ich? Wer hat jemals solche Bitterkeit erfahren, wie ich sie erfahren habe?“ (Vgl. Klgl 1,11–12)

Die *balag*-Klagen sind liturgisch-rituelle Dichtungen, die bei Abriss und Wiederaufbau von Heiligtümern vorgetragen wurden, um die damit verbundenen Gefahren abzuwehren. Man kann und sollte nicht die Möglichkeit ausschließen, dass die alttestamentlichen Verfasser der Klagelieder solche altbabylonischen Kompositionen gekannt haben. Zumindest ist deren Überlieferung bis in das späte 2. Jh. v. Chr. belegt. Eine direkte literarische Abhängigkeit ist jedoch nahezu auszuschließen. Das Eigenprofil der Klagelieder (keine in die Klage einstimmende Stadtgöttin, Reflexionen über die Verantwortung der Stadt für die Zerstörung, die positive und auf eine Heilszusage gerichtete Anrufung der Gottheit fehlt weitestgehend und ein Wiederaufbau ist nicht im Blick) ist dann doch zu deutlich. Außerdem lassen sich vergleichbare Motive der *balag*-Klagen auch außerhalb der Threni in Psalmen und Propheten finden (ohne dass daraus eine Gattung Stadtklage zu rekonstruieren wäre). So scheint die Annahme eines gemeinsamen Kulturraums, in dem auch vergleichbare Sprach- und Ausdrucksformen für die Schilderung von Katastrophen gefunden wurden, wahrscheinlicher als eine literarische Abhängigkeit.

Von den mesopotamischen Stadtklagen her wird man weder auf eine Stadtgöttin im Hintergrund der Klagelieder noch auf den Grund für die Personifizierung der Stadt als Frau schließen dürfen, dafür ist die Stadtmetaphorik im Alten Testament *als Topos* insgesamt zu verbreitet. Der vergleichende Blick auf die mesopotamischen Stadtklagen ist hilfreich, aber nicht zureichend für das Verständnis der Klagelieder. Bei genauerem Hinsehen ist auch trotz der unverkennbaren Parallelen festzustellen, dass Zion in den Klageliedern *nicht* als Stadtgöttin stilisiert ist. Mindestens ebenso bedeutsam für das Verständnis der Klagelieder ist, dass Jerusalem *de facto* als Mutter auftritt, was die Rede von den Kindern nahelegt (1,5.16.18; 2,19.22; 4,2), sie jedoch wie in anderen zionstheologischen Texten nicht entsprechend als Mutter bezeichnet wird (Jes 49,21; 50,1; 54,1; 66,7–14; Ps 87,5). Durch die Vorstellung der Stadt als Mutter wird auf den Schutz der Bewohner besonders abgehoben. Die Stadt ist mehr als nur eine Ansammlung von Mauern und Gebäuden, sondern sie steht für Geborgenheit, Sicherheit und Zukunft. Es ist wichtig zu verstehen, dass die Rede von der „Tochter“ mit diesem „Muttersein“ Zions nicht in Verbindung steht und beides nebeneinander stehen kann. Es ist jeweils eine Frage der Perspektive bzw. es kommen jeweils unterschiedliche Aspekte zum Ausdruck. Während über die Metaphorisierung der Stadt als Mutter der Schutz ausgedrückt wird, den die Stadt geben soll, kommuniziert die Metapher der Tochter die Verletzlichkeit und intime Bedrohtheit der Stadt ebenso wie den Schutz, der der Stadt hätte zuteilwerden sollen.

3. Ein ABC der Klage

Die Klagelieder sind in einer besonderen Form gedichtet, die man akrostichisch (gr. *akron* „Spitze“ und *stichos* „Vers“) nennt. Dabei wird in der Regel aus den Anfangsbuchstaben einer Zeile ein neues Wort oder ein Satz. Ein sehr berühmtes → Akrostichon ist das griechische Wort ΙΧΘΥΣ (*ichtus*), das „Fisch“ bedeutet und aus den Anfangsbuchstaben „Jesus Christus Gottes Sohn Erlöser“ gebildet ist bzw. werden kann und damit den Fisch zu einem im wahrsten Sinn erlesenen christlichen Symbol macht. Eine besondere Form solcher akrostichischer Gedichte ist das Dichten am Alphabet entlang. Das hebräische „Alefbet“ hat 22 Buchstaben, die dann in Akrosticha jeweils den Anfang z. T. mehrerer Zeilen bilden. Das umfangreichste Akrostichon im Alten Testament ist Ps 119, wo jeweils acht Zeilen mit je dem gleichen Buchstaben anfangen. Andere Beispiele, die vollständige Akrosticha darstellen, sind Ps 37; 111 und 112, aber auch Spr 31,10–31. Daneben treten mehr oder minder vollständige Akrosticha in Ps 9/10; 25; 34; 145 oder Nah 1,2–8. Zum Teil fehlen einzelne Zeilen oder die Buchstabenfolgen sind abgewandelt.

Die ersten vier Klagelieder sind alphabetische Akrosticha, wobei das dritte Klagelied je drei Verse mit dem gleichen Anfangsbuchstaben beginnen lässt. Das Dichten am Alphabet entlang bewirkt eine starke Stilisierung, ist aber auch eine große Herausforderung für die poetische Gestaltung, die manches Mal Kompromisse in der Grammatik erfordert. Unter den Liedern entstehen so subtile Bezüge, wenn dieselben Worte den Buchstaben repräsentieren (z. B. das Auge in den *Ayin*-Strophen). Die Klgl 1, 2 und 4 beginnen jeweils mit dem hebräischen Wort *'êkāh*, was dem Buch in der jüdischen Überlieferung den Namen gegeben hat. Auffallend ist, dass die Anordnung der Buchstaben nicht völlig gleich ist. In Klgl 2, 3 und 4 ist die sonst übliche Reihenfolge von Ayin und Pe vertauscht. In den Alphabet-Inschriften sind bereits in der Königszeit beide Varianten belegt, sodass man daraus keine allzu weit gehenden Schlüsse ziehen kann. Es scheint so zu sein, dass Klgl 2 und Klgl 4 kompositorisch auch sonst zusammengehören und Klgl 3 sich vielleicht gezielt an die vorgegebene Reihenfolge anlehnt, die in Klgl 1, das auf Klgl 2 reagiert, aus welchen Gründen auch immer nicht übernommen wurde. Das fünfte Lied hingegen ist kein Akrostichon, sondern nur ein alphabetisierendes Lied, d. h. es hat 22 Verse, die aber nicht am Alphabet entlang dichten. Da das fünfte Lied als Volksklagelied auch sonst ganz anders ist und wenige Bezüge zu den übrigen Liedern hat, scheint die These vertretbar, dass Klgl 5 unabhängig von den Klageliedern als Psalm entstanden ist und erst später zu den vier Liedern gestellt wurde, um in Anlehnung an den Pentateuch die Fünfzahl (ein „*Pentathrenos*" Fünfklage) zu bilden.

Darüber, ob das Dichten in alphabetischen Akrosticha außer der ästhetischen noch eine andere Bedeutung hat, ist viel gerätselt worden. Magische Deutungen sind am unwahrscheinlichsten und auch die Annahme, dass man sich am Alphabet entlang die Gedichte besser einprägen konnte, kann nicht gänzlich überzeugen. Das Entlanggehen am Alphabet ist eher für das Auge im geschriebenen Text als beim Hören wahrnehmbar, es sei denn, der Buchstabe wird wie im Vortrag der spätmittelalterlichen Klageliederkompositionen besonders musikalisch herausgehoben, was für die alttestamentlichen Texte eher nicht anzunehmen ist. Jene Praxis lehnt sich an Handschriften der → Septuaginta die lateinische Vulgata an, in der die Namen der jeweiligen Buchstaben in griechischer bzw. lateinischer Transkription den jeweiligen Versen vorangestellt sind. Ohne das ist im Hören kaum wahrzunehmen, dass die Dichtung am Alphabet entlangdichtet. Am ehesten kommt die Vollständigkeit des Alphabetes als Hintergrund in Frage. Mit der alphabetischen Dichtung hat man dann entweder die Totalität der Weisheit wie in Ps 119 ausdrücken wollen oder aber, was für die Klagelieder besser passt, der Klage einen Rahmen geben wollen. Dem Überfließen der Klage ist durch die Begrenzung auf die Buchstaben des Alphabets eine Grenze gesetzt und ein Ende gegeben. Der Dichter wird so „in Form" gehalten. Aber auch diese Deutung bleibt Spekulation.

Ein wichtiger Aspekt ist die Frage der Datierung. Zwar sind Alphabete bereits in der Königszeit vielfach inschriftlich belegt und Akrosticha auch außerbiblisch schon aus früher Zeit bekannt, doch finden sich alphabetische Dichtungen in der *hebräischen* Poesie erst relativ spät. Die übrigen akrostichischen Gedichte im Psalter sind nahezu alle nachexilisch und besonders in hellenistischer Zeit scheint diese Form der Poesie sehr beliebt gewesen zu sein. Das kann sicher nicht allein ausschlaggebend für die Datierung der Klagelieder sein, führt aber doch mit anderen Argumenten zu einer nachexilischen Datierung zumindest von Klgl 1 und 4. Für Klgl 2 ist eine nachexilische Datierung nicht so naheliegend, zumindest gibt es dort nichts Zwingendes. Damit dürfte Klgl 2 zu den frühesten Belegen für die akrostichische Dichtung in Israel gehören, wenn es nicht sogar das früheste Beispiel dafür ist.

V. Entstehung

Lange herrschte die Ansicht vor, die Klagelieder seien in einer Unmittelbarkeit zur Katastrophe von 587 v. Chr. gedichtet worden. Die Lieder seien gezeichnet von der Schockstarre angesichts der Trümmer und getragen von der vollkommen verbitterten Anklage Gottes. Solche Einschätzungen waren nicht unbeeinflusst von der Zuschreibung der Klagelieder an Jeremia und dem Incipit der → Septuaginta, das die Klagelieder mit der Zerstörung der Stadt in eine direkte Verbindung bringt. Als diese Zusammenhänge in der kritischen Bibelwissenschaft in Frage gestellt wurden und umgekehrt erkannt wurde, dass es sich in den Klageliedern vielfach um standardisierte Formulierungen handelt, wurden nahezu alle denkbaren Datierungen von 597 v. Chr. bis in die Makkabäerzeit vorgeschlagen.

Die lange vorausgesetzte Augenzeugenschaft sollte nicht als Argument herangezogen werden, da nicht nur einschlägige Details fehlen, sondern auch vergleichbare Klageliteratur zeigt, dass ein Erleben zwar die Schilderung der Katastrophe authentischer macht, dafür aber nicht notwendig vorausgesetzt werden muss. Es gibt durchaus Indizien, dass Klagen über die Zerstörung in Phasen des Wiederaufbaus gehören und der Selbstvergewisserung und Auseinandersetzung dienen. Meist wird für eine Begrenzung der Möglichkeiten der Datierung ins Feld geführt, dass vom Wiederaufbau des Tempels oder einer Restitution Jerusalems noch keine Spur zu finden ist. Die Unsicherheit dabei ist, dass nicht nur die Annahme, ein Bezug auf die Restitution müsse sich finden lassen, wie gerade angedeutet zweifelhaft ist, sondern, was noch schwerer wiegt, über diese Restauration des Tempels und der Stadt keinesfalls eine die Datierung betreffende Sicherheit zu erlangen ist (s. u. VI.12).

Eine Datierung steht grundsätzlich vor dem Problem, dass sich poetische Literatur generell schwer datieren lässt. Eine Möglichkeit ist die Sprachentwicklung und der Gebrauch von bestimmten Wörtern. So benutzt z.B. Klgl 1,1 den Terminus *medînāh* „Provinz", der sonst nur in nachexilischer Zeit belegt ist. Das Zitat in 2,15–16 verwendet wie 4,9; 5,18 eine Relativpartikel, die überwiegend nachexilisch gebraucht wird. Diese Beispiele helfen nur bedingt, weil sie immer eine bestimmte Entwicklung voraussetzen und mit der Singularität des Anfangs nicht wirklich rechnen. *Eindeutige* sprachliche Hinweise für die Datierung der Klagelieder gibt es jedenfalls nicht.

Eine zweite Möglichkeit ist die Frage nach Traditionen, die im Text der Klagelieder vorausgesetzt werden. So scheint 3,37–38 die priesterliche Schöpfungserzählung zu kennen, die frühestens spätexilisch, eher frühnachexilisch entstanden ist. 1,10 setzt das Gemeindegesetz in Dtn 23,4 sicher voraus, wenn es sich sogar ausdrücklich darauf bezieht. Hier schwanken die Datierungen jedoch in der Forschung und es bleibt unklar, wie eng die Verbindung zwischen beiden Texten ist. Gleiches gilt für den Bezug auf die Sünde Sodoms in 4,6. Die meisten Belege für die Zerstörung Sodoms sind zwar nachexilisch und es gibt Stimmen, die auch die Erzählung in Gen 18–19 dazu rechnen, doch dass ein Topos der Sünde Sodoms zuvor bereits existierte, lässt sich kaum sicher ausschließen. Ähnliches gilt für 4,13–16, wo priesterliche Reinheitsvorstellungen im Hintergrund stehen, die erst im nachexilischen Buch Levitikus in Lev 13,44–45 entfaltet werden. Besonders nah scheint Jes 52,11, das mit Klgl 4,15 das doppelte „geht weg!" und die Unreinheit teilt, und wenn Klgl 4 sich darauf bezöge, wäre es frühestens im ausgehenden 6. Jh. v. Chr., eher später zu datieren. Doch ist der Kontext verschieden und zudem eine mögliche Abhängigkeitsrichtung unklar. Vielleicht sind auch die Vorstellungen von Reinheit und Unreinheit deutlich älter, sodass eine Datierung darin kaum einen sicheren Anker findet.

Schließlich können sachliche Argumente ins Feld geführt werden. Wenn in Klgl 1 so stark betont wird, dass Jerusalem keinen Tröster hat, scheint die Heilszeit noch nicht angebrochen. 4,22 kann vielleicht so verstanden werden, dass Juda noch im Exil ist, aber auch das bleibt unsicher. Dass der Gesalbte in ihren Gruben gefangen ist (4,20), ist noch nicht messianisch gefärbt und scheint von der Begnadigung Jojachins 562 v. Chr. noch nichts zu wissen. Auch scheint 4,21 noch vor 553/52 v. Chr. entstanden zu sein, weil es keinen Bezug auf das Ende Edoms durch den babylonischen König Nabonid nimmt. Doch auch solche Argumente lassen sich in die Schwebe bringen, weil z.B. Traditionen über die Bestrafung Edoms wie im Obadjabuch, auf die Klgl 4 über den Zornesbecher und andere Verweise ebenfalls Bezug nimmt, inzwischen mehrheitlich nachexilisch datiert werden, ist man wieder am Anfang. Kurz: Wirklich belastbare Einzelargumente für die Datierung der Klagelieder gibt es nicht.

1. Zum Profil der einzelnen Lieder und Reihenfolge der Entstehung

Das Profil der einzelnen Klagelieder lässt auf eine unterschiedliche Entstehung schließen, die in der Zusammenschau der Argumente lediglich für das zweite und vielleicht das vierte Lied eine Datierung in die Exilszeit erlaubt und selbst die ist nicht wirklich sicher (s. zum Folgenden das Schema zur Entstehung der Komposition S. 39).

Das zweite Lied klagt Gott in unvergleichlicher Weise an, es hämmert die Verantwortung Gottes geradezu ein. Härter kann man Gott kaum anklagen. YHWH hat die Erwählung Zions zurückgenommen (2,1), ist zum Feind geworden (2,5), hat erbarmungslos (2,2) gemordet (2,4–6.21), vernichtet (2,5.6) und verworfen (2,7),

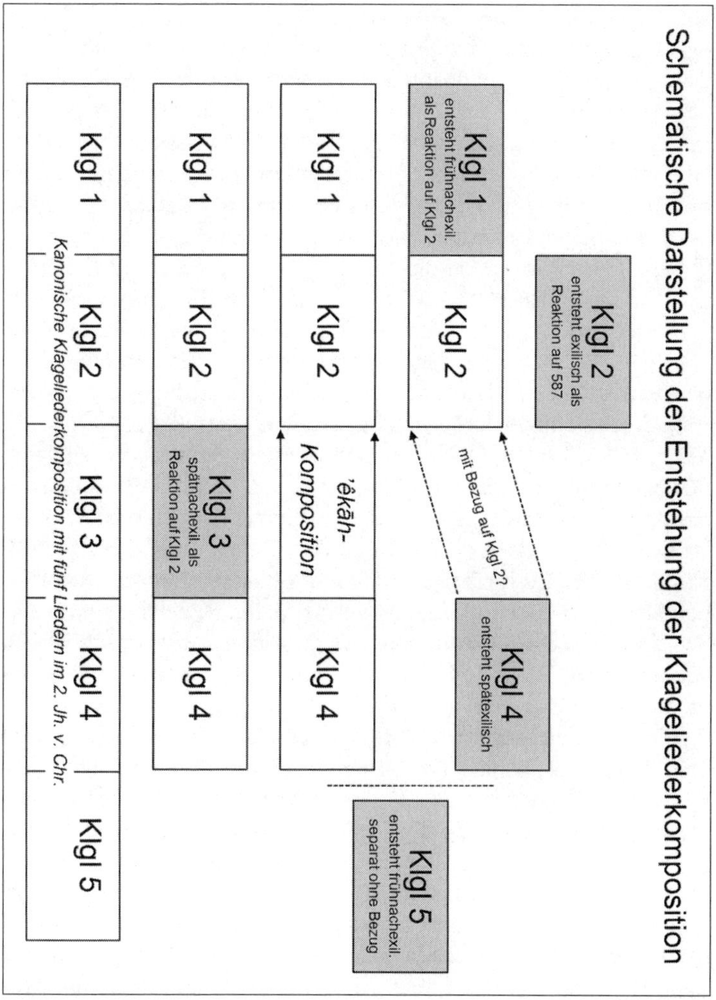

ist fern und unerreichbar. Zion bleibt zurück in tiefster Verlassenheit – ist Gott-los geworden, einsam ohne Halt – ein Zusammenbruch groß wie das Meer (2,13). Gott wird dabei nicht entlastet durch den Hinweis auf die Vergehen Jerusalems, sondern er agiert maßlos in seinem Zorn, was ihm die Klage Jerusalems (2,20–22) vor Augen führt, ohne aber um eine Wende ausdrücklich zu bitten. Das Gottesverhältnis ist gestört, es gibt keine einzige Bitte – nur das verzweifelte „sieh doch!“ (1,9.11.20). Gott ist ein in der Anklage beschädigter Gott. Die heilvolle Seite seiner Macht muss sich in der Zuwendung gegenüber Jerusalem erst wieder erweisen. In letzter Verzweiflung schreit Zion zu ihrem Gott. Schuld gibt es nur im Zusammenhang außenpolitischer Fehleinschätzungen (2,14), nicht als theologische Reflexionskategorie. Lediglich der Verweis auf die Gerichtsprophetie ordnet das Geschehen ein (2,17.22). In geradezu ungeheuerlicher Weise werden zionstheologische Aussagen negiert: Jerusalem ist durch die Zerstörung weder Wohn- noch Heilsort. Das ist nachexilisch schwer denkbar. Eine Transformation, die Gott in den Himmel versetzt, sodass er durch die Zerstörung Jerusalems nicht beschädigt werden kann (Ps 103,19; 113,6; 115,3; 123,1; Klgl 4,1) hat noch nicht stattgefunden. So scheint eine Datierung in die erste Hälfte des 6. Jhs. v. Chr. für das zweite Lied durchaus vertretbar, zumal für eine Spätdatierung ausreichende Indizien fehlen. Wie weit man in der Exilszeit herabgehen will, hängt von der Einschätzung ab, wie viel Innovation man den Klageliedern beimessen will. Sieht man z. B. die Rede von der „Tochter Zion“ und die akrostichische Dichtform als fast ausschließlich nachexilische Entwicklungen, wird man sich eher an das Ende als an den Anfang des Exils bewegen.

Eine vergleichbar harte Anklage gibt es in Klgl 4 nicht, wohl aber eine vergleichbare Enttäuschung. Noch stärker als das zweite Lied ist das vierte von dem Einst-Jetzt-Gegensatz durchzogen (4,1–2.5.7–8). Die Härten der Eroberung werden schonungslos angesprochen (4,3.10), vor allem Hunger und Tod (4,8–10.14). Die Perspektive des Liedes ist die von bürgerlichen Eliten, die von der prosperierenden Stadt vor ihrer Zerstörung profitiert haben und jetzt die Folgen des Zusammenbruchs erleiden (4,5.7–8). Sie, nicht der Tempel oder der Palast, haben der Stadt Glanz und Bedeutung gegeben. Vielleicht ist auch deshalb Jerusalem im vierten Lied nicht vergleichbar personifiziert, weil sich die Trägerkreise als das wahre „Jerusalem“ verstanden. Zion wird als vor der Katastrophe international eingebundene und geachtete Stadt vorgestellt, die jetzt durch den unfassbaren Zusammenbruch erniedrigt ist (4,12.15.18.20). Die Zionstheologie, die die Sicherheit und Unüberwindbarkeit der

Stadt markierte, ist zusammengebrochen (4,12). Das Lied beklagt den Verlust der Institutionen, von denen die Stadt profitiert hat und die einst Orientierung boten: Eliten (4,7), Älteste (4,16), Priester (4,16), vor allem das Königtum (4,20). Die außenpolitischen Fehleinschätzungen werden nüchtern angesprochen (4,17) und mit den ermordeten Gerechten wird eine Opposition gekennzeichnet, die dem moralischen und politischen Verfall nicht zugestimmt hat. Die gewöhnliche Stadtbevölkerung jedenfalls hat versagt und ist in unfassbarer Grausamkeit geendet (4,3–4.9). Anders als im zweiten Lied wird Gott nicht direkt angeklagt. Überhaupt tritt sein Handeln im vierten Lied gegenüber dem zweiten Lied deutlich zurück, auch wenn sein Zorn in V.11 das Unheil bewirkt. Das Gerichtshandeln wird indirekter, wenn nur „sein Angesicht" die Deportation der Bevölkerung bewirkt und er sich abwendet. In dem Heilswort am Ende richtet sich jedoch das Handeln direkt gegen Edom (4,22). Zaghaft beginnt die Reflexion über die Schuld, die sich gegen die Stadt (4,6) und vor allem einzelne Verantwortungsträger (4,13) richtet. Die Stadt, die als Ort der Gerechtigkeit und des Rechts und als Hort der Sicherheit galt, ist durch die Verantwortungslosigkeit und das Unrecht der Führungselite ins Verderben gestürzt worden (4,13–14). Wenn Jerusalem am Ende des Liedes in dem Heilswort von der Schuld freigesprochen wird und ein Ende der Verbannung in den Blick gerät, spricht das für eine spätexilische oder schon frühnachexilische Perspektive. Auch dass die Eroberung Bozras durch Nabonid und sein Vordringen nach Nordarabien (in das Land Uz) 553 v. Chr. im Hintergrund stehen könnte und vielleicht als *vaticinium ex eventu*, also nach den Ereignissen, reflektiert wurde, spricht für eine solche Datierung. Der Bezug zu der Gerichtsprophetie über Edom im Obadjabuch würde das Pendel hin zur nachexilischen Zeit ausschlagen lassen. Mit der Rede vom Zorn (2,1–4.6; 4,11), der Schuld (2,14; 4,6.13.22), dem Hinweis auf die Propheten (2,9.14.20; 4,13) oder dem Motiv des Hungers (2,12.19; 4,4.9–10) gibt es Verbindungen zwischen dem zweiten und vierten Lied, doch überwiegen die Unterschiede. Das vierte Klagelied setzt andere Akzente und wurde nicht mit direktem Bezug auf das zweite gedichtet.

Das ist anders mit dem ersten Lied, das sich mehrfach auf das zweite bezieht und den Eindruck macht, als sei es als Ergänzung oder gar Korrektur des zweiten Liedes geschaffen. Das lässt sich vor allem am Umgang mit Schuld festmachen, der sich auch vom vierten Lied noch einmal deutlich unterscheidet. Unmittelbar auffallend ist die Differenz in der Haltung gegenüber Jerusalem. Das Eingangsbild der Witwe unterstreicht die Verlassenheit Zions ebenso wie das wiederkehrende Motiv vom fehlenden Tröster. Zion schreit zu Gott, er möge ihr Verachtetsein (1,9.11) und ihre grenzenlose Trauer (1,16) endlich zur Kenntnis nehmen. Während das zweite Lied Gottes zorniges und erbarmungsloses Handeln einhämmert, tritt das *aktive* Handeln Gottes im ersten Lied deutlicher zurück und die Feinde handeln als Werkzeug YHWHs (1,14.17). Auch wenn klar ist, dass YHWH Zion das Leid zugefügt hat (1,5.12–13.17.22), liegt der Grund nicht in der Willkür oder Ungerechtigkeit Gottes. Mehrfach wird die Schuld Jerusalems in den Vordergrund gerückt und Zion bekennt ihre Sünden (1,5.8.14.18.20.22), sodass das Leid zur Sündenstrafe wird. Das führt in die klare Gerichtsdoxologie „YHWH ist gerecht" (1,18). Gott wird entlastet, Zion belastet. Darin scheint das erste Klagelied die Härte der Anklage des zweiten Liedes zu mildern. In einer theologischen Verlagerung der Verantwortung wird der beschädigte Gott aus Klgl 2 gerechtfertigt. Während Zion in Klgl 2 nur anklagend Gott gegenübertritt, bittet Jerusalem jetzt um Vergeltung gegenüber den Feinden (1,22). Das erste Lied ist voll von Tränen und macht betroffen, durch die hohe Emotionalität der vom Leid Betroffenen. Die emotionale Befindlichkeit und traumatisierte Körperlichkeit Jerusalems finden sich ausschließlich im ersten Lied. Während das zweite Lied ein emotionales Netz zwischen Sprecher und Jerusalem knüpft und dadurch die Perspektive des Betrachters forciert, zielt Klgl 1 auf die Identifikation der Lesenden mit Jerusalem. Dieser Wechsel der Perspektive von der Betrachtung zur Teilhabe weist eher auf die Zeit des Neuanfangs als auf die Katastrophe. Jerusalem bedarf der gnadenhaften Zuwendung YHWHs. Hier verbindet das erste Lied viel mit Deuterojesaja und der frühnachexilischen Heilsprophetie. Andere Linien führen in die dtn-dtr Theologie. So gibt es eine Reihe von Bezügen zum Fluchkapitel Dtn 28, das vieles ankündigt, was Jerusalem widerfahren ist. Das Schicksal der Zerstörung wird als Gericht verstanden und war als Folge angekündigt. Doch anders als das Dtn hebt Klgl 1 weder auf einen Bundesschluss ab noch wird das Vergehen Jerusalems im Fremdgötterdienst gesehen. Von der Umkehr Jerusalems wird eher implizit geredet. Von den fünf Belegen von *šub* „wenden, umkehren" in 1,8.11.13.16.19 formuliert *keiner* im Stil der dtn-dtr Umkehraussagen. Weder die Namenstheologie noch die Umkehrtheologie haben ihre Spuren in Klgl 1 hinterlassen. Perspektiven des Neuanfangs wie etwa die in der nachexilischen Prophetie entwickelte Vorstellung von Umkehr, Transformation und Neuschöpfung (Ez 11,19; 18,31; 36–37; Jer 31,31–34; Ps 51,12) scheint noch in weiter Ferne. Das alles spricht für eine (vielleicht noch früh-)nachexilische Entstehung in Jerusalem, in einer Zeit, in der tastend Neuanfänge versucht werden und in Auseinandersetzung mit der Zionstheologie eine neue Identifikation mit der Stadt als erwählter Ort der Gottesgegenwart gesucht werden muss. Wahrscheinlich waren es die Autoren oder Tradenten des ersten Liedes, die aus den Liedern 1, 2 und 4 eine erste Klagelieder-Komposition geschaffen haben, die mit einem positiven Schluss in 4,22 endete. Die drei Lieder verbindet der gleiche Anfang mit dem „Weh!" bzw. „Ach!"

Das dritte Lied ist noch einmal ganz anders als die vorhergehenden Lieder. Es ist mit klarem Bezug und ebenfalls als theologische Korrektur des zweiten Liedes geschaffen und verstärkt die Tendenzen des ersten Liedes. Dabei ergänzt es die Aussage „Gott ist gerecht" (3,34–36) durch das von der Tradition vorgebebene *und barmherzig* (3,22–23.32). Das Leiden der gegenwärtigen Zeit wird eingeordnet in einen größeren geschichtstheologischen Zusammenhang (3,31–33). Gottes universales Handeln (3,37–38) ist wie im Ijobbuch an einer übergeordneten Gerechtigkeit orientiert (3,37–39), die für den Menschen nicht notwendig durchschaubar ist. Dennoch bleibt Gott derjenige, der auf die Fürbitte hin sein Erbarmen gewährt (3,41–42.48–50). Am Ende wird sich Gottes Gerechtigkeit durchsetzen, aber Gott handelt nicht nach menschlichem Ermessen. Das Kollektiv, in dem Jerusalem erkannt werden kann (3,44–48), aber nicht muss, soll sich an den Erkenntnissen des paradigmatischen Beters orientieren, der Leid (3,1–17) und Mitleid (3,48–51) kennt. Das dritte Lied löst sich an der Textoberfläche von dem Schicksal Jerusalems, behandelt aber im Hintergrund das theologische Problem, das durch Klgl 2 aufgebrochen ist: Wie kann das zerstörte Gottesverhältnis wieder zu einer gelungenen Gottesbeziehung gewandelt werden? Dazu bedient sich das dritte Lied in einer Art Rollendichtung des paradigmatischen Beters in 3,1, der wie Jerusalem Leid von YHWH erfahren, aber sein Vertrauen auf das rettende Eingreifen Gottes bewahrt hat. Um das überzeugend darzulegen, setzt das dritte Lied *Tradition* ein: Mit dem Rückgriff auf die individuelle Rettungserfahrung und das daraus resultierende Vertrauen auf den rettenden und sich erbarmenden Gott – beides lehnt sich eng an individuelle Vertrauens- und Danklieder in den Psalmen an – kann nach Ansicht der Tradenten eine Überwindung der Krise gelingen. Man kann das dritte Lied als *Erfindung der Theologie* auffassen, denn es führt die Reflexion auf Gottes Handeln und sein barmherziges Wesen als Quellgrund neuen Vertrauens ein. Mit der Hilfe der Tradition werden die Probleme der Gegenwart zu lösen gesucht. Der Grad der theologischen Bildung ist hoch, denn Klgl 3 nimmt vielfach auf die Weisheitstradition Bezug und bezieht auch Texte aus Propheten und Pentateuch in das Netzwerk von Bezügen ein. Gott ist transzendent. Er ist in den Himmel entrückt (3,44.50) und der universale, einzige Gott (3,38.66), auch wenn sein direktes Handeln die Katastrophe bewirkt hat (3,43). Klgl 3 ist eine abgeklärte Dichtung, die in Reflexion und Tradition Lösungsmodelle für die Bewältigung der Theodizee-Frage sucht, ohne die Notwendigkeit der Klage zu leugnen. Die ausgefeilte Dichtung, die die poetische Technik des → Akrostichons perfektioniert, ist gezielt nach Klgl 2 gesetzt worden, sodass dieses Lied nun von Aussagen zur Gerechtigkeit und dem Nachdenken über die Schuld gerahmt wird und die Komposition am Ende noch immer positiv in 4,22 endet. Klgl 3 ist eher im 4. als im 5. Jh. v. Chr. entstanden.

Das fünfte Lied schließlich ist unabhängig von der ursprünglichen Sammlung Klgl 1–4 entstanden. Es ist ein Volksklagelied, das nicht auf die übrigen Lieder Bezug nimmt und auch Jerusalem abgesehen von 5,11.18 kaum thematisiert. Das Land, nicht unbedingt die Stadt, leidet unter der Fremdherrschaft (5,2–5.8.13.16). Die Sachverhalte, die beklagt werden (Unterdrückung, Vergewaltigung, Hunger etc.) erscheinen nahezu standardisiert, jedenfalls hat man nicht wie in Klgl 2 oder 4 den Eindruck des unmittelbaren Erlebens. Vielmehr werden Aspekte der geschichtlichen Entwicklung (V.6–7), der Eroberung (V.12.16), mit den Folgen (V.2–5.13–15) zusammengestellt. Vielleicht liegen in V.9 Anklänge an die Expansion der protoarabischen Edomiter und die Errichtung der Provinz Idumäa im Süden des Landes vor, die als „übergriffig“ empfunden wurden, was die fast ausländerfeindliche Distanz gegenüber den Fremdherrschern V.2 noch verstärkt. Das „Wir“ scheint schon mindestens eine Generation von dem Zusammenbruch der nationalen Strukturen entfernt zu sein (5,7) und ein Ende der Generationenhaftung herbeizusehnen. Die Frage „wie lange noch?“ bestimmt die Argumentation (5,20–22). Derartige Fragen wurden vielfach in der exilischen und nachexilischen Literatur thematisiert. Anders als in den übrigen Liedern sind hier Anklänge an das Gottkönigtum zu erkennen (5,19). Aus der Anrede und der Schlussbitte spricht ein Vertrauen in das Geschichtshandeln Gottes, in dem die Barmherzigkeit Gottes und nicht sein Zorn die Erwartung der Wende bestimmt. Die Diskussion um Erwählung und Verwerfung ist jedenfalls auch noch deutlich nach dem Ende des Exils in der alttestamentlichen Literatur präsent. Ob man ausgehend von 5,18 auf eine Entstehung vor dem Wiederaufbau des Tempels schließen kann (zur Diskussion s. u.)? Das Lied ist vielleicht in den Tradentenkreisen der Asafpsalmen im 6./5. Jh. entstanden, aber zunächst unabhängig überliefert. Um die bestehende Komposition in Anlehnung an die fünf Bücher des Psalters und die fünf Bücher des Pentateuch zum Ausdruck der Vollständigkeit zu erweitern, wurde das Lied – vielleicht erst im zweiten Jahrhundert – zu der Sammlung der Lieder 1–4 hinzugesetzt. Vielleicht haben die Anklänge in V.10–18 die Zusammenstellung begünstigt. Klgl 3 rückt damit noch eindeutiger ins Zentrum.

2. Zur Komposition der Klagelieder

Zwar rückt durch die Anfügung von Klgl 5 das dritte Lied in eine Zentralstellung, doch kann außer dem deutlichen theologischen Gewicht des dritten Liedes nicht sehr viel für eine konzentrische Komposition ins Feld geführt werden, auch wenn das immer wieder vorgeschlagen worden ist. Ein gezielter Bezug von Klgl 1 und 5 bzw. 2 und 4 aufeinander lässt sich nicht plausibel machen. Die (rechnerische) Mitte der Komposition ist nach der → masoretischen

Zählung 3,34, worin kaum ein konzentrischer Fluchtpunkt der Komposition zu erkennen ist. Ein Gedankengang oder eine Zentralaussage, die sich durch die Zusammenstellung ergeben würde, lässt sich ebenfalls nicht herausstellen. Mehrfach ist 3,21–39 als Zentrum vorgeschlagen worden, sodass die Erinnerung an Gottes Erbarmen, Huld und Zuwendung als Wende im „Gebetsprozess" der Klagelieder verstanden werden soll. Sicherlich kommt dem Abschnitt eine zentrale Bedeutung zu und man wird in der Aussage, dass Gott sein Volk nicht verworfen habe, auch einen theologischen Flucht- und Höhepunkt sehen dürfen. Dass aber die Komposition daraufhin ausgerichtet sei, wird man nicht behaupten können, zumal nicht erkennbar ist, wie sich die Klagelieder darauf beziehen.

Auch die Verteilung der Sprecherrollen führt nicht auf eine gezielte Komposition aus einer Hand. Zwar fällt auf, dass die Stimme Jerusalems von der Stimme des „Wir" überblendet wird, in der in Klgl 5 auch die Stimme des Einzelnen oder Beobachters aufgeht, doch ist das kaum das Anliegen der Anordnung der Lieder. Dass die jeweiligen Buchstabensektionen zueinander in Beziehung stehen, also z. B. die *Kaph*-Strophen 1,11; 2,11; 3,31–33; 4,11 und 5,11, ist ein zu kryptisches System, das zudem in vielen Fällen wie in dem angeführten Beispiel nur mit großer Mühe greift.

Für eine grobe Orientierung eignet sich ein Verständnis nach Phasen der Eroberung, das sich an situativen Aspekten festmacht. Es fällt auf, dass im fünften Lied zwar nicht ausschließlich, aber doch tendenziell „Nachkriegsphänomene" im Vordergrund stehen. Etwa mit den Eigentumskonflikten, der exorbitanten Teuerungsrate bei Lebensmitteln oder den unerträglich hohen Steuern. Daneben lässt sich festhalten, dass die Zerstörung des Heiligtums im zweiten Lied erwähnt wird, im ersten aber nur das Eindringen der Fremden und die Verunreinigung des Heiligtums. Das führt dazu, in der Anordnung den Ablauf der Geschehnisse wiederzuerkennen (s. dazu u.): Die erste Eroberung Jerusalems 597 v. Chr. in Klgl 1, dann die Zerstörung des Heiligtums in der zweiten Eroberung in Klgl 2, die Plünderung der Stadt und die Ermordung ihrer Bewohner in Klgl 4 sowie die Entbehrungen unter der Herrschaft der Neubabylonier-Perser in Klgl 5. Klgl 3, das auf Jerusalem und die Ereignisse keinen direkten Bezug nimmt, würde dann als Reflexion über dem ganzen Prozess stehen und nach Bewältigungsmöglichkeiten suchen. Das Problem auch dieses Vorschlags ist, dass er jeweils nur einzelne Aspekte herausgreift und in den Vordergrund rückt.

Es gibt eine Reihe von weiteren Vorschlägen zur durchdachten Komposition, die jedoch alle mehr oder weniger an der Vielfalt der Aspekte im Text vorbeigehen. Das gilt auch für die vermutete Anordnung der Klagelieder nach den fünf Phasen des Sterbens, die auch für die Bewältigung von traumatischen Erfahrungen Geltung haben können. In dem idealtypischen Modell folgen auf die Isolation und Nicht-Akzeptanz (1), Zorn und Ärger des Betroffenen (2), dann schließt sich eine Phase des Verhandelns an (3), die von einer depressiven Phase gefolgt wird (4) und am Ende mit der Akzeptanz schließt (5). Es bedarf viel Phantasie, um im fünften Lied die Akzeptanz zu entdecken und einiger Verkürzung, in dem positiven Schluss von Klgl 4 die Depression wiederzufinden. Richtig ist daran sicherlich, dass es den Klageliedern um Bewältigung geht, aber es gibt keinen wirklichen Fortschritt, der auf Bewältigung zielen würde. Es ist vielmehr gerade so, dass die Anordnung der Klagelieder *nicht* auf ein Ziel, einen Fortschritt, eine Heilszusage oder eine Lösung zuläuft. Dass die Klage gerade in den ersten Liedern immer wieder neu einsetzt, sich wiederholt und nicht enden will, ist nicht nur authentisch, sondern wird auch in 3,20 reflektiert. Die Betroffenheit, die nach lauter Klage wieder verstummt, in Depression und Lähmung verfällt, um dann wieder „von vorne" zu beginnen, spiegelt zutreffend den Eindruck von Traumatisierten, die in ihrer Welt gefangen sind. Trauer verfliegt nicht einfach, sie hebt sich nicht von der unbelasteten Wirklichkeit ab, sondern senkt sich wie ein Nebel immer neu über das Leben. „Die Trauer ist ein Vogel mit verwundeten Flügeln." (Rose Ausländer) Erlittene Gewalt gibt keine Ruhe, auch nicht, wenn sie sich aus dem unmittelbaren Erleben in das kollektive Gedächtnis verflüchtigt hat. Sie fordert immer wieder die Auseinandersetzung ein. Das gilt für die Stadtfrau Jerusalem ebenso wie für die Leserinnen und Leser der Klagelieder. Darin ist die Notwendigkeit der Klage angesichts des Leids zu erkennen, auch wenn das vielleicht nicht das erste Anliegen der Komposition gewesen ist. Wiederholung, auch die Wiederholung der Klage, ist ein Modus der Bewältigung, da doch bei allem Stillstand in der Repetition neue Aspekte in die Klage eingeführt werden. Der Blickwinkel verändert sich langsam, aber mit zunehmender Wiederholung letztlich durchgreifend. Erst wenn ein Punkt erreicht wird, der die Klage selbst in den Blick nehmen kann, kann die Wiederholung durchbrochen werden. In den Klageliedern leistet das der paradigmatische Beter des dritten Liedes durch den Rekurs auf das verlorengegangene Vertrauen. Er erkennt, dass die Wiederholung „Wermut und Gift" (3,19) ist. Das „das will ich mir zu Herzen nehmen" (3,21) ist eine selbstreflexive Wende im Klagen. Daneben steht das „Wir", das in die Klage hineingezogen wird und so deutlich macht, dass Jerusalem eine „Kollektivfigur" ist, die nur durch Empathie aus der traumatischen Lethargie zu befreien sein wird. Unter diesen Rücksichten ist die Komposition der Klagelieder eine Rechtfertigung der Klage und ein Modell für die Bewältigung kollektiver Krisen.

3. Besonderheiten

Es ist nicht nur von Bedeutung, was alles in den Klageliedern wie zur Sprache kommt, sondern vielleicht auch ganz hilfreich, auf das zu schauen, was nicht angesprochen und behandelt wird. Dazu ist besonders der Vergleich mit den Psalmen heranzuziehen: Die Feinde Jerusalems z. B., von denen in 1,2.5.7.9.16.21; 2,3–5.7.16–17.22; 3,46.52; 4,12 im Singular und Plural die Rede ist, bleiben wie in den Psalmen weitestgehend unkonkret. Dabei hätte man die Erwähnung Babels oder Nebukadnezzars erwarten können. Lediglich Edom wird in 4,21–22 herausgehoben. Während in den Psalmen häufiger von Rache und/oder Vergeltung gesprochen wird (Ps 18,48; 41,11; 58,11; 62,13; 79,10; 94,1.23; 99,8; 149,7), kommen die Wurzeln *nqm* und *šlm* abgesehen von 3,60 nicht vor. Der Sache nach ist die Vergeltung an den Feinden in 1,22; 4,21; 3,64–66 präsent, steht aber auch nicht im Vordergrund. Die Gottlosen oder Frevler, von denen in den Psalmen sehr häufig gesprochen wird (Ps 1,1; 7,10; 11,2; 75,5.9 u. ö.), kommen ebenso wenig vor wie der Gegensatz von Gerechten und Frevlern. Obwohl Gerechtigkeit im Hintergrund eine große Rolle spielt, taucht das Wort nur in 1,18 auf, wo YHWH als gerecht bezeichnet wird. Lediglich in 4,13 gibt es eine Andeutung, dass es Gerechte in Jerusalem gab, die ermordet wurden. Auffallend ist auch, dass alle Armenbegriffe, die in den

Psalmen in unterschiedlicher Dichte vorkommen, in den Klageliedern nicht auftauchen. Lediglich der Begriff *'ônî* „Elend", der aus der gleichen Wurzel wie die gebeugten Armen gebildet ist, taucht in 1,3.7.9; 3,1.19.33 auf. Das deckt sich zwar mit den Korach- und Zionspsalmen, in denen die Armen als Gruppe kaum präsent sind, ist aber doch auffallend, weil ja gerade in Klgl 5 auch materielle Armut thematisiert wird. Abgesehen von 4,13 gibt es keinen Ansatzpunkt, in dem die Opfer der Katastrophe idealisiert werden. So werden zwar die Alten, Mädchen, Jungmänner, Noblen etc. heroisiert, aber nicht als Gruppenideal stilisiert. Ansätze der nachexilischen Armentheologie der Psalmen fehlen völlig.

Nimmt man nicht alleine die Psalmen zum Ausgangspunkt des Vergleichs, so gibt es weitere Auffälligkeiten: So fehlen z.B. die beiden Charakteristika des Sabbats und der Beschneidung vollständig. Lediglich in 2,6 ist der Vollmondsabbat angesprochen. Nicht nur jegliche Verweise auf die sühnende Funktion des Kultes am Tempel fehlt in den Klageliedern, sondern auch jeder Opferbegriff. Zwar werden der Altar (2,7), die Feste (1,4; 2,6.22) und Priester (1,4.19; 2,6.20; 4,13.16) erwähnt, doch bleibt der Kult im Heiligtum eigentümlich blass. Auffallend ist auch, dass andere Götter und ihre Verehrung nicht thematisiert werden. Der Untergang wird nirgendwo als Folge einer Verletzung des Ausschließlichkeitsanspruchs verstanden. Die Bündnisse, die Jerusalem zur Rettung außenpolitisch geschlossen hat, werden nicht mit Bezug auf das Bündnisverbot (Ex 23,32; Ex 34,15–16; Dtn 7,1–5; Ri 2 etc.) kritisiert. Es wird auf keine der Verheißungen an die Väter Bezug genommen. Von den Vätern ist lediglich in 5,7 die Rede, wo die vorgängige(n) Generation(en) gemeint ist/sind. Weder Land- noch Mehrungsverheißung (Gen 13,16; 15,5; 26,4.24; Dtn 7,13; 13,18; 30,16 u. ö.) werden angesprochen, überhaupt ist eine Theologie des Landes wie etwa im Deuteronomium nicht zu erkennen. Auch die Bundeskategorie fehlt ebenso wie jegliche Gesetzesthematik. Nirgendwo wird auf vorgegebene Gesetze rekurriert, der Begriff *mišpaṭ* wird lediglich in 3,35.39 für das Recht des Einzelnen benutzt und *tôrāh* in 2,9 für die Einzelweisung der Priester am Heiligtum. Es gibt keinen Verweis auf die Vorgeschichte Israels im Exodus oder die Eroberung Jerusalems durch David. Das „goldene Zeitalter" Jerusalems wird in der Gegenüberstellung von „einst" und

„jetzt" im ersten und vierten Lied thematisiert, doch finden sich keine Hinweise auf die Erwählung oder die Geschichte der Stadt.

Manches davon erklärt sich sicher durch die Besonderheit der Klagelieder, anderes ist für die exilisch-nachexilische Literatur durchaus bemerkenswert und trägt zum Profil der Klagelieder im Kanon bei.

VI. Zum zeitgeschichtlichen Hintergrund der Klagelieder

Kein anderes Ereignis in der Geschichte Judas ist so einschneidend wie der Verlust der Eigenstaatlichkeit, der mit dem Datum 587/86 v. Chr. verbunden wird und der in der Tempelzerstörung gipfelt und im Babylonischen Exil mündet. Nebukadnezzar (*Nabû-kudurri-uṣur* „Nabu schütze meinen Erbsohn"), der in der biblischen und nachbiblischen Rezeption zur wahnsinnigen wie grausamen Figur geronnene babylonische Herrscher von 605–562 v. Chr., belagert die Stadt Jerusalem und erobert sie in seinem 19. Regierungsjahr durch den ranghöchsten Militär Nebusaradan am 7. oder 10. im Monat Av. Er lässt die Stadt plündern und nach einem Monat Schwebezustand den Tempel zerstören.

1. Juda im Kräftespiel der Mächte

Doch hängt dieses Ereignis nicht so sehr an dem einen Datum 587/86 v. Chr., sondern hat einen längeren Vorlauf und eine noch längere Nachgeschichte. Die Vorgeschichte reicht weiter zurück und zeigt ein mehrfaches komplexes außenpolitisches Versagen der politischen Führung Jerusalems. Die Bibel stellt die Geschichte überwiegend aus judäischer Perspektive dar. Demzufolge war Juda ein Staat, in dem die glorreiche Dynastie von David und Salomo fortgeführt wurde. Die dynastischen Herrscher waren dabei eigenständig und souverän in ihren Entscheidungen. Die tatsächliche Lage war wahrscheinlich eine ganz andere. Politisch eigenständig war der Staat Juda in der Königszeit überhaupt nur sehr bedingt. Seine Entstehung als funktionierender Staat verdankt

Juda den Omriden (882–845 v. Chr.) und den Nimschiden (845–747 v. Chr.), die in Samaria herrschten und Jerusalem als Filialkönigtum unter ihre Herrschaft brachten. Erstmals politisch abhängig von einer überregionalen Hegemonialmacht wurde Juda im ausgehenden 9. Jh. im Kontext der Bestrebungen des Aramäers Hasaël, die südliche Levante unter seine politische Kontrolle zu bringen. Bis zum Untergang des Staates war Juda erst von Israel, dann von Aram-Damaskus und schließlich ab der Mitte des 8. Jhs. v. Chr. von Neuassyrern und zwischendrin immer wieder auch von den Ägyptern abhängig. Dabei gab es Phasen größerer und geringerer politischer Autonomie, aber ganz hat sich Juda eigentlich nie aus den Vasallitäts- und Abhängigkeitsverhältnissen befreien können. Juda war eine Mittelmacht zwischen den Großmächten, die immer wieder zum Spielball der machtpolitischen Großinteressen wurde. Nicht Bodenschätze oder ökonomische Ressourcen machten Juda dabei in erster Linie interessant, sondern die strategische Bedeutung, einer der Pufferstaaten auf der syro-palästinischen Landbrücke zwischen den Mächten am Nil und am Eufrat bzw. Tigris zu sein. Doch diese zwischen die Großmächte eingeklemmte Existenz hatte nicht nur Nachteile, die das Land unter dem jeweils eingeforderten Tribut ökonomisch völlig ausgetrocknet hätte. Es gab immer wieder Phasen der Prosperität, in der es unter der jeweiligen Schutzmacht gelang, die zentrale Stadt Jerusalem zusammen mit ihrem Hinterland zu entwickeln. Besonders bemerkenswert war der Ausbau des judäischen Staates im 8. Jh. v. Chr. als der Druck auf den Nordstaat eine Loslösung ermöglichte. Juda konnte nach Westen und Süden expandieren und erstmalig zu einem Flächenstaat heranwachsen. Meist waren solche Phasen der Prosperität mit Verschiebungen in der Machtbalance im Großraum verbunden. Sie führten häufiger zur Selbstüberschätzung, wobei das Streben nach politischer Autonomie in der Regel von den Großmächten schnell wieder eingegrenzt wurde. In Jerusalem im 8./7. Jh. v. Chr. wurde politisch heftig und mit sehr gegensätzlichen Positionen diskutiert, wie viel Eigenständigkeit man sich politisch erlauben konnte bzw. sollte, wovon etwa Jesaja, Jeremia oder Micha eindrücklich Zeugnis geben. Soll man Bündnisse eingehen, bevor man dazu gezwungen wird? So fordert etwa Jeremia, um nur ein Beispiel zu nennen, in Absetzung von anderen Propheten in dem ersten Jahrzehnt des

6. Jhs. v. Chr., sich Babel zu unterwerfen, was in späterer Überformung so klingt:

> So sprach der HERR zu mir: … Ihr aber, hört nicht auf eure Propheten, Wahrsager, Träumer, Zeichendeuter und Zauberer, wenn sie zu euch sagen: Ihr werdet dem König von Babel nicht untertan sein! Denn Lüge prophezeien sie euch, damit sie euch vertreiben von eurem Ackerboden und ich euch verstoße und ihr zugrunde geht. Das Volk aber, das seinen Nacken unter das Joch des Königs von Babel beugt und ihm dient, lasse ich auf seinem Ackerboden – Spruch des HERRN –; es kann ihn bebauen und auf ihm wohnen. Auch zu Zidkija, dem König von Juda, redete ich allen diesen Worten gemäß: Beugt euren Nacken unter das Joch des Königs von Babel und dient ihm und seinem Volk; dann werdet ihr leben! Warum sollt ihr, du und dein Volk, durch Schwert, Hunger und Pest umkommen, wie der HERR dem Volk, das dem König von Babel nicht dienen will, angedroht hat? Hört nicht auf die Reden der Propheten, die zu euch sagen: Ihr sollt dem König von Babel nicht dienen! Denn sie prophezeien euch Lüge. (Jer 27,9–14)

Insbesondere in Phasen, wo die Hegemonialmacht aufgrund von Thronwechseln, Katastrophen oder eigenen wirtschaftlichen Problemen ein wenig schwächelte, brach die Diskussion im Kreis der politischen Berater und Entscheidungsträger auf: Soll man die Loyalität zu Assur, Babylon oder Ägypten aufgeben und zu dem gerade erstarkenden Gegner wechseln? Das ist die Melodie, die im letzten Jahrhundert vor dem Fall immer wieder erklingt. Große Veränderungen hatte der Untergang des Reiches Israel im Zuge der Westexpansion der Assyrer 722 v. Chr. gebracht. Samaria war erobert, die politische Eigenständigkeit des Staates Israel beendet und der unmittelbare Nachbar zur assyrischen Provinz *Samerina* umgewandelt. Von Jerusalem war politisches Geschick gefordert, wenn es dem Druck der Neuassyrer weiter standhalten sollte. Zunächst profitiert das Land wirtschaftlich wie politisch vom Untergang Samarias und erlebt eine Blütezeit des staatlichen Ausbaus. Jerusalem wird nach Westen erweitert und sukzessive stark befestigt. Es ist die größte und bevölkerungsreichste Stadt des Staates, doch auch andere Orte werden ausgebaut: *Ramat Raḥel*, Bet-Schemesch, Geser, Timna, *Tell Bet Mirsim*, Hebron, Aseka, Lachisch, *Tell es-Sebaʿ*, Arad.

2. Lokal – National – International – Zur Rolle YHWHs als Stadtgott in der Gottesstadt

Die Zentralstellung Jerusalems beginnt auch religionspolitische Spuren zu ziehen. Der Gott YHWH, vielleicht ursprünglich nicht einmal im Süden beheimatet, sondern von den Omriden mit nach Jerusalem gebracht, nimmt an Bedeutung enorm zu und wächst vom Dynastie- und Stadtgott zum Nationalgott des jungen Staates heran. Eine Inschrift aus *Khirbet Bet Lay* aus dem 8./7. Jh. v. Chr. lautet „YHWH ist der Gott des ganzen Landes, die Berge Judas gehören dem Gott Jerusalems." In einer ganz bemerkenswerten Entwicklung geht der Einfluss von Lokalheiligtümern zurück. Die lokalen Heiligtümer in Arad, Beerscheba, Lachisch oder *Tel Moza* werden stillgelegt und nicht weiter betrieben – warum ist immer noch nicht ganz klar. In der biblischen Sicht handelt es sich um Kultreformen der Könige Hiskija (2 Kön 18,4) und Joschija (2 Kön 23,8–15). Gleichzeitig nimmt die Bedeutung des Jerusalemer Tempels zu. Die Palastkapelle, die das Heiligtum als Stadttempel seit seiner Errichtung gewesen ist, beginnt sich aus dem Kontext von Palast- und Königskult zu lösen. Der Stadtgott wird zum Nationalgott und die Stadt zur Gottesstadt. Die Tendenz der Universalisierung wird durch die Verbindung des Stadtgottes mit solaren Motiven verstärkt. Die kleine Welt in Juda hat sich entscheidend gewandelt und Jerusalem steht in ihrem Zentrum.

Die religiösen Entwicklungen sind nicht von den politischen und ökonomischen zu trennen. Erstmalig in der Geschichte zeigt Juda erkennbar das Gesicht eines verwalteten Staates, der auch ökonomisch auf stabilen Füßen steht. Juda profitiert von dem unter den Assyrern stark ausgebauten Fernhandel mit Nordarabien, der nicht nur den Negeb zu einer prosperierenden Wirtschafts- und Handelszone macht. Als Ägypten in eine Stärkephase und Assur in eine Schwächephase eintritt, die durch den Thronwechsel von Sargon II. (722–705 v. Chr.) zu Sanherib (705–681 v. Chr.) noch verstärkt wird, verschieben sich die Gewichte. Hiskija von Juda (725–697 v. Chr.), zunächst treuer Vasall der assyrischen Großkönige, sieht darin seine Chance. Er sucht regionale Verbündete und kündigt die unter seinem Vater Ahas errichtete Vasallität auf und fällt von Assur ab (2 Kön 18,7). Die vermeintliche Stärke erweist sich zunächst als Fehleinschätzung. Zwar lässt sich Sanherib zunächst Zeit, greift dann aber Juda auf seinem dritten Feldzug 701 v. Chr. in einer Strafexpedition an. Von der Küstenebene aus, wo Sanherib sich nach der Bezwingung der abtrünnigen Vasallen mit Ägypten auseinandersetzen muss, werden zahlreiche judäische Städte in der Schefela zerstört (2 Kön 18,13). Danach wendet er sich Jerusalem zu. Ob er es wirklich belagert hat, ist nicht ganz sicher, doch geht 2 Kön 18,17//Jes 36,2 davon aus. Aus unklaren Gründen zieht Sanherib unerwartet aus Juda ab – Jerusalem bleibt verschont, auch wenn Hiskija seinen Preis zu zahlen hat (2 Kön 18,14). Selbst wenn es nicht der eigenen Stärke zu verdanken war, wurde die „wundersame Errettung“ als großer Erfolg des Gottes Judas gedeutet: Nicht der Gott Assur hatte die Oberhoheit behalten (vgl. 2 Kön 18,10–13), sondern der nationale Gott, auf den Hiskija im Verbund mit den Propheten alles gesetzt hatte. Die Verschonung der Stadt hat der Zionstheologie einen enormen Aufschwung gegeben und einen Mythos der Unbesiegbarkeit der erwählten Stadt heraufbeschworen, der sich auch in den Klageliedern spiegelt. Sie findet ihren Ausdruck in Aussagen wie „Entzücken der ganzen Welt“ (Klgl 2,15), „Krone der Schönheit“ (Ps 50,2), „sorgenfreie Aue“ (Jes 33,20), „Nabel der Erde“ (Ez 38,12), „fest gegründet wie die Erde“ (Ps 78,69), „der Höchste gibt Zion Bestand“ (Ps 87,5), „der Herr hat den Zion erwählt“ (Ps 132,13), „der Zionsberg: Niemals wankt er, er bleibt in Ewigkeit“ (Ps 125,1), „sichere Burg“ (Ps 48,4), „auf dem du Wohnung genommen“ (Ps 74,2), „heilige Stadt“ (Jes 52,1), „Stadt unseres Gottes“ (Ps 48,2), „Gottesstadt“ (Ps 46,5), „Herrliches sagt man von dir, du Stadt unseres Gottes“ (Ps 87,3), „Gott ist in ihrer Mitte, sie wird nicht wanken“ (Ps 46,6).

3. Die paradoxen Folgen der Errettung Jerusalems

Diese Zuversicht sollte 597 v. Chr. jäh zusammenbrechen. So wie die Verschonung Jerusalems 701 v. Chr. als Rettungs- und Schutzhandeln dem Stadt- und Nationalgott YHWH zugeschrieben wurde, so dann auch die Eroberung und Preisgabe der Stadt. Die Verluste der Strafaktion Sanheribs waren drastisch, der Tributzoll hoch. Die Infrastruktur des judäischen Staates ist stark beschädigt und Jerusalem *de facto* nicht viel mehr als ein Stadtstaat mit Umland. Die folgenden Könige Manasse (696–642 v. Chr.) und Joschija (639–609 v. Chr.) führten Juda mit Geschick durch die wechselnden außenpolitischen Machtkonstellationen und ließen es zu neuer Blüte heranwachsen. Die Dinge beginnen jedoch erneut schwieriger zu werden als die Großmacht Babylon Assur zurückdrängt und schließlich mit der Eroberung Ninives (612 v. Chr.) und Harrans (610 v. Chr.) endgültig besiegt.

Durch den Zusammenbruch der assyrischen Dominanz entsteht in der südlichen Levante kein Machtvakuum. Je schwächer Assur wird, desto mehr erstarkt Ägypten. Pharao Psammetich I. (664–610 v. Chr.) expandiert der Küste entlang nach Norden, erarbeitet sich zunehmend die Kontrolle über die Handelswege im Negeb und bringt am Ende seiner Regierungszeit schließlich ganz Juda unter seine Kontrolle. Zunächst fügt sich Joschija klug in die ägyptische Dominanz und kann von der ägyptischen Kontrolle über die von Megiddo aus verwaltete Provinz profitieren, doch als der Machtwechsel in Ägypten ansteht, nutzt Joschija die Chance und löst sich ab. Pharao Necho II. (610–595 v. Chr.) bestellt Joschija nach Megiddo und liquidiert ihn als abtrünnigen Vasall im Jahr 609 v. Chr.

An die Stelle des ermordeten Joschija wurde zunächst auf Drängen der Jerusalemer Aristokratie sein Sohn Joahas gesetzt, der jedoch nur wenige Monate später von Necho durch den vermutlich genehmeren älteren Sohn Eljakim ersetzt wurde, den er in Jojakim (608–598 v. Chr.) umbenennt. Als dann Nebukadnezzar 605 v. Chr. in Babylon an die Macht kommt, wendet sich das Blatt. Der Neubabylonier greift die Ägypter in Nordsyrien bei Karkemisch, dem heutigen Gaziantep (knapp 100 km nördlich von Aleppo) an und weist die Nilmacht vernichtend in ihre Schranken, auch wenn es ihm nicht gelingt, in das Kernland am Nil vorzustoßen. Aber die Kleinstaaten der Region werden in die Vasallität gezwungen, darunter auch Jojakim von Juda. Das geht einige Jahre gut, weil der Druck Babyloniens jeden Widerstand zwecklos macht. Als aber Necho II. erneut die Neubabylonier an der ägyptischen Grenze zurückschlagen kann und Nebukadnezzar hohe Verluste hinnehmen muss, fällt Jojakim von Babylon ab. Ein schwerer außenpolitischer Fehler, denn Nebukadnezzar erkennt die strategische Bedeutung Judas als ägyptischer Verbündeter und reagiert. Mit einer Verzögerung, die den Abtrünnigen in einer trügerischen Sicherheit wägt, straft er die Stadt Judas 598/97 v. Chr. exemplarisch mit großer Härte ab. Bei der Datierung bestehen leichte Unsicherheiten, je nachdem ob man der babylonischen Chronik, Jer 52,28 oder 2 Kön 24,12 folgt.

4. Die Stadt wird belagert und Jojachin kapituliert

In der biblischen Darstellung bedient sich Nebukadnezzar dabei der östlichen Nachbarn Judas, um sich darin zugleich der treuen Vasallität der Nachbarn zu versichern. Das wird in 2 Kön 24,1–4 breit und mit großem geschichtstheologischem Besteck geschildert. YHWH habe wegen „der Sünde Manasses" die „Räuberscharen der Chaldäer, Aramäer, Moabiter und Ammoniter" gegen Jojakim geschickt. In der babylonischen Chronik hingegen heißt es in nüchterner Kürze: Nebukadnezzar „schlug gegen Juda (sein Lager) auf und nahm die Stadt am 2. Adar ein. Den König nahm er gefangen. Einen König nach seinem Herzen setzte er darin ein. Seine schwere Abgabe na[hm er entgegen un]d brachte (sie) nach Babylon."

Die Eroberung der Stadt hat Jojakim schon gar nicht mehr erlebt. Entweder starb er unter der Belagerung, wie 2 Kön 24,6 berichtet, oder er wurde in den politischen Machtkämpfen von probabylonischen Kräften ermordet. Jedenfalls besteigt sein Sohn Jojachin während der Belagerung den Thron, kann aber nur noch die Kapitulation vollziehen. Wahrscheinlich wird er deshalb nicht ermordet, sondern nach Babylon verbracht und am Königshof als Gefangener versorgt, wie babylonische Archivnotizen belegen.

5. Die Deportation der Bevölkerung nach Babylon

Der von Nebukadnezzar neu eingesetzte König, der den schweren Tribut zu errichten hat, heißt Zidkija – *de facto* zunächst eine Marionette der probabylonischen Kräfte in Jerusalem. Die Folgen für Stadt und Land sind dramatisch, was auch die Formulierung in 2 Kön 24,10–17 nahelegt. Die „schwere Abgabe" von der die babylonische Chronik spricht, meint den Tempelschatz und die Schätze des Palastes, wie 2 Kön 24,13 freimütig eingesteht. Die Oberschicht, die Soldaten und Handwerker ließ Nebukadnezzar nach Babylonien bringen. 2 Kön 24,14 nennt die Zahl 10.000, was aber deutlich übertrieben sein dürfte. Der Text legt großen Wert darauf, dass Jerusalem die Hauptbetroffene ist. „Ganz Jerusalem" wurde in die Verbannung geführt. „Ganz Jerusalem" – genau das will der Text unterstreichen. Zurück bleiben nur die „geringen Leute", die die Infrastruktur nicht alleine aufrechterhalten können. Biblisch heißen die Deportierten *gôlāh* „Weggeführte" oder „Verbannte". Mit dem Begriff – und die Wurzel *glh* fällt gezielt am Anfang des ersten Klageliedes in Klgl 1,3 – wird die erzwungene Migration zum „Identitätsmarker" der Gemeinschaft. Die Weggeführten werden „an den Strömen von Babel", wie es in Ps 137 heißt, in geschlossenen Gruppen angesiedelt. Textlich belegt sind die Orte Tel Abib am Fluss Kebar bei Nippur (Ez 3,15), Tel Melach, Tel Harscha, Kerub-Addon und Immer (Esra 2,59; Neh 7,61), Kasifja (Esra 8,17) sowie *Nehardea*, *Pumbedita*, *Sura* (Jos. Ant. XVIII, 311, 314, 369, 379) und aus jüngeren Texten *āl-Jāḫūdu* und *Bīt Našar*. Dass das Exil nicht nur fürchterlich war, sondern die Judäer in den ihnen zugewiesenen Landparzellen eigenständig wirtschaften konnten und sich in die babylonische Gesellschaft auch zunehmend integrierten, tut hier nichts zur Sache. Für die biblische Darstellung war die Deportation die Entvölkerung des Landes. Auch wenn das historisch so nicht zutreffend war, kommt in der Sicht zum Ausdruck, dass das ökonomische Rückgrat Jerusalems mit der ersten Eroberung weitestgehend gebrochen war. Doch vergehen noch bittere zehn Jahre bis zur Zerstörung des Tempels, in denen Zidkija zunächst unter dem maßgeblichen Einfluss der probabylonischen Kräfte wenig eigene Akzente setzen kann.

6. Zidkija als letzter König Judas

Als 594/93 v. Chr. eine Rebellion in Babylon ausbricht, die die Kräfte Nebukadnezzars innenpolitisch bindet und damit den Ägyptern Raum zum Wiedererstarken gibt, folgt die zweite schwere außenpolitische Fehleinschätzung. 594 v. Chr. findet ein konspiratives Treffen einer palästinisch-phönizischen Kleinstaatenkoalition in Jerusalem statt (Jer 27,1–3). Zidkija stärkt die antibabylonischen, nationalen Kräfte (Jer 28,2–4). Als Nebukadnezzar erstarkt, lenkt Zidkija ein und zahlt erneut Tribut (Jer 29,1–3; 51,59). Dennoch schwankt er und sucht nach dem politischen Vorteil in unruhigen Zeiten. Bloß nicht im falschen Moment auf das falsche Pferd setzen! Doch genau das passiert. Offenbar hat Zidkija die Stärke der Ägypter, vor allem die des aufstrebenden Pharaos Apries (biblisch Hofra, Jer 44,30) falsch eingeschätzt und wirklich geglaubt, die Ägypter würden sich für ihn einsetzen, wenn er sich von Babylon lossagt. Vielleicht waren ihm gar entsprechende Zusagen gemacht worden, um ihn auf die Seite Ägyptens zu ziehen. Nichts davon erwies sich als belastbar. Es kommt zu der nächsten und letzten Strafaktion gegen Jerusalem.

7. Die Zerstörung des Tempels 587 v. Chr.

Der babylonische König Nebukadnezzar verbleibt jedoch in dem ca. 100 km nördlich von Damaskus gelegenenen Ribla und straft so das 300 km entfernte Jerusalem mit militärischer Geringschätzung. Sein oberster Militär Nebusaradan beginnt die Belagerung Jerusalems, muss diese aber unterbrechen als Ägypten die Küstenstädte zu erobern versucht (vgl. Jer 37,6–10). Politisch geht es in Jerusalem drunter und drüber. Erneut steht die Frage an, ob der Widerstand gegen die Belagerung nicht lebensgefährlich ist. Er ist es! Nach einem Jahr wird am 29. Juli 587 (R. Albertz) eine Bresche in die Stadtmauer geschlagen (2 Kön 25,3–4; Jer 39,2; 52,7). Zidkija versucht zu fliehen und durch die judäische Wüste ins Ostjordanland zu gelangen, wird aber bei Jericho gestellt und zur Bestrafung zum babylonischen Großkönig nach Ribla in Syrien gebracht (2 Kön 25,4–7; Jer 39,4–5). Dort muss er zunächst mitansehen, wie seine Söhne getötet werden. Mit diesem Bild in den Augen wird er dann geblendet und nach Babylon in die Gefangenschaft verbracht, wo sich seine Spur verliert (2 Kön 25,7; Jer 52,11). Das Königtum von Juda ist ausgelöscht. Die babylonischen Truppen dringen erneut in die Stadt ein, zerstören sie jedoch erst nach einem Monat auf Befehl des Großkönigs. Wahrscheinlich hat schon der Schwebezustand der Stadt schwere Schäden zugefügt, denn die Neubabylonischen Soldaten werden nicht zimperlich gewesen sein.

Ob und wenn ja, inwieweit sich die Edomiter an der Eroberung Jerusalems beteiligt haben, ist eine für Klgl 4,21–22 wichtige, wenn auch schwer zu beantwortende Frage. Vor allem Obd 1,11–14 wirft Edom vor, schadenfroh gewesen zu sein als Jerusalem erobert wurde (vgl. auch Ez 25,12; 35,5.10–11.15; 36,5). Und nicht nur das! „Am Tag, als du dabei standest, am Tag, als Fremde sein Heer abführten und Ausländer seine Tore betraten und das Los über Jerusalem warfen, da wurdest auch du wie einer von ihnen." (Obd 1,11) Sogar die aus der Stadt Flüchtenden sollen die Edomiter geplündert und niedergemacht haben (Obd 1,14). Noch krasser ist das „Reißt nieder, bis auf den Grund reißt es nieder!" (Ps 137,7)

Sicher ist nicht ausgeschlossen, dass sich die Neubabylonier auch der Unterstützung von Hilfstruppen bedienten, auch wenn darüber aus babylonischen Quellen nichts verlautet. Das Verhältnis der babylonischen Könige zu den protoarabischen Stämmen im Süden war nicht das Schlechteste. Die letzten zehn Jahre seiner Regierung verbrachte etwa Nabonid in der nordwestarabischen Oase Tayma, was auf gute Beziehungen schließen lässt. Dass die proto-arabischen Stämme im Negeb von dem Vorstoß der Babylonier profitierten, wird man ebenfalls kaum abstreiten können. Als bloße Möglichkeit wird man auch nicht ausschließen können, dass sie sogar an der Zerstörung von Siedlungen und Militäranlagen im Negeb beteiligt gewesen sind. Eine aktive Rolle bei der Eroberung Jerusalems jedoch ergibt sich streng besehen aus keiner der vorliegenden Informationen (s. auch u. zu 4,21). Insbesondere in dem Bericht in 2 Kön 25,8–21 wird nichts davon erwähnt. Das haben die Truppen Nebusaradans wohl alleine erledigt. Jerusalem wird dabei schwer traumatisiert.

Am 25. August 587 wird der Befehl zur Zerstörung der Stadt gegeben. In dem Bericht wird die Zerstörung des Tempels unter Anderem aufgeführt, allerdings zuerst genannt: Nebusaradan „steckte das Haus des HERRN, den königlichen Palast und alle Häuser Jerusalems in Brand. Jedes große Haus ließ er in Flammen aufgehen. Auch die Umfassungsmauern Jerusalems rissen die chaldäischen Truppen, die dem Befehlshaber der Leibwache unterstanden, nieder." (2 Kön 25,9–10) Danach geht der Bericht auf die Deportation der Restbevölkerung ein (2 Kön 25,11), wieder mit der Betonung, dass nur noch die arme Bevölkerung im Land verblieben ist (2 Kön

25,12). Schließlich werden in 2 Kön 25,13–17 detailliert die Metallobjekte aufgeführt, die dem König von Babel als Kriegsbeute dienen. Darunter die bronzenen Säulen des Tempels, die großen metallischen Becken bis hin zu kleinen kultischen Gerätschaften, schlicht: *alles*!

Da die Zerstörung eines Heiligtums ungewöhnlich ist und nicht zum Standard der Eroberung einer Stadt gehört – vor fremden Göttern hatte man im Vorderen Orient in der Antike Respekt, sie werden wie die Bevölkerung deportiert –, dürfte die Tempelzerstörung die besondere Schwere des Vertragsbruchs Zidkijas unterstreichen. Sie zielt, wie die abschließend berichtete Ermordung der Aristokratie, die Auslöschung des Königsgeschlechtes und die harte Bestrafung Zidkijas, auf das nachhaltige und restlose Brechen jeglichen antibabylonischen Widerstands. Der Bericht endet mit einem abschließenden Erzählerkommentar, der an Dramatik und Endgültigkeit nichts zu wünschen übrig lässt: „So wurde Juda von seiner Heimat weggeführt.“ (2 Kön 25,21)

8. Die Zerstörung Jerusalems und des Umlandes

Es ist keine Frage, dass es Zerstörungen gegeben hat. Über das Ausmaß herrscht derzeit in der Forschung keine Einigkeit: Manche stellen sie sehr dramatisch dar, andere sind deutlich zurückhaltender. Sicher ist, dass Jerusalem als Verwaltungszentrum nach 587 v. Chr. in der babylonisch-persischen Zeit nicht weiter in Funktion war – wahrscheinlich aufgrund der Zerstörung und weil die Neubabylonier eine nahtlose Kontinuität verhindern wollten. Sicher scheint auch ein massiver Bevölkerungsrückgang in der Stadt. Bis in die späte Perserzeit dürfte Jerusalem mehr oder minder tatsächlich ein verlassenes Nest gewesen sein, denn perserzeitliche Keramik fehlt nahezu auf dem gesamten Südosthügel (ein Schicksal, das Jerusalem mit anderen Orten teilt). Wie weit aber reicht die Zerstörung von Jerusalem und dem Umland?

Die Datierung aller Zerstörungsschichten Eisen IIC-zeitlicher archäologischer Strukturen in Juda auf 597/96, 587/86 bzw. 582 v. Chr., stützt sich eher auf den biblischen Befund als auf das, was von der Archäologie sicher sagbar ist. Der archäologische Befund ist zudem nicht immer eindeutig, weil zum Teil signifikante Zerstörungsschichten fehlen, zum anderen die Keramik der sog. babylonisch-persischen Zeit nicht eindeutig von derjenigen der Zeit vor dem Zusammenbruch zu unterscheiden ist. Die materielle Kultur der Eisen IIC-Zeit bricht nicht ab, sondern setzt sich auch im 6. Jh. nahezu unverändert fort. Das gilt besonders für den Norden von Jerusalem, der weitgehend von Zerstörungen verschont bleibt. Mizpa wird zum Verwaltungszentrum und Gibeon dient als landwirtschaftlicher Produktionsort. Wahrscheinlich wurde auch die im letzten Drittel des 7. Jhs. v. Chr. ausgebaute Palastanlage in *Ramat Raḥel*, einem königlichen Verwaltungsort 4 km südlich von Jerusalem, *nicht* zerstört, sondern bis in die Perserzeit (und dort zunehmend intensiv) weiter benutzt. Auch in der nördlichen Schefela, dem hügeligen Übergang zwischen Bergland und Küstenstreifen, ist mehr Kontinuität als Diskontinuität. Jer 34,7 erwähnt Lachisch und Aseka, die während der Belagerung Jerusalems als übriggebliebene Städte von dem neubabylonischen Heer bekämpft werden. Anders als für Lachisch ist für das nördlicher gelegene Aseka die Zerstörung bisher nicht eindeutig nachweisbar. Das entspricht vielleicht der generellen Tendenz, denn im Süden lässt sich ein signifikanter Einbruch, vor allem im Beerscheba Becken und im Negeb feststellen. Dort werden die festungsartigen Siedlungen (z. B. Arad, *Tel 'Ira, Ḥorvat Tov, Ḥorvat 'Anim, Tel Malḥata, Ḥorvat 'Uzza, Ḥorvat Radum* u. a. m.) gewaltsam zerstört. Auch wenn nicht sicher gesagt werden kann, wer die Verursacher gewesen sind (Neubabylonier, Ägypter, Edomiter, …) und wann genau die Zerstörung erfolgte, ist die Folge, dass die strategisch wie ökonomisch wichtige Pufferzone zwischen Ägypten bzw. dem ägyptischen Einfluss und Judäa bzw. dem neubabylonischen Einfluss lahmgelegt wird. Den punktuellen Zerstörungen folgte ein gradueller Zusammenbruch der Infrastruktur, der zu einer ca. 80 %igen Reduktion der Besiedlung in der Perserzeit führt. Noch stärker war der Einbruch in den Siedlungen am Nordende des Toten Meeres. Die Folgen im Land, insbesondere die ökonomischen und demographischen, waren beträchtlich, worauf die Klagelieder Bezug nehmen könnten (vgl. die Auslegung zu 1,1; 2,5.12; 4,3–5.8; 5,3.10).

9. Kein leeres Land

Dennoch muss dem Eindruck entgegengetreten werden, das Land sei verlassen und menschenleer gewesen. Dieser „Mythos des leeren Landes" lässt das Land bis zur Rückkehr der Exilierten „zur Öde, zum Entsetzen und zum Fluch, unbewohnt (werden), wie es heute noch ist" (Jer 44,22). Am weitesten geht der Erzählerkommentar in 2 Kön 25,21, der „*ganz* Juda" weggeführt sein lässt (vgl. auch Jer 13,19; 20,4; 52,27; Klgl 1,3).

Diese Sicht der völligen Zerstörung des Landes will den Neuanfang in nachexilischer Zeit betonen und die Kontinuität zu der Königszeit möglichst ganz negieren. Das macht 2 Chr 20,36–37 deutlich, wo von 70 Jahren die Rede ist, in denen das Land brach lag, weil *alle* Judäer entweder tot oder exiliert waren. Diese „Zeit der Verwüstung" ging durch König Kyrus zu Ende. Wie zerstört und leer aber war das Land wirklich?

In Jerusalem selbst fanden sich in mehreren Stadtarealen archäologische Spuren der Eroberung durch die Neubabylonier. In der in 2 Kön 22,14 *mišnæh* „Zweitstadt" genannten Teil im Westen der Stadt (s. Abb. 3), der im 8./7. Jh. mit einer breiten Mauer befestigt wurde, ließen sich Spuren der Belagerung und Inbrandsetzung nachweisen. Pfeilspitzen zeugen von Kampfhandlungen. Gewaltsame Zerstörungen zeigten sich auch für die Bebauung, die sich am Fuß der gestuften Substruktion am Südosthügel findet. Unter den zerstörten Häusern findet sich das sog. „House of Bullae" (*Haus der Bullen/Siegelabdrücke*), in dem durch Feuer ein Archiv von 51 gestempelten Tonbullen bewahrt wurde. Auf ein verheerendes Feuer weisen auch die verkohlten Holzreste des sog. „Burnt Room" (*der verbrannte Raum*). Auch die jüngeren Grabungen auf dem Ophel, dem Zwischenstück zwischen Tempelberg und Südosthügel (s. Abb. 3), zeigen Spuren durchgreifender Zerstörung.

Nur von der Zerstörung des Tempels fehlt nach wie vor jede Spur. Kein Mauerrest und auch kein einziges Artefakt gibt noch Zeugnis von der Existenz des Salomonischen Tempels. Das heißt aber nicht notwendig, dass der Tempel vollständig bis auf die Grundmauern zerstört wurde. Die vollständige Zerstörung gehört zum Standard der literarischen Stilisierung einer Katastrophe und kann, muss aber nicht der Wirklichkeit entsprechen, wie viele Beispiele aus der

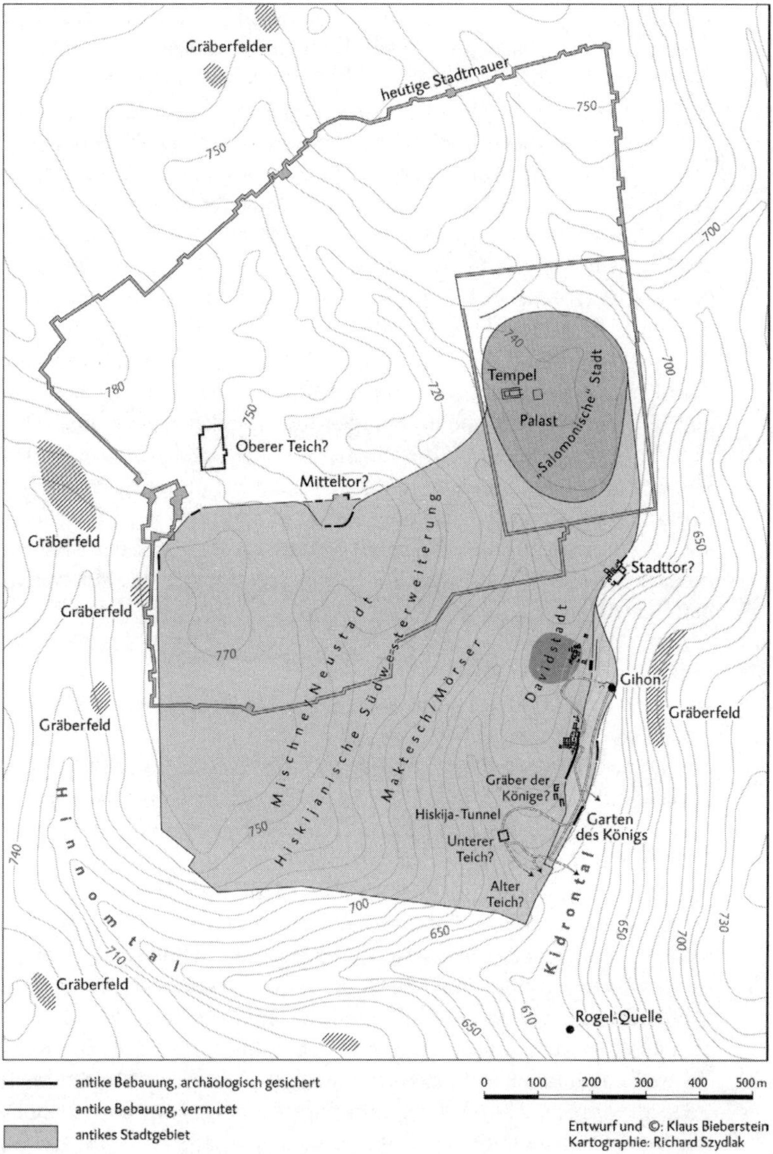

Abb. 3: Jerusalem in der Eisenzeit IIB und IIC

antiken Literatur zeigen. Sie sollte mit entsprechender Distanz und nicht als Bericht gelesen werden. Dass die Zerstörung so nachhaltig war, dass nicht einmal mehr Ersatzrituale auf dem Gelände oder in dem nach der Zerstörung rituell gereinigten Gebäude möglich waren, könnte übertrieben sein, wenn man Jer 41,4–5, wo Opfer „zum Haus des HERRN" gebracht werden, auf einen solchen reduzierten Ersatzkult beziehen darf. 2 Kön 25,9; Jer 52,13; 2 Chr 36,19 und Klgl 4,11 schildern allerdings die Zerstörung als eine *totale* Verwüstung des Tempel-Palast-Bezirks durch Feuer, der Plünderungen des Tempels (2 Kön 25,13–14, Jer 52,17–18) auf dem Fuße folgten. 2 Kön 25,18 lässt Nebukadnezzar auch die beiden obersten Priester Seraja und Zefanja zusammen mit drei Wachkräften aus dem Eingangsbereich nach Ribla abführen und dort mit den Eliten der Stadt umbringen, sodass ein geordneter Kultbetrieb kaum möglich gewesen sein wird. Insgesamt muss allerdings verwundern, wie wenig in den alttestamentlichen Texten auf das einschneidende Ereignis der Tempelzerstörung Bezug genommen wird (vgl. aber Ez 9,1–11; Esra 9,9; Ps 74,3; 79,1). Auch die Klagelieder machen nicht den Eindruck als wäre die Tempelzerstörung das Hauptproblem gewesen.

10. Gab es Klagefeiern am zerstörten Heiligtum?

Die heute sichtbaren Reste des *kotel* (Mauer) genannten Bereichs der Westmauer entstammen der herodianischen Umfassungsmauer des Tempelareals des zweiten Tempels. Der Name Klagemauer (manchmal auch Tränenmauer) hat erst einmal nicht direkt etwas mit den Klageliedern zu tun. Er weist lediglich darauf hin, dass dieser sichtbare Bereich des zerstörten *zweiten* Tempels der Ort war, an dem Klagen über die Zerstörung des Heiligtums ausgeführt wurden. Spätestens seit dem 16. Jh. n. Chr. war Jerusalem Zielpunkt der Wallfahrer und hat diese Tradition bestärkt.

Vielleicht sind solche rituellen Klagen über die Zerstörung des Tempels aber auch schon vorher belegt. Zumindest deutet Sach 7,3.5 an, dass es während der Jahre des Exils im fünften und siebten Monat ein regelmäßiges Fasten gegeben habe (vgl. Sach 8,19; Bar 1,2). Die Zeitangaben könnten auf 2 Kön 25,8; Jer 1,3 und 41,1 bezogen sein, was die turbulente Ermordung Gedaljas und die Tempelzerstörung als Katastrophen zusammenbinden würde. Jer 41,2 schildert einen Trauerzug von achtzig Mann aus den ehemaligen Zentren des Nordens zum Tempel in Jerusalem am Tag nach der Ermordung des von Nebukadnezzar als Verwalter eingesetzten Schafaniden. Zu Recht sind in jüngerer Zeit Zweifel an der Historizität des „Berichtes" in Jer 41,4–9 laut geworden, der den Davididen Jischmael eines Massenmords an Pilgern bezichtigt, die aus Zentren des ehemaligen Nordstaates (Sichem, Schilo, Samaria) zu Trauergottesdiensten an der Jerusalemer Tempelruine gereist seien. „Die Idee eines Blutbades ist so absurd, dass sie nur ein mutwilliges Zerrbild darstellen kann." (H.-J. Stipp)

Die Annahme von regelmäßigen Klagefeiern auf den Trümmern des zerstörten Heiligtums wird in der Forschung sehr oft mit dem liturgischen Sitz im Leben der Klagelieder verbunden. Diese seien dann mit anderen Texten im Gottesdienst vorgetragen worden. Zu den anderen Texten zählen die Volksklagelieder Ps 74; 79; 80; 83; Jes 63,7–64,11, aber auch die sog. Kultprophetie, worunter Obadja gerechnet wird. Allerdings steht auch die These von Kultpropheten auf schwachen Füßen: „Masse und Scharfsinn der den Kultpropheten gewidmeten Studien (haben) keinen durchschlagenden Beweis für ihre Existenz erbringen können." (E. Gerstenberger) Dass der Kult vollkommen stillstand, nachdem die Neubabylonier das Heiligtum entweiht hatten, ist wenig wahrscheinlich. Solchen Fällen wusste man im Vorderen Orient durchaus mit Notlösungen zu begegnen. Von daher wäre auch möglich, dass in Analogie zu Klagetexten aus Mesopotamien Klagelieder in solchen Gottesdiensten Verwendung fanden. Die *balag* und *eršemma*-Klagen wurden mit Instrumentenbegleitung vorgetragen. Nun deutet allerdings in den Klageliedern selbst – abgesehen von Klgl 5, das eine Sonderrolle spielt – wenig auf eine liturgische Verwendung hin. Im Gegenteil, manches spricht sogar gegen die Annahme eines kultischen Vortrags und eine gottesdienstliche Verwendung. So z. B. dass die Dichtung in → Akrosticha in den Liedern 1–4 weit mehr das Auge als das Ohr anspricht (s. o.). Die Bezüge untereinander sprechen für einen literarischen statt kultischen Ort. Besonders Klgl 3 ist eine *Kunst*dichtung, keine *Kult*dichtung. Die Klagelieder sind für den gottesdienstlichen Vortrag zumindest nicht gezielt geschaffen.

Abgesehen davon spielt die Tempelzerstörung selbst in den Klageliedern so gut wie keine Rolle (s. u. den Kommentar zu 1,10; 2,1.6.7; 4,1).

11. Die Stadt steht im Zentrum der Klagelieder

Es ist die Stadt, nicht das Heiligtum, das im Zentrum der Klagelieder steht. Das wird alleine schon durch die Personifizierung in Klgl 1,1, aber auch durch den häufigen Gebrauch von „Jerusalem" (1,7.8.17; 2,10.13.15; 4,12) oder „Tochter Zion" (1,6; 2,1.4.8.10.13.18; 4,22) deutlich. Die Klagelieder sind *Stadtklagen*, was sie mit den viel älteren sumerischen Stadtklagen in bestimmter Hinsicht vergleichbar macht, wo der Tempel der Stadt besonders herausgehoben ist, aber die Stadt im Zentrum der Klage steht. Die Klagelieder sind nicht zuerst eine Klage über das zerstörte Heiligtum.

Dass die Zerstörung des Tempels nicht das Hauptproblem im Exil und danach gewesen ist, mag nur auf den ersten Blick verwundern. Auch in prophetischen Texten steht die Zerstörung der Stadt weit mehr im Vordergrund (z.B. Jer 9,16–21; 34,1–2; 39,2; Ez 40,1). Vor allem das Einreißen der Mauern wird herausgehoben (vgl. Klgl 2,7), womit die Verwundbarkeit der Stadt unterstrichen wird (Neh 1,3; 2,13–14; 3,8, vgl. die positive Schilderung in Jes 26,1). Vom Schleifen der Mauern und Tore Jerusalems gibt es Indizien, doch auch die weisen nicht auf eine totale Verwüstung der gesamten Stadt hin.

Daher hat schon die große britische Archäologin Kathleen Kenyon vermutet, dass nicht die ganze Stadt unbewohnbar geworden worden ist, sondern es – wenn auch zu geringen Teilen – vor allem im Westteil auch Kontinuität gab. Hier bleibt aber vieles Spekulation. Letztlich lässt sich derzeit nur sicher sagen, dass die Bevölkerung massiv zurückgegangen ist und deutlich weniger Areal besiedelt gewesen zu sein scheint. Denn in der Perserzeit bis in das 4. Jh. v. Chr. ist Jerusalem wieder ein verschwindend kleines Nest. Weder der Westteil der Stadt noch der Südostsporn weisen signifikante Besiedlungsspuren, geschweige denn eine Befestigung auf. Die Besiedlung ist – sieht man vom Tempelberg ab – begrenzt auf den Ofel und die Davidsstadt. Einige Archäologen gehen inzwischen von nur etwa 500 Bewohnern aus, andere halten an einer Zahl zwischen 1500 und 3000 Bewohnern fest. Über den Schwund der Bevölkerung in ganz Juda besteht viel Unsicherheit, da die Berechnungsgrundlagen schwanken und zum Teil vermutet wird, dass es einzelne Landgüter außerhalb der urbanen Zentren gab. Insgesamt tendieren die jüngeren Untersuchungen jedoch dazu, die Bevölkerungszahlen in der persischen Provinz Jehud sehr gering (ca. insg. 12.000–20.000 Menschen) anzusetzen (s. u. die Auslegung von 5,3). Der Schwund gegenüber der späten Königszeit ist signifikant und mit deutlich über der Hälfte, in manchen Berechnungen zwei Dritteln sehr markant.

Fasst man den Befund für Juda und Jerusalem zusammen, so ist der Einschnitt tief. Doch auch wenn die Bevölkerungszahlen drastisch zurückgegangen sein werden, leer war das Land deshalb nicht. Die Strafaktion Nebukadnezzars bleibt weitestgehend auf Jerusalem und seine Umgebung beschränkt. Bei aller Zerstörung gab es auch Kontinuität, allerdings *keine* institutionelle Kontinuität. Insbesondere das Königtum und die Tempelverwaltung brechen zusammen, auch wenn es selbst in Jerusalem kultische Interimslösungen gegeben hat und das Land nicht völlig „kultlos" gewesen ist. Die Jerusalemer Aristokratie wird es hart getroffen haben, aber ob auch die Eliten im Umland und auf dem Land ausnahmslos deportiert wurden, wird man offenhalten müssen, denn es verbleiben Kräfte *im* Land. Dabei muss man bedenken, dass es außer der Stadt Jerusalem nicht sehr viele Städte gegeben hat, die das Land hätten ökonomisch tragen können. Das ist vielleicht der Hintergrund, warum Juda und Jerusalem in den Klageliedern nahezu identifiziert zu sein scheinen bzw. die Perspektive z. T. die Städte Judas mit einschließt (1,15; 2,2.5; 5,11). Die Einbindung Judas in den Handel bricht jedenfalls zusammen und es kommt zu einer tiefgreifenden Depression. Das städtische Leben kommt nahezu zum Erliegen. Dennoch muss bei aller Betonung des Einschnitts auch die erkennbare Kontinuität, vor allem in Benjamin, d. h. dem Norden von Jerusalem festgehalten werden. Im Norden ist die Zerstörung deutlich geringer, zum Teil gar nicht erkennbar. In Mizpa werden schon früh neue Wege gesucht, die vielleicht auch mit einer reduzierten ökonomischen Kontinuität im Abgabensystem verbunden sind. Dieses ist auf Wein und Öl-Lieferungen bezogen, die seit jeher das Rückgrat der Ökonomie Judas gebildet haben. Auch aus *Ramat Raḥel*, einer Palastanlage südwestlich von Jerusalem ist eine Kontinuität in der Architektur und den Siegelabdrücken abzulesen. Frühestens ab der Mitte des 5. Jhs. v. Chr. beginnt eine sich erst in hellenistischer Zeit verstärkende Restaurationsphase, die auch an der Verteilung von sog. Jehud-Stempelsiegeln abzulesen ist. Gegenüber dem Königreich Juda im 7. Jh. v. Chr. ist allerdings die Jehud genannte persische Provinz deutlich kleiner und im Umfang weit mehr dem frühen Juda zu vergleichen als der Blütezeit unter assyrischem Einfluss. Weder die Schefela, also das Hügelland zwischen Küstenebene und Bergland im Westen, noch der Süden des judäischen Berglandes, geschweige denn der zuvor ökonomisch und militärisch bedeutsame Negeb im Süden, lassen sich dazu rechnen.

12. Wiederaufbau des Tempels und der Stadtmauern

Klagen über das zerstörte Heiligtum bzw. die zerstörte Stadt sind in den vergleichbaren Zusammenhängen aus Mesopotamien nicht unmittelbar mit den Ereignissen der Katastrophe, sondern vielmehr mit den Phasen des Wiederaufbaus verbunden. Das legt nahe, auch für die Klagelieder noch einen Blick auf die Zeit des Wiederaufbaus zu werfen. Doch erneut scheinen biblische Darstellung und archäologischer Befund weit auseinanderzuklaffen.

Folgt man der biblischen Darstellung, so wird mit der Übernahme der Herrschaft durch den Perserkönig Kyrus im Jahr 539 v. Chr. die Erlaubnis zum Tempelbau gegeben. In dem in 2 Chr 36,22–23 und Esra 1,2–4 wiedergegebenen Edikt schildert Kyrus, dass er von dem „HERRN, dem Gott des Himmels" dazu aufgefordert worden sei – eine propagandistische Angabe, die sich durchaus mit dem in Babylon gefundenen Kyrus-Zylinder vergleichen lässt. Er ordnet auch die Rückführung der Tempelgeräte an, die von Nebukadnezzar nach Babylon verbracht worden waren (Esra 1,7–11). Ein Verfahren, das die Perser auch an anderen Heiligtümern praktizierten. Priester und Leviten kehren aus dem Exil zurück und beteiligen sich tatkräftig am Tempelbau (Esra 1,5–6). Im siebten Monat errichten sie unter der Führung des Hohepriesters in Jerusalem den Opferaltar, feiern das Laubhüttenfest und beginnen den regelmäßigen Opferkult (Esra 3,1–6). Die Grundmauern des Neubaus sind zwar mit der Pracht des ersten Tempels nach Angaben von Esra 3,12; Hag 2,3; Sach 4,10 nicht vergleichbar, aber der Text legt großen Wert darauf, dass nach den 70 Jahren Exil unmittelbar eine Kultkontinuität begonnen wurde. Der Bau gerät dann ins Stocken, weil es Widerstände gibt. Erst 520 v. Chr. wird nach der biblischen Darstellung unter Artaxerxes die Bautätigkeit wieder aufgenommen und der zweite Tempel 515 v. Chr. unter Darius I. vollendet.

Auch von diesem zweiten Tempel gibt es keine verwertbaren archäologischen Spuren. Spannungen in der biblischen Darstellung lassen aber durchaus Zweifel an der Ansicht aufkommen, dass der Tempel bereits Ende des 6. Jh. v. Chr. vollendet wurde. Die oben angesprochene ökonomische Situation jedenfalls spricht eher für ein späteres Datum. Auch sind die (und schon gar nicht alle) Exilierten bereits unter Kyrus oder Darius I. in Massen zurückgekehrt, sondern eher in Maßen verteilt über die nachexilische Zeit, vor allem als es mit Jehud im 5. Jh. v. Chr. wieder langsam aufwärts ging. Vielleicht muss daher der Bau bzw. die Sanierung erst unter Artaxerxes I. (465–424 v. Chr.) oder noch später unter Darius II. (423–405/04 v. Chr.) oder Artaxerxes II. (405/04–359/58 v. Chr.) datiert werden, aber auch das bleibt unsicher. Die biblischen Angaben sind diesbezüglich jedenfalls nicht so zuverlässig, wie es auf den ersten Blick scheint. Außerdem lässt sich kaum noch sagen, wie viel Kontinuität es zum ersten Tempel architektonisch gegeben hat, da der Grad der Zerstörung nur literarisch belegt ist. Klgl 5,18; Jer 10,20; 12,10; Ps 74,3 und andere Texte gehen davon aus, dass der Zionsberg vollkommen verwüstet war, doch könnte das auch eine literarische Stilisierung sein. Geht man für den zweiten Tempel nicht von einem vollkommenen Neubau aus, werden auch nicht so viele Ressourcen benötigt und das Projekt könnte früher in Angriff genommen worden sein. Ein sicheres Datum für einen funktionierenden Tempelbetrieb stellt die Korrespondenz der Nilinsel von Elephantine in Ägypten zur Verfügung. Dort hat sich eine auf das Jahr 407 v. Chr. datierte Petition erhalten, in der ein „Hohepriester Johanan und seine Kollegen, die Priester, die in Jerusalem sind“ erwähnt werden.

Nicht viel anders verhält es sich mit dem Wiederaufbau der Stadt, der biblisch mit dem Statthalter Nehemia verbunden wird. Auch hier wird der Eindruck erweckt, die Stadt sei vollständig in Trümmern gelegen als der Wiederaufbau begann (Neh 1,3; 2,3.13.17). Die biblische Darstellung schreibt den Wiederaufbau einem kollektiven Projekt unter der Führung des ersten Stadthalters zu, nach dem erste Ansätze am Widerstand der Samarier gescheitert waren (Esra 4,12–21). Nehemia, der erste Statthalter der Provinz Jehud, wird daraufhin fast ein Jahrhundert später als persischer Kommissar für Wiederaufbau unter Artaxerxes I. 445 v. Chr. in das Land geschickt. Die von den Neubabyloniern geschleiften Mauern und Tore (2 Kön 25,10; Jer 52,14; Klgl 2,8) werden von Nehemia in einem nächtlichen Ritt inspiziert (Neh 2,12–15) und dann unter Beteiligung aller Gruppen (Neh 3–4) in 52 Tagen (Neh 6,15) wiedererrichtet. Die Stilisierung eines ambitionierten Wiederaufbaus ist dabei mit Händen zu greifen. Das bestätigt sich, wenn man die archäologische Seite befragt, denn von einer wiedererrichteten Ummauerung bis in hasmonäische Zeit (2. Jh. v. Chr.) fehlen alle Spuren. Selbst wenn man davon ausgeht, dass die von Nehemia errichtet Mauer weniger prächtig als dargestellt war und sogar von Füchsen hätte zum Einsturz gebracht werden können, wie der Spott gegenüber dem Projekt in Neh 3,33–35 nahelegt, lässt sich aus archäologischer Sicht derzeit nicht begründet an einem Mauerbau in persischer Zeit festhalten, auch nicht an einer Restauration der eisenzeitlichen Mauer. Man wird also nicht einfach die Entstehung der Klagelieder mit dem Wiederaufbau der Stadt verbinden können, zumal dort die Wiedererrichtung der Mauern und Tore nicht einmal am Horizont aufscheint.

13. Das verarmte nachexilische Jerusalem

Es war schon herausgestellt worden, dass nicht das gesamte Leben nach 587 v. Chr. in Juda still stand. Die materielle Kultur (Keramik, Architektur, Siegel etc.) zeigt keine oder nur wenig Veränderungen. Auch wenn in den sog. Löwensiegeln aus babylonischer Zeit eine gewisse administrative Kontinuität in der Verwaltung von Öl- und Weinprodukten zu erkennen ist, fällt z. B. das völlige Fehlen von

Ostraka, die als Indikator einer organisierten Verwaltungstätigkeit genommen werden können, im 6. Jh. v. Chr. auf. Die ökonomische Depression in der sog. Exilszeit (587–539 v. Chr.) und auch dem folgenden Jahrhundert war tief. Weder ist mit einem raschen Aufbau der zerstörten Stadt Jerusalems noch mit einer wirtschaftlichen Erholung der Provinz im 6./5. Jh. zu rechnen. Die Wirtschaft besteht aus wenigen handwerklichen (Töpfer, Weber, Schreiner, Schmiede, Siegelschneider etc.) und bäuerlichen Kleinbetrieben, die überwiegend für den Eigenbedarf produzierten. Lediglich an wenigen Orten (*Ramat Raḥel*, Mizpa, *Rogem Ganim*) werden Waren umgeschlagen oder gespeichert. Jerusalem spielt als Wirtschaftsstandort im 6./5. Jh. keine oder nur eine sehr geringe Rolle. Da es kein stabiles ökonomisches Rückgrat gibt, schlagen witterungsbedingte Ernteausfälle stark durch. Ein signifkantes Steueraufkommen, mit dem eine Restauration finanzierbar gewesen wäre, scheint es nicht gegeben zu haben. Das wenige, was an Überschuss erwirtschaftet wurde, scheint über die Provinzverwaltung abgeschöpft worden zu sein, auch wenn über die Steuerlast in der babylonisch-persischen Zeit nur wenig Informationen vorliegen (vgl. Esra 6,8; 4,20; Neh 5,14–15). Aber aus Neh 5,4 scheint hervorzugehen, dass die „Steuern des Königs" eine große Last waren und zu Schuldpfändungen Anlass gaben. Beklagt wird, dass sich Schuldner nicht mehr aus eigener Kraft daraus befreien konnten und in Schuldknechtschaft gerieten. Auch aus Sach 8,10 spricht die Notlage, die erst durch den Bau des zweiten Tempels gemildert worden sei. Eine funktionierende Tempelökonomie ist als ein organisiertes Wirtschaftssystem zu verstehen, das ein Wirtschaftswachstum befördert und Schwankungen auffangen kann. Anzeichen einer solchen Tempelökonomie gibt es im fortgeschrittenen 5. Jh. v. Chr., wenn Kleinmünzen im Lokalgeld zunehmen. Im 4. Jh. v. Chr. werden dann nicht nur Statthalter, sondern mit Johanan erstmalig auch ein Hohepriester aufgeprägt.

Zusammenfassend wird man sagen können, dass ein Großteil der Bevölkerung arm war. Demgegenüber ist auffallend, dass in den Klageliedern, anders als etwa in den Psalmen, Arme keine Rolle zu spielen scheinen. Von einer Verarmung ist nur in Klgl 5 die Rede, wenn wie in Neh 5 darüber geklagt wird, dass die Abgabenlast und die Preissteigerung zu hoch sind. In Klgl 4 wird über Mangelsituationen geklagt, die alle Bevölkerungsschichten, vor allem aber die zuvor Wohlhabenden treffen (s. Auslegung), doch handelt es sich dabei um Bezüge auf die Situation der Belagerung und Eroberung. Insgesamt bieten die Klagelieder wenig Ansatzpunkte, sie mit einem bestimmten Abschnitt in der exilisch-nachexilischen Geschichte zu verbinden.

14. Der historische Hintergrund und die Klagelieder

Es ist insgesamt auffallend, wie wenig Details die Klagelieder von diesem Verlauf der Geschichte bieten. Weder werden konkrete Personen benannt noch Orte oder Ereignisse. Sieht man von „Jerusalem, Zion, Juda, Israel" ab, gibt es keinen einzigen Eigen- oder Personennamen, keine Ortsnamen oder konkrete Ereignisse. Kein Gebäude lässt sich konkret identifizieren oder lokalisieren, weder die Paläste und Burgen (2,5.7) noch die Mauern (2,7.8.18) und Tore (1,4; 2,9; 4,12; 5,14) oder Plätze (2,12) und Straßen (2,19; 4,1.5.8.18) der Stadt. Auch die Konkretion des Tempels (1,10; 2,7.20) bleibt eigentümlich blass. Daraus lässt sich nur der Schluss ziehen, dass es den Klageliedern nicht um eine historisch korrekte Schilderung oder eine Ereignischronik geht. Nichts deutet auf eine Unmittelbarkeit oder Augenzeugenschaft im Hintergrund hin. Eine solche Annahme hindert eher als dass sie nützt. Die Klagelieder sind poetische Verdichtungen und weit mehr literarisches Kunstwerk als historische Zeugenschaft. Das macht den Blick frei, die Klagelieder nicht nur retrospektiv zu lesen, sondern mit Ansätzen eines Neuanfangs zu verknüpfen. Die Klagelieder wollen aus der katastrophalen Retrospektive Kraft für die Bewältigung der Gegenwart und eine Perspektive des Neuanfangs gewinnen.

VII. Theologische Aspekte

Die Klagelieder sind eine gewaltige Dichtung, die um einen unfassbaren Verlust kreist. Sie bieten literarische Bilder der Eroberung, Zerstörung und Erniedrigung der Stadt Jerusalem, die in unübertroffener Dichte und Kraft die Katastrophe und ihre Folgen vor Augen stellen. Die Schilderungen, Bilder und Metaphern brennen sich förmlich ein und lassen einen nicht mehr los. Es sind Bilder der existentiellen Not und Gewalt: Belagerung, Hunger, Eroberung, Plünderung, Deportation, Erniedrigung, Vergewaltigung. Grausamste Bilder von Ermordung und Vernichtung. Es lässt sich nicht leugnen, dass die Gewalt ein zentrales Moment ist, das in der ungeschönten Brutalität auch der Rezeption zu Recht Schwierigkeiten macht und Widerstände erzeugt.

1. Paradoxe Spannungen im Gottesbild – Liebe und Gewalt

Kaum ein anderer Text zeichnet das Handeln Gottes in der Geschichte so maßlos zornig, erbarmungslos und lebensvernichtend wie die Klagelieder (1,15; 2,2–8; 3,43; 4,11). Die Bilder und Metaphern unterstreichen das, wenn sie Gott als Krieger mit Pfeil und Bogen (2,4; 3,12–13) und Schwert (2,21), als Feind (2,4.5.22) oder als Gefängniswärter (3,2–7) zeichnen. In dem Erschrecken über diese vor allem im zweiten Lied betonte Seite Gottes wird oft die andere, die das dritte Lied kennzeichnet, gar nicht wahrgenommen: Dass Gott *auch* erbarmend, mitfühlend und voller Liebe ist (3,22.32). Dass er nah ist und spricht „Fürchte dich nicht" (3,57). Dass er keine Freude hat an der Vernichtung (3,33), sondern das Leben will (3,37). Dass er der Gott ist, der treu ist (3,23) und erlöst (3,58), der Recht verschafft (3,59). Die paradoxe Spannung, die in den Gegensätzen aufscheint, ist nicht aufzulösen. Sie besteht in der Herausforderung, dass Gott gleichzeitig gerecht *und* barmherzig ist.

2. Gott als Herr der Geschichte

Im Geschichtsdenken des Alten Testaments gibt es wie im altorientalischen Umfeld kein Geschehen, das ohne Zutun der Götter auskommt. Unter dieser Voraussetzung wirft die Eroberung und Zerstörung Jerusalems unmittelbar die Frage nach der Rolle Gottes auf und hier bieten die Klagelieder unterschiedliche Antworten, die sich überlagern. Eine Linie ist, dass Gott nicht eingegriffen hat, um das Geschehen zu verhindern, dass er verlassen hat, untätig geblieben ist und dass er weggesehen hat (1,1.9.10.14; 2,3.7; 3,44.50; 5,1). Damit droht Gott selbst machtlos zu werden, ein Schutzgott, der keinen Schutz gewährt und der versagt hat. Daher betont eine andere Linie die machtvolle Aktivität Gottes, in der Gott selbst handelt (1,12–13; 2,1–8.17.21; 4,11) und den Feinden ausliefert (1,15; 2,3.17), sie als Instrument gegen Jerusalem und Juda aufbietet (1,17; 2,22).

3. Der anstößige Zorn Gottes und die Notwendigkeit der Klage

Das Modell, mit dem das ausgedrückt wird, ist der Gotteszorn, der in den Klageliedern in ungewöhnlicher semantischer Breite präsent ist (1,12; 2,1–4.6.21–22; 3,1.43.66; 4,11; 5,22). Gerade die Rede vom Zorn Gottes ist heutigen Leserinnen und Lesern fremd, weil sie darin etwas Willkürliches, Unberechenbares und Vernichtendes sehen. Die im Zorn ausgedrückte Leidenschaft Gottes wird nicht als etwas Positives, sondern als etwas Unbeherrschtes gesehen, das dem Wesen Gottes vermeintlich zuwiderläuft. Dabei ist der Zorn ein Ausdruck der Handlungsfähigkeit und Macht Gottes. Der Zorn ist nicht Willkür eines cholerischen Gottes, der grundlos wütend dreinschlägt, sondern Zorn ist immer eine Reaktion Gottes. Zugleich steht Zorn für eine Beziehung Gottes zu dem, worauf er zornig ist. Im Hintergrund steht die Liebe Gottes, seine enge Zugehörigkeit, Verantwortung oder sein unbedingter Wille zur Gerechtigkeit. Der Zorn Gottes kann als Reaktion auf moralische Verfehlungen oder Verletzungen des Bundesverhältnisses oder abstrakter als Reaktion auf die Störung der gottgefügten Ordnung verstanden werden. Dabei ist es wichtig festzuhalten, dass auch in den altorientalischen Texten der Gotteszorn nicht immer restlos im Erklärbaren aufgeht, sondern oft unverstanden bleibt, was die „Warum?"-Fragen auslöst. In den Klageliedern finden sich Antwortversuche, die den Zorn als Vergeltung oder als Reaktion auf moralische Vergehen bzw. Sünden (1,8.14; 2,14; 3,39.42; 4,6.13.22; 5,7) oder auf einen Plan Gottes (1,21; 2,8.17 sowie die Rede vom „Tag YHWHs" in 1,12.21; 2,1.21–22) zurückführen. Dennoch bleibt das Unverstandene des Zorns im Raum, das die vielfältige Aufforderung Gottes motiviert, die Ungerechtigkeit in der Situation wahrzunehmen und einzugreifen (1,9.11.20; 2,20; 3,50.63–66; 5,1.20–22) oder den Feinden zu vergelten (1,22; 3,64–66; 4,21–22). Für ein theologisches Verständnis scheint wichtig, dass die Ambivalenz im Gottesbild *nicht* aufgehoben wird und das Unverstandene an Gottes Handeln auch angesprochen wird. Leid ist nicht restlos erklärbar und darf es auch nicht sein. Die Anklage Gottes hat hier ihren legitimen Ort und die Klagelieder sanktionieren auch den harschen Umgang mit Gott. Er wird angefragt und zur Rechtfertigung aufgefordert. Die Klage richtet sich aber nicht nur *gegen* Gott, sondern auch *an* Gott. Letztlich ist er die einzig verbleibende Appellationsinstanz. Der Widerspruch der Klage zielt auf Veränderung. Selbst in der härtesten Anklage bleibt Gott die Instanz, von der die Veränderung in der Heilswende erwartet wird. Es gibt keinen Tröster außer dem Gott Jerusalems und nur er kann die Situation wenden.

4. Das Problem der Gottesgewalt

Gewalt gehört zur Lebenswirklichkeit. Sie zu leugnen wäre töricht und keine Lösung. Gewalt geht in den Klageliedern nicht von Juda oder Jerusalem aus, sondern vor allem Jerusalem erleidet die Gewalt. Lediglich in 4,13 kommt Gewalt von innen. In Klgl 1 sind es Freunde/Verehrer (V.2.8), Verfolger (V.3.6), Bedränger (V.5.7.10) und Nachbarn (V.17), die Jerusalem zu Feinden (V.2.5.7.9.16, zusammengeführt in dem „all meine Feinde" V.21) geworden sind oder sich ihr feindlich gegenüber verhalten. Im zweiten Lied hingegen ist es hauptsächlich Gott, von dem gesagt wird, dass er Jerusalem Gewalt antut (V.1–9.17.21). Zwar handeln auch dort Feinde (V.7), doch hat Gott Jerusalem in die Hand der Feinde ausgeliefert. Das Ineinander von Feind und Gott ist auch in 2,15–17 markant, wo die Feinde über die Zerstörung Jerusalems jubeln. Auch in 3,1–18 ist Gott derjenige, der als Feind gegenüber dem Beter bzw. gegenüber Jerusalem handelt. Erst in V.46.52–53.62 tauchen Feinde auf, die an der Stadt bzw. an dem Einzelnen handeln. Im vierten Lied handeln wiederum primär zunächst Gott (4,11), dann die Verfolger (4,19–20). Im fünften Lied gibt es beides nicht explizit. Die von Gott ausgehende Verwerfung in 5,22 hingegen lässt Gott implizit als Akteur auftreten.

Alle Lieder stimmen damit darin überein, dass auch Gott nicht gewaltfrei ist, die Frage ist nur, ob *seine* Gewalt gerechtfertigt ist. Hier geben die Klagelieder unterschiedliche Antworten und schreiten die Möglichkeiten ab: Der Zorn Gottes in Klgl 2 ist destruktiv, in Klgl 1 ist er gerecht, in Klgl 3 gehört er zur Universalität Gottes und ist selbst für den Gerechten unvermeidbar. Die Klagelieder weichen der Gewalt nicht aus, sondern konfrontieren Jerusalem, den Betrachter und Gott damit. Sie setzen auch den Rezipienten der Gewalt aus und fordern ihn darin heraus. Die Gewalt wird nicht sanktioniert, ihr wird widersprochen, nicht zuletzt schon im Wachsen der Klageliederkomposition, das die krassen Gewaltmomente einordnet und zum Teil abdämpft. Die Klage gegenüber Gott und die Anklage Gottes bleiben Widerspruch gegen ungerechtfertigtes Leid. Alle Lieder stimmen darin überein, dass Leid bis zu einem gewissen Grad unvermeidbar ist, aber grundsätzlich erlittenes Leid nicht sein soll und *an sich* keinen Sinn macht. Lediglich Klgl 3 zeigt Ansätze einer Pädagogisierung des Leids.

5. Gott hat sein Volk nicht verworfen

Die Klagelieder geben damit auch eine unverzichtbare Stimme für den Ausdruck von kollektiven Gewalterfahrungen, wie die vielfältige Rezeption der Klagelieder belegt. Dabei suchen die Klagelieder nach Modellen, wie an Gott trotz widriger Erfahrungen festzuhalten ist. Die Klage wie auch die Anklage gehören dazu! Gerade das dritte Lied will zeigen, dass man vor der Gewalt nicht resignieren darf, sondern ihr positive Erfahrungen entgegensetzen muss, um zu überleben. Gott straft nicht, so die theologische Einsicht, um des Strafens willen, sondern um seiner Gerechtigkeit willen. Es ist richtig, dass Gottes Handeln nicht in der Berechnung aufgeht und in den Klageliedern auch heute noch ein Moment des Befremdens bleibt. Das ist gut, zumal es Gottes Freiheit und Unverfügbarkeit unterstreicht.

Die Klagelieder bieten eine Auseinandersetzung mit der Erwählung und vermeintlichen Heilssicherheit, die für Jerusalem jäh zusammengebrochen ist. Es ist der Verlust einer Stadt, die sich selbst Pracht und Macht zuschrieb (1,1; 4,2.7.15) und die jetzt so tief erniedrigt ist. Darin ist ein Gegengewicht zur Zionstheologie geschaffen, das im Kanon bleibend eine wichtige Funktion übernimmt: Die Klagelieder bleiben Einspruch gegen jeden geschichtsvergessenen Triumphalismus, der sich aus dem Bewusstsein exklusiver Erwählung speist. In ihrem schonungslosen Blick auf die Heillosigkeit der erlebten Gegenwart halten die Klagelieder an der Notwendigkeit des Erbarmens Gottes fest und begründen zugleich die Hoffnung darauf. Das ist die eine Seite der Medaille. Die andere ist die Einsicht, dass Gottes Wesen nicht im Zorn aufgeht. Sein Erbarmen ist nicht erloschen. Die Klagelieder tragen trotz aller widerständigen Erfahrungen die Überzeugung, dass Gott sein Volk *nicht* verstoßen hat und er zu der Erwählung Israels und Jerusalems steht. Die Klagelieder kämpfen um einen theologisch angemessenen Umgang mit den widerständigen Wirklichkeitserfahrungen und dem paradoxen Widerspruch, dass Gott, der das Gute will, auch das Böse schafft.

6. Wege aus der Gotteskrise durch eine Spiritualität der Klage

Angesichts der katastrophalen Zerstörung Jerusalems, seines Kult- und Machtzentrums, und dem damit einhergehenden „Versagen" des Stadtgottes YHWH gerät Gott in eine Krise, die einem völligen Vertrauensverlust gleichkommt. Die Anklage Gottes ist notwendig, aber nicht notwendend, sondern sie führt ebenso den Beter in eine Krise, da er gott-los bleibt. Mit Gott zu streiten führt demnach Gott *und* Mensch in eine Krise. Billige Auswege gibt es dabei nicht, der einfache Weg von der Klage zum Lob ist versperrt. Die Klage – und auch die überaus harte Anklagemomente gegen Gott integrierende Klage – behält auch angesichts einer Rechtfertigung

Gottes (Klgl 3) ihr Recht. Die Klage zielt auf das Mobilisieren oder Revitalisieren der Kräfte, die verändern können und auf Bewältigung zielen. Darin begründen die Klagelieder eine *Spiritualität der Klage*. Die Klage, auch die kollektive Leidklage und Anklage Gottes angesichts der Heillosigkeit der Welt, bleibt nicht nur notwendig, sondern auch legitim und heilsam. Klage ist Protest und Fanal der Veränderung, Klage ist selbst dann Moment der Bewältigung, wenn sie sich wiederholt. Klage ist Widerspruch gegen das, was als ungerecht empfunden wird und unverstanden geblieben ist (Ijob 23,2).

Im Eingangsbild der Klagelieder ist Jerusalem in sich zusammengesunken und angesichts des unfassbaren Leids verstummt. Doch die Klagelieder bleiben dabei nicht stehen. Nicht nur Jerusalem erhebt selbst klagend die Stimme gegen das Leid, sondern auch alle die, die empathisch in ein Mitleid hineingezogen werden. Die Klagelieder schweigen nicht, sondern zeigen in ihrer Klage, dass erstarrtes Schweigen nicht zur Bewältigung findet, dass Lähmung die Fremde und Gottesferne potenziert und dass das Verharren in Bewegungslosigkeit nicht zur Überwindung der Agonie führt. Auch im Umgang mit dem Leid zeigt sich die Vielstimmigkeit der Klagelieder. Neben dem Aufschrei, dem klagenden Aufbegehren und dem empathischen Mitleid gibt es auch die Empfehlung in 3,26–30, das Leid zu akzeptieren, zu ertragen und sogar zu suchen. Um hier nicht einen bitteren Zynismus zu sehen, muss man die Verse in den Kontext einordnen. Sie versuchen das Leid gegenüber der Universalität Gottes einzuordnen, arbeiten sich also an der Theodizee-Frage ab. Wenn Gottes Gerechtigkeit angesichts der guten Schöpfung nicht in Frage steht (3,34–37) und es keine andere Kraft außer Gottes Allmacht gibt, scheint auch das Leid seinen Platz zu haben, der vom Menschen nicht verstanden wird, weil er keine Einsicht in den Plan Gottes hat. Hier schließt Klgl 3 eng an die Modelle der Erklärung des Leids im Ijobbuch an. Es sind die Sünden, die die gute Ordnung durchbrechen und den barmherzigen und gnädigen Gott zur Strafe zwingen, um seiner Gerechtigkeit gerecht zu werden (3,33–36). Neben das Bekenntnis zur Sündenschuld, das mit Reue und Umkehr verbunden ist (3,39–42), stellt das dritte Lied die *Fürbitte* als Umgangsform mit dem Leid. Für andere einzustehen, ihre Klage zu übernehmen und ihnen Stimme zu geben, ist ein geeigneter Umgang mit dem Leid. Mitleid nicht als bloßes Bedauern, sondern als wahre Empathie, die den Anderen als Leidenden ernst nimmt, ohne ihm das Leid abnehmen zu können. Kein belehrendes Beispiel, sondern stellvertretendes Eintreten für den Anderen soll den Umgang mit fremdem Leid bestimmen. Zuversicht (im doppelten Sinne des Wortes) zu *verleihen* ist das Ziel, um Leiden zu überstehen. Durch den Trost und Zuspruch Einzelner kann Jerusalem anhand des dritten Liedes erkennen, dass es nicht ohne Tröster ist, was in Klgl 1 noch so mottoartig betont worden war. Wichtig ist, dass der Zuspruch und Trost des Einzelnen letztlich im vorgängigen Handeln Gottes wurzelt. Klgl 3 entfaltet *wie* Gott die Rolle des in Klgl 1 noch fehlenden Trösters wieder ausfüllen kann. Das Mitleid des Einzelnen wurzelt ebenfalls im Mitleid Gottes (3,33). Gottes Erbarmen ist am Ende größer als seine Gerechtigkeit (3,22). Im Nachsinnen über das Gott-sein Gottes finden die Klagelieder Hoffnung, erkennen, dass er nicht nur Verursacher des Leids, sondern auch zugewandter Tröster ist. Die Wirklichkeit ist nie nur einseitig, sondern die Welt ist von Kontrasterfahrungen bestimmt. Bei aller Dominanz der dunklen Seite Gottes, die in der Wirklichkeit des Leids erfahren wird, gibt es andere Erfahrungen mit Gott, die seine zugewandte Seite als Möglichkeit offenhalten. Die Klagelieder stellen dabei ein Modell der heilenden Erinnerung in den Mittelpunkt. Das Beten, also das zu Gott gerichtete Sprechen, gibt dem Geschehen eine Wendung, zumindest eine Wendung in der Wahrnehmung. Das Potential für ein lebenswertes Leben liegt für die Klagelieder jenseits der Katastrophe und zwar zu beiden Seiten: in der bestärkenden Vergangenheit wie in der noch nicht verwirklichten und erhofften Zukunft. Auch darin begründen die Klagelieder eine Spiritualität der Klage, die auf Veränderung zielt. Denn „nur wenn, was ist, sich ändern lässt, ist das, was ist, nicht alles." (Theodor W. Adorno)

7. Die Klagelieder als Katastrophenliteratur

Die Klagelieder sind Katastrophenliteratur. Sie spielen eine dunkle Symphonie des Leids, in der nur leise Harmonien vergangener Hoffnung zu hören sind. Eine Wende zu Trost und unverbrüchlicher Zuversicht schaffen sie nicht, denn auch am Ende fehlt Jerusalem der Tröster und die Frage „Wie lange noch?" klagt das Eingreifen Gottes weiter ein. Darin sind sie authentisch und zielen auf die Bewältigung des Traumas, das durch die Zerstörung Jerusalems verursacht wurde. Die Klagelieder sind geprägt von der Verwirrung der Gefühle, ausgelöst durch die Erfahrung, dass der Gott, unter dessen Schutz sich Jerusalem gestellt hat, in der Katastrophe so unsäglich brutal erschienen ist.

Als Literatur versuchen sie eine neue Realität zu konstruieren, um das Unsagbare aussprechen zu können und Ansätze für ein Verstehen zu erarbeiten. Aber „alles verstehen heißt alles verzeihen" (Leo N. Tolstoi) und so weit sind die Klagelieder nicht. Sie ringen um ein Verstehen der Vergangenheit. Ihre Einsicht ist, dass es keine Unschuld der Vergangenheit gibt, selbst nicht in der bittersten Erinnerung einer Katastrophe. Denn auch die verfälscht die Paradoxien der Wirklichkeit. Das Plädoyer der Klagelieder ist, sich der Ungleichzeitigkeit des Gleichzeitigen zu stellen und Tradition als Innovation zu begreifen. Erinnerung kann Wunden reißen, aber sie kann auch Wunden heilen. Die Klagelieder zeichnet aus, dass sie sich nicht der Selbsttäuschung hingeben, Vertrauen sei zu verordnen und gebrochenes Vertrauen einfach wieder herzustellen. Aber die Klagelieder erarbeiten ein Modell, in dem Vertrauen neu gebildet werden kann. Dabei spielt der Rückgriff auf Erfahrungen der Vergangenheit und die Erinnerung einer positiven Vergangenheit eine zentrale Rolle. Es geht darum, sich der positiven Aspekte gewahr zu werden und in der Erfahrung Einzelner ein Paradigma zur Überwindung des Traumas zu finden. Bei all dem ist Zion mehr als nur eine Stadt, sie ist am Ende ein Modell, das weit über die Stadttheologie des Anfangs hinausreicht.

Wie die Überlegungen zur Komposition nachgezeichnet haben, ist die Vielstimmigkeit das, was die Klagelieder auszeichnet. Sie haben keine eindeutige Mitte und bieten auch nicht *eine* Lösung. Die widerstreitenden Tendenzen – der Rechtfertigung Gottes angesichts des Leids und die Rechtfertigung Zions angesichts des Leidens – schließen sich gerade nicht aus. Am Ende dominiert nicht die überragende Größe eines unantastbaren Gottes, der seinen Augapfel Zion antastet, *weil er es kann*. Am Ende triumphiert auch nicht Zion, die gegenüber dem gewalttätigen Gott im Recht ist und des *Mitleids* bedarf und die Lesenden in die Distanz mitnimmt. Vielmehr sind die Klagelieder in der Spannung zwischen den beiden Polen Auseinandersetzungsliteratur. Sie wollen nicht auf dem Turm der Entrüstung oder im Jammertal der Verzweiflung stecken bleiben, sondern die Dynamik der Gottesbeziehung ausloten, die aus der Klage erwachsen kann. Sie nehmen die Opfer ernst und akzeptieren die Trauer über den Verlust. Sie verleugnen die Depression nicht und schließen die aufgerissenen Wunden nicht. Die Klagelieder lassen auch Gott versehrt sein und nicht heil, sie zeichnen ihn abgründig und dunkel. Aber all das tun die Klagelieder nicht um des Zusammenbruchs wegen, sondern um des Heils willen – um der Wege willen, die aus der Depression und Gottesbeschädigung herausführen. Das macht sie auch in der Gegenwart zu einem Schatz in der biblischen Literatur.

ZWEITER TEIL

Kommentar

I. Jerusalem hat keinen Tröster – Klgl 1

Das erste Klagelied eröffnet die Sammlung der fünf Klagelieder. Es schafft die Bühne für die Klage der Stadtfrau Jerusalem (V.9b.11b–16.18–22) und einen Sprecher, der beschreibend über die Lage spricht (V.1–8.10–11a.17). Doch der Sprecher tritt nicht als solcher auf der Bühne in Erscheinung, er bietet eine Außenperspektive, die allerdings kaum „objektiv" ist. Jerusalems Stimme in dem Klagelied wird immer deutlicher, nachdem sie sich in V.9b.11b durchgerungen hat, ihre Klage an Gott zu richten. Beide Stimmen sind aufeinander bezogen, insbesondere nimmt Jerusalem immer wieder Worte und Wendungen des Sprechers auf. Die Reduktion auf zwei zentrale Stimmen lässt sich von frühen Formen des griechischen Theaters ableiten. Der Kommós, ein Klagegesang in der antiken Tragödie, wird von dem griechischen Philosophen Aristoteles (384–322 v. Chr.) als gemeinsamer Klagegesang des Chores und der Schauspieler definiert, und das lässt sich gut zu Klgl 1 in Beziehung setzen. Es gibt eine zentrale Schauspielerin – das ist Jerusalem in der Mitte der Bühne – und einen „Koryphaios", einen Chorführer, der stellvertretend für den Chor spricht. Der Chor selbst tritt in Klgl 1 nicht in Erscheinung. Die Klage wird im Wechselgesang vorgetragen. Die Nähe des Klageliedes zu den Frühformen des griechischen Theaters ist unverkennbar, auch wenn die Wurzeln der Zerstörungsklage bis in die sumerischen Stadtklagen des 3. Jts. v. Chr. zurückreichen.

Das erste Klagelied zerfällt in zwei Hälften (V.1–11.12–22) und diese wiederum in Abschnitte mit je fünf Versen. V.6 und V.17

nehmen eine Gelenkfunktion im Aufbau wahr. In beiden Versen wird Zion als Person betont genannt (V.4 ist/heißt wörtlich „die Wege Zions"). Anfang und Ende des Klageliedes sind aufeinander bezogen. Die durch die Anzahl der 22 Buchstaben vorgegebene Anzahl von Versen ist damit offenbar von dem Dichter gezielt genutzt worden, um deutlicher als in den übrigen Liedern Symmetrien zu schaffen. Entstehungsgeschichtlich ist das erste Klagelied nicht das früheste (s. das Schema zur Entstehung der Komposition S. 39). Es setzt das zweite Klagelied mit Sicherheit voraus, ja es kann sogar als eine gezielte Reaktion darauf verstanden werden. Zugleich scheint es nicht weit von Klgl 4 entfernt, aber sicher vor Klgl 3 entstanden zu sein. Klgl 3 ist nicht unabhängig entstanden, sondern scheint auf Klgl 1 und 2 zurückzugreifen. Klgl 1 bildet zusammen mit Klgl 2 wahrscheinlich einen frühen Zusammenhang. Ob zu dem Zeitpunkt als Klgl 1 vorgeschaltet wurde, bereits Klgl 4 existierte, ist schwer zu sagen. Klgl 4 hat Beziehungen zu Klgl 2, aber kaum zum ersten Lied. Vielleicht hat auch der Autor von Klgl 1 die Sammlung der Klagelieder 1, 2 und 4 erstmalig zusammengestellt. Eine genauere Datierung des ersten Liedes ist allerdings kaum möglich, da neben den relativen Anhaltspunkten Indizien für eine absolute Datierung fehlen (s. o. Einleitung V.1). Die Zerstörung Jerusalems 587 v. Chr. und das Exil (s. o. Einleitung VI.) sind vorausgesetzt, aber vielleicht ist schon eine geraume Zeit verstrichen. Soziale Strukturen scheinen zusammengebrochen und nur in Ansätzen wieder aufgebaut. Der Tempel als Institution ist zerstört und noch nicht wieder hergestellt. Das erste Klagelied setzt die klassische Gerichtsprophetie voraus, hat eine große Nähe zum frühnachexilischen Propheten Obadja, enge Bezüge zu Texten aus dem Jeremia- und oft auch dem Jesajabuch. Seine Geschichtstheologie lässt eine Nähe zum exilisch-frühnachexilischen deuteronomistischen Denken erkennen, nach dem der Zusammenbruch des Staates eine Folge der Verfehlung gegenüber YHWH ist und das Exil als Bestrafung gedeutet wird. Fremdgötter spielen (anders als im deuteronomistischen Denken) in dem gesamten Klagelied *keine* Rolle, doch ist ein universales Handeln Gottes an den Völkern bereits vorausgesetzt. So scheint insgesamt eine frühnachexilische Datierung nicht ausgeschlossen, sondern eher wahrscheinlich.

In keinem anderen Lied ist Zion deutlicher personifiziert und präsenter als im ersten Lied. Alleine die auf Jerusalem verweisenden Pronomen „meine/mich“ und „ihre“, die in fast jedem Vers vorkommen, unterstreichen das. Zugleich sind die Widersacher Jerusalems präsenter als in den übrigen Liedern. Jerusalem steht die ganze Welt gegenüber. Alle Völker sind das Auditorium für die Klage Jerusalems (V.18).

Das erste Klagelied kreist um drei zentrale Themen, die eng miteinander zusammenhängen: Schon das Eingangsbild in V.1 markiert die Einsamkeit Zions als das Hauptproblem. Diese Verlassenheit wird in zwei Richtungen weiter entfaltet: Zum einen haben sie alle Freunde verlassen, zum anderen wird eine Gottferne beklagt. Beide Seiten kommen in dem Ausspruch „sie hat keinen Tröster“ zum Ausdruck, der in V.2.9.16.17.21 mottoartig sowohl im Mund des Sprechers als auch in der Klage Zions auftaucht. Wie unten in der Auslegung zu V.2 näher erläutert wird, kann das Motiv im alttestamentlichen Kontext als Gottklage verstanden werden. YHWH, der Stadt- und Schutzgott Jerusalems, soll implizit motiviert werden, Zion zu trösten, ihr zu vergeben und sich das Schlechte, das er Jerusalem angetan hat, reuen zu lassen. Keinen Tröster zu haben, wird zunächst auf der politischen Ebene verhandelt, was die zweite Besonderheit von Klgl 1 ist: Die Nachbarvölker und Eroberer werden viel intensiver in den Blick genommen als in den übrigen Klageliedern. Zion ist maßlos enttäuscht, von den außenpolitischen Koalitionspartnern im Stich gelassen worden zu sein. Wenn von Nachbarn, Freunden, Verehrern und Liebhabern (V.2.8.17.19) die Rede ist, sind die benachbarten Länder und wechselnden Koalitionspartner Moab, Edom, Ammon, z. T. die noch selbständigen Küstenstädte Aschdod, Tyrus und Sidon, die aramäischen Staaten, vor allem aber Ägypten gemeint, auch wenn keiner der Akteure namentlich genannt wird. Da diese alle als Tröster ausfallen, bleibt nur YHWH als möglicher Tröster übrig, was aber nicht klar ausgedrückt wird. Zwar wird YHWH als Verursacher der Eroberung und Zerstörung Jerusalems angespielt (V.5.15.17.22), jedoch steht sein schädigendes Handeln bei weitem nicht so sehr im Vordergrund wie in Klgl 2. Vor allem unterliegt es nicht der harten Anklage, sondern steht unter der Prämisse „gerecht“ zu sein (V.18). Dagegen treten die ebenfalls nicht namentlich identifizierten Feinde in den

Vordergrund (V.2.3.5.6.7.9.10.17.21), die in Klgl 2 überwiegend nur im Hintergrund in den V.3.7.16.22 auftauchen. Beide eint das Motiv der Schadenfreude, die die Feinde über die Vernichtung Jerusalems empfinden (1,7.21; 2,16–17), wobei diese in Klgl 1 zum Ausgangspunkt der Bitte um Vergeltung wird (V.21–22). Voraussetzung für die Vergeltungsbitte ist das dritte Kennzeichen des ersten Klageliedes: Das reuige Bekenntnis Zions, schwer gesündigt und sich gegen YHWH aufgelehnt zu haben, das in V.5.8.14.18.20.22 massiv herausgestrichen wird. Die andere Seite dieser Medaille ist die Entschuldung Gottes. Er hat in der Bestrafung Jerusalems nicht willkürlich und übermäßig gehandelt, sondern gerecht. Das Bekenntnis zu Gottes Gerechtigkeit (V.18) ist daher der theologische Schlüssel für das Verständnis des ersten Liedes.

Jerusalem hat sich am Ende des ersten Klageliedes zu seinem Gott bekehrt und die tiefe Gotteskrise, die durch die unfassbare Katastrophe verursacht wurde, im Ansatz überwunden. Klgl 1 reagiert dadurch auf die Beschädigung Gottes im zweiten Klagelied. Der tiefe Graben, den die Anklage in Klgl 2 aufwirft, ist durch die flehentliche Anrede an Gott überbrückt. Voraussetzung für die Überwindung ist ein veränderter Zugang zur Schuldfrage: Gott ist als Handelnder der Verursacher der Katastrophe, aber nicht der Verantwortliche. Das wird durch das wiederholte Bekenntnis zur tiefen Schuld Zions und die geschichtstheologische Deutung der Katastrophe als Bestrafung erreicht. Das bringt die geschundene Stadt zugleich in die Position, die Härte der Bestrafung zu hinterfragen und über die Anklage hinaus an die Gerechtigkeit Gottes zu appellieren. Dies geschieht im ersten Schritt in der Forderung nach Vergeltung an den Feinden, die für die übermäßige Härte und ihre eigenen Vergehen bestraft werden sollen. Das wäre für Jerusalem ein Zeichen der Zuwendung. Weiter geht das erste Klagelied noch nicht.

א (*Aleph*) 1 Welch ein Auftakt! Nach dem zu Beginn eingeworfenen „Ach!“ oder „Weh!“ wird V.1 mit einem starken und dichten Vergleichsbild eröffnet. Das erste Wort beginnt mit dem ersten Buchstaben des hebräischen Alphabets und ist grammatisch eine Interjektion (ein lautmalend nachahmender Einwurf oder Ausruf). Das „Ach!“ signalisiert wie in 2,1 und 4,1 zu Beginn den klagenden Grundton des Liedes. Mitten in das noch vollkommen leere Bild wird eine Frau gesetzt und als einsam bezeichnet (s. zur Verdeutlichung Abb. 4). Stellt man sich das als Theaterstück vor, kann man sich die Wirkung dieses Bildes gut verdeutlichen: Der Vorhang öffnet sich zum ersten Akt und auf der vollkommen leeren Bühne sitzt eine nicht näher bestimmte Frau, die „einsam“ ist. Beleuchtet wird nur die Mitte, wo die Frau sitzt, sodass die Grenzen außen verschwimmen. Eine Begrenzung des Raumes lässt sich nicht ausmachen, die Einsamkeit erscheint grenzenlos. Durch dieses starke Anfangsbild wird ein Mehrfaches erreicht: Die Leserin und der Leser werden zur Betrachterin bzw. zum Betrachter; sie sind nicht Teil des Bildes, sondern schauen von außen aus einer gewissen Distanz auf die Szene. Indem nur eine einzige Frau in das metaphorische Bild gesetzt wird, findet eine enorme Konzentration statt, denn das entworfene Bild hat einen eindeutigen Fokus, ja es lebt quasi nur aus diesem Fokus. Die von außen auf das Geschehen Schauenden wissen sofort: Es geht um *diese* Frau. Durch ihr Sitzen wird jegliche Dynamik eingefroren, die Zeit angehalten. Es wird die Momentaufnahme eines Standbildes entworfen, das zur fokussierten Betrachtung und zum Verweilen einlädt. Das Entscheidende ist das „Ausgesetztsein“ der Frau, ihr Alleinsein auf der weiten Bühne. Durch das Bild wird die für die Klagelieder insgesamt so zentrale *Beziehungsdimension* räumlich gefasst und mit dem eröffnenden Paukenschlag extrem verdichtet.

Abb. 4: Die Stadtfrau Jerusalem sitzt, die Hände gebunden, auf dem Boden vor einer Palme, oft auch einer Standarte. Am unteren Bildrand die Aufschrift „IUDAEA“. Sog. Judaea Capta-Münze, geprägt unter Vespasian (69–79 n. Chr.)

Das eindrückliche Eingangsbild ist stark. Ob es in Jes 47 Spuren gezogen hat oder umgekehrt darauf zurückgreift, ist schwer zu sagen. In Jes 47,1 wird jedenfalls eine vergleichbare Dynamik erzeugt: „Steig herab, Tochter Babel, Jungfrau, setz dich in den Staub!" Die damit verbundene Klage soll über den Zusammenbruch erfolgen, weil die einst Verzärtelte und Feine jetzt verstummen muss (Jes 47,5). Die „Herrin der Reiche" wird zur Witwe und kinderlos (Jes 47,8–9), sie wird entblößt (Jes 47,3), wie Jerusalem entblößt wurde (Klgl 1,8). Während jedoch Klgl 1,1 auf die Katastrophe zurückschaut, stellt Jes 47 sie als Strafe für die Eroberung Jerusalems vor Augen (Jes 47,6) und deckt sich damit in der Erwartung geradezu mit Klgl 1,21–22. Die Nähe von Texten aus Jesaja und Klgl 1 ist auch darüber hinaus groß (s. im Folgenden) und sie legen einen Bezug nahe, zumal in Jes 40–55 Bilder der Hoffnung (die Aufhebung der Kinderlosigkeit Jes 54,4, das Trösten etc.) entfaltet werden, die als Gegenbilder zu den Klageliedern gelesen werden können. Ob aber eine literarische Verbindung besteht, indem die Jesajatexte auf die Klagelieder gezielt reagieren wollen, bleibt eine offene Frage.

Das eindrückliche Eingangsbild allerdings ist gebrochen: Die Frau ist nicht eine Individualfigur, sondern eine Stadt, die als Frau personifiziert erscheint. Das ist für alttestamentliche Texte nicht ungewöhnlich (s. Einleitung IV.2). Doch noch wird eine Identifikation im Text nicht gegeben. Es ist eine zunächst namenlose Frau. Explizit wird Jerusalem erst in V.7 genannt, zuvor finden sich die identifizierenden Bezeichnungen „Juda" (V.3), „Wege Zions" (V.4) und „Tochter Zion" (V.6). Aber hier ist es zunächst nur eine Stadt, die jetzt näher bestimmt wird. Der Vers arbeitet dabei mit harten Kontrasten. Diese sind im Text nur zum Teil explizit ausgeführt; sie werden vielmehr auf knappstem Raum durch die Zusammenstellung aufgerufen: Einst-Jetzt, volkreich-einsam, Fürstin-Fron. Das Wörtchen „einst" z. B., das sich in nahezu allen deutschen Übersetzungen findet, steht jedoch gar nicht im hebräischen Text, der staccato-artig in sehr kurzen Sätzen die Vergleichsbilder einspielt: „Ach! Sie sitzt einsam da. Die Stadt, reich an Volk. Sie ist wie eine Witwe geworden. Die große unter den Nationen. Die Fürstin unter den Provinzen. Sie ist zur Fron[arbeiterin] geworden." Durch die Aneinanderreihung entstehen neben dem „Ach!" drei Aussagepaare, die jeweils einen Gegensatz besonders hervorheben: Das erste baut den Kontrast „einsam-bevölkert“ auf und bezieht so Außenperspektive und Innenperspektive komplementär aufeinander. Das Schicksal der Stadt und ihrer Bewohner erscheint damit austauschbar. Einsam zu sein bedeutet, der für die Vitalität so zentralen sozialen Bezüge beraubt zu sein (Jer 15,17; Ps 102,8; Lev 13,46). Das soziale Netzwerk von Beziehungen, das das Leben trägt, ist zusammengebrochen. Auch wenn es nicht gesagt wird, wird bei den Rezipientinnen und Rezipienten der Eindruck erweckt, die Stadt sei jetzt nicht mehr bevölkerungsreich, sondern „entleert“ (s. vor allem Jes 27,10). Die Andeutung des Exils, die in V.5 explizit gemacht wird, schwingt hier schon mit. So, wie es im Hebräischen formuliert wird, weckt das „volkreich“ weitere Assoziationen. Das feminine Adjektiv *rabbātî*, das wörtlich „viel, groß, genug“ aussagt, wird in altorientalischen Texten als Titel für die oberste Göttin gebraucht, die als „die Große“ tituliert wird. Um den Hintergrund zu verstehen, muss man sich vergegenwärtigen, dass jede größere vorderorientalische Stadt, vor allem die Städte in Syrien und der südlichen Levante in der zweiten Hälfte des 1. Jts. v. Chr., eine Stadtgöttin hatte, die in hellenistisch-römischer Zeit Tyche (s. Abb. 5) genannt wurde. Bekannter sind etwa Baʿalat Gebal als „Herrin von Byblos“ oder Astarte als Stadtgöttin von Sidon. Wenn die Stadt personifiziert wird, dann meist in Gestalt der Stadtgöttin, wie Darstellungen auf Reliefs belegen. So lässt

Abb. 5: Tyche (Stadtgöttin) von Antiochien mit Mauerdiadem (Original ca. 300 v. Chr., Kopie 2. Jh. n. Chr.)

das *rabbātî 'ām* „die Große (Göttin) des Volkes" (EÜ „volkreiche") ebenso wie das *rabbātî baggôyîm* „die Große unter den Nationen" (EÜ: „die Große unter Völkern") eine Stadtgöttin assoziieren, die jetzt als Witwe vorgestellt wird. Zumindest bleibt das Bild dafür offen. Auch in den mesopotamischen *balag*-Klagekompositionen ist die Stadtgöttin ihrer eigenen Stadt durch die Eroberung entfremdet. Die Ungeheuerlichkeit dieser Assoziation zeigt sich erst, wenn man über die Frage des verstorbenen Partners nachdenkt. Im Bild folgerichtig wäre das der Stadtgott – im Fall Jerusalems also YHWH als der Stadtgott Jerusalems und Nationalgott Judas. Die Unterstellung, dieser sei – im Zuge der Eroberung Jerusalems 597/87 v. Chr. – „verstorben", sodass Jerusalem nun Witwe sei, dürfte kaum den Weg in den Kanon gefunden haben. Wohl daher steht im Text nur „*wie* eine Witwe", sodass der Ehemann nicht tot ist, sondern „nur" nicht eingreift. Er ist unverständlich tatenlos, was als Machtlosigkeit ausgelegt werden könnte, wenn er nicht bald eingreift und die Situation zum Guten wendet. Die Vorstellung von der Verbindung von Stadt und Stadtgöttin in der personifizierten Gestalt Jerusalems hilft für das Verständnis, jedoch muss man am Ende klarstellen, dass Jerusalem in den Klageliedern *nicht* vergöttlicht ist oder die/eine Stadtgöttin in den Klageliedern auch nicht auftritt oder eindeutig im Hintergrund steht (s. o. Einleitung IV.2). Das Bild, das im Eingangsvers von dem Prächtigen entfaltet wird, ist mächtig übertrieben. „Große unter den Völkern" ist gegenüber den damaligen Großmächten, den Assyrern, Babyloniern, Ägyptern oder Persern, recht maßlos. Der Aussage geht es allerdings um eine symbolische Vorordnung, nicht um eine politische. Auch die internationale Führungsrolle, die Jerusalem in dem „Fürstin der Länder" (wörtlich „Provinzen", ein Wort, das sonst fast ausschließlich im Kontext des Perserreiches verwendet wird), zugeschrieben wird, ließe sich nur auf das Führen antibabylonischer Koalitionen beziehen, denn eine große Rolle im Weltgeschehen hat Jerusalem im 1. Jt. v. Chr. nicht wirklich gespielt. Aber um ein „historisches" Abbild geht es auch hier nicht, sondern darum, die Höhe des Falls und die Größe des Zusammenbruchs poetisch mit Nachdruck zu unterstreichen. Das „Einst" ist so prächtig, dass das „Jetzt" im wahrsten Sinne die Tränen in die Augen treibt (1,2.16; 2,11.18; 3,48).

Das Bild lässt die → Pragmatik der Klage in den Blick treten. Geklagt wird nicht um der Klage willen, sondern um eine Erklärung für die Situation zu finden und eine Wende herbeizuflehen. Eine Wende kann aber letztlich nur der in dem Bild der Witwe vollkommen in Frage gestellte Stadtgott herbeiführen. Denn es ist auffallend, dass andere Götter in den Klageliedern gar keine Rolle spielen, ja nicht einmal von Ferne auftauchen. Es gibt sie nicht! Der einzige Gott, der in den Klageliedern handelt, ist YHWH, der Stadtgott von Jerusalem. Und diese Figur wird in der größtmöglichen Paradoxie entfaltet: Sein Handeln ist harte Bestrafung, überzogene Gewalt und ein bitteres Im-Stich-Lassen Jerusalems einerseits und machtlose Abwesenheit andererseits. Auch für diese Paradoxie ist es wichtig, dass das Bild in V.1 keine totale Identifikation vornimmt. Das passt auch zum Ton der Gottklage, den das Lied im Fortgang deutlicher entfaltet. Wie sehr es um ein Bild geht, macht auch V.2 deutlich, wo neben die Witwe ihre „Liebhaber" ins Bild treten.

ב (*Beth*) 2 Nachdem V.1 die Erniedrigung Jerusalems durch die Einst-Jetzt-Gegenüberstellung stark betont hat, greift V.2 die zu Beginn angespielte Verlassenheit wieder auf. Auf die Fronarbeiterin, die in V.1 vor Augen stand, wird dabei nicht zurückgegriffen, sondern auf die einsam dasitzende Witwe. Die in V.1 gezeichnete Situation lässt Zion in Tränen ausbrechen. Die Nacht als Zeit der Verlassenheit und Einsamkeit unterstreicht den Zusammenhang beider Verse. Die emotionale Intensität des Bildes der von Tränen überströmten Frau wird zweifach gesteigert: Der Vers beginnt im Hebräischen mit einer → *figura etymologica*, der wurzelgleichen Wiederholung des Verbs, was die EÜ gut mit „sie weint und weint des Nachts" wiedergegeben hat. Dadurch wird im Hebräischen zugleich das Erfordernis des → Akrostichons, im zweiten Vers mit dem Buchstaben *Beth* zu beginnen, eingelöst. Die zweite Hälfte des → Stichos formt einen synonymen → Parallelismus („und Tränen auf ihren Wangen"), der das Weinen plastisch vor Augen stellt. Die Fortsetzung des Verses entfaltet das Bild der Verlassenheit der Stadtfrau. Das Motiv des fehlenden Trösters unterstreicht die Einsamkeit der Weinenden. Es drückt ausweglose Verlassenheit im Leid aus (Jes 51,19; 54,11; Nah 3,7; Ps 69,21; Koh 4,1). Die

Wurzel *nḥm* bezeichnet zunächst den Beistand in der Trauer, das Zur-Seite-Stehen bei einem Todesfall und damit den Ausdruck des Mitleids (Jer 16,7; 31,15; Ps 77,3; Ijob 29,25; 42,11). Freunde, die Zion in ihrem Leid beistehen, hat sie nicht. Das Fehlen des Trösters ist ein Motiv, das so nur im ersten Klagelied, dort aber mottoartig auftaucht (V.2.9.16.17.21). Das zweite Klagelied greift einmal auf das Motiv in der verzweifelten Klage des Sprechers aus 2,13 zurück („Womit kann ich dich vergleichen, wie dich trösten, Jungfrau, Tochter Zion?"). Doch im ersten Klagelied hat das Motiv eine Schlüsselfunktion für das Verständnis, denn es erschöpft sich nicht in dem „Beistand", den Freunde im Leid geben. Das wird deutlich, wenn man die Stellen im Zusammenhang betrachtet und eine weitere Bedeutungsnuance der Wurzel *nḥm* in die Erklärung einbezieht. Denn die Wurzel kann auch „bereuen/sich etwas reuen lassen" meinen und dann die Konnotation von „Mitleid haben" bekommen. In der Verwendung im AT ist auffallend, wie häufig Gott Subjekt solcher Reue ist, die sein Erbarmen (neu) bewirkt.

Wer kommt als Tröster Jerusalems in Frage, wen hat das erste Klagelied im Sinn, wenn es den Tröster herbeisehnt? V.2 schließt die Liebhaber explizit aus. Die jüdische Tradition hat im Talmud (Sanhedrin 98b) den am Tag der Zerstörung des zweiten Tempels, dem 9. Av, geborenen Messias als Tröster verstanden. Von Jesaja her ist YHWH derjenige, der Jerusalem Trost spendet (Jes 51,3.12; 52,9; 66,13). Überhaupt ist Gott oft Subjekt der Tröstung (Dtn 32,36; Sach 1,17; Ps 23,4; 86,17; 119,76; 135,14 u. ö.) und immer wieder ist es Gott, den das Geschehene reut, sodass er umkehrt und Erbarmen zeigt (Ex 32,12.14; Ri 2,18; 2 Sam 24,16; Jer 42,10; Am 7,3.6; Ps 106,45 u. ö.). Er ist, wie es in Erweiterung der Gnadenformel aus Ex 34,6–7 in Joël 2,13 heißt, „gnädig und barmherzig, langmütig und reich an Huld, und es reut ihn das Unheil". Das alles schwingt in „Tröster" mit, sodass der Tröster eine „Rolle" ist, die in Lied 1 nur Gott ausfüllen kann. Wenn es für Zion keinen Tröster gibt, ist das Ausdruck der Gottferne. Gott soll das Leid wahrnehmen, sodass ihn das Geschehene reut und er (wieder) zum Tröster wird.

Die Klage über den fehlenden Tröster ist also letztlich eine Gottklage, er soll eingreifen und die verzweifelte Stadtfrau trösten und so neue Perspektive geben. Gottes Tröstung bzw. dass er derjenige ist, den das Geschehene reut, liegt auf einer ganz anderen

Ebene als die Tröstung der Freunde Jerusalems, die ihr im Leid beistehen können. Und genau diese Akzentsetzung ist Absicht – die Ebene der Gotteskommunikation entfaltet damit rettende Gravitationskraft. Es zeichnet das erste Klagelied aus, dass mit solchen Verschiebungen in den Bedeutungsebenen der Worte „gearbeitet" oder besser „gespielt" wird. Nur dass das „Spiel" ein hoch Theologisches, aber doch letztlich sehr Einfaches ist: Rettung kommt ausschließlich von Gott.

Dass die Beschreibung Jerusalems als einsame Witwe auch ein Bild für den reduzierten Status war, wird deutlich, wenn jetzt überraschend von Liebhabern der Stadt die Rede ist. Die sie einst ehrten und zur „Großen unter den Nationen" machten, haben sie jetzt einsam zurückgelassen. Das Nebeneinander macht deutlich, dass es dem Dichter nicht um metaphorische Konsistenz geht, sondern darum, mit den Bildern Stimmungen zu erzeugen, die Emotionalität zu steigern und in verdichteten Beschreibungen komplexe Aussagen zu machen. Die Rede von den „Liebhabern" der Stadt ist natürlich ebenso wie die Witwe bildlich aufzufassen und meint am ehesten weltliche Bündnispartner, die Jerusalem in den Zeiten der Not hätten zur Seite springen sollen (s. auch 4,1; 5,6). Jerusalem hatte einst „Freunde", die ihr Beistand zugesagt, sie jetzt aber verlassen haben. Das Thema wird in Klgl 1 mehrfach angeschlagen (1,2.7.8.19). Das Verb *bgd*, das für das Verlassen gebraucht wird, steht oft in Kontexten von Beziehungen, in denen zugesagte Treue aufgegeben wurde. Es umgreift dabei Beziehungen zwischen menschlichen Partnern (Ex 21,8; Jer 3,20; 9,1; 12,1.6; Mal 2; Ijob 6,15; Spr 25,19), politischen Bündnispartnern (Ri 9,23; Jes 21,2; 24,16) sowie Bundesbeziehungen zwischen Mensch und Gott (1 Sam 14,33; Jes 48,8; Jer 3,8.11.20; 5,11; Hos 5,7; 6,7).

Auf einer zweiten Ebene führt das Bild über die politischen Bündnispartner hinaus. „Freunde" und vor allem „Liebhaber" stehen vor allem in der prophetischen Kritik auch für die Verehrung fremder Götter. Besonders bei Jeremia und Ezechiel wird Juda, Israel, Jerusalem und Samaria vorgeworfen, Ehebruch betrieben und sich anderen Partnern sexuell hingegeben zu haben. „Du aber hast mit vielen Freunden gebuhlt" (Jer 3,1) oder mit verletzend bloßstellender Drastik: „Doch dann hast du dich auf deine Schönheit verlassen, du hurtest in deinem Ruhm und hast mit deiner Hurerei jeden überschüttet, der vorbeiging.“ (Ez 16,15) Zwei Ebenen sind dabei miteinander verzahnt: Über die Ehemetapher sind die anderen Partner fremde Götter. Doch an vielen Stellen wird deutlich, dass es eigentlich um politische Bündnisse geht, deren Folge die Verehrung der Götter der jeweiligen Nationen sind. Gerade in Ez 16,26–34 lässt sich das gut sehen, wenn man sich nicht von der drastischen Ausdrucksweise verleiten lässt, sich auf die sexuelle Ebene festzulegen. Die Bündnispolitik mit Ägypten, Assur und Babylon wird als „Unzucht“ und „Ehebruch“ charakterisiert und der Tribut, der dem Vasallitätspartner zu errichten war, als „Hurenlohn“: „Jeder Hure gibt man Lohn; du aber hast all deinen Liebhabern Geschenke gegeben und sie bestochen, damit sie von überall zu dir kamen, um mit dir Hurerei zu treiben.“ (Ez 16,33) Die politische und religiöse Ebene sind in der Argumentation nicht zu trennen, denn der Ausschließlichkeitsanspruch YHWHs ist eng verbunden mit der Zusage des National- oder Stadtgottes, Israel/Juda/Jerusalem/Samaria ausschließlichen Schutz zu gewähren. Mit dem Vorwurf der Hurerei wird exilisch-nachexilisch daher implizit ein Schuldaufweis verbunden und die Schuld wird vom „Versagen“ des Nationalgottes auf die Verfehlung des Bündnispartners umgelenkt. Hätten Juda und Israel nicht auf ausländische fremde Größen gesetzt und andere Götter verehrt, wären sie vielleicht gerettet worden. Der Untergang ist Folge des Abfalls. So weit geht 1,2 noch nicht, doch ist die Schuldfrage ja eines der dominanten Themen in Klgl 1, das noch weiter entfaltet werden wird (1,5.8.14.18.22). Hier steht zunächst die Verlassenheit durch die Bündnispartner im Vordergrund. Das „sie sind ihr zu Feinden geworden“ verkehrt in einem Wortspiel die „Liebhaber“ (*'oheb* wird *'oyeb)* und macht die missliche Situation deutlich. Indem die Verehrer, Nachbarn und Bündnispartner in V.8.17.19 in Feinde verkehrt werden, wird die Einsamkeit und Verlassenheit Jerusalems noch deutlicher. Es gibt keinen Tröster! Noch richtet sich das Klagelied nicht an den Stadtgott Jerusalems und Nationalgott Judas, um ihn zum schonenden Eingreifen aufzurufen. Dazu wird sich Jerusalem erst V.20–22 durchringen.

ג (*Gimel*) 3 Mit starkem Akzent auf die Exilierung wird das Augenmerk weiter auf die aktuelle Situation gelenkt. Auffallend wechselt jedoch jetzt der Text zu „Juda" statt „Jerusalem". Juda bezeichnet im AT zunächst den von Lea geborenen vierten Sohn Jakobs (Gen 29,35; 35,23). In den meisten Texten außerhalb des Pentateuch jedoch bezeichnet Juda nicht die Person oder den Stamm, sondern ist der Name des mittelpalästinischen Staates, dessen Hauptstadt Jerusalem ist. Beide werden oft nahezu synonym gebraucht. Auch außerbiblisch spricht z. B. die Babylonische Chronik von der „Stadt Juda" anstelle von Jerusalem. Insgesamt ist in den Klageliedern nur fünfmal von Juda die Rede, doch keinmal wird damit klar eine *nationale* Größe bezeichnet. Während die Belege in 1,15; 2,2.5 von der Tochter Juda sprechen (was außerhalb der Klagelieder sonst nicht belegt ist), redet 5,11 von den Städten *in* Juda und meint am ehesten das Gebiet des 587 v. Chr. endgültig eroberten Staates. Der ist auch hier im Blick, wenn über Eroberung und Gefangenschaft Judas eine dreifache Aussage gemacht wird. Juda wird grammatisch feminin konstruiert, was entgegen der Regel, dass Länder wie Städte feminin sind, oft nicht der Fall ist. Das spricht für eine starke Personifikation, die vor allem Brücken zum Jeremiabuch schlägt (vgl. Hos 8,14; Joël 4,20; Sach 14,14; Jer 3,7–11; 14,2; 23,6; 33,16; 51,5). Der erste → Stichos ist in der revidierten Einheitsübersetzung zu „in die Verbannung zog Juda aus Elend und harter Knechtschaft" korrigiert. Der hebräische Text bleibt sperrig, weil er nicht, wie vielleicht erwartet, die Zeit vor der Verbannung als positive Zeit Judas charakterisiert. Dort war nicht alles in Ordnung, sondern schon durch „Elend" und „Knechtschaft" gekennzeichnet. Diese Sicht ist singulär, weshalb sich viele Kommentatoren damit schwer tun. Gemeint sein könnte die Phase der Vasallität Judas, in der eigenständiges politisches Handeln schon nicht mehr wirklich möglich war und der wirtschaftliche Druck auf Juda für die Landbevölkerung zur Last geworden war. Da Exil und Verbannung demgegenüber nicht positiv konnotiert sind, und auch nicht leichthin angenommen werden kann, dass Juda freiwillig aus der Bedrängnis in das Exil ging, wird die aktuelle Situation als noch bedrückender geschildert. Wenn schon die Zeit unmittelbar vor der Eroberung durch Elend und Knechtschaft gekennzeichnet war, um wieviel mehr die Jetztzeit, die im zweiten Stichos („Nun weilt sie unter den Völkern und findet nicht Ruhe") weiter beschrieben wird. Der nimmt durch das „Weilen" das „Sitzen" aus V.1 wieder auf (im Hebräischen ist es das gleiche Verb). So wie Jerusalem einst die „große unter den Völkern“ war und jetzt einsam da sitzt (V.1), so weilt Juda jetzt gefangen „unter den Völkern“. Durch die Wegführung wird die Einsamkeit der Witwe aus V.1 noch unterstrichen. Bedeutsam ist auch die Aussage, dass sie keine Ruhe findet, denn mit dem Terminus „Ruhe“ (*mānoªḥ*) wird das Erreichen eines unbedrohten sicheren Besitzsstandes im verheißenen Land ausgedrückt (Dtn 12,9; 28,65; 1 Kön 8,56; Ps 23,2; 95,11; 132,8.12; Rut 1,9; Jes 28,12; 66,1). Dieser Ort der Ruhe ist an vielen Stellen eng mit dem Tempel in Jerusalem verknüpft, was hier entfernt vielleicht auch noch mit hineinspielt und das Ziel der Wallfahrt in V.4 schon anklingen lässt.

Die Aussage zur Wegführung steht in der ursprünglichen Komposition in einem engen, rahmenden Bezug zu 4,22, wo die Zusage ergeht, dass Zion nicht weiter bzw. noch einmal in die Verbannung geführt wird.

Der dritte Stichos („All ihre Verfolger holten sie ein mitten in der Bedrängnis.“) steigert die Dynamik des entwurzelten Volkes noch einmal, indem der Blick auf die Situation der Eroberung gelenkt wird. Das Bild ruft die Situation einer Flucht und lebensbedrohlichen Bedrängnis auf: Juda wurde (wörtlich: „zwischen den Engen“) auf der Flucht von ihren Verfolgern eingeholt und dann – so ergänzen Leserin und Leser nahezu automatisch – ins Exil geführt, wo es sich jetzt aufhält. Die Bilder wollen jedoch nicht eine geschlossene Erzählung bieten oder die Ereignisse in einer narrativen Folge wiedergeben. Vielmehr geht es darum, Aspekte aufzurufen und nebeneinander zu stellen, um die Situation aus unterschiedlichen Perspektiven zu charakterisieren und so eine bestimmte Stimmung aufzurufen.

ד (*Daleth*) 4 Die Dynamik der ersten Verse wurde durch die Betonung der Raumachse hervorgerufen. V.1–2 waren von der einsamen, weinenden Frau im Zentrum bestimmt. V.3 führte die Blicke von diesem Zentrum in die weiteste Peripherie „unter den Völkern“, den Ort des Exils und der Diaspora (wörtlich „Zerstreuung“). Diese Bewegung hatte das Zentrum entleert und die Einsamkeit unterstrichen. V.4 nimmt das nun auf, indem die Bewegung auf das Zentrum hin negiert wird. Erneut spielt der Gegensatz von Einst und Jetzt implizit eine Rolle, denn ohne die Annahme, dass Jerusalem zuvor Festfreude kannte, die jetzt vergangen ist, macht die Klage kaum Sinn. Von den drei Stichen bietet der erste durch die personifizierten Wege das stärkste Bild. Wörtlich ist von den „Wegen Zions", nicht von den „Wegen nach Zion" (EÜ) die Rede. Nur noch 2,8–9 ist in der Personifikation von unbelebten Dingen (Mauern, Tore) vergleichbar (vgl. Jes 3,26). In der Rede von den trauernden Wegen sind die Wege symbolisch, nicht real. Es geht nicht darum, dass die vielen Wege, die die (zwar nicht zentral, aber auch nicht verkehrsgeographisch abgelegene) Stadt im Gebirge sternförmig erreichen, unbegehbar oder zerstört wären. Vielmehr geht es darum, dass sie ihrer Funktion, Menschen in die Stadt zu führen, nicht mehr nachkommen. Die trauernden Wege rufen die Freude der Wallfahrt nach Jerusalem in Erinnerung. Auch wenn die Wallfahrt nach Jerusalem erst zur Zeit des zweiten Tempels einen enormen Aufschwung genommen hat, gab es bereits Wallfahrten zum ersten Tempel. In allen älteren Gesetzeskorpora wird gefordert, dass alle Männer zu den Erntefesten im Frühjahr und Herbst am Heiligtum erscheinen sollen: Zum Mazzôtfest am Beginn der Gerstenernte (im Monat Abib, etwa zu Ostern im April), am Wochenfest zum Ende der Weizenernte (Pfingsten) und zum Laubhüttenfest als Abschluss der Weinlese im Herbst (Ex 23,14.17; 34,23.24; Dtn 16,16). Auch wenn es Wallfahrten zu Lokalheiligtümern gab, wird Jerusalem spätestens seit der Kultzentralisation im Ausgang des 7. Jhs. v. Chr. eine prominente Rolle gespielt haben, die hier in den Blick kommt. Denn die Wallfahrtsfeste sind mit Festfreude und Jubel eng verknüpft (Dtn 12,7.18; 26,11). Im Deuteronomium wird auch deutlich, dass die Wallfahrt Familienangelegenheit war (Dtn 16,11). Die Rede von ausgelassener Festfreude, insbesondere zu den Wallfahrten, ist ein Topos in der alttestamentlichen Literatur (2 Chr 30,21–26; Neh 8,10–18; Hos 2,13; Jes 33,20; Jdt 8,6; Klgl 5,15 u. ö.): „Das Lied wird für euch sein wie nachts, wenn man sich fürs Fest heiligt, und die Freude des Herzens, wie wenn man unter Flötenspiel einhergeht, um auf den Berg des HERRN zu kommen, zum Felsen Israels." (Jes 30,29) Num 10,10 spricht von „Freudentagen", Ps 43,4 jubelt dem „Gott meiner Freude" zu, Ps 68,5 fordert „Jubelt vor seinem Angesicht!" und Ps 16,11 schwärmt davon, dass „Freude in Fülle vor deinem Angesicht" herrscht. Der Beter von Ps 137,6 mahnt sich im Exil, Jerusalem niemals zu vergessen, sondern zu seiner höchsten Freude zu erheben. Besonders markant ist schließlich der Beginn des Wallfahrtspsalms Ps 122: „Ich freute mich, als man mir sagte: Zum Haus des HERRN wollen wir gehen!“ Zur Festfreude der Wallfahrt gehört demnach die Freude auf dem Weg, die hier in das Gegenteil verkehrt ist. Die Wege sind menschenleer, niemand pilgert zu den Festzeiten nach Jerusalem. Gerade zu den Zeiten der Wallfahrtsfeste waren die Orte der Heiligtümer übervoll von Menschen und durch den ausgelassenen Lärm der vielen Besucher geprägt (vgl. Klgl 2,7). Die Rede von verödeten, leeren Straßen ist ebenfalls ein Topos in der alttestamentlichen Literatur (Jer 33,10; 44,6; Jes 33,8; Zef 3,6; Bar 2,23; Sir 49,6), mit dem Verlassenheit und Verwüstung zum Ausdruck gebracht werden (s. die Umkehrung in Jes 35,8; 40,3; 43,19; 49,11; 57,14; 62,10; Sach 8,5). Den Toren der Stadt kommt als Außengrenze eine besondere Rolle zu, vielleicht haben sie sogar in Torliturgien eine eigene Akzentuierung bei den Wallfahrten erfahren. Stadt und Heiligtum werden weitestgehend identifiziert, sodass zwischen den Toren der Stadt und den Zugangsbereichen zum heiligen Bezirk häufig nicht getrennt wird. Oft stehen die Tore für die Öffentlichkeit schlechthin oder *pars pro toto* für die ganze Stadt (Ps 9,15; 87,2; 100,4; 122,2; Jes 60,11; 62,10). Für die Wallfahrer war das Erreichen der Stadttore Jerusalems nach beschwerlichem und gefährlichem Weg mit Schutz und Geborgenheit verbunden. Dieser Schutz ist hier durch die Zerstörung der Tore ganz und gar aufgegeben (vgl. Jes 24,12). Die sonst so belebten Tore sind menschenleer. Ihre Zerstörung ist wie in Jer 14,2; Jes 3,26; Neh 1,3 Symbol für die Zerstörung der gesamten Stadt.

Es fällt auf, dass hier nicht von den Wegen Jerusalems, sondern von den Wegen Zions die Rede ist. Nur auf den ersten Blick sind Zion und Jerusalem völlig austauschbar. Zion, das ist wahrscheinlich zunächst eine synonym verwandte Bezeichnung für den ältesten Kern der vorexilischen Stadt. Auf einer massiven Substruktion über der Gihon-Quelle stand eine höhergelegene Palastfestung, die 2 Sam 5,7 *mᵉṣudat ṣiyyôn* „Feste Zions“ nennt und von der der Text sagt, David habe sie eingenommen. Deshalb setzt der Vers diese mit der „Stadt Davids“ gleich. Ob aber Zion wirklich zunächst die Bezeichnung für den sich als Sporn erstreckenden Südosthügel war, die dann mit der Verlegung des Palastes auf das höher gelegene Plateau im Norden die Bezeichnung abgab, sodass der spätere Tempelberg „Zion“ genannt wurde, ist nach wie vor ungeklärt. Zion ist jedenfalls bisher nicht außerbiblisch als Synonym der Stadt oder als Bezeichnung eines Stadtteils belegt. Verwirrend wird die Geschichte des Begriffs dadurch, dass die Bezeichnung frühestens im 1. Jh. – wohl erst nach der Zerstörung des zweiten Tempels – auf den Südwesthügel übergeht, wo bis heute der Zion von Jerusalemreisenden besucht wird. Entscheidender für unseren Zusammenhang ist das Verhältnis von Stadt und Tempel, das sich in der Bezeichnung Zion spiegelt. Zion steht nicht für das Tempelareal im engeren Sinne, sondern trägt immer „Stadtkonnotationen“, d. h. Zion ist nie gelöst von der Stadt Jerusalem. Sehr häufig finden sich daher die Bezeichnungen Jerusalem und Zion in Parallelismen, wo sie austauschbar scheinen (Jes 2,3; 10,12; 62,1; Mi 3,10; Ps 48,3; 102,22; 147,12 u.ö). Doch geht der Zion nie in der Stadt einfach auf, sondern trägt oft die Konnotation der Gottesstadt, die durch die Anwesenheit Gottes in seinem Heiligtum gekennzeichnet ist (Sach 8,3; Ps 50,2; 76,3; 136,21). Erst dadurch macht der Zion Jerusalem zur Stadt Gottes (Ps 46,5; 48,2.9; 87,3, vgl. Jes 60,14) und – vor allem in späten Texten – zur heiligen Stadt (Jes 48,2; 52,1; Dan 3,28; 9,24; Neh 11,1.18; Tob 13,8; 1 Makk 2,7; Sir 36,18 u. ö.). Von Zion wird, wie die Beispielstellen zeigen, nicht im Pentateuch gesprochen und auch nicht – was auffallend ist – in Ezechiel. Die meisten Belege finden sich in den Psalmen, bei Jesaja, Jeremia, Micha und Sacharja. In auffallender Häufigkeit daneben in den Klageliedern. Wie in den Psalmen (wo 38 Belege für Zion 17 für Jerusalem gegenüberstehen) gibt es mehr Belege für Zion (15) als für Jerusalem (7), wobei die Verteilung signifikant ist. In Klgl 1 drei Belege (V.4.5.17), in Klgl 2 sieben (V.1.4.6.8.10.13.18) in Klgl 4 wieder drei (V.2.11.22) und in Klgl 5 zwei Belege (V.11.18). Jerusalem hingegen findet sich nur in 1,7.8.17; 2,10.13.15 und in 4,12. D. h. in dem großen und zentralen Klagelied 3 findet sich weder ein Beleg für Zion noch für Jerusalem! Für den Gebrauch von Zion in den Klageliedern fällt zunächst die häufige Bezeichnung „Tochter Zion“ auf, die in 2,1.4.6.8.10.13.18 sowie in 1,6; 4,22 verwendet ist. „Tochter Zion“ ist eine Stadtbezeichnung, in der der Bezug zum Heiligtum oder zum Tempelberg am stärksten zurücktritt. Zwar gibt es an manchen Stellen eine blasse Nähe zum Heiligtum (1,4; 2,1.4.6), aber als

Zionsberg, ausgezeichnet durch die Erwählung Gottes und seine Präsenz im Heiligtum (Ps 46,5–6; 48,3; 50,2 u. ö.), kommt der Zion in den Klageliedern nicht zur Geltung. Die Identität mit der Stadt und die Verwendung als Stadtbezeichnung überwiegen in den Klageliedern. In V.4 ist es lediglich die Verbindung zur Wallfahrt, die die Straßen mit dem Heiligtum verbindet. Das wird die Wahl von Zion statt Jerusalem begünstigt haben.

Die Priester werden an dieser Stelle positiv gewertet, wenn sie unter der Situation leiden und seufzen. Das hier verwendete seltene Verb (Ex 2,23; Spr 29,2; Jes 24,2; Ez 9,1; 21,11.12; Joël 2,18) findet sich in den Klageliedern nur in Klgl 1, dort aber hat es geradezu eine Leitwortfunktion: In V.4 stöhnen die Priester, in V.8 seufzt Zion selbst, in V.11 ihre Bewohner, in V.21 („Sie hörten, wie ich stöhne“) wieder sie selbst. Am Ende wird das Seufzen semantisch nochmal gesteigert (s. V.22).

Zwei Personengruppen werden im zweiten und dritten → Stichos herausgegriffen und so implizit parallelisiert. Dass die Priester in Parallele mit den Jungfrauen gesehen werden, verwundert auf den ersten Blick, besonders weil sie auch durch ihre emotionalen Äußerungen (seufzen, voller Kummer sein) parallel gesetzt werden. Verständlich wird das im Festkontext des Verses: Die Priester nehmen die Opfergaben in Empfang und regeln als „Schwellenhüter“ den Zugang zum Heiligtum. Sie organisieren den Kultbetrieb auf den Wallfahrtsfesten. Die Jungfrauen (gemeint sind unverheiratete junge Frauen) bereichern durch Jubel und Tanz die Festfreude (Jer 31,4.13; Ps 68,26). Möglicherweise ist die Erwähnung der Jungfrauen aber auch durch 2,10.21 beeinflusst, denn gerade im ersten und zweiten Klagelied stehen junge Männer und Frauen für die Lebendigkeit der Stadt (vgl. 1,4.18; 2,10.21; 5,21). Vielleicht lenkt aber auch der Begriff „Jungfrau“ geschickt zum dritten Stichos, in dem die Stadt ganz in den Fokus rückt. Sie war zuvor schon in den Personalpronomina (ihre Tore, ihre Priester, ihre Jungfrauen) präsent, aber der letzte Stichos („ihre Jungfrauen sind voll Gram, sie selbst trägt Weh und Kummer“) stellt sie erneut als Person in den Vordergrund. Schon die → Syntax unterstreicht das: Das Hebräische – es sind nur drei kurze Worte – lautet wörtlicher: „und sie, bitter ist ihr.“ Die Verbitterung ist der einstigen Festfreude entgegengesetzt: Die Stadt ist gedemütigt und ohne Perspektive.

ה (*He*) 5 Die aktuell bedrängte Situation Jerusalems bleibt auch in V.5 weiter im Blick. Sie wird durch eine Außenperspektive erweitert. Zwei der vielen Feindbegriffe werden hier verwendet, ohne dass näher spezifiziert würde, um wen es sich handelt. In den Feindschilderungen der Klagepsalmen wird häufiger auf die Begünstigung der Feinde, ihre für den Beter unverständliche Übermacht und die daraus resultierende Schadenfreude hingewiesen. Deswegen bittet etwa der Beter von Ps 13,5 eindringlich um Erhörung, „damit mein Feind nicht sagen kann: «Ich habe ihn überwältigt», damit meine Gegner nicht jubeln, weil ich ihnen erlegen bin." Der erste → Stichos ist schwer zu übersetzen, da die Wendungen so nur hier vorkommen. Die EÜ behilft sich mit der treffenden Wendung „an der Macht sein". So unsicher das auch bleibt, die Feinde sind „obenauf", wörtlich sind sie zum Kopf oder zur Spitze geworden. „Im Glück" ist allerdings sehr frei übersetzt. Das im Hebräischen verwandte Verbum drückt Sicherheit und unbedrängte Ruhe aus. Eine Nähe weist die Klage Jeremias in Jer 12,1 auf, wo in der herausfordernden Frage deutlich wird, dass das Unverständnis über die fehlende Rechenschaft im Hintergrund steht: „Warum haben die Frevler Erfolg, weshalb können alle Abtrünnigen sorglos sein?" Ganz ohne Vorwurf ist auch 1,5 nicht, denn als Begründung für die Vormachtstellung der Feinde wird im zweiten → Stichos YHWHs Handeln angegeben: „Denn Trübsal hat der HERR ihr gesandt wegen ihrer vielen Verfehlungen." Er hat Zion geplagt, gepeinigt, ermüdet, geschwächt, bekümmert, betrübt – all diese Konnotationen schwingen in dem Verbum mit, dass die Bekümmernis der Jungfrauen aus V.4 wieder aufgreift. Die Feinde sind obenauf, *weil* Zion unten ist.

Zwei Aspekte sind noch bedeutsam: V.5 benutzt zum ersten Mal in den Klageliedern das → Tetragramm YHWH. Mit aller Wucht betritt er als Handelnder die Bühne, was die EÜ durch das „Trübsal senden" etwas verdeckt: Er *hat* betrübt! – das ist die erste Aussage über Gott in den Klageliedern. Die Besonderheit des ersten Klageliedes aber, Gott nicht in die verantwortliche Haftung für das Unheil zu nehmen, sondern den Grund für die missliche Situation im Verhalten des Volkes und seiner Anführer zu sehen, bricht sich jetzt in dem „wegen ihrer vielen Vergehen" zum ersten Mal explizit Bahn. Das erste Klagelied betont die Sündenlast als Ursache der Katastrophe noch und noch, sowohl in der Beschreibung durch den Sprecher (V.5.8) als auch in der Reflexion Zions selbst (V.14.18.20.22). Zwar wird die Schuld nicht näher charakterisiert, doch interessanterweise benutzt V.5 wie V.14.22 (und 3,42) nicht den vordersten Hauptbegriff für Sünde *ḥaṭṭā'(t)* (1,8; 3,39; 4,6.13.22; 5,7.16) oder den Begriff für Schuld *'awon* (2,14; 4,6.13.22), sondern *pæša'*, einen Begriff, der im Kern gemeinschaftsschädigende moralische Vergehen umfasst und am ehesten mit „Verbrechen, Unrecht, Verfehlung" wiedergegeben werden kann. Zwar bleibt das Fehlverhalten damit weiter vage, doch wird deutlich, dass Fremdgötterdienst oder kultische Vergehen nicht an vorderster Front stehen.

Dennoch deutet der dritte → Stichos („Kraftlos zogen sie dahin vor ihren Verfolgern.") die Exilierung der Stadtbevölkerung als Folge der Vergehen an. Er entspricht damit der deuteronomistischen Theologie, deren Gerichtsdoxologie einen engen Zusammenhang zwischen Tun und Ergehen voraussetzt und den Zusammenbruch als Strafe für eine vorausgehende Sündhaftigkeit interpretiert. Dass von der Bevölkerung der Stadt als Kleinkindern gesprochen wird, macht die Hilflosigkeit Zions deutlich, die der Katastrophe nichts mehr entgegenzusetzen vermag. Die Kleinkinder symbolisieren

Abb. 6: Wegführung der Familien aus Lachisch. Relief aus dem Palast Sanheribs (705–681 v. Chr.) in Ninive

Abb. 7: Wegführung der Gefangenen. Relief aus dem Palast Sanheribs (705–681 v. Chr.) in Ninive

neben Frauen und Alten in besonderer Weise den schutzlosen Teil der Bevölkerung (Jes 13,16; Jer 9,20; Hos 14,1; Joël 2,16; Mi 2,9; Nah 3,10; Klgl 2,11–12.19.20; 4,2.4.10; Ps 137,9). Wenn diese *pars pro toto* in die Verbannung gehen müssen, gab es keine Schonung für die Bewohner; wenn der Feind unmittelbar dahinter zieht und zwischen Stadt und Deportierte tritt, gibt es kein Zurück in die Stadt und kein Entrinnen aus dem Schicksal der Gefangenschaft. Auf assyrischen Reliefs sind daher neben Kriegsgefangenen die Frauen mit ihren Kindern dargestellt, die aus der Stadt in die Gefangenschaft geführt werden (Abb. 6, 7, 8).

Abb. 8: Eroberung einer Stadt und Wegführung der Gefangenen, Palastrelief in Nimrud, Nordwest-Palast Raum B, Zeit Assurnasirpals II. (ca. 865–860 v. Chr.)

ו (*Waw*) 6 Der Vers hebt sich von den Vorhergehenden dadurch ab, dass er – als einziger im ersten Klagelied – von der „Tochter Zion" spricht. Die prominente Heraushebung Zions verbindet ihn mit V.17, wo „Zion ringt die Hände" als zweite Erwähnung von *Zion* als Person heraussticht. Beide Verse haben Gelenkfunktion im zweiteiligen Aufbau von Klgl 1. Ansonsten findet sich „Zion" in Klgl 1 nur in der Verbindung „Wege Zions" in V.4. Die Bezeichnung „Tochter Zion" steht hier für die ganze Stadt und wird synonym zu Jerusalem gebraucht. Die Wahl der Bezeichnung stellt zudem den Aspekt der Erwählung der Stadt heraus. Die Tochter Zion ist die von Gott prächtig herausgehobene und geschützte. In unserer assoziativen Wahrnehmung ist die Bezeichnung „Tochter Zion" besonders verknüpft mit der Schönheit, Freude, und Erhabenheit. Es sind Stellen aus der nachexilischen Heilsprophetie wie Zef 3,14, Sach 2,14 und vor allem Sach 9,9 (aufgenommen in Mt 21,5; Joh 12,15), die *wir* mit der Tochter Zion verbinden. Dabei ist es besonders die auf Georg Friedrich Händel zurückgehende Vertonung, die von Friedrich Heinrich Ranke um 1820 in das Kirchenlied „Tochter Zion" eingebracht wurde (GL 228, EG 13), die den Eindruck der erhabenen Tochter Zion bestimmt. Doch in den atl. Texten, in denen die Bezeichnung Tochter Zion für Jerusalem gebraucht ist, überwiegt das Bild der verlassenen, geschundenen Stadtfrau (Jes 1,8; Jer 4,31; Mi 1,16; 4,10), was freilich die vorherige Pracht der „Schönen und Verwöhnten" (Jer 6,2) voraussetzt. Diese Pracht wird ihr dann in Jes 52,2; 62,11; Mi 4,8 neu verheißen, gipfelnd in der Zusage, dass der messianische König Einzug hält, in dem die Zuwendung Gottes deutlich wird. Hier aber dominiert der Kontrast und es wird eine Stadt vor Augen gestellt, der alle Pracht genommen ist.

Nachdem durch die Deportation das Bild des Anfangs wieder eingeholt ist und die Einsamkeit der verlassenen Stadtfrau eindrücklich vor Augen steht, bleibt V.6 in dem Spiel von „einst" und „jetzt". Wie prächtig das Jerusalem des ersten Tempels tatsächlich war, wissen wir nicht, doch vieles, wenn nicht alles, deutet darauf hin, dass es nicht eine prächtige, mit den damaligen Weltstädten vergleichbare „Metropole", sondern eher eine mehr oder minder unbedeutende Kleinstadt in der südlichen Levante war. Aber das ist nicht die Innensicht der biblischen Texte, die Jerusalem für ihre Schönheit, Pracht und Erhabenheit preisen (bes. Ps 48,3; 50,2; 84,2; 87,3; Jes 35,2; Klgl

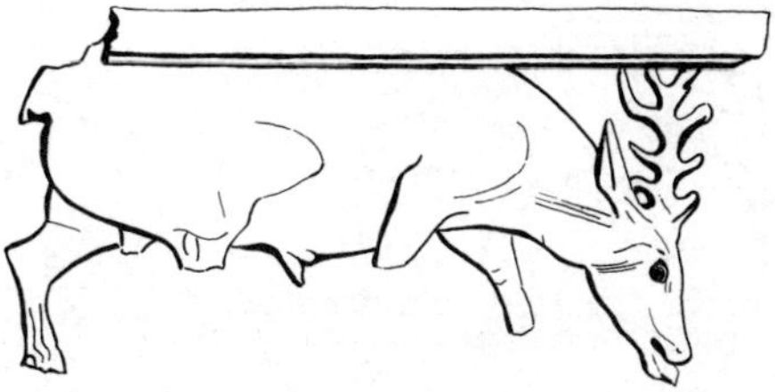

Abb. 9: Äsender Hirsch, Elfenbein aus Arslan Tash (Syrien), heute im Musée du Louvre, Paris

2,15). Diese rührt – und das ist für die verlorene Pracht Jerusalems in 1,6 nicht unentscheidend – wesentlich aus der Erwählung Jerusalems. *Weil* YHWH den Zion als Wohnsitz erwählt hat (Ps 78,68; 87,2), ist dieser Berg „der Höchste", „der Schönste". Explizit sagt das der große Gleichnistext von Jerusalems „Aufstieg und Fall": „Der Ruf deiner Schönheit drang zu den Völkern hinaus; denn sie war vollkommen durch meinen Schmuck, den ich dir anlegte – Spruch Gottes, des Herrn." Für „mein Schmuck" steht dasselbe hebräische Wort wie für „Pracht" in 1,6. Es ist der Tempel, der die Stadt zur Schönheit macht und der Tempel wiederum ist nur durch die Präsenz Gottes ausgezeichnet, wie es Ps 96,6//1 Chr 96,16 deutlich machen: „Hoheit und Pracht sind vor seinem Angesicht, Macht und Glanz in seinem Heiligtum". Das Nomen *hādār*, das auch in 1,6 für die verlorene „Pracht" steht, wird weit häufiger zur Beschreibung von Gottes Hoheit und Pracht gebraucht (Jes 2,10.19; 63,1; Ijob 40,10; Ps 29,4; 90,16; 104,1 u. ö.), als dass es auf Jerusalem bezogen wird. Wenn also V.6 im ersten → Stichos von der verlorenen Pracht spricht, geht das über die zerstörten Mauern hinaus. Es ist die „sakrale Infrastruktur", der Tempel und die daran geknüpfte Präsenz Gottes, die Garant der Prosperität, Schönheit und Anziehungskraft Jerusalems war und jetzt verloren ist. Im Hintergrund wird die Gottferne beklagt, auch wenn der Vordergrund sich auf die Stadt und ihre Infrastruktur richtet. Nicht ohne Grund wird also nur hier im ersten (später entstandenen) Lied die im zweiten Klagelied so häufige Bezeichnung „Tochter Zion" gebraucht (2,1.4.8.10.13.18 und 4,22), die eine enge Beziehung zwischen Stadt und Stadtgott im Hintergrund hat. Das heißt, es bleibt die Einsamkeit Zions, die in 1,1 schon entfaltet worden war.

Die Führungsschicht wird mit Hirschen (in manchen Übersetzungen Widdern) verglichen, was ohne Parallele in den alttestamentlichen Texten ist. In der Ikonographie aber gibt es Anzeichen, dass die paarhufigen Geweihträger mit der führenden Elite

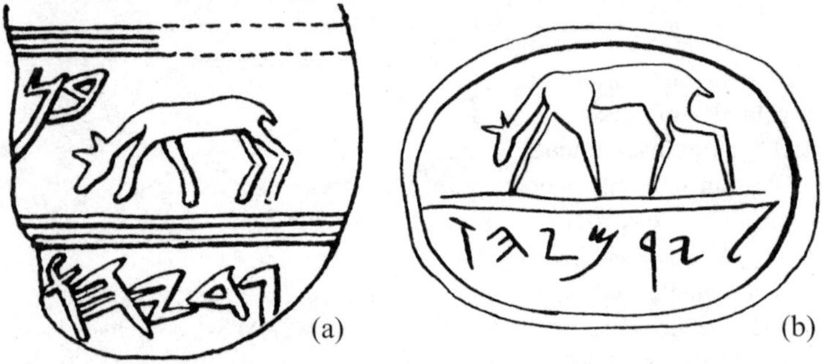

Abb. 10: Äsende Hinden (a) auf der Bulle eines Sohnes des *Gaddiyahu*, dessen Name nicht mehr erhalten ist, und (b) das Siegel eines gewissen *Yirmeyahu*. Beide Siegel stammen aus der Zeit kurz vor der Zerstörung Jerusalems, wo das Motiv der äsenden Hirschkuh offenbar (in der Oberschicht?) recht beliebt gewesen ist (vgl. Ps 42,2).

verknüpft sind. Vielfach findet sich der Hirsch als Siegelbild auf Namenssiegeln der späten Königszeit (s. Abb. 10), zuletzt gehäuft auf Siegeln aus Lachisch. Der Hirsch ist ein erhabenes Wildtier, dessen Vitalität in den Metaphern sprichwörtlich ist (Gen 49,21; Ps 18,34//2 Sam 22,34; Ps 42,2; Jes 35,6; Hab 3,19, s. Abb. 9, 10). Hier ist er matt und findet keine Äsung. Durch das damit aufgerufene Bild von verdorrtem Gras und entlaubten Bäumen und Büschen wird das Ausmaß der Zerstörung im Hintergrund geschickt poetisch symbolisiert. Hunger und Niedergeschlagenheit geben sich die Hand. Während der gesunde Hirsch vor jeder Bedrohung wild davonspringt, gehen jene Tiere kraftlos vor ihren Verfolgern zugrunde. Mit V.3 im Ohr wird damit erneut auf die Deportation angespielt. Kommen hier die Obersten hinzu, liegt vielleicht ein Bezug auf die Flucht der Obersten mit König Zidkija kurz vor der Eroberung der Stadt vor, aber das bleibt unsicher.

Die Exilierung hat am ehesten die Oberschicht getroffen, weshalb 2 Kön 24,14 von den „zehntausend Vornehmen" spricht, was in der Zahl weit übertrieben ist, sich aber als die „oberen Zehntausend" in unseren sprichwörtlichen Sprachschatz gerettet hat. Erneut endet der Vers bildlich mit dem Wegzug eines Teils der Bevölkerung aus der Stadt, deren Einsamkeit damit kaum noch steigerbar ist. Im Gedicht ist jetzt der Punkt erreicht, an dem zum ersten Mal der Name *Jerusalem* fällt.

ז (*Zayin*) 7 Jerusalem gedenkt – damit beginnt die zweite Einheit der ersten Hälfte des Kapitels. Zum ersten Mal fällt der Name Jerusalem und danach in Klgl 1 noch zweimal. Etwas zur Erinnerung bringen, unterscheidet Bewältigung von Verdrängung. Es ist immer auch mit dem schmerzlichen Aufrufen der Vergangenheit verbunden. Das Gedenken bedeutet, sich einem geschichtlichen Bewusstsein zu stellen, das Geschehene gegenwärtig zu halten und es so auf Veränderung hin zu durchdenken (s. 3,19). In den vergangenen Versen war die Erinnerung an Jerusalem Thema, ohne dass Jerusalem selbst genannt war. Die Erinnerung Jerusalems in V.7 ist ein Zwischenschritt auf dem Weg zu Jerusalems Subjektwerdung: Erst in V.9 wird Jerusalem erstmals in den Klageliedern als Sprecherin auftreten.

Der Vers fällt auf, weil er statt drei, vier Kola hat und zudem eine Spannung in sich trägt, wenn man danach fragt, worauf sich die Erinnerung Jerusalems richtet: auf die positiv besetzten Kostbarkeiten (wie V.1„einst so volkreich“) oder die Tage des Elends, als Jerusalem überfallen wurde. Die EÜ glättet den Übergang zwischen beiden und lässt beides zum Objekt der Erinnerung verschmelzen. Der Vers kreist um Elend und Heimatlosigkeit, während die Erinnerung an die „Kostbarkeiten“ „in den Tagen der Vorzeit“ etwas Positives bedeutet (vgl. Jes 23,7) und auf Erwählung zielt. Wenn man gezwungen wäre, einen Versteil als sekundäre Erweiterung auszuscheiden, würde man sich am ehesten für die Kostbarkeiten entscheiden, die von V.10 her eingetragen worden sein könnten, wo sie die kostbare Innenausstattung des Tempels meinen. Der Terminus „Elend“ verbindet das gegenwärtige Schicksal (V.3) mit der bedrückenden Erinnerung an die Demütigung während der Eroberung, als das Volk der Stadt in die Hand des Feindes fiel. Wie Jerusalem erstmalig explizit erwähnt wird, tritt auch das Schicksal des Volkes erstmals als ganzes kurz in den Blick. Doch der Fokus ist auf Jerusalem gerichtet: *Ihr* Volk gerät in die Hand des Feindes und *sie* hat keinen, der ihr beisteht. Erneut wird die üble Rolle der politischen Allianzen und Bündnispartner angespielt, die in V.2 durch die Verwandlung von Freund zu Feind schon so eindrücklich im Raum stand. Hier ist die Reaktion der Feinde gesteigert, die das Elend der Angegriffenen durch ihre Schadenfreude kommentieren (vgl. Hab 1,10; Ez 25,6; 36,5; Ps 79,4; 80,7). V.21 greift diese für

Jerusalem erniedrigende Erfahrung auf. In dem „die Feinde sahen sie an“ schwingt mehr mit als nur ein Beobachten. Sehen (*r'h*) ist im AT immer mit Urteilen verbunden: Die Feinde beurteilen die Situation und (be-)werten sie. Dadurch wird ihre „Oberhand“ (V.5) noch deutlicher. Die Feinde fühlen sich bestärkt und zum Spott gedrängt, weil das Schicksal Jerusalems unerwartet ist. Der Stadtgott hätte das Schlimmste verhindern müssen, hat es aber nicht getan, sondern Jerusalem – so die Argumentation – im Stich gelassen. Die Bündnispartner haben lediglich eine Belagerungspause bewirken können, dann aber Jerusalem seinem Schicksal übergeben („kein Helfer war für sie da“). Der Grundton des ersten Klageliedes, dass Jerusalem im Stich gelassen wurde, findet sich also auch hier. Am Ende des Verses steht im wahrsten Sinne singuläre Vernichtung. Das Wort, von Luther als „Sabbate“ fehlgedeutet, ist zwar aus jener Wurzel gebildet, meint aber am ehesten das Aufhören aller Pracht, das Fehlen des Schutzes und die Vernichtung der Existenzgrundlage.

Mit dem „Sehen“ der Feinde beginnt eine Kette von visuellen Wahrnehmungen. Die Dichte ist in V.7–12 besonders hoch und zielt auf die Wahrnehmung des Leids Jerusalems. Während die Feinde die „Vernichtung“ schauen, soll der HERR die Bedrückung sehen und zum Leben hin wandeln.

ח (*Chet*) 8 Der Vers schlägt erneut das zweite Hauptthema des ersten Liedes an. Hatte V.7 den Ton der Klage implizit in Anklage umschlagen lassen, rudert V.8 sofort zurück, in dem es die Schuldfrage aufwirft und durch das „deshalb“ eindeutig klärt. Dieses Hin und Her zwischen Anklage und Verteidigung Gottes kennzeichnet das erste Lied. Dieses Mal, wohl nicht nur dem Alphabet geschuldet, wird der Hauptbegriff für Sünde in einer → *figura etymologica*, der verstärkenden Wiederholung des wurzelgleichen Wortes, benutzt. Aber erneut wird die Sünde nicht qualifiziert, sondern vielmehr als der eigentliche Grund für die Erniedrigung angeführt.

Die Bildwelt ist stark sexuell aufgeladen, was in der jüngeren Auslegungsgeschichte dazu geführt hat, die Beschreibung als metaphorische oder faktische Vergewaltigung Jerusalems zu deuten. Die Frauen von Jerusalem seien im Prozess der Eroberung durch Vergewaltigungen erniedrigt worden und die Eroberung Jerusalems selbst werde als Vergewaltigung Zions gedeutet. Was in 1,8 vom Wortlaut der EÜ eher fern zu liegen scheint, rückt durch die Mehrdeutigkeit der verwendeten Phrasen und durch einige Parallelstellen in eine assoziative Nähe. So scheint Jes 23,11–12 die Einnahme von Sidon als Vergewaltigung zu deuten: „Nie mehr sollst du fröhlich sein, du vergewaltigte Jungfrau, Tochter Sidon", zumindest hat das Verbum *'nh* neben *demütigen* diese Bedeutung. Auch Jer 13,22 schildert die Bestrafung als sexuelle Demütigung: „Wenn du aber fragst in deinem Herzen: Warum hat mich das alles getroffen? Wegen deiner großen Schuld wird dein Gewand aufgehoben und dein Leib vergewaltigt." Auch die Klagelieder kennen Vergewaltigungen als Kriegsfolge und Methode der Erniedrigung der Besiegten (s. u. zu 5,11), doch ist dem Bild hier mit Vorsicht zu begegnen. Das gilt insbesondere dann, wenn Gott als Subjekt der Bestrafung in den Blick gerät und so zum Vergewaltiger zu werden droht. Auch die alttestamentlichen Texte sind mit einem solchen Vorwurf sicher nicht leichtfertig umgegangen. Meist wird mit einem Netzwerk von Texten in Klgl 1 argumentiert, sodass eine Stelle die Deutung der anderen beeinflusst und eine sexualisierte Deutung die andere in ihren Bann zieht. Daher ist bei jeder Stelle genau hinzuschauen.

Das für „Abscheu" verwendete hebräische Wort kommt so nur hier in V.8 vor. Die EÜ leitet es von dem Nomen *niddāh* ab, was primär die menstruelle Blutung der Frau, die damit im Zusammenhang gesehene Unreinheit (Lev 12,2.5; 15,20; Ez 18,6; Klgl 1,17), aber auch Unreinheit überhaupt (Num 19,9.13.20) und eine Befleckung oder Abscheu (Lev 20,21; Esra 9,11; Ez 7,19) meinen kann. Häufiger bezieht sich das Nomen auf den sexuellen Verkehr während der Blutung der Frau, was wegen des Kontaktes mit Blut als Verunreinigung gewertet wird (Lev 18,19; Ez 18,6; 22,10). Auch diese Deutung, die stark von der Rede von der aufgedeckten Scham in V.8 („weil sie ihre Blöße gesehen") beeinflusst ist, wird in jüngeren Kommentierungen der Klagelieder mehrfach vorgeschlagen. Die Verbindung der Metapher von der „Abscheu" mit der Menstruation der Stadtfrau Jerusalem ist auch von V.9 her bestimmt, wo von der am Saum klebenden Unreinheit (*ṭûm'āh*) die Rede ist. Sie ist nicht nur von der Wirkungsgeschichte her problematisch, sondern das Bild selbst weist in der Deutung Inkonsistenzen auf.

Die Menstruation der Frau ist zum einen ein periodischer wiederkehrender Vorgang und damit ist auch die damit verbundene „Unreinheit“ in einen zyklischen Wechsel eingebunden. Auf die Phase der kultischen Unreinheit folgt immer wieder die kultische Reinheit. Das könnte so klingen wie „die Zeit heilt alle Wunden“, aber gerade das soll hier ja nicht ausgesagt sein. Zum anderen ist die Menstruation der Frau unverschuldet und unvermeidlich. Beide Aspekte will der Text gerade vermeiden: Jerusalem ist verantwortlich für das Desaster. Mit der menstruellen Unreinheit wird in den alttestamentlichen Texten vornehmlich eine „Kultunfähigkeit“ ausgedrückt, da das austretende Blut als verunreinigend gilt und Unreinheit ein Kontaktphänomen ist. Durch die an der menstruierenden Frau haftende Unreinheit würde das Heiligtum verunreinigt, weshalb die Teilnahme am Kult untersagt wird. Auch darum geht es in V.8 nicht, sondern es geht um die mit der Eroberung verbundene Bloßstellung, die Jerusalem wegen ihrer Sünden selbst zu verantworten hat.

Alternativ kann das Nomen in V.8 aber auch von der Wurzel *nûd* „schwanken“ abgeleitet werden, was schon in einem Manuskript in Qumran belegt ist und auch der Übersetzung in der LXX zugrunde liegt. Dann meint es die durch Kopfschütteln ausgedrückte Teilnahme (Jes 51,19; Jer 18,16; Nah 3,7 u. ö.) und hier ein spöttisches oder mitleidiges Kopfschütteln (Jer 18,16; 48,27; Ps 64,9; die Zürcher übersetzt den Versteil „darum ist sie zum Gespött geworden“). Diese Geste könnte unmittelbar an das Ende von V.7 anschließen: *Weil* Jerusalem schwer gesündigt hat, schütten ihre Eroberer Spott über sie und schütteln missbilligend den Kopf. Die Fortsetzung des Verses scheint jedoch auf die sexuelle Variante zu deuten, wenn von der aufgedeckten Scham („weil sie ihre Blöße gesehen“) die Rede ist. Das Aufdecken der Scham wird in den beiden Katalogen der Sexualtabus in Lev 18 und 20 als Synonym für illegitimen oder moralisch verwerflichen Geschlechtsverkehr gebraucht. Auch in Ez 16,36; 23,18 steht diese Bedeutung im Vordergrund, wenn in spiegelnder Entsprechung die Strafe der Entblößung folgt: Ez 16,37: „dann enthülle ich ihnen deine Blöße, damit sie deine Blöße unverhüllt sehen“. Vergleichbar sind Jes 47,3, Nah 3,5 oder Hos 2,12. Ebenfalls als Bestrafung und in großer Nähe zu Klgl 1,8 formuliert Ez 23,9–10: „Darum gab ich sie in die Hand ihrer Liebhaber, in die Hand der Söhne Assurs, nach denen sie Verlangen hatte. Diese entblößten ihre Scham, nahmen ihre Söhne und ihre Töchter weg und erschlugen sie selbst mit dem Schwert. So erhielt sie ihren Ruf unter den Frauen, und man vollstreckte an ihr Strafgerichte."

Obwohl die levantinischen Gesellschaften ein unverkrampftes Verhältnis zur Nacktheit haben, gilt die erzwungene und öffentlich zur Schau gestellte Nacktheit von Menschen, insbesondere ihrer Genitalien, als ein Akt tiefster Demütigung (Gen 9,21–25; Mi 1,11; Nah 2,8; Klgl 4,22). Solche Bloßstellung der Scham ist der höchste vorstellbare Grad der Beschämung, der einer totalen Statusminderung und Ehrverletzung gleichkommt. Zugleich ist das Aufdecken der Scham Ausdruck äußerster Verletzlichkeit einer Person oder eines Landes (Gen 42,9.12). Deshalb werden Kriegsgefangene nackt und barfuß weggeführt (Mi 1,8; Hos 2,5.11; Am 2,16 Jes 2,2–4; Ez 23,29; 2 Chr 28,15, s. Abb. 11 und 12). In diesen Zusammenhang ist Klgl 1,8 zu stellen. Nicht von einer Vergewaltigung, sondern von der erniedrigenden Bloßstellung in der Eroberung ist in dem emotional aufgeladenen Bild metaphorisch die Rede. Die Jerusalem einst hoch achteten und verehrten (*kabôd* ist die von anderen im Status zugeschriebene Ehre), verachten sie jetzt. Wenn richtig ist, dass in der beschämenden Bloßstellung die Eroberung drastisch charakterisiert wird, ist auf der politischen Ebene wieder die Frage der Verlässlichkeit der Bündnispartner thematisiert, die für den Dichter bzw. die Kreise hinter ihm für den Niedergang so markant und insgesamt so enttäuschend war. Jerusalem wurde schutzlos zurückgelassen.

Abb. 11: Wegführung von nackten Gefangenen, spätbronzezeitliches Elfenbein aus Megiddo (Ausschnitt)

Abb. 12: Gefangene der nordsyrischen Stadt Hazazu werden nackt abgeführt. Reliefierter Bronzebeschlag des Tores der assyrischen Stadt Balawat aus der Zeit Salmanassars III., 858–824 v. Chr.

Schwierig zu deuten bleibt der letzte → Stichos: „Sie selbst seufzt und wendet sich ab.“ Von Jerusalem erfolgt keine Gegenwehr. Ihr entfährt angesichts der beschämenden Bloßstellung nur der in Klgl 1 mottoartig auftauchende Seufzer (1,4.8.11.21) und sie wendet sich voller Scham ab (wörtlich: „sie weicht zurück“, Ps 9,4; 44,11; 56,10, ähnlich Ps 35,4; 40,15; 44,19; 70,13; 129,5). Die Abwendung des Gesichtes ist ein Gestus, der den Akt der Beschämung im Verhalten des Beschämten spiegelt. V.8 kommt im ersten Klagelied eine Schlüsselstellung zu. Mehrere Teile werden an anderer Stelle wieder aufgenommen (s. z. B. V.11.13).

ט (*Tet*) 9 Der Vers ist von V.8 her gebildet, denn die Themen der drei Stichen „Vergehen Jerusalems, Bündnispartner, Klage Jerusalems“ finden sich in gleicher Reihenfolge in V.9. Die erste Aussage wird oft auch sexuell gedeutet, was aber in die Irre geht. Die Annahme, Jerusalem hätte sich durch Geschlechtsverkehr während der Regel verunreinigt, ist durch die Doppeldeutigkeit der verwendeten Phrasen geleitet. Von dem Saum des Kleides, in der EÜ kaum zutreffend als „Schleppe“ wiedergegeben, ist in Jer 13,22.26; Nah 3,5 im Kontext der in V.8 erläuterten beschämenden Bestrafung die Rede. Über die Entblößung wird auch hier eine sexuelle Konnotation eingetragen. Ferner wird mit der Wurzel *ṭm'* (vor allem im N-Stamm „sich verunreinigen“) oft außerehelicher und illegitimer Geschlechtsverkehr bezeichnet (Num 5,13.14.20.27.28; Lev 18,24; Jer 2,23; Ez 20,30–31.43; 23,7.13.30; Hos 5,3; 6,10). Das hier verwendete Nomen *ṭum'āh* ist in seiner Bedeutung breiter und umfasst – auch wenn sich eine *strikte* Trennung von physischer und moralischer Unreinheit für die atl. Vorstellung nicht nahelegt (s. z. B. Ez 38,25) – sowohl Aspekte ritueller (Lev 5,3; 7,20–21; 22,5 u. ö.) als auch moralisch konnotierter Unreinheit (Esra 6,21; Ez 22,15). Bei Frauen meint es häufig die menstruelle Blutung, die nach atl. Verständnis rituell von der Teilnahme am Kult ausschließt (s. o.) und deshalb als „Unreinheit“ gefasst wird. In der sexuellen Interpretation von V.9 werden nun diese beiden Linien miteinander verbunden und die Verunreinigung der Stadtfrau Jerusalems wie in Jer 2; Ez 16 oder Ez 23 auf ihre sexuelle Aktivität zurückgeführt. Genau genommen entspringt die Deutung aber doch eher der Kreativität der Ausleger, denn der Saum wird in V.9 nicht aufgehoben und von geschlechtlichem Verkehr ist nicht die Rede. Versteht man nun V.9 als Entsprechung zu V.8, ist das „schwer gesündigt“ der Schlüssel zur Deutung. Damit ist mit der Unreinheit Jerusalems weniger ihre rituelle Unreinheit im Blick, die durch das Menstruationsblut hervorgerufen ist (Lev 15,25.30; 18,19). Nicht die physische Verunreinigung der Stadtfrau ist ihr zum Problem geworden, sondern die moralische Verfallenheit, die als Unreinheit charakterisiert wird (Ez 36,29; 39,24; Sach 13,2; Esra 9,11). Diese Verunreinigung reicht bis an den äußersten Rand, den Saum des Kleides und hat letztendlich den Zusammenbruch der Stadt zur Folge. Erneut wird also Jerusalem beschuldigt, für ihr Elend selbst verantwortlich zu sein. Sie hat jetzt die Folgen zu tragen, was sie zuvor nicht bedacht hat. Die Wendung „das Ende bedenken“ findet sich nur noch in Jes 47,7, wo die heilssichere Überheblichkeit Babels geschildert wird. Der Stadtfrau wird also implizit vorgeworfen, dass die Katastrophe zu verhindern gewesen wäre, wenn sich Jerusalem moralisch integer verhalten hätte. Diese Deutungslinie findet sich auch bei nahezu allen Propheten.

Ihre Aufforderung, „Gerechtigkeit zu tun“, zielt darauf, den Lauf der Geschichte zum Schlechten umzukehren. Auch das wird oft mit dem Bild der Reinigung verknüpft (Jer 4,14; 13,27; Jes 1,16). So wird ein Weiteres durch das Bild von dem bis zum Saum befleckten Kleid Jerusalems aufgerufen: Jerusalem bedarf einer Reinigung (vgl. Jes 64,5). Dass die Zeit der Verlassenheit und des Exils eine solche Zeit der Reinigung sein könnte, kann man nur implizit heraushören. So weit wie die nachexilische Prophetie etwa in Jes 4,4–5; 48,10; Ez 36,25.33; Sach 13,8–9 geht Klgl 1,9 noch nicht. Ein Hoffnungsschimmer, dass sich YHWH erneut zuwenden würde, ist in Klgl 1 noch fern (vgl. jedoch die Zusage in 4,22), doch will die Klage Gott dazu bewegen und führen. Aus eigener Kraft jedenfalls ist das Jerusalem nicht möglich. Dazu ist sie selbst zu tief verstrickt und „entsetzlich gesunken" (wörtlich „wunderbar herabgestiegen"). Letzteres bezieht sich nicht auf das desolate Erscheinungsbild der verwüsteten und verlassenen Stadt (sie ist „heruntergekommen"), sondern ist metaphorisch zu verstehen. In den Hochzeiten der Erwählung war Jerusalem aufgestiegen zu geradezu himmlisch schöner Pracht und Gottesnähe. Jetzt musste sie vom Thron ihrer Überheblichkeit herabsteigen, ist verlassen und in die Todesnähe herabgesunken (Ez 28,8; Jer 48,18). Der Gegensatz von „Einst" und „Jetzt" ist so groß, dass er erstaunt und verwundert zurücklässt. Keiner ist mehr an Jerusalems Seite, was das Motto „sie hat keinen, der sie tröstet" (vgl. 1,2.9.16.17.21) unterstreicht.

In dieser Einsamkeit erhebt Zion geradezu aus dem Nichts ihre Stimme im letzten → Stichos: „Sieh doch mein Elend, o HERR, denn die Feinde prahlen!" Erstmalig wird dabei auch Gott direkt bittend angeredet. Ab jetzt wird sich Zion im ersten Klagelied immer wieder einmischen und ihre Stimme erheben. Am Ende wird sie sich dann auch zu einer längeren Anrede an YHWH durchringen. Hier und in V.11 sind es nur die kurzen Einwürfe, die YHWH um Aufmerksamkeit bitten. Die Aufforderung „sieh her!" stammt wohl aus 2,20 (zu den Parallelen s. dort). Während es aber dort die einzige Bitte an YHWH ist, findet sich der Aufruf dreimal in Klgl 1 jeweils aus dem Mund Jerusalems (V.9.11.20): mein Elend, meine Verachtung, meine Angst. Es ist nicht zu verkennen, dass Klgl 1 Gott viel eindringlicher zur Wahrnehmung von Jerusalems Schicksal auffordert, als die übrigen Lieder (die Hälfte der 16 Belege des Verbums *r'h* „sehen, wahrnehmen, beurteilen" finden sich im ersten Lied). Die Feinde Jerusalems sind in Klgl 1 besonders präsent (V.2.5.9.16.21 „Feind" *'ôjeb*, V.5.7.10.20 „Bedränger" *ṣār*, V.1.6 „Verfolger" *rôdef*) und schon V.5 hatte sich beklagt, dass die Feinde Oberwasser haben und spotten. Hier prahlen sie und verschlimmern so noch die Erniedrigung Jerusalems. Der hebräische Text lässt offen, ob das Leid Jerusalems die Feinde erst groß gemacht hat oder der Feind sich ob des erkennbaren Leids großtut. Jedenfalls ist seine Dominanz gegenüber der erniedrigten Stadtfrau erdrückend.

י (*Jod*) 10 Der Vers setzt den sich erhebenden Feind in Szene und schildert die Eroberung als ergreifende Plünderung. Die Hand des Bedrängers streckt sich Jerusalem gierig entgegen, die Handfläche geöffnet, um die Kostbarkeiten einzusammeln. Die Wendung *pārāś yād* „die Hand ausbreiten", die „etwas erbitten oder fordern" meint, wird meist als Ausdruck des Bittgebets gebraucht (Jes 1,15; Ps 143,6; Klgl 1,17; Spr 31,20) und ist sonst ausschließlich positiv konnotiert. 1,10 steht in bitterem Kontrast dazu. Der Feind fordert die Kostbarkeiten der Stadt für sich. Der → Stichos lässt sofort an den Tempelschatz denken, der geplündert wird. Tatsächlich bezieht sich das für Kostbarkeiten (EÜ „Schätze") verwendete Wort in 2 Chr 36,19 auf die Tempelgeräte; in Ez 24,21 steht der Singular für den Tempel und zugleich für die geliebte Familie. Jes 64,10 klagt: „Unser heiliger und prachtvoller Tempel, in dem unsere Väter dich priesen, ist ein Fraß des Feuers geworden; all unsere Kostbarkeiten liegen in Trümmern." (eigene Übersetzung) Man kann darüber streiten, ob beide Vershälften auf den Tempel zu beziehen sind oder die Kostbarkeiten wegen des Plurals darüber hinaus den Privatbesitz der Jerusalemer einbeziehen. Auch 1 Kön 20,6 sieht in den Kostbarkeiten alles für den Feind Begehrenswerte, also Wertgegenstände, Schmuck, Geld, Hab und Gut etc. Stadt und Tempel sind in den Klageliedern nie vollständig getrennt – im Gegenteil.

Der zweite → Stichos jedenfalls rückt den Tempel unzweifelhaft ins Zentrum. Da es dieselben Feinde sind, die unerlaubt in das Heiligtum eindringen und die fordernd ihre Hand ausbreiten, liegt die Engführung auf die Tempelgeräte nahe. Diese waren als Kostbarkeiten den Begehrlichkeiten der Eroberer ausgesetzt und entsprechend spielen sie auch in den Schilderungen der Eroberung Jerusalems eine besondere Rolle (2 Kön 24,13; 25,13–16; Jer 27,16–

Abb. 13: Wegführung der Tempelgeräte aus dem zweiten Tempel (Menora, Trompeten und Schaubrottisch) aus Jerusalem auf dem Triumphbogen des Titus in Rom

22; 52,17–20; Dan 1,2; Bar 1,8, vgl. die Schilderung der Plünderung durch Antiochus 1 Makk 1,21–24 oder die Darstellung auf dem Titusbogen in Rom mit der Wegführung der Menorah, des siebenarmigen Leuchters, s. Abb. 13).

Dass nicht jeder beliebige Besucher das Innere des Tempels betreten darf und der Temenos, der heilige Bezirk, Zugangsbeschränkungen unterliegt, ist für den Mittelmeerraum vor allem in der zweiten Hälfte des 1. Jt. v. Chr. vielfach bezeugt. Sei es, dass sozial differenziert wird und für bestimmte Personengruppen (Priester, Kultangestellte, Frauen, Sklaven, Fremde etc.) Unterschiede gemacht werden oder dass bestimmte Reinheitsforderungen temporär den Zugang begrenzen. So schließen Krankheiten, Kontakt mit Toten oder Unreinem oder die Menstruation vom Zugang aus. Zum Teil überlagern sich die verschiedenen Zugangsregeln. Die Missachtung der heiligen Grenze wird als Gefährdung der kultischen Ordnung verstanden, die das sakrale Gefüge stört und damit wiederum die soziale Ordnung gefährdet. Das Heilige bzw. der Kontakt mit dem Heiligen wird für Unbefugte dementsprechend als gefährdend, ja sogar lebensgefährlich eingestuft. Mehrfach wird im AT darauf in nachexilischen Texten Bezug genommen und Unbefugten dabei ausdrücklich der Zutritt zum Heiligtum verwehrt (Num 1,51; 3,10.38; 17,5; 18,4.7, vgl. die Erzählungen in Lev 10 oder Num 16). Der Unbefugte, der im hebräischen Pentateuch den Ausländer einschließt, aber nicht primär meint, wird in Ez 44,7–9 zum unbeschnittenen Fremden oder in der griechischen Übersetzung zum *allogenés*, zum Fremdstämmigen. Für den herodianischen Tempel ist wie für eine Reihe früherer griechischer Heiligtümer durch Inschriften belegt, dass Unbefugte den Tempelbezirk unter Todesandrohung nicht betreten durften. Der Text der in zwei Exemplaren in Jerusalem gefundenen griechisch beschrifteten Tafel lautet: „Kein Andersstämmiger darf hineingehen innerhalb den um das Heiligtum (gehenden) Zaun und die Umschrankung. Wer aber ergriffen wird: Selbst ist er schuldig wegen des daraus folgenden Todes.“ (Übersetzung Max Küchler) Herodot berichtet aus dem ausgehenden 6. Jh. v. Chr., dass eine Priesterin des Athenaheiligtums in Athen einem fremden Herrscher den Zutritt mit dem Hinweis verwehrt, dass Fremden kein Zutritt zum Heiligtum gewährt wird (Herodot, Historien, 5,72,3). Auch wenn für den ersten Tempel von Jerusalem generelle Zugangsbeschränkungen für Ausländer nicht belegt sind, bilden derartige Ideologien den Hintergrund für V.11. Zu den Topoi von Eroberungsszenarien gehört schließlich, dass sich die Fremden Zutritt zum Heiligtum verschaffen und es durch ihre Anwesenheit verunreinigen, schänden, in Brand setzen etc. (2 Kön 25,9; Jer 51,51; Ps 74,78; 1 Makk 1,21; Jes 64,10; Ez 9,6). Das unbefugte Eindringen in das Heiligtum gehört auch außerbiblisch zu den Topoi der Eroberung, wie etwa die Klage der Göttin Inannas in einem sumerischen Text (*balag a-še-er gi$_6$-ta*, Übersetzung W. H. P. Römer, Aus einem Klagelied der Göttin Inanna, TUAT II.5, 708–711) zeigt:

16 Der betreffende Feind ist mit Sandalen an den Füßen
in meinen Kultraum eingetreten,
17 der betreffende Feind hat seine ungewaschenen Hände
an mich gelegt,
18 hat die Hand an mich gelegt, hat mich erschreckt,
ich habe davor Angst ausgestanden,
19 der betreffende Feind hat seine Hand an mich gelegt,
mich *vor Furcht* (fast) getötet,
20 vor dem betreffenden Feinde habe ich *dabei* Angst ausgestanden,
vor mir hat er keine Angst ausgestanden,
21 der betreffende Feind hat mein Gewand von mir gerissen,
seine Ehefrau damit bekleidet,
22 der betreffende Feind hat meine (Edel-)Steine
von mir abgeschnitten, seine Tochter damit behängt …

Mit der typischen Verzeichnung der Feinde als schmutzige „Barbaren“ malt die Göttin die Beraubung ihrer Götterstatue aus und beschuldigt den Feind des Sakrilegs. Auch Ps 72,4–5 beklagt das Lärmen der Feinde im Heiligtum und deren Zerstörungswut. Der frühere, aber *auch* nachexilisch zu datierende Asafpsalm Ps 79 beginnt mit der Klage: „O Gott, Völker sind eingedrungen in dein Erbe, sie haben deinen heiligen Tempel entweiht, sie legten Jerusalem in Trümmer“, was in der Stereotypie sehr an die Klagelieder erinnert. Auch hier fehlen die Details der Eroberung und Zerstörung.

Poetisch geschickt wird einerseits die Demütigung Jerusalems in den Vordergrund gestellt, die das Sakrileg mit ansehen muss. Andererseits wird YHWH dafür angeklagt, dies zugelassen zu haben und so ein weiteres Mal implizit aufgefordert, einzugreifen und Jerusalem zu trösten.

Um die Unrechtmäßigkeit des Geschehens zu unterstreichen, führt der Text ein Gotteswort an, das *so* im AT nicht belegt ist, aber im vorliegenden Text recht eindeutig auf Dtn 23,4 zielt. Im exilisch-nachexilischen Gemeindegesetz Dtn 23,2–8 wird u. a. untersagt, dass Ammoniter und Moabiter niemals in die Versammlung aufgenommen werden können. Die Stichworte „kommen“ und das spezifische Wort *qāhāl* („Kultversammlung“) in 1,10 legen einen Bezug nahe. 2 Kön 24,2 nennt die Ammoniter und Moabiter als Koalitionäre der Babylonier, sodass Ihnen eine Beteiligung an der Strafaktion gegen Jerusalem unterstellt wird. Unabhängig von der Frage, ob ein Zusammenwirken mit den Truppen Nebukadnezzars bei der Eroberung Jerusalems historisch plausibel ist (s. o. VI.7 und u. zu 4,21), könnte die Formulierung 2 Kön 24,2 die Entstehung des Moabiter- und Ammoniterparagraphen im Gemeindegesetz begünstigt haben, der die kultisch-rituell orientierten Bestimmungen in Dtn 23,2–3 ergänzt. 1,10 würde dann auf diesen Zusammenhang zurückgreifen. Die oben aufgeführten generellen Bestimmungen zum Zugang Fremder in antiken Heiligtümern und die in 1,10 erkennbare Generalisierung „Heiden“ (in der EÜ richtiger: „Völker“) könnten auch so gewertet werden, dass das fiktive Zitat in 1,10 ohne Bezug zum Gemeindegesetz denkbar wäre. Denn in 1,10 geht es ja nicht wie in Dtn 23,4 um die *Aufnahme* in die Kultgemeinde. Ob also Dtn 23,4 zum Zeitpunkt der Abfassung von 1,10 bereits vorgelegen hat, lässt sich kaum sicher sagen.

כ (*Kaph*) 11 Von dem knappen Blick auf den Tag der Eroberung wechselt der Text erneut in die Betrachtung der aktuellen Situation. Weiter ist Jerusalem im Fokus, wenn von *ihrem* Volk die Rede ist. Erneut bricht sich die bedrückte Stimmung in einem Seufzer Bahn (V.4.8), womit das Volk und die Stadt in eine enge Parallelität rücken. Der gezielte Zusammenbruch der Infrastruktur in Kriegs- und Nachkriegszeiten hatte überall und jederzeit den Zusammenbruch der ausreichenden Nahrungsversorgung zur Folge. Daher gilt Hunger als Kennzeichen der Not (Dtn 28,48; 32,24; Jes 5,13); Schwert und Hunger sind poetische Geschwister (Jes 51,19; Jer 5,12; 11,22; 32,36 u. ö.). Deshalb ist der Hinweis auf den Hunger eines der Motive, das in nahezu allen Klageliedern präsent ist. Wie die Hirsche, die keine Äsung fanden, so suchen hier die Bewohner nach Nahrung, ohne sie zu finden. Der Mangel wird nicht so drastisch wie in 2,19–20; 4,9–10 und 1,19–20; 2,11; 4,4–5.7; 5,6.10 geschildert. Doch es herrscht lebensbedrohlicher Mangel, der die Preise für Nahrung hochtreibt. Die EÜ erweckt den Eindruck, als wenn Zion hier an ihren gegenwärtigen Zustand *nach* der Eroberung anspielt. Das passt durchaus: Horrende Inflation in Nachkriegszeiten ist üblich, da die werthaltigen Güter und Dienstleistungen abgewertet sind. Um ein neuzeitliches Beispiel zu geben, kostete ein Brot auf dem deutschen Schwarzmarkt 1945–48 das bis zu 180-fache wie vor Kriegsbeginn 1938. Die Babylonier haben im Zuge der Belagerung die Nahrungszufuhr in die Stadt abgeschnitten und sich selbst mit den verbliebenen Ressourcen versorgt. Mit Abzug des Heeres werden nicht etwa wieder Nahrungsmittel frei, sondern viel eher das ganze Desaster offenbar. Die Versorgung bricht zusammen. Die wiederholte Rede von den Kostbarkeiten macht den absurden Preisanstieg deutlich und parallelisiert zugleich Stadt und Bewohner: So wie die Stadt ihre Schätze hergeben musste (V.10), so muss jetzt ihre Bevölkerung ihre Preziosen geben, um am Leben zu bleiben. Es ist nicht klar, ob die Schätze nicht dieselben sind und damit Stadt und Bevölkerung zu einer Einheit verschmelzen. Dass es dieselben Schätze sind, wird im hebräischen Text vielleicht aber durch die Vergangenheit „sie gaben ihre Schätze für Brot“ (anders EÜ) nahegelegt. Vielleicht wird damit über die Gegenwart hinaus zugleich auf die Zeit der außergewöhnlich langen Belagerung angespielt, die die Not Stück für Stück vergrößert und den ausgemergelten Bewohnern das Äußerste abverlangt hat, sodass ihr Widerstand schließlich vollständig gebrochen ist. Sie gaben alles, nur um ihr Leben zu retten. Jetzt haben sie keinerlei Ressourcen mehr, um auf dem überteuerten Markt das Lebensnotwendige zu kaufen.

Im Schlussstichos ergreift Zion erneut (wie am Schluss von V.10?) das Wort und gibt ihren Bewohnern Stimme: „Herr, sieh doch und schau, wie sehr ich verachtet bin.“ Wie in V.9 wird YHWH aufgefordert, über die Angemessenheit zu urteilen; hier sogar – wahrscheinlich aus 2,20 übernommen – verstärkt durch die Aufforderung, genau hinzublicken, um ihn zum Eingreifen zu motivieren (vgl. Ps 13,4; 74,20; 80,5; 84,10; 142,4; Jes 63,15; 64,8; Klgl 3,63; 5,1). Als Begründung wird die Verachtung der Verehrer aus V.8 noch einmal aufgegriffen und so der Gedankengang abgeschlossen.

ל (*Lamed*) 12 Während in der ersten Hälfte des Klageliedes ein Sprecher dominierte und die Stadtfrau Zion selbst sich nur in den zwei kleinen Einwürfen V.9.11 an YHWH wandte, ist sie in der zweiten Hälfte des Liedes durchgehend – unterbrochen nur von V.17 in der Mitte – die Sprecherin. So ergibt sich ein Aufbau von 5/1/5, was zu der hälftigen Aufteilung des ganzen Kapitels V.1–11/12–22 gut passt. Der Vers wechselt die Sprechrichtung, bindet sich aber eng an V.11 zurück, indem das Schauen und genaue Hinblicken spiegelbildlich aufgenommen wird. Jerusalem richtet sich jetzt direkt an ein unbestimmtes Publikum in ihrer Nähe und fordert es auf, das Schicksal der Stadt vergleichend zu bewerten. Die Wendung stammt aus 2,15. Angesprochen sind die Nachbarn, aber nicht als Feinde, die an der Plünderung beteiligt waren (Ps 80,13) und die sich über ihr Schicksal freuen (Ps 89,42), sondern Passanten im wahrsten Sinne, „die des Weges kommen“. Die darin zum Ausdruck kommende *bleibende* Distanz zwischen den angesprochenen Betrachtern und Jerusalem verstärkt den Eindruck einer Theaterszene, der sich bereits in V.1 eingestellt hatte. Jetzt im zweiten Teil ist die Protagonistin am Zug und redet monologisch. Sie erwartet keine Antwort von den Angesprochenen, die ihr Schicksal wahrnehmen sollen. Vielmehr zielt die Schilderung darauf, auch die Unbeteiligten emotional betroffen zu machen und den Blick auf das Leid Jerusalems zu richten. Dieser Aspekt hat den Vers in der Rezeption der Klagelieder sehr prominent gemacht (s. Rezeption). Die literarische Strategie in V.12 geht tiefer, wenn die Aufforderung hinzusehen und zu schauen von YHWH V.11 stattdessen auf „alle" übergeht. Wie mehrfach in den Klageliedern geht es um Beteiligung, um die Übernahme einer Perspektive, die das Leid nicht ausblendet, sondern in den Fokus nimmt. *Nicht wegschauen*, sondern das Leiden *wahrnehmen*, ist die Botschaft.

Zwar schlägt die Klage im dritten → Stichos nicht in Anklage um, doch gerät der verursachende Gott („mit dem mich der HERR geschlagen hat") damit in Rechtfertigungsdruck. Der Blick richtet sich auf ihn als Verursacher. Richter ist das Forum der Völker oder besser *jedermann*. Ist das Leiden, das in Jerusalems Wahrnehmung alle Leiden übersteigt, gerechtfertigt? Der hebräische Ausdruck für „Schmerz" ist eher selten, er kann äußere Verletzungen ebenso wie das Leiden und vor allem eben den Schmerz als solchen ausdrücken. Meist wird er dabei für ein Leid verwendet, das Gott strafend zufügt (Ijob 33,19; 32,10; 69,27; Jes 53,3–4; Jer 30,15; 45,3).

Auch in 1,12 wird das Leiden im Gotteszorn verankert, mit dem moderne Leserinnen und Leser oft große Schwierigkeiten haben. Der Zorn Gottes scheint seiner Barmherzigkeit und Liebe zu widersprechen. Doch das ist nicht richtig. Zentral und für jedes Verständnis unverzichtbar ist die Grundannahme von Gottes Gerechtigkeit. Gottes Gerechtigkeit ist der Maßstab für menschliche Gerechtigkeit und nicht umgekehrt. Seine Gerechtigkeit ist Garant für eine gerechte Ordnung. Durch Sünden – so könnte man verkürzt sagen – gerät die von Gott gestiftete gute Schöpfungsordnung aus den Fugen. Das Eingreifen Gottes stellt daher die Ordnung wieder her, es löst sozusagen die von Gott gewährte Garantie ein. Diese Garantieleistung Gottes ist theologisch Ausdruck seines Zorns, denn da er das Gute, das er geschaffen hat, erhalten will, ist er durch die Infragestellung der Ordnung verletzt, was ihn reizt und zornig macht. Dieses Wollen Gottes zum Guten hin bricht sich in seiner Barmherzigkeit Bahn. Barmherzigkeit ist das Wesen

Gottes und seine Barmherzigkeit – so die stete Überzeugung des AT (zentral ist Ex 34,6–7) – ist seiner Gerechtigkeit vorgeordnet und übersteigt diese. Aber ohne die Gerechtigkeit Gottes würde die Welt aus den Fugen geraten, deshalb ist alles Handeln Gottes eine Balance zwischen Gerechtigkeit und Barmherzigkeit. Alle Gottklage im AT zielt letztlich auf diese Balance, die im Maßstab des Menschen bzw. in der Wahrnehmung des Klagenden gestört ist. Alle Theodizee, also alle Rechtfertigung Gottes angesichts des Leids in der Welt, zielt hingegen darauf, den Maßstab Gottes in den Vordergrund zu rücken und zu betonen, dass im Handeln Gottes seiner Gerechtigkeit Genüge getan wird. Eines der zentralen Missverständnisse ist die Verbindung des Gotteszorns mit Willkür. Das würde bedeuten, dass dem Zorn keine Strafgerechtigkeit zugrunde liegt und nicht das Tun des Menschen die von Gott geschaffene Ordnung in Frage gestellt hat. Nirgendwo im AT wird letztlich von Gottes Willkür ausgegangen, wohl aber wird das Maß seiner Strafgerechtigkeit immer wieder hinterfragt; letztlich also wieder die Balance zwischen Barmherzigkeit und Gerechtigkeit eingefordert.

Der Zorn in Klgl 1 ist glühend wie in Ex 32,12; Num 25,4; Jes 13,9.13; Jer 8,4.26; 30,24; Klgl 4,11 u. ö. Es ist derselbe Zorn wie in Klgl 2, auch wenn er hier nicht so drastisch ausgemalt wird. Es ist der Gerichtszorn YHWHs, den die Prophetie mit dem „Tag YHWHs" verbindet (Jes 13,6.9; Joël 1,15; 2,1.11; 3,4; 4,15; Am 5,8.20; Obd 1,15; Zef 1,7.14; Mal 3,23). „Mit dem der HERR mich geschlagen hat" entspricht zwar dem Bild, verdeckt aber das Hebräische „womit YHWH mich betrübt hat", das die Wendung aus 1,5 (gleiche Verbalwurzel, gleicher Stamm!) wieder aufgreift (s. auch u. zu 3,32–33) und damit schon die Interpretation „wegen ihrer Verfehlungen" (1,5 s. u. V.14) anklingen lässt.

Für 1,12 sind zwei Stellen, in denen vom „Schmerz" gesprochen wird, von besonderer Bedeutung. Die erste längere macht erneut die große Nähe von Jeremia und den Klageliedern deutlich. Sie stammt aus dem sog. Trostbüchlein, einer in der Endfassung sicher nachexilischen Komposition, in der es um die erneute Zuwendung Gottes und die sich am Ende durchsetzende Barmherzigkeit Gottes geht.

> Ja, so spricht der HERR: Arg ist dein Schaden, unheilbar deine Wunde. Niemand richtet dein Recht. Für das Geschwür gibt es keine Heilung, keine Genesung gibt es für dich. Alle deine Liebhaber haben dich vergessen, sie fragen nicht nach dir. Denn wie ein Feind schlägt, habe ich dich geschlagen mit harter Züchtigung wegen deiner vielfachen Schuld und deiner zahlreichen Sünden. Was schreist du über deinen Schaden und dein arges Leid? Wegen deiner vielfachen Schuld und deiner zahlreichen Sünden habe ich dir das getan. Doch alle, die dich fraßen, werden gefressen, alle deine Bedränger ziehen als Gefangene fort; wer dich ausplünderte, wird der Plünderung verfallen und alle, die dich beraubten, gebe ich dem Raub preis. Denn ich lasse dich genesen und heile dich von deinen Wunden – Spruch des HERRN –, weil man dich Verstoßene genannt hat; Zion ist es, nach der niemand fragt. (Jer 30,12–17)

In jedem Vers erkennt man die Nähe zu Klgl 1, doch unterscheidet die Verheißung des künftigen Heils beide Texte in ihrer → Pragmatik. Das, was das „Trostbüchlein" Israel zusagt, will die Klage von Klgl 1 von Gott erwirken. Noch ist Zion die Verstoßene, die von ihren Liebhabern Vergessene, die Geschlagene und Gezüchtigte. Und sie schreit ihr Leid den Vorübergehenden entgegen, um letztlich Gott zu adressieren, in dieser Notsituation Erbarmen zu zeigen. Und wenn man danach fragt, woher denn die Zuversicht kommt, dass Gott zugunsten Jerusalems eingreifen wird, wenn das Strafmaß voll ist, lautet die Antwort: Weil sein Zorn nicht Willkür ist. Die verdeckte Zuversicht, die auch Klgl 1 trotz der dunklen Stimmung der Gottferne noch hat, lässt sich erst im Zusammenhang des Kanons und Stellen wie Jer 30–31 fassen. Dorthin führt aber auch die zweite Stelle, in der vom „Schmerz" die Rede ist, was aber in der EÜ nicht erkennbar ist. Der erste und einzige Beleg von *mak'ôb* im Pentateuch ist Ex 3,7, wo Gott sein Wesen gegenüber Israel durch das „Ich kenne sein Leid" aufschließt. Es ist ein Gott der Zuneigung und Hilfe, auf den Israel auch in den Klageliedern in der größten Gottferne vertraut. Das wird sich immer wieder in den Klageliedern herausstellen und das ist es, was sie theologisch so wertvoll macht. Klgl 3 wird das explizit machen, was durch die Verbindung zu Ex 3,7 nur implizit geschieht: Weil er sich in der Vergangenheit als Erbarmer erwiesen hat, wird er sich auch wieder erbarmen.

מ (*Mem*) 13 Hatte schon der Schmerz in V.12 die anthropomorphe Zeichnung der Stadt gesteigert, so setzt sich das in V.13 fort, wenn das Leiden Jerusalems ausgemalt wird. Denn die verwendeten Bilder verbinden geschickt drei Dimensionen: das göttliche Gericht, kriegerische Auseinandersetzung und körperliche Krankheit. Die Höhe als Wohnsitz im Himmel (wohin er vor allem nach der Zerstörung des Tempels rückt Jes 33,5; Jer 25,30; Ps 93,4; 102,20 u. a.) ist der Ausgangspunkt des Gerichtes, in dem Gott sein Feuer schickt (Ez 39,6; Hos 8,14; Am 1,4.7.10.12; 2,2.5). Durch das „aus der Höhe" wird schon eine Distanz zwischen Stadtgott und Gottesstadt geschaffen. Das Anzünden von Städten durch das Werfen von Feuer spielt bei Stadteroberungen eine wichtige Rolle (Ri 1,8; 20,48; 2 Kön 8,12; Ps 74,7), weil es die Eroberung symbolisiert. Dass aber Feuer in die Glieder fährt, ist metaphorisch ungewöhnlich. Hitze in den Knochen ist, wenn auch selten, Zeichen von Fieber (Ijob 30,30; Ps 103,2). Von den Gliedern ist oft die Rede, wenn es um Krankheit geht (Ps 31,11; 32,3; 38,4 u. ö.). Hier scheinen die Glieder zugleich für die innere Struktur der Mauern der Stadt zu stehen. Der zweite → Stichos benutzt mit dem Netz einen Begriff, der sowohl das Stell- und Zugnetz in der Vogeljagd (Hos 7,12; Spr 1,7) als auch das auf dem Boden ausgespannte Netz, in dem sich die Füße verfangen (Ps 9,16; 10,9; 25,15; 31,5; Spr 29,5), oder das Wurfnetz bezeichnen kann (Ez 12,13; 17,20; 19,8; 32,3). In den Psalmen klagen Beter häufig, wie Tiere gejagt zu sein (Ps 35,7–8; 57,7; 140,5; Ijob 10,16), was die Unausweichlichkeit des Schicksals unterstreicht. Die EÜ scheint ein auf dem Boden ausgespanntes Netz mit einem Wurfnetz zu kombinieren. Während der Strauchelnde auf der Flucht nach vorne gerissen wird, wenn sich die Füße im Bodennetz verfangen, reißt das von hinten über die Beute geschmissene Wurfnetz den Gejagten rücklings um. Doch die Wendung drückt eher aus, dass Gott Jerusalem an der Flucht gehindert und es der Eroberung ausgesetzt hat. Das legt das „er machte mich einsam" (EÜ) nahe. Im Hebräischen schwingen in *šāmem* immer auch „Verwüstung" und „Zerstörung" mit. Die letzten drei Worte entfernen sich dann ganz aus dem metaphorischen Stadtkontext: Jerusalem ist alle Tage betrübt (EÜ „siech"). So ist das Verbum 5,17 verwandt, doch in Lev 12,2; 15,33 und 20,18 meint es die durch den Blutfluss der Menstruation unreine Frau. Dieser macht kultunfähig und schließt die Frau aus der kultischen Gemeinschaft für eine bestimmte Zeit aus. Wie V.8 (und 17 s. u.) spielt der Text mit der Personifikation der Stadtfrau und dem Aspekt kultischer Unreinheit der Frau, was aus heutiger Sicht nicht unproblematisch ist. Das Bild ist verstärkt durch das „alle Tage“, wodurch eine zeitliche Entgrenzung stattfindet.

נ (*Nun*) 14 In V.12 war schon angedeutet worden, dass der Gedankengang wie in V.5 das Handeln Gottes durch die Sünden Jerusalems verursacht sieht. Was in V.5 aber noch Aussage des Sprechers war, wird jetzt zum Bekenntnis Zions selbst. Beide benutzen denselben Sündenterminus (*pæšaʿ*), der moralische Verfehlungen in den Vordergrund stellt. Das Joch, das bildlich niederdrückt (Jes 47,6; Sir 40,1; Klgl 5,5), symbolisiert eine Last, aus der man sich nicht selbst befreien kann. Daher ist das zerbrechende Joch oft Bild der Befreiung insb. aus Fremdherrschaft (Lev 26,30; Jes 9,3; 10,27; 58,6; Jer 28,10; 30,8; Nah 1,13). Doch hier spannt Gott selbst Jerusalem unter das drückende Joch ihrer eigenen Sünden (wörtlicher vielleicht: „Angebunden ist das Joch meiner Verfehlungen, durch seine Hand verknotet“), ein eindrückliches Bild, das Bestrafung, Wegführung und Fremdherrschaft (Dtn 28,48; Jer 27,2; 28,2.4.11; 1 Kön 12,4 u. ö.) miteinander verbindet. Unter dieser Last sieht sich Jerusalem zusammenbrechen; ohne den Eroberern noch Widerstand entgegenbringen zu können. Die eigentliche Anklage jedoch formuliert der abschließende dritte → Stichos, den die EÜ mit „Preisgegeben hat mich der Herr“ wiedergibt. Das → Tetragramm YHWH wird in Klgl 1 insgesamt 7-mal verwendet (V.5.9.11.12.17.18.20). Nur dreimal hingegen findet sich das in Klgl 2 so häufige etwas distanzierte „Adonai“, bezeichnenderweise nur in V.14–15, in der sich die Klage zur Anklage gegenüber Gott aufgipfelt (wobei viele hebräische Manuskripte in Klgl 1 durchgehend das → Tetragramm bezeugen). „Gegeben hat Adonai in Hände“, heißt es wörtlich; die Identität des Feindes ist so weit zurückgefahren, dass nur noch das Handeln Gottes sichtbar bleibt. Das Ergebnis ist, dass wiederum Jerusalem wörtlich nicht mehr aufzustehen vermag. Damit stellt sich das Bild der gebrochenen, auf dem Boden sitzenden Frau aus V.1 erneut mit aller Wucht ein.

ס (*Samech*) 15 Die Kraftlosigkeit, die auch schon V.6 herausgestellt hatte, wird im ersten → Stichos aufgegriffen. Geschickt spielt der Text mit dem Bild vom Joch, denn die „Starken“ (EÜ „Helden“) können wörtlich auch als „Stiere“ aufgefasst werden. Sie stehen für die wehrhaften Kämpfer, die dem Feind besonders lange standhalten (Ps 78,6; Ijob 24,22; 34,20). Die starken Helden Jerusalems aber sind von Gott kaltgestellt, verworfen, ebenso wie die kräftigen jungen Männer dem Feind preisgegeben sind. Die Härte wird durch das distanzierte „Adonai“ noch unterstrichen. Kaum ein Bild ist so stark wie das des ausgerufenen Festes, das hier 2,22 entnommen zu sein scheint und die in 1,4 noch positiv besetzte Festzeit negativ karikiert. Statt der Pilger ziehen fremde Truppen in Jerusalem ein, statt Festgaben Plünderung, statt ausgelassenem Jubel der jungen Frauen hingeschlachtete junge Männer, statt Opferblut blutige Opfer. Was sich hier nur assoziativ vom Fest her einstellt, macht das Bild der getretenen Kelter im Schlussstichos explizit. Aus den getretenen roten Trauben quillt der Saft, wie das Blut aus den in der Eroberung vom Feind Dahingeschlachteten. Das Bild des Keltertretens, sonst ebenfalls eher mit Jubel und Freude über den Ertrag der Ernte verknüpft (Jes 16,10; 48,33), ist hier zum brutal vernichtenden Todesbild verkehrt. Die Kelter wird zum geschlossenen Raum, aus dem es im wahrsten Sinne kein Entrinnen gibt, es sei denn im Zustand vollkommener Zerstörung. Das in Jes 63,1–3 als Verkehrung von Jes 5,1–7 noch gesteigerte Kelterbild ist eines der grausamsten Gerichtsbilder, die – wenn man es dem Kontext entreißt – tatsächlich an der Güte und Barmherzigkeit Gottes zweifeln lassen. Aber auch hier in 1,15 gilt wie in Offb 14,18–20, wo das brutale Bild im NT verwendet wird, dass die Gerechtigkeit im Handeln Gottes und seine Rechtfertigung letztlich nicht in Frage stehen. Aber vor der erdrückenden Gewalt dieses Bildes kann und soll man die Augen nicht verschließen, da es einer Gottesvergiftung Vorschub leistet, wenn man es nicht zurückbettet in das Erbarmen und die Barmherzigkeit Gottes. Die gnadenhafte ungeschuldete Zuwendung Gottes bleibt im *und* jenseits des Gerichts wirksam. Denn es ist nicht der Feind, der unter das Joch spannt und die Kelter tritt, sondern Gott selbst, der Jerusalem in der Knechtschaft festzurrt und die Tochter Juda in der Eroberung zerquetscht. Aus der Schilderung der Grausamkeit der Strafe klingt das Unverständnis aus Klgl 2 herüber. Vielleicht rührt auch die Rede von der „Tochter Juda“, die sich sonst nur noch in 2,2.5 findet, daher. Mit V.15 jedenfalls erreicht das Gericht seinen Höhepunkt. Da scheint wirklich kein Schmerz wie der Schmerz der einsamen Stadtfrau Jerusalem, sodass deren Versuch in V.12, die Vorüberziehenden als Zeugen gegen Gottes Maßlosigkeit zu nehmen, nur verständlich erscheint. Können diese Wunden jemals heilen?

ע (*Ayin*) 16 Gegenüber Klgl 2, 3 und 4 fällt die geänderte Reihenfolge von *Ayin* vor *Pe* auf, die häufig zu Umstellungen geführt hat, was aber nicht nötig und auch nicht weiterführend ist. Zum einen gibt es keine Textzeugen für die Umstellung, zum anderen hat die Einleitung gezeigt, dass beide Reihenfolgen von Alphabeten in Inschriften belegt sind (s. o. Einleitung IV.3). V.16 stellt den Höhepunkt und Abschluss des Abschnitts V.12–16 dar. Die emotionale Betroffenheit Zions ist groß. In V.16 gibt Zion Einblicke in ihre desolate Verfassung.

War V.12 noch eine mehr oder minder neutrale Beschreibung des Leids („ob ein Schmerz ist wie mein Schmerz“) und war V.14 auf die Vergangenheit gerichtet („da brach meine Kraft“), richtet sich V.16 auf die Gegenwart. Die Stadtfrau ist in Tränen ausgebrochen, was durch die poetische Wiederholung noch gesteigert wird. Wiederholt wird „mein Auge“ und es ist sicher kein Zufall, dass der Strophenbuchstabe *Ayin* im Hebräischen ausgesprochen das Wort für Auge ist (s. u. 3,49–51; 4,17 und selbst der alphabetisierende 5,17 hat „unsere Augen“). So richtet sich die Aufmerksamkeit ganz auf die Tränen der Stadtfrau. Auch die sind noch einmal durch ein poetisches Mittel gesteigert, denn statt Tränen spricht der hebräische Text → metonymisch von „Wasser“. Wörtlicher also: „Darüber muss ich weinen. Mein Auge, mein Auge strömt von Wasser.“ Das ist ungewöhnlich. Sucht man nach einer Erklärung, stößt man auf Jer 8,23 und 9,17, wo (im AT exklusiv) Tränen und Wasser in synonymen Parallelismen nebeneinander stehen. Während Jer 8,21–23 – wo unklar bleibt, ob der Prophet oder Jerusalem über die Erschlagenen klagt – insgesamt eine große Nähe zu den Klageliedern hat (s. u. zu Klgl 2,11.18), benutzt auch Jer 9,17 die Wendung der von Tränen überfließenden Augen (*yārad 'ayin dim'āh* nur in Jer 9,17; 13,17; 14,17 und Klgl 2,8). Erneut erweist sich die Nähe der

Klagelieder zum Propheten Jeremia nicht nur über die Tradition, sondern bereits im Text. Auf den ersten Blick offen ist die Richtung des „darum" als Zusammenfassung des Vorhergehenden oder Einleitung des Folgenden: das Fehlen des Trösters, die zugrunde gerichteten Kinder und die Übermacht der Feinde. Auch das scheint die Klage zuvor in gewisser Weise zusammenzuführen. Vergleicht man die seltene Wendung, scheint ein Doppelpunkt nach dem „Darüber muss ich weinen …" treffender (vgl. auch 5,17).

Mit dem heftigen Weinen Jerusalems schlägt V.16 einen Bogen zurück zum Anfang in V.2. Beide Verse sind in der Abfolge der Stichoi parallel: heftiges Weinen, fehlender Tröster, Präsenz der Feinde. Richtet sich der Blick auf die Unterschiede, fallen Akzentsetzungen auf. Die „Liebhaber" oder „Freunde" sind nicht mehr explizit genannt. Durch das „fern von mir" rückt der Trost in noch weitere Ferne und lässt die Abwesenheit Gottes assoziieren. Denn die Beter der Psalmen beklagen die Ferne Gottes (Ps 10,1; 22,2) und das Jeremiabuch betont, dass Rettung trotz der Ferne Gottes möglich bleibt (Jer 23,23; 31,3; 46,27). Die Rettung wird hier durch das Zurückkehren-Lassen der Lebenskraft ausgedrückt; eine Wendung, die auf eine Dauer zielt (Rut 4,15), Vitalität und Lebensfreude zurückschenkt (Ps 19,8; 23,3) und aus Todesnähe oder aus dem Tod zurückholt (1 Kön 17,21–22; Ijob 33,30; Ps 35,17). Über die beiden anderen Verwendungen in Klgl 1 in V.11 und 19 geht der allgemeiner formulierte V.16 hinaus, doch ist es sicher mit Bedacht, dass die beiden anderen Verse im Zusammenhang mit dem lebensbedrohlichen Hunger stehen, der beide Male die Kinder am schlimmsten trifft. Die Nachkommen tauchen auch hier mit der prägnanten Wendung „einsam sind meine Kinder" auf, die wie in V.4.13 den Aspekt der Vernichtung in sich trägt. Begründet wird die Bedrohung durch weitere drei kurze Worte, die ebenfalls auf Aussagen im ersten Teil zurückgreifen. Bereits in V.5.7.9 ist auf die Übermacht der Feinde Bezug genommen worden. So scheint es, dass mit V.16 durch die gesteigerte Emotionalität in der Schilderung der niedergedrückten Stadtfrau ganz bewusst ein zusammenfassender Schlusspunkt der Einheit V.12–16 in Kap. 1 gesetzt wird.

פ (*Pe*) 17 Die V.12–22 zerfallen in zwei gleiche Hälften, zwischen denen V.17 als Zwischenstück eingeschoben ist. Hier tritt der Spre-

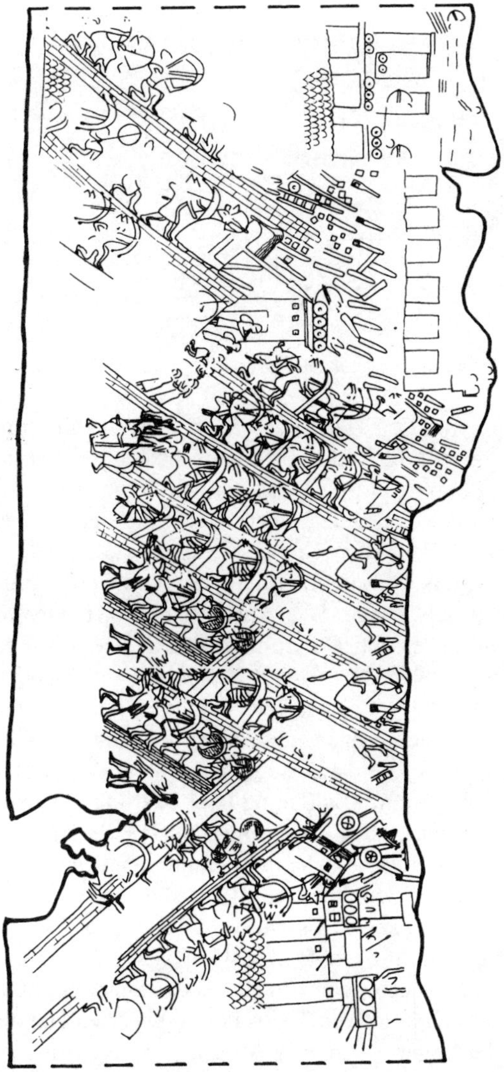

Abb. 14: Erstürmung der Stadt Lachisch. Die Verteidiger werfen Fackeln auf die Angreifer, die das Feuer mit Wasser zu löschen suchen. Bogenschützen greifen die Stadt und ihre Bewohner an. Auf den Zinnen flehen Stadtbewohnerinnen um Hilfe.

Abb. 15: Eroberung einer Stadt, Assyrisches Relief aus Ninive

cher aus der ersten Hälfte des Klageliedes noch einmal kurz auf und unterbricht die Rede Jerusalems. Dabei greift er in mehrfacher Weise auf bereits Gesagtes zurück. Er beginnt mit der Aufnahme der Wendung „die Hände ausbreiten", die auf V.10 zurückgreift. Die EÜ verdeckt das durch die Wiedergabe „Zion ringt die Hände", was als Gestus körpersprachlich eher Verzweiflung als eine Bitte zum Ausdruck bringt. Das Ausbreiten der Hände, vor allem die nach oben gekehrten Handinnenflächen, ist jedoch eindeutig ein Bittgestus (Ex 9,29.33; 1 Kön 8,22.54; Esra 9,5; Ps 143,6; Ijob 11,13; Jes 1,15; Jer 4,31). Diesmal ist es Zion, die die Hände flehentlich ausbreitet. Drückte das Ausstrecken der Hand des Feindes (Singular) die Forderung nach Beute aus, so das Ausbreiten der Hände (Plural) die Bitte um Schonung oder Rettung vor dem Feind. Auf den assyrischen Reliefs sind weggeführte Bewohnerinnen und Bewohner der Stadt Lachisch mit ausgebreiteten Händen zu sehen, die den assyrischen Großkönig um Erbarmen anflehen (Abb. 16). Auf einem anderen Paneel, das eine Szene *vor* der Erstürmung zeigt, stehen Betende mit erhobenen Händen auf den Zinnen (Abb. 14) als die Stadt aufgebrochen wird. Bei den verzweifelten Bewohnern handelt es sich um einen Topos der assyrischen Darstellungen von Stadteroberungen (Abb. 15). Möglicherweise rufen die Betenden den Stadtgott/die Stadtgöttin um Hilfe an. Sehr ähnlich zeigt ein assyrisches Relief der Belagerung und Eroberung der Stadt Upa einen um Beistand Flehenden, während ein anderer schon von einem assyrischen Soldaten massakriert wird (Abb. 17). Hier in V.17

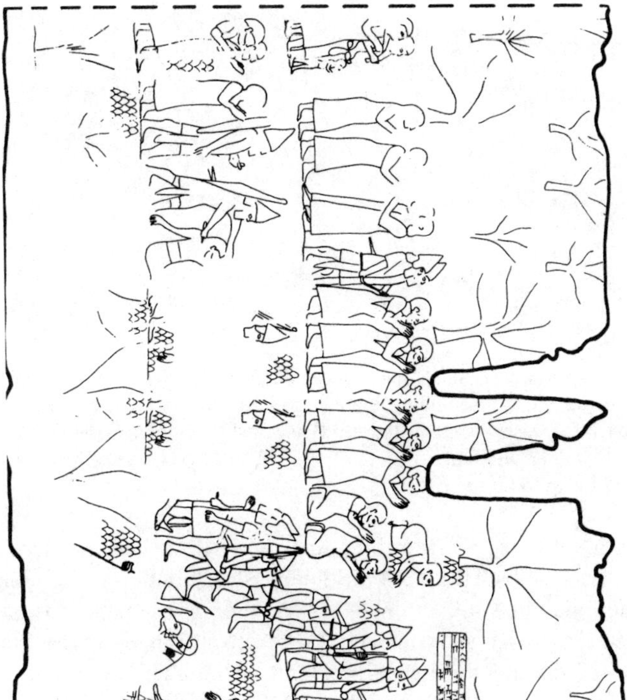

Abb. 16: Gefangene vor dem assyrischen Großkönig nach der Eroberung von Lachisch

Abb. 17: Eroberung der Stadt Upa (Türkei) durch Tiglatpileser III. Man sieht die Belagerungsmaschine und die im Schutz eines Schildes angreifenden assyrischen Bogenschützen, die um den Beistand des Stadtgottes bittenden Bewohner und die an Pfählen zur Abschreckung aufgehängten Leichen. Assyrisches Relief aus Nimrud/*Kalḫu*

sind es nicht einzelne Bewohner, die um Hilfe flehen, sondern es ist die Stadt selbst. Dass Zion Subjekt ist, schließt an die beiden Erwähnungen in V.4.6 an und steht wie eine Art Überschrift über dem letzten Abschnitt von Klgl 1, der ansonsten zwar die Stadt in V.18–22 durchgehend sprechen lässt, dabei aber keine Stadtbezeichnung benutzt. Dafür spricht auch, dass V.17 anschließend Jerusalem (V.7.8) und Jakob (vielleicht Juda aus V.3.15 aufnehmend, s. u.) nennt. So kann die folgende Rede Zions in V.18–22 als die bittende Klage verstanden werden, die hier durch das Ausbreiten der Hände symbolisiert wird. Der Sprecher unterstreicht das Fehlen des Trösters (V.2.9.16) sogar in wörtlicher Aufnahme der Wendung aus V.9 „sie hat keinen Tröster“, die Jerusalem zu ihrem ersten Aufschrei geführt hatte. Jakob, der nur hier in Klgl 1 auftaucht (vgl. noch 2,2.3), steht in biblischen Texten entsprechend der Umbenennung in Gen 32,29; 35,10 für Israel. Oft ist damit der Nordstaat gemeint, doch nach dem mit der Eroberung der Stadt Samaria durch die Neuassyrer besiegelten Untergang des Staates 722 v. Chr., geht die Bezeichnung auch auf den Süden über. Der Nordstaat Israel ist ansonsten in den Klageliedern ausgesprochen wenig und zwar nur im zweiten Klagelied (V.1.2.3.5) präsent. Da Jakob hier in V.17 „eingespannt“ ist zwischen Zion und Jerusalem, liegt nahe, darin eine Alternativbezeichnung für das Südreich Juda zu sehen. Dass Stadt und Umland in eins gesehen werden, war schon in V.3.15 beobachtet worden.

Auch das „aufgeboten hat der HERR" greift kontrastierend eine Formulierung aus dem ersten Teil auf. Hatte V.10 daran erinnert, dass YHWH geboten hatte, dass die Fremden nicht in sein Heiligtum eintreten dürfen, so gebietet er hier den Feinden, Juda zu bedrängen. Die Wurzel *ṣar* „Bedränger, Feind", die insgesamt siebenmal in Klgl 1 verwendet ist, nimmt hier V.5.7.10 auf. Entscheidend ist aber, dass das Wirken der Akteure als von YHWH veranlasst gesehen wird. Das ermöglicht die Deutung der Geschichte als Bestrafung, was hier nur angedeutet wird.

Der dritte → Stichos greift das Bild der Unreinheit auf, mit dem bereits in V.8 gespielt worden war. Hier ist eindeutig das Nomen für die menstruelle Unreinheit der Frau gebraucht (Lev 12,2.5; 15,19–26.33; 18,19; 20,21; Ez 18,6; 22,10), das als Nomen darüber hinaus allgemein auf Verunreinigung bezogen werden kann (Num 19; Esra 9,11; 2 Chr 29,5; Ez 7,19–20) und dann eine gesteigerte Abneigung bis hin zur affektiven Abscheu zum Ausdruck bringt. Erneut steht die Vorstellung im Hintergrund, dass die feindlichen Fremden bzw. der Kontakt mit ihnen verunreinigt (vgl. Esra 6,21; Ez 4,13; Hos 9,3; Am 7,17). Wie sehr Stadt und Land zusammen gesehen werden, zeigt sich in dem „unter ihnen" (wörtlicher „zwischen ihnen") am Ende des dritten Stichos: Die Jakob umgebenden Nachbarn bedrängen es und Jerusalem wird *zwischen ihnen* verunreinigt. Das vormals so abgesondert „reine" Jerusalem wird zwischen den unreinen Nationen aufgerieben.

צ (*Tzade*) 18 Die zweite Rede der Stadtfrau Jerusalems beginnt mit einem Bekenntnis, das die theologische Kernaussage des ersten Klagelieds formuliert. Hier bestätigt sich die These, dass Klgl 1 gezielt der harten Anklage von Klgl 2 vorgeschaltet wurde (s. o. Einleitung V.). Läuft die unerbittliche Anklage Gottes in Klgl 2 auf eine Beschädigung Gottes hinaus, aus der sich Gott kaum noch durch eine neue Zuwendung gegenüber Jerusalem „befreien" könnte, so nimmt Klgl 1 Gott in seinem verursachenden Handeln in Schutz: YHWH ist gerecht (EÜ „Der HERR ist im Recht"). Dabei betont es die Grundvoraussetzung, ohne die ein Festhalten an Gott nicht wirklich Sinn macht. Gott ist gerecht und seine Gerechtigkeit ist ganz und gar verlässlich, sodass sie oft in nachexilischen Texten anerkennend und preisend herausgehoben wird (Ps 11,7; 25,8; 92,16; 119,137; 128,4; 145,17; 1 Chr 12,6; Esra 9,15; Dan 9,15; Bar 2,9; Tob 3,2; Sir 18,1). Nur wenn vorausgesetzt werden kann, dass in seinem Handeln Gerechtigkeit zu finden ist, kann man mit dem fürchterlichen Leid umgehen. Es lässt sich dadurch nicht mindern, aber im Ansatz verstehen. Lindern lässt es sich nur, wenn die zweite Hälfte der Wesensbeschreibung Gottes hinzutritt: Der HERR ist *gnädig, barmherzig* und gerecht (Ps 116,5), und es gibt außer ihm keinen gerechten und rettenden Gott (Jes 45,21). Von dem hymnischen Lobpreis von Gottes Barmherzigkeit und Gerechtigkeit ist Klgl 2 so weit entfernt wie das Ende des Tages von seinem Anfang, und auch 1,18 hat bis dahin noch einen weiten Weg zurückzulegen. Aber schon das spätere 3,42 appelliert mit dem Sündenbekenntnis an die Vergebung Gottes (s. u. die Auslegung zu Kap. 3). In dem höhepunktartigen Bekenntnis „Gerecht ist er, der HERR“ ist theologisch der Anfang dazu gemacht.

Mit der Entlastung Gottes geht zugleich die Belastung Jerusalems einher. Beides wird zu zwei Seiten derselben Medaille: Soll die aus den Fugen geratene Ordnung erklärt werden, ist die Gerechtigkeit Gottes nicht ohne die Verfehlung des Menschen zu haben. Vorausgesetzt, die Ordnung ist im Prinzip gut und Gott mehr oder minder der einzige. Beides ist in Klgl 1 gegeben und darin ähnelt das Lied schon den wenig späteren nachexilischen Bußgebeten Esra 9,14 und Neh 9,33. Geradezu feierlich beginnt der Stichos in drei Worten, die das Subjekt wiederholt: Er, der HERR, ist gerecht, wobei das *ṣaddîq* „gerecht“ im Hebräischen wegen des → Akrostichons betont voransteht. Dann folgen – im Hebräischen ebenfalls mit 11 Buchstaben – drei Worte, die sich auf das Handeln Jerusalems beziehen. Die EÜ überdeckt mit dem Punkt zwischen den beiden Teilen des Stichos („Er, der Herr, ist im Recht. Ich habe seinem Wort getrotzt.“) die Konjunktion, die eine Verbindung zwischen beiden Teilen herstellt und am ehesten kausal zu übersetzen ist. „Gerecht ist er, YHWH, denn seinem Mund habe ich getrotzt.“ „Mund“ ist zunächst ein Synonym für Befehl. Die Bedeutung „Gesetz“ wächst dem Wort erst im Laufe der Zeit zu, klingt aber hier schon an. Zion bekennt, sich dem Wort aus Gottes Mund widersetzt zu haben. Insbesondere in exilisch-nachexilischen Texten im Pentateuch ist der so formulierte Ungehorsam mit der gravierenden Folge verbunden, das Land verlassen zu müssen bzw. gar nicht hineinzugelangen (Num 20,24; 27,14; Dtn 1,26.43; 9,23; Jos 1,18). Indem Jerusalem hier das Bekenntnis ablegt, sich YHWHs Willen widersetzt zu haben, setzt es den strafenden Gott selbst ins Recht. Doch Klgl 1 ist kein Sündenbekenntnis, das sich mit der Situation abgefunden hätte. Nicht das *Dass* der Strafe ist für Jerusalem das Problem, sondern das *Wie*. Die Härte und Schmerzhaftigkeit, ist – so der vorsichtig klagende Unterton – trotz aller Sündenlast unangemessen. Dazu ruft Jerusalem jetzt wie in V.12 Zeugen auf die Bühne. Dabei weitet V.18 noch einmal den Blick, wenn einerseits der Schmerz aus V.12 aufgegriffen wird, andererseits aber nicht mehr nur die Vorbeikommenden, sondern alle Völker – die ganze Welt – das Leid Jerusalems wahrnehmen sollen. Aus den beiden Verben des Sehens in V.12 sind jetzt beide Sinneswahrnehmungen geworden: „Hört doch und seht!", d. h. „Nehmt wahr und urteilt!" Zwar ist theologisch eine Nähe erkennbar, doch spiegelt sich in 1,18 nicht direkt die deuteronomistische Geschichtsdeutung, die das Schicksal des Volkes an sein vorgängig ungehorsames Ergehen knüpft und das Exil als gerechte Strafe deutet. Dazu ist die Klage über die Härte des Geschehenen noch zu offensichtlich. Durch die Aufforderung an die Völker, auf Jerusalem zu blicken, wird die Aufmerksamkeit geschickt wieder auf die Verlassenheit der Stadtfrau V.1–2 gelenkt. Entsprechend thematisiert der letzte Stichos erneut die „Entleerung" durch Deportation: „Meine Mädchen, meine jungen Männer zogen in die Gefangenschaft." An V.4.5.15 anknüpfend wird die Exilierung beklagt und erneut gerade die nachwachsende Generation als Ausdruck der Härte der Bestrafung herausgegriffen. Darin besteht der Schmerz der „Mutter" Jerusalem, dass die in ihren Kindern liegende Zukunft „in Gefangenschaft" genommen ist.

ק (*Qof*) 19 Es bleibt offen, an wen die in V.19 folgende Aussage („Ich rief nach denen, die mich liebten") adressiert ist. Setzt sie die Beschreibung aus V.18 fort und ist noch an die Völker gerichtet oder wird nach kurzer Unterbrechung die Klage an Gott gerichtet? Vielleicht soll es zu beiden Seiten und zur Leserin und zum Leser hin offen sein. Erneut greift der Vers auf die außenpolitischen Enttäuschungen der Zidkija-Zeit zurück. Die 594 v. Chr. angebahnten Allianzen gegen die übermächtigen Neubabylonier erwiesen sich als nicht tragfähig und vor allem war die erhoffte militärische Hilfe aus Ägypten 594 v. Chr. ausgeblieben. Wenn zudem historisch ist, dass sich die Bruderstaaten Moab und Edom an der Eroberung Jerusalems beteiligt haben, war damit eine tiefe Kränkung verbunden. Der Ton gegenüber V.2 ist verschärft, wenn den Liebhabern vorgeworfen wird, sie hätten Jerusalem arglistig hintergangen (Gen 29,25; Jos 9,22; 1 Sam 19,17; 28,12; 2 Sam 19,27; 1 Chr 12,18; Spr 26,19). Dass die Liebhaber selbst ein Unrecht darstellen könnten, wie das die prophetische Kritik mit aller Härte anprangert (Jer 2–3; 5; Ez 16; 23), ist hier in der Wahrnehmung Jerusalems noch nicht im Blick. Das Schuldeingeständnis aus V.18, so scheint es, ist eher noch oberflächlich und führt nicht zu einer anderen Einschätzung des Verhaltens Jerusalems. Vielmehr steht wie in dem gesamten Lied die Härte der Situation vor Augen. Wie in V.6.11 ist der Hunger Thema, ohne dass er genauer eingegrenzt würde. Es spielt für die Klage keine Rolle, ob der Hunger durch Wirtschaftssanktionen, eine Belagerung oder das Zusammenbrechen der Märkte verursacht ist. Es ist ein Mangel, der viele jämmerlich verrecken lässt (das Verbum ist ein Synonym zu „sterben“, bringt jedoch eine zusätzliche Drastik dadurch ein, dass aus derselben Wurzel das Wort für „Leiche“ gebildet ist). Stellvertretend werden Priester und Älteste herausgegriffen (vgl. auch 4,16), um die lebensbedrohliche Belastung zu verdeutlichen. Sie bilden *de facto* die Führungsschicht (Jer 19,1; 29,1; Dtn 31,9; 1 Kön 8,3), wobei mit den Ältesten nicht unbedingt die führenden Beamten gemeint sein müssen. Hier werden sie nicht (etwa wegen ihrer falschen außenpolitischen Beratung des Königs) für die Katastrophe mit verantwortlich gemacht, sondern sind besonders betroffen vom Hunger. Aber beide Gruppen sind gleichermaßen von der Wertschätzung des Volkes wie von dessen Versorgung abhängig. Die Priester haben kein Einkommen jenseits der Tempelwirtschaft, die Ältesten werden ebenfalls versorgt oder mitversorgt. Doch der Kult ist zusammengebrochen und damit auch die Regelversorgung der Priester. Die sonst so geehrten und alimentierten Ältesten werden nicht mehr an Ressourcen beteiligt. Denn in der Stadt gibt es nichts mehr zu essen, sodass selbst die

Angehörigen der Führungsschicht verschmachten müssen und ihre eigene verzweifelte Suche nach Nahrung erfolglos bleibt (die Bildrede wird in V.19 gesprengt, wenn es aus dem Mund Jerusalems „sind in der Stadt verschmachtet" heißt, da „verschmachten in mir" seltsam wäre). Wie in V.11.16 wird die Lebensbedrohlichkeit durch die fehlende Lebenskraft und geschwundene Lebensfreude verdeutlicht.

ר (*Resch*) 20 In den letzten drei Versen gipfelt sich das Klagelied noch einmal in emotionaler Hinsicht auf. Zion richtet sich in eindringlichen Worten an seinen Gott. Anfang und Ende des Abschnitts geben Blicke auf das Innerste preis, die einen Vergleich in der Klageliteratur der Psalmen, Ijobs, aber vor allem der Konfessionen des Jeremia haben. Sprecherin ist durchweg Jerusalem. Vor allem das Wirken der Feinde und die Auswirkungen der Bedrohung werden noch einmal thematisiert. V.20 beginnt mit denselben Worten, mit denen sich Zion in V.9.11 erstmals an Gott gewandt hatte, dem Imperativ: „Sieh her, YHWH!" Während dort das Elend der Übermacht der Feinde und deren Verachtung im Vordergrund standen, d. h. vor allem die „Außenseite", ist es jetzt die „Innenseite", das kranke Innere Zions. Markant ist diese Umkehrung durch den Gebrauch der Wurzel *ṣar*, die in V.5.7.10.17 die Feinde als Bedränger Zions und in V.3 die Bedrängnis bezeichnet hatte und hier jetzt den Ausgangspunkt markiert. „Sieh her, YHWH, denn ich bin bedrängt." Die EÜ wendet das nicht zu Unrecht wie in den Parallelen Ps 31,10; 68,18 zu „sieh an, wie mir angst ist", denn das Folgende ist ganz auf die körperlichen Folgen gerichtet. *ṣar/ṣārāh/ṣrr* kann sowohl adjektivisch „eng, bedrängt" als auch substantivisch „Feind, Bedränger" bzw. „Bedrängnis, Angst, Not, Drangsal" und verbal „eng sein/machen, bekümmert sein/werden, umhüllen, einwickeln, bedrängen etc." ausdrücken. Oft drückt die Wurzel mit den daraus abgeleiteten Worten die innere Bedrängnis, Enge, Angst, innere Krämpfe oder auch Wehen aus (Ps 4,2; 32,7; Ijob 7,11; 27,9; 36,16; Jes 5,30; 1 Sam 4,19; Jes 13,8; 21,3; Jer 48,41 u. ö.). In 1,20 ist die innere Not Spiegel der äußeren Bedrängnis. Das Innere schäumt oder glüht (Ps 46,4; 75,9; Klgl 2,11), ist jedenfalls in Erregung. Das Innere, das den Bauch- und Brustraum mit den inneren Organen zusammenfasst, ist im Hebräischen häufig als Sitz intensiver Gefühle aufgefasst (Jes 16,11; 63,15; Jer 4,19; 31,20; Ijob 30,27; Hld 5,4, was in der EÜ oft in westeuropäische Körpersprachlichkeit umformuliert ist). Zion ist innerlich aufgewühlt und ringt um Fassung wegen der Bedrängnis in der Eroberung. Sie ist außer Fassung, da sich ihr Herz gedreht, wörtlich „gewendet" oder „umgestülpt" hat. Die seltene Wendung bezeichnet eine völlige Umkehr des Willens, Wollens und Könnens (1 Sam 10,9; 2 Kön 5,26; Ps 105,25; Spr 17,20; Hos 11,8; Klgl 5,15), der bzw. das im Herzen verortet wird. Das Bild ist zu vielen Seiten offen: Hat sich das Herz verkehrt, weil Jerusalem erobert wurde, d. h. ist ihr Wille vollkommen gebrochen, ihre Freude in Trauer gewandelt, ihr Mut in Verzweiflung verkehrt usw.? Oder hat Zion ihren Willen so gegen Gott verkehrt, dass es so weit kommen konnte? Hat sie das Ziel aus den Augen verloren? Das „weil ich mich so heftig widersetzt habe", das genauso als „denn ich war so trotzig" und „ja, ich war trotzig" aufgefasst werden kann, mag die letztere Variante nahelegen. Doch eröffnet die Rede vom Umstülpen eine weitere Dimension, denn die Eroberung von Städten wird (dann meist in einem anderen Verbalstamm von *hpk)* auch als „umstülpen" formuliert (Gen 19,21.25.29; 2 Sam 10,3; Jes 1,7; 13,19; Jer 20,16; Jona 3,4). Inneres und Äußeres in V.20 korrespondieren und das gilt auch für die Frau Zion, die offen bleibt für die reale Stadt Jerusalem. Das Innere der Frau Zion ist dann zugleich das Innere der Stadt und die Umkehrung des Herzens die brutale Eroberung. Diese Korrespondenz zwischen Innen und Außen ist es, die die Klagelieder von ihren Bildern so eindrücklich macht und ein weiteres Mal die poetische Klasse des Dichters unterstreicht.

Das „weil ich mich so heftig widersetzt habe" nimmt in einer → *figura etymologica* das Bekenntnis aus V.18 verstärkend auf. Die trotzige Auflehnung gegen Gott kommt einer Abkehr gleich. Diese Abkehr – so hatte es Klgl 1 immer wieder betont – war die Hinwendung zu anderen Größen, die nicht retten können. Klgl 1 fordert implizit die erneute Hinwendung zu YHWH als dem Stadtgott Jerusalems. *De facto* vollzieht das erste Klagelied genau diese Rückkehr durch die Anrufung Gottes. Noch steht das Flehen um Gnade, Beistand und Wendung des Geschicks sehr im Hintergrund, aber es ist hier wie in V.21–22 deutlich aus der → Pragmatik der Klage zu hören.

Zuvor wird zur Verstärkung die Situation der Eroberung noch einmal in all ihrer Dramatik aufgerufen. Durch „drinnen“ und „draußen“ wird der Eindruck einer Totalität erzeugt: Es gibt kein Entrinnen. Die EÜ 1979 hatte dem Schwert die Pest an die Seite gestellt, weil beide häufig zusammen vorkommen und dann (vor allem in Jer und Ez) oft auch mit Hunger kombiniert sind (Ex 5,3; Lev 26,25; 1 Chr 21,5; Jer 15,2; 21,7; 38,2; Ez 5,17; Am 4,10). Besonders nah ist Ez 7,15: „Draußen das Schwert, drinnen die Pest und der Hunger. Wer auf dem Feld ist, der stirbt durch das Schwert. Wer in der Stadt ist, den fressen Hunger und Pest.“ Dass Seuchen der Hungersnot auf dem Fuße folgen, ist der verhinderten Totenversorgung geschuldet. Sterben die ersten an Hunger, können die Leichen nicht beseitigt werden, verwesen auf Straßen und Plätzen (4,5) und sind schließlich Auslöser von Seuchen, die weitere Todesopfer fordern. Das Wort für Pest fehlt allerdings in V.20, dafür steht der Tod, weshalb die EÜ 2016 richtiger übersetzt: „Draußen raubte die Kinder das Schwert, was drinnen ist, gleicht dem Tod.“ Die bedrohliche Dichte des Hebräischen ist schwer wiederzugeben, denn auch von Kindern ist nicht die Rede. Im Staccato droht die Vernichtung: „draußen: ein Kinderlos-Schwert – im Haus: wie der Tod“. Wieder bleibt offen, ob diese Situation der Bedrängnis in der Rückschau geschildert wird oder noch anhält. Dadurch wird die Bedrohung noch unmittelbarer.

ש (*Schin*) 21 Der Vers beginnt mit dem Wort „hören“ und knüpft ebenfalls an V.18 an. Schon dort waren die Völker aufgefordert, die Schreie Zions zu hören. Hier aber *haben* die Feinde das Stöhnen der Bedrängten gehört. Die EÜ 1979 hatte, wie viele Kommentare es dem syrischen Text folgend selbstverständlich getan haben, den Text in einen an Gott gerichteten Höraufruf geändert („Hör, wie ich stöhne“). Doch der hebräische Text bietet eindeutig einen Plural. Die griechische Übersetzung fasst ihn als Imperativ auf („Hört doch, wie ich stöhne“) und lässt wie V.18 die Völker angeredet sein. Doch damit würde die Anrede an Gott in den V.20–22 durchbrochen. Richtiger ist die revidierte EÜ 2016, die der → masoretischen Vokalisation folgt und übersetzt: „Sie hörten, wie ich stöhne.“ Damit wird die Aussage zum Teil eines Schuldaufweises gegenüber den Völkern, die in V.22 zur Rechenschaft gezogen werden sollen. Sie haben das Seufzen gehört, aber nicht reagiert. Das Seufzen ist das ihrer Priester (V.4), des ganzen Volkes (V.11) und natürlich Zions selbst (V.8). Doch dieses Seufzen hat weder einen Widerhall bei den vermeintlichen Freunden noch bei den Feinden. Daher wiederholt Zion das Mottomotiv „ich, ich habe keinen Tröster" (V.2.9.16.17.21). Was die Freunde und Verbündeten nicht leisten können, zielt letztlich auf Gott und seinen Trost, wie in der Auslegung von V.2 dargelegt worden ist.

Mit dem Ansatz des Schuldaufweises geht die Forderung nach Gerechtigkeit einher: YHWH soll zugunsten Jerusalems eingreifen und die Feinde bestrafen. Besondere Scham hat die Schadenfreude hervorgerufen, mit der sich die Feinde in V.5.7 groß getan hatten. Die in Obd 1,11–15 zu findende Warnung, sich am Untergang Judas nicht zu freuen, weil „der Tag des HERRN" für alle Völker nahe ist, haben die Völker offenbar in den Wind geschlagen. Die Schadenfreude, die der Sprecher in V.7 thematisiert hatte, wird jetzt von Zion selbst aufgegriffen. Die Feinde (V.2.5.9.16) sind jetzt „meine Feinde", die über das Übel gehört haben. Geschickt wird dabei Gott die Verantwortung unterstellt und er bei seiner Ehre gepackt, denn die Feinde jubeln nicht über die miserable Lage Jerusalems (vgl. Ps 39,9–11; 44,15; 79,4; 80,7; 89,43; Ez 36,5), sondern – was noch schlimmer ist – darüber, „dass du es getan hast". V.21 setzt nicht wie Ps 42,11; 79,10; 115,2 oder Joël 2,17 den Spott mit der zweifelnden Frage „wo ist denn ihr Gott?" gleich, sondern es ist der Stadtgott selbst, der Zion das antut und damit den Feinden Spott zum Anlass gibt. Die → Pragmatik ist allerdings dieselbe wie in den genannten Stellen. Sie lautet im Subtext: Das kannst Du doch nicht zulassen! Daher fordern V.21.22 die Vergeltung für die Feinde.

Offenbar ist das Exil in Klgl 1 vorausgesetzt (V.3.6.18), dessen Ende aber noch nicht, denn die Verlassenheit Zions hält noch an (V.1–2.4). Während Jerusalem schon hart bestraft ist, blieben die Völker (zumindest in der Wahrnehmung der Klagenden) bisher verschont, ihnen droht jetzt der Zorn des gerechten Gottes, der sie zur Rechenschaft ziehen wird. Dieselbe Linie findet sich in den Klageliedern gegenüber Edom in 4,22, dort ist sie allerdings explizit in der Zusage: „Tochter Zion, deine Schuld ist getilgt." Das Denken zeigt sich analog auch in den sog. Fremdvölkersprüchen der Propheten (Jer 47–51; Jes 13–23; Ez 30; Obd u. ö.), die Israel/ Juda vom Gericht aussparen.

Es ist die Überzeugung, dass das Schicksal Jerusalems bereits die Strafe und das Gericht ist. Das macht auch der Bezug auf den „angekündigten Tag" deutlich. Wie sich in V.12 der „Tag seines glühenden Zornes" auf die Eroberung Jerusalems bezog, so auch der „angekündigte Tag", wenn er bereits in der Vergangenheit liegt. Beide Möglichkeiten lassen sich in der alttestamentlichen Gerichtsprophetie finden, wo die Vorstellung vom Tag YHWHs verankert ist. In den meisten Stellen steht der *Tag YHWHs* für das Gericht an Israel/Juda oder schließt es zumindest ein, wenn das endzeitliche Scheidungsgericht aufgerufen wird (Jes 2,12; 13,5.9; Jer 30,7; Joël 1,15; 2,1.11; 3,4; 4,14; 5,18.20; Zef 1,7.14; Mal 3,23). In Obd 1,15; Ez 30,3 jedoch steht der Tag YHWHs insbesondere für den Tag, an dem die Fremdvölker zur Rechenschaft gezogen werden. Diese Vorstellung ist offenbar verknüpft mit Reflexionen über den Niedergang Jerusalems und Judas, der als bereits ergangenes Gericht verstanden wird. Auch wenn sich zwischen beiden Varianten nur schwer entscheiden lässt, ist der besser bezeugten masoretischen Fassung der Vorzug zu geben.

Jerusalem wünscht sich jedenfalls Vergeltung für die Feinde, wie die letzten beiden Worte von V.21 deutlich machen: „Ihnen aber wird es ergehen wie mir" (wörtlich „und sie sollen sein wie ich"). Auch sie sollen vereinsamt, verlassen und zerstört zurückgelassen werden. Sieht man nicht das Verlangen nach Gerechtigkeit im Hintergrund (V.18), bereitet die Forderung nach Vergeltung Probleme, die über das emotionale Akzeptanzproblem hinausgehen, welches in einer falsch verstandenen Liebe Gottes wurzelt. Denn ohne den Maßstab der Gerechtigkeit wird die Forderung zur Rache an den Völkern. Doch ist hier, wie generell im alttestamentlichen Vergeltungsdenken („Auge um Auge etc."), vorausgesetzt, dass es einen gerechten Ausgleich geben muss und nicht einseitig bestraft oder geschadet werden soll (Ps 54,7; 109,28; Obd 1,15–16, vgl. auch Obd 1,7). Indem Jerusalem die Vergeltung an den Feinden einfordert, wird vorausgesetzt: Auch die Feinde haben sich in ihrem Tun vergangen (s. V.22a), weshalb sie für ihr Handeln zur Rechenschaft gezogen werden müssen (Dtn 32,35.41; Jer 25,14; Ps 28,4; 79,10; 94,2; 149,7; Jes 59,18; 66,6 u. ö.). Nicht um den Rachegelüsten Judas

Genüge zu tun, sondern um der Gerechtigkeit willen. Und einziger Garant der Gerechtigkeit ist Gott (1 Kön 8,39; 2 Chr 6,23.30), nur ihn kann daher Juda anrufen, zu handeln.

ת (*Taw*) 22 Der Schlussvers setzt zunächst bis auf den dritten → Stichos V.21 fort. Ausdrücklich wird jetzt von der Bosheit der Feinde gesprochen, die vor Gott kommen soll. In vollkommener Entsprechung wird dann der Vergeltungswunsch formuliert, wobei wie in V.21 vorausgesetzt wird, dass das Tun Gottes gerecht ist (V.18). Es geht nicht um billige Gleichmacherei, um den „Feinden eins auszuwischen", sondern um die Universalisierung des Rechts. Darin liegt die eigentliche theologische Spitze, dass YHWH auch die Völker zur Rechenschaft ziehen soll. Die gleiche Vorstellung ist im Propheten Obadja am Beispiel Edoms entwickelt. Die schon mehrfach aufgefallene Nähe von Obadja zu Klgl 1 ist bes. in Obd 1,12–16 deutlich:

> Schau nicht zu am Tag deines Bruders, am Tag seines Unglücks! Freue dich nicht über die Söhne Judas am Tag ihres Untergangs! Und reiß deinen Mund nicht auf am Tag der Not! Tritt nicht in das Tor meines Volkes am Tag des Unglücks! Sei nicht auch du schadenfroh über sein Unheil am Tag seines Unglücks! Streck nicht die Hand aus nach seinem Gut am Tag seines Unglücks! Stell dich nicht am Engpass auf, um seine Flüchtlinge niederzumachen! Liefere seine Entflohenen nicht aus am Tag der Not! Führwahr! Nahe ist der Tag des HERRN über alle Völker. Wie du getan hast, so wird dir getan werden; deine Tat wird auf dein Haupt zurückkehren. Ja, wie ihr getrunken habt auf meinem heiligen Berg, so werden alle Völker jetzt unaufhörlich trinken: Sie trinken und schlürfen und sie werden, als seien sie niemals gewesen.

Dass es bei der Vergeltung nicht um Rache, sondern um Gerechtigkeit geht, macht das erneute Sündenbekenntnis deutlich. Wieder ist es der Sündenbegriff *pæša'*, der schon in V.5 im Urteil des Sprechers und in V.14 im Munde Jerusalems die Schuld ausgesprochen hatte. Jerusalem ist nicht schuldlos, deshalb hat es die Strafe getroffen. Diese ist mit dem traurigen Schicksal der Eroberung verbüßt. Das setzt Jerusalem in eine andere Position gegenüber den Feinden und vor allem gegenüber Gott: Zum einen soll Gott auch in so weit Gerechtigkeit walten lassen, als dass die Feinde bestraft werden.

Das fordert V.21–22. Zum anderen soll der strafenden Zuwendung auch wieder eine heilvolle folgen. YHWH soll der Tröster werden – doch das, so hat man den Eindruck am Ende des Klageliedes, traut sich Zion noch nicht zu fordern. Dazu ist der Eindruck vom Zorn Gottes, der Jerusalem hart getroffen hat, noch zu groß. Wie hart wirklich, wird Klgl 2 zeigen.

Indem die Forderung nach Vergeltung in V.20a.22c von der körperlichen Versehrtheit Zions umklammert wird, verleiht ihr der Dichter unbedingten Nachdruck. Für Zion muss sich die Situation ändern. Dass der Schluss mit Bedacht formuliert, zeigt die Wortwahl: Das „ohne Ende" der EÜ greift im Hebräischen auf V.1 zurück und schlägt so einen kontrastiven Bogen. So wie Jerusalem einst „groß an Volk" und „groß unter den Nationen" war, ist sie jetzt „groß an Seufzen". Damit schließt das Klagelied wie es begonnen hat: Es betont den Kontrast von Einst und Jetzt, der kaum größer sein könnte. Gegenüber dem in V.4.8.11.21 als Leitmotiv herausgestellten Stöhnen bedeutet auch das Seufzen noch einmal eine Steigerung. In den Parallelen ist es mit tiefer Verzweiflung und Verlassenheit verbunden, die förmlich nach Zuwendung schreien (Ijob 3,24; 23,2; Ps 38,10; 102,6 u. ö.). Besonders Ps 6,7 und 31,11 unterstreichen das kraftzehrende Weinen, das den Beter erschöpft. In V.22 drücken das die letzten zwei Worte aus, die die Krankheit Zions beschreiben und wie in V.16 an Jer 8 erinnern lassen: „Meine einzige Freude ist der Kummer; mein Herz ist krank." (Jer 8,18) Die Formulierung vom kranken Herzen gibt es sonst nur noch in Jes 1,15 und in der „Wir"-Form im fünften Klagelied in 5,17. Dort wird sie wie in anderen kollektiven Klagegebeten durch die flehentliche Frage fortgesetzt, die hier unausgesprochen bleibt: „Warum willst du uns für immer vergessen, uns verlassen fürs ganze Leben? Lass du, HERR, uns zurückkehren zu dir, dann kehren wir um!" (5,20–21) Jerusalem hat sich im ersten Klagelied zu seinem Gott bekehrt, seine Schuld eingestanden und Reue gezeigt. Jetzt ist es an Gott, sich als Tröster zu erweisen und Jerusalem von seinem unvergleichlichen Schmerz zu erlösen. So weit traut sich das erste Klagelied noch nicht – dazu sind die Wunden zu tief und die erfahrene Gottferne zu groß. Wie groß, wird Klgl 2 zeigen.

II. Gotteskrise – Klgl 2

Das zweite Klagelied ist das älteste der fünf Klagelieder (s. das Schema zur Entstehung der Komposition S. 39). Es bezieht sich am deutlichsten von allen Liedern sowohl auf die Zerstörung des Tempels als auch auf die Eroberung Jerusalems. In immer neuen Bildern umkreist das Lied die Zerstörung der Stadt, ihrer Institutionen und ihrer Infrastruktur. Stadt und Heiligtum bilden dabei eine untrennbare Einheit. Im Hintergrund steht eine Zionstheologie, die Jerusalem als erwählt und unter Gottes besonderem Schutz stehend glaubt. Diese Erhabenheit Jerusalems als Gottesstadt ist durch den Zusammenbruch zerstört. Damit fehlt der einstigen Gottesbeziehung die Basis – Jerusalem verstummt. Mehrfach nimmt das Lied auf den Zusammenbruch des Nationalkultes und der politischen Institutionen, die Deportation der Führungspersonen und vor allem den desolaten Zustand nach 587 v. Chr. Bezug. Es zeichnet sich durch die besondere Drastik in der Beschreibung der Zerstörung aus. In V.1–18 erhebt ein Sprecher das Wort, ohne dass dieser zuvor eingeführt würde. Er beschreibt das Handeln Gottes an Jerusalem und Juda (V.1–9) und redet dabei Jerusalem direkt an (V.13–19). Dazwischen schildert er die Reaktion der Bevölkerung (V.10) und seine eigene tiefe emotionale Betroffenheit angesichts der Zustände in der Stadt (V.11–12). Er richtet dabei den Blick exemplarisch auf die öffentlichen Plätze, um zu unterstreichen, dass das Leid für jeden sichtbar ist. Besonderes Augenmerk richtet der zweite Teil auf den Hohn der Feinde, die sich über Jerusalem erheben (V.15–17), was für Sprecher und Jerusalem unerträglich ist. Gott, der in Klgl 2 überwiegend als Adonai bezeichnet wird, wird in V.1–19 nicht angeredet. Er rückt in immer weitere Ferne durch die Härte der Beschreibung, die implizit eine Anklage ist: Adonai wird als in seinem übermäßigen Zorn erbarmungslos handelnd beschrieben. Er hat die Seite gewechselt und ist Jerusalem wie ein Feind gegenübergetreten. Er ist verantwortlich für den Tod in der Stadt und für die Not, die der Eroberung folgt. Der Sprecher bewertet das Geschehen kaum. Nur implizit wird der in den ersten Versen vielfältig variierte Zorn Gottes als Gerichtshandeln gedeutet. Weder wird auf das Vergehen Jerusalems noch auf die Gerechtigkeit Gottes als Maßstab seines Handelns abgehoben. Damit wird Gott implizit in seinem Handeln ins Unrecht gesetzt, weil sein Vorgehen gegen Jerusalem nicht gerechtfertigt scheint. Der Stadtgott Jerusalems, der für Schutz und Sicherheit sorgen sollte, hat versagt. Damit bricht eine Gotteskrise auf, die den Hintergrund der Sprachlosigkeit Jerusalems in V.1–18 zu bilden scheint. Die Gottferne und die desolate Lage erscheinen dem Sprecher unvergleichlich (V.13) und – da jede Erklärung ausbleibt – unverständlich. Da ihn die Katastrophe selbst tief erschüttert (V.11), redet er Jerusalem an, wohl wissend, selbst keinen Trost spenden zu können (V.13). Ohne dass es explizit gesagt würde, ist klar, dass nicht nur die Verantwortung für das Geschehene bei Gott liegt, sondern auch die Macht, die desolate Situation zu ändern und zum Erbarmen hin zu verändern. Darum empfiehlt der Sprecher Jerusalem, unablässig Klage gegenüber Gott zu führen, ihn anzuflehen, das Elend der Stadt wahrzunehmen. Den Rat nimmt Jerusalem an und spricht Gott in V.20–22 an: Tastend, klagend und anklagend, aber nicht explizit um Erbarmen und Zuwendung flehend. Unter Aufnahme der Beschreibung des Sprechers aus V.1–19 spitzt Jerusalem die Beschreibung zu und klagt Gott direkt an: du hast sie erschlagen ohne Erbarmen (V.21c). Der Anklage folgt *keine* Bitte um Zuwendung. So viel Vertrauen hat Jerusalem im zweiten Lied nicht in den Gott, der ihr das angetan hat. Auch sucht Jerusalem nicht nach Gründen, sondern vertraut darauf, dass die Situation für Gott ebenso unerträglich ist und seinem Wesen widerspricht. So endet das Klagelied dunkel mit dem betrübten „mein Feind hat sie vernichtet“ (V.22). Dass Gott dieser Feind ist, bleibt als bitterer Geschmack einer zerrütteten Gottesbeziehung.

Das zweite Klagelied ist weniger klar gegliedert als das erste oder dritte. Es läuft ganz auf die V.20–22 zu, die V.1–19 in einer Art Mimesis aufnehmen. Jerusalem nimmt das auf, was der Sprecher formuliert hat, und bringt es vor Gott. So wird die Sprachlosigkeit zwischen Gott und Jerusalem durch die Stadt selbst aufgehoben. Durch die Wiederholung von Motiven in der Beschreibung über (V.1–10), an (V.13–19) und durch (V.20–22) Jerusalem, scheint das Klagelied keinen wirklichen Fortschritt zu machen. Die Beschreibung verläuft in Wellen, was zusätzlich dadurch verstärkt wird, dass die Verse nicht je einem Thema folgen, sondern ihr Inhalt sich oft überlappt und Fokussierungen innerhalb von Versen wechseln.

Dadurch, wie auch durch die hohe Emotionalität, erhöht sich der Eindruck der Authentizität. Poetisch arbeitet der Dichter des zweiten Liedes auffallend oft mit Geräuschen oder deren sprachlichen Ausdrücken (V.5: Jammer über Jammer, V.7: lärmende Feinde, V.10: verstummte Älteste, V.13: Zureden, Trost, V.15: Klatschen und Pfeifen der Nachbarn, V.16: Maul Aufreißen der Feinde, Pfeifen, V.17: Gottes Drohspruch, V.17: Jubeln der Feinde, V.18: laut schreiendes Herz, V.22: Herbeirufen der Feinde wie zum Festtag). Klgl 2 ist mit Abstand das „lauteste" Lied! Hinzu kommen die eingestreuten Zitate der verschmachtenden Kinder V.12, der Nachbarn V.15, der Feinde V.16 und schließlich die Rede Zions selbst V.20–22. Beides unterscheidet Klgl 2 von den übrigen Liedern.

In der Rolle des mitleidenden wie beteiligten Sprechers, aber auch in vielen Einzelmotiven zeigt das zweite Lied eine große Nähe zu Jeremia, auch wenn es vielfach eigenständig formuliert. Die Ausrichtung auf die V.18–22 ist theologisch bedeutsam, weil die Gottferne durch die Klage überwunden wird und selbst anklagende Rede zu Gott eine Brücke schlagen kann. Dass Klgl 2 nicht in einer Erhörungsgewissheit endet, erhöht den Wert der Klage als zugelassene und angesichts des Leids notwendige Form des Gebets. Es ist wichtig zu sehen, dass es *ein und derselbe* Gott ist, der Jerusalem einerseits Leid zugefügt hat, aber auch in der Lage ist, die Situation zu wenden. Nur so bleibt die Anrede Gottes im Gebet sinnvoll. So hart jedoch wie Gott angeklagt wird, wird er beschädigt: weil sein Erbarmen vollständig ausgeblendet und sein Handeln nicht gerechtfertigt wird. So kann das Lied nur im Dunkel mit der Klage „Gott als Feind" enden. Gottes Erbarmen und neue Zuwendung liegt damit in weiter Ferne. Das Problem ist sowohl von den Autoren von Klgl 1 als auch von Klgl 3 erkannt worden. Klgl 1 hebt auf die Schuld Jerusalems ab und führt so zu einer Rechtfertigung Gottes, Klgl 3 spielt individuelle Heilserinnerungen ein, um das Erbarmen Gottes durch die Geschichtsreflexion plausibel zu machen. Dabei bedient es sich dem in Klgl 2 vorgezeichneten Modell der Rollendichtung.

Auch wenn es nicht unmittelbar nach der Eroberung gedichtet worden ist, so ist das zweite Klagelied jedoch sicher exilisch. Es hat Verbindungen zu den exilischen Teilen der Asafpsalmen und stimmt zusammen mit den exilischen Reflexionen der Katastrophe im Jeremiabuch. Zwar wird die vorexilische Gerichtsprophetie *de facto* vorausgesetzt, jedoch noch nicht auf eine Gerichtsdoxologie enggeführt. Es überwiegt der Eindruck der Katastrophe. Der Zusammenbruch der Zionstheologie hat eine Lücke gerissen, die noch nicht wieder geschlossen ist.

Hier arbeitet sich das Lied an der zerbrochenen Gottesbeziehung und der entstandenen Sprachlosigkeit ab. Muss Jerusalem im Erschrecken über den Verlauf der Geschichte stehen bleiben? Muss Jerusalem den zornigen Gott akzeptieren und verzweifelt in sich zusammensinken? In der Aufforderung des Sprechers V.18–19 und der bittend-anklagenden Anrede Gottes V.20–22 wird ein Versuch gemacht, erste fragile Brücken über den Sund zu schlagen, der zwischen Jerusalem und seinem Gott aufgebrochen ist. Diese dünnen Stege tragen nicht weiter als bis zu der Bitte, Gott möge sich vom Schicksal Jerusalems bewegen lassen. Die → Pragmatik der Klage steht im Hintergrund des zweiten Liedes: Die Klage soll Gott bewegen, der doch so fern scheint. Das Paradox, dass der sich abwendende Gott derselbe ist, wie der sich zuwendende, wird besonders deutlich, wenn man auf zwei Besonderheiten des zweiten Liedes schaut: Auf der einen Seite ist der Zorn Gottes in keinem anderen Lied so stark betont, ist Gott so gewalttätig und dadurch so weit in die Ferne oder besser von Jerusalem abgerückt wie im ersten Lied. Auf der anderen Seite aber ist Gott auch in keinem Klagelied semantisch so präsent wie in Klgl 2. YHWH und Adonai kommen je siebenmal in den 22 Versen vor.

א (*Aleph*) 1 Wie das erste Klagelied beginnt das zweite mit dem klagenden Ausruf *'êkāh*, der auch sonst fragend einen Vergleich einleitet (Dtn 1,12; 7,17; 12,30; 18,21; Ri 20,3; 2 Kön 6,15; Ps 73,11; Hld 1,7; Jes 1,21; Jer 8,8; 48,17). War in Klgl 1,1 die personifizierte Frau Jerusalem in das Zentrum des Vergleiches gerückt („wie einsam sitzt da …"), so fällt die Differenz sofort ins Auge. Hier ist es das Handeln Gottes *an* Jerusalem im Modus des Zorns. War Klgl 1,1 ganz auf einer horizontalen Raumachse angeordnet, die Jerusalem einsam auf die Weltbühne gesetzt hatte, so ist 2,1 durch und durch von einer vertikalen Achse bestimmt, die durch das Handeln Gottes charakterisiert ist. War in Klgl 1 zunächst gar nicht von Gott die Rede, so hier sofort im ersten → Stichos („Weh, in seinem

Zorn umwölkt, der Herr die Tochter Zion!“) – nicht als Anrede, auf die man in Klgl 2 bis zum Ende in V.20 wartet –, sondern als beschreibende Anklage, die die Härte des Handelns Gottes geradezu fassungslos in den ersten Versen auflistet. Der Zorn Gottes wird semantisch immer weiter variiert und Gott wird als Feind stilisiert. In jedem Vers scheint sich die Anklage weiter aufzugipfeln, bis hin zum Vorwurf, Gott habe vorsätzlich gemordet (V.21). Von Gott ist nur distanziert die Rede (bis in V.6 nur Adonai in V.1.2.5), er scheint fern und unerreichbar, geradezu gefangen in seinem unerbittlichen Zorn, der Jerusalem nicht nur am Tag der Vernichtung wie eine Aura umgibt. Der Eingangsstichos macht das schon durch das erste Verb in V.1 geschickt deutlich: Das Verb „umwölkt“ wird sonst im AT nirgendwo verwandt, vielleicht ist es sogar für 2,1 gebildet worden. Es geht zurück auf das Nomen „Gewölk, dichte Wolken“ (*'āb*), was metaphorisch wiederum ein dichtes Netz von Konnotationen einträgt: Wolken spielen eine große Rolle in Theophanieschilderungen (Ex 19,16; Dtn 4,11, Nah 1,3; Ps 18,10.12; 68,5; vgl. Ex 13,21–22; Gen 9,13–14) und Wetterphänomene werden in atl. Texten oft genutzt, um Gottes zorniges Handeln zu beschreiben (Ez 13,13; 30,3; Jes 5,30; 28,2; Ps 77,18 u. ö.). In Zef 1,15; Ez 30,3; 34,12 und Joël 2,2 heißt der Tag des Gerichts sogar „Tag der Wolken“. Mit dem Verb „umwölkt“ wird also die Vorstellung vom Gericht Gottes und vom prophetischen „Tag YHWHs“ (Jes 2,12; 13,6.9; Jer 30,7; Joël 1,15; 2,1.11; 3,4; 4,14; Am 5,18.20; Zef 1,7.14; Mal 3,23) aufgerufen. Zugleich zieht es auf der Raumachse den mentalen Blick in die Höhe, in den fernen und unerreichbaren Himmel, wohin sich der zuvor nahe Gott zurückgezogen zu haben scheint (vgl. Klgl 3,44; Ijob 22,13–14). Der einst klare Himmel – metaphorisch der direkte und verständliche Zugang zu Gott – ist jetzt undurchsichtig durch das Wolkendickicht, das metaphorisch gesprochen den Blick auf Gott verstellt und sein Handeln unverständlich bleiben lässt. Das undurchsichtige Gewölk des Zorns umgibt die Tochter Zion auf Erden, was zugleich eine bedrohliche und unheimliche Nähe aufruft (vgl. das Gegenteil in Jes 60,1–3). Der Eindruck wird zusätzlich dadurch unterstrichen, dass nicht in die Vergangenheit zurückgeschaut, sondern eine bedrohliche Gegenwart beschrieben wird, die die Vergangenheit und nahe Zukunft umgreift. Bei dieser Konnotation wundert es nicht, dass in 2,1 nicht YHWH Subjekt ist, sondern Adonai „Herr“ verwandt ist. Das → Tetragramm YHWH kommt in den Klageliedern insg. 32-mal vor, je siebenmal in Klgl 1 und 2, zwölfmal in Klgl 3 und je dreimal in Klgl 4 und Klgl 5. Adonai, das oft eine größere Distanz zum Ausdruck bringt, insgesamt 14-mal, davon siebenmal alleine in Klgl 2, dreimal in Klgl 1 und viermal in Klgl 3. Auffallend ist, dass keinmal die Bezeichnung „Gott“ *'ælohîm* verwandt ist, die im Psalter eine große Rolle spielt. Eine Erklärung dafür fällt schwer (auch wenn es ein vergleichbares Phänomen in Obadja gibt). Doch was in der Verteilung der Gottesbezeichnungen in den Klageliedern unmittelbar auffällt, ist die hohe Zahl der Verwendung von Adonai in Klgl 2 und auf das Gesamt gesehen, die Dichte der Gottesbezeichnungen in Klgl 2. So paradox es ist: In dem Klagelied, in dem Gott am fernsten scheint, ist er semantisch am stärksten präsent!

Ähnlich verhält es sich mit Jerusalem: In dem Klagelied, in dem die Zerstörung am größten ist, ist die Stadt semantisch am stärksten präsent: Von Zion ist insgesamt 15-mal in den Klageliedern die Rede, davon siebenmal in Klgl 2 (V.1.4.6.8.10.13.18). Von den acht Belegen für die Verbindung „Tochter Zion“ finden sich sechs in Klgl 2. Der Name Jerusalem ist insgesamt nur siebenmal in den Klageliedern verwendet, davon dreimal in Klgl 2 (V.10.13.15). In Klgl 1 macht die „Tochter Zion“ in V.1 den Anfang. Die Bezeichnung hebt auf die Erwählung ab, denn oft steht Zion für die Schönheit und Pracht der durch den Wohnsitz Gottes ausgezeichneten Stadt. Das scheint der zweite → Stichos aufzugreifen, der noch expliziter als das „umwölkt“ eine vertikale Raumachse assoziieren lässt. Gott ist im Himmel und schleudert etwas auf die Erde, damit es zerbricht. Wenn Gott Subjekt des „Schleuderns“ oder des „Werfens“ ist (Nah 3,6; Jos 10,11; Ez 28.17), insbesondere wenn er von seinem Angesicht wegwirft (2 Kön 17,20; 24,20; Jer 7,15; 52,3), dann ist im wahrsten Sinne des Wortes ein „Verwerfen“ gemeint. So wie Gott in der Deportation Israel aus dem Land rauswirft (Dtn 29,27, vgl. Jer 22,28; Am 4,3), so verwirft er den Tempel als Ort, in dem er seinen Namen wohnen ließ (2 Chr 7,20; in 1 Kön 9,7 haben das die Tradenten anscheinend nicht ertragen und das Verb im → masoretischen Text leicht abgewandelt).

Gänzlich metaphorisch ist die Aussage nun hier verwandt, denn Adonai hat die Pracht Israels aus dem Himmel geworfen. Bemerkenswert ist der Gebrauch von „Israel“, der überhaupt nur dreimal und ausschließlich im zweiten Lied (2,1.3.5) verwendet wird. Zuletzt in 2,3, wo auch das synonyme Jakob vorkam. Klgl 2 fällt ja durch die Vielfalt der Bezeichnungen der Betroffenen auf („Tochter Zion“, „Jungfrau“, „Zion“, „Jerusalem“, „Tochter meines Volkes“, „Tochter Juda“, „Jakob“, „Israel“). Von der Pracht ist allerdings nur hier die Rede. Der Schmuck ist nicht Israel selbst (Dtn 26,19; Jer 13,11.18) und schon gar nicht Israels Gott (Jes 60,19; 1 Chr 29,11.13; Ps 89,18; 96,6), sondern es ist der Schmuck, der Israel besonders auszeichnet (vgl. Jes 46,13). Was aber ist damit gemeint? Mit Verweis auf den Schemel im dritten Stichos und auf Ps 78,61 ist immer auf die Lade verwiesen worden, doch gemeint ist vermutlich der Tempel (Jes 60,7; 64,10; 1 Chr 22,5) oder noch eher – weil ja in den Klageliedern zwischen Stadt und Heiligtum nie scharf getrennt wird – die Stadt Jerusalem (Jes 52,1; 62,3; Jer 33,9; Ez 24,25; Jes 28,1.4, vgl. Babel in Jes 13,19). Die Rede vom Schmuck bringt die Erwählung Jerusalems zum Ausdruck, metaphorisch gesteigert bis zu einem Aufenthalt im höchsten Himmel. Das erinnert an das Tyruskapitel im Ezechielbuch, wo Tyrus in all seinem Stolz und seiner Überheblichkeit – gekennzeichnet durch Weisheit, Klugheit, Reichtum – in Gestalt seines Königs auf den Boden geworfen wird (Ez 28,17). Auch Babel wird vorgeworfen, sich erhoben zu haben und darum in die Unterwelt geschleudert zu werden (Jes 14,10–15). In Klgl 2,1 jedoch geht es nicht um den Vorwurf der Überheblichkeit der Stadt, die sich himmelsgleich erhoben hätte. Jerusalem ist nicht aus eigener Kraft aufgestiegen oder hat sich in den Himmel emporgearbeitet. Die Stadt ist von Gott selbst erhoben worden, der sie jetzt hat fallen lassen. Die Erwählung besteht gerade darin, dass Gott die gedachte vertikale Achse zwischen Himmel und Jerusalem errichtet hat. Denn sein heiliger Berg mit dem Heiligtum ist hoch aufragend (Ps 48,3; 78,69), er hat Jerusalem auserwählt, um dort in der Mitte des Volkes zu wohnen (Ps 68,17; 74,2; 135,21; Jes 8,18; Jer 7,3; Ez 43,7), dort von der Höhe aus über den Kerubim zu thronen (Ps 9,12; 99,1; 135,21; Dan 3,54) oder – wie es vor allem die deuteronomistische Theologie ausdrückt – um dort seinen Namen wohnen zu lassen (Dtn 12,5.11; 16,2, vgl. Esra 6,12; Neh 1,9; 2 Chr 6,5–6). Indem Jerusalem und Wohnsitz Gottes ganz eng aneinander gekoppelt werden, Gott aber nicht im Wohnen auf der Erde aufgeht, rückt Jerusalem in den Himmel. Nicht dass hier schon die Vorstellung eines himmlischen Jerusalems entfaltet wäre, in der vor allem in Offb 21 viele Fäden der Verheißung des wiederhergestellten endzeitlichen Jerusalem aufgehen. Mit der Vorstellung, die Pracht Israels sei im Himmel gewesen, wird die besondere Gottesnähe ausgedrückt – Jerusalem war im wahrsten Sinne „ganz oben". Mit dem Zorn, den Gott im Gericht auf die Erde schleudert, ist Jerusalem tief gefallen. Die Zerstörung von Tempel und Stadt, die ein dauerhaftes Wohnen Gottes unmöglich macht, scheint hier implizit auf.

Auch der dritte Stichos arbeitet mit der vertikalen Raumachse, wenn vom Schemel seiner Füße die Rede ist. Gott ist vorgestellt als Thronender, dessen Füße auf einem Thronschemel ruhen. Was aber ist mit dem Schemel gemeint? In Frage kommen Jerusalem, der Tempel und die Lade. Letztere ist in früheren Auslegungen oft mit 2,1 in Verbindung gebracht worden. Von der Lade, ursprünglich vielleicht ein tragbares Kriegspalladium, wird gesagt, dass sie zunächst nach Jerusalem und dann in das Allerheiligste des Tempels gebracht wurde (2 Sam 6,2; 15,29; 1 Kön 8,6; 1 Chr 15,3.12; 2 Chr 6,11, 35,3) und dort unterhalb der beiden monumentalen Kerubim stand (Ex 25,22), die mit zwei ihrer ausgestreckten Flügel die Sitzfläche eines leeren Throns gebildet haben sollen (1 Kön 8,7). Auf den Kerubim ist Gott thronend gedacht, weshalb er mit dem Epithet „Kerubenthroner" (der auf den Kerubim thront) (1 Sam 4,4; 2 Sam 6,2; 2 Kön 19,15; 1 Chr 13,6; Ps 80,2; 99,1; Jes 37,16) belegt wird. Die Lade wäre in diesem Vorstellungskreis in der Funktion eines Fußschemels vorgestellt, auf dem die Füße Gottes ruhen, dessen wirkliche Dimensionen den Tempel bei weitem sprengen (Jes 6). Das Schicksal der Lade bei der Zerstörung von Stadt und Tempel 587 v. Chr. ist unklar. Sie wird nicht eigens als geraubt, weggeführt oder zerstört erwähnt. Jedenfalls erscheint sie weder unter den zurückgeführten Tempelgeräten (Esra 5,14–15; 6,5; Bar 1,8; Jdt 4,3) noch wird sie bei der Errichtung des zweiten Tempels je erwähnt. Üblicherweise nimmt man daher an, dass sie bei der Tempelzerstörung ein Raub der Flammen geworden ist. 2,1 würde mit dem Vergessen der Lade genau diese Annahme erläutern und voraussetzen, dass die Lade bei der Brandschatzung des Tempels zerstört wurde. Wäre das richtig, wäre 2,1 eine der wichtigsten Ladenotizen, nämlich die letzte historisch zu verankernde Notiz dieses zentralen Symbols vor dessen Vernichtung. Aber die übrigen Belege vom „Schemel seiner Füße" in 1 Chr 28,2; Ps 99,5; 110,1; 132,7; Jes 66,1 (vgl. Jes 60,13; Sach 14,4; Ez 43,5–7) weisen in eine andere Richtung, denn mit der Wendung ist nicht spezifisch die Lade gemeint, sondern der Ort des Thronens insgesamt, d. h. zu allererst das Heiligtum als Ort der dichtesten Präsenz. Da in der Präsenztheologie Heiligtum und Stadt aufs Engste miteinander verbunden sind (Ps 99,5.9), meint „Schemel seiner Füße" den irdischen Haftpunkt des Thronens Gottes in Jerusalem. Die Wendung verbindet die Vorstellung von kosmischem und irdischem Thronsitz. Die Präsenz Gottes geht nicht im Tempel auf, sondern sprengt dessen Dimensionen, sodass in Jes 66,1 gar die ganze Erde zum „Schemel seiner Füße" werden kann.

Nimmt man die drei Aussagen des ersten Verses zusammen, ergibt sich für 2,1 folgende Deutung: Tochter Zion, Pracht Israels und Schemel seiner Füße stehen parallel zueinander. Es sind synonyme Ausdrücke für die Einheit von Stadt und Tempel, die dem Handeln Gottes ausgesetzt sind. Gott verdunkelt, wirft auf die Erde und gedenkt nicht. Jeweils werden dabei mit dem Heiligtum verbundene Erwählungsmomente negiert und ins Gegenteil verkehrt. Gerahmt scheint das Ganze durch die doppelte Erwähnung von Gottes Zorn. Wie bereits erwähnt, weist die Rede vom „Tag seines Zornes" eindeutig in den Kontext des göttlichen Gerichts (Dtn 31,17; Jes 13,9.13; Ez 7,19; Zef 1,15.18; 2,2.3; vgl. Spr 11,4; Ijob 20,28; 21,30; Sir 5,8). Damit wird das Handeln Gottes eingeordnet und für geübte biblische Lesende „kanalisiert". Es ist letztlich eben nicht willkürlich, sondern nimmt Maß am Verhalten Israels. Doch ist auffallend, dass vom Gericht in den Klageliedern nicht explizit gesprochen wird. Das Verbum „richten" fehlt bis auf 3,59 ganz und auch sonst fehlt das Wortfeld wie gerecht, Gerechtigkeit (vgl. oben zu 1,18) und Vergleichbares. In den Klageliedern, vor allem im zweiten Lied, steht hingegen das schädigende, ja gar vernichtende Handeln Gottes im Vordergrund.

ב (*Beth*) 2 Wie eine Überschrift hatte der erste Vers die symbolische Gestalt Zions an den Anfang gestellt: Zierde und Pracht Zions sind zerbrochen. Mit V.2 tritt das Lied in die hämmernde Anklage ein, die Gott immer weiter als Feind stilisiert und in immer neuen Wendungen die Zerstörung als unmäßig kennzeichnet. Sie breitet sich wie ein Seebeben aus, dessen Wellen zunächst bis an Ränder schlagen und am Ende des Verses wieder in das Zentrum Jerusalem zurückkehren. Der Perspektivwechsel gegenüber 1,1–3 hält sich durch: Subjekt ist Gott, der Blick richtet sich ganz auf sein Handeln, das „schonungslos" (wörtl. „ohne Erbarmen") ist: *er* vernichtet, reißt ein, schlägt, entweiht, entzündet und spannt den Bogen. Die Schonungslosigkeit des Handelns Gottes – sonst Kennzeichen des überlegenen Feindes im Krieg – wird wie ein Motto dreimal in 2,2.17.21 wiederholt. Auch das erste Verb in V.2 „Adonai hat vernichtet", wörtlicher „verschlungen" (wie die Unterwelt oder der Tod), wird in V.5.8.16 wieder aufgenommen. Überhaupt ist das zweite Klagelied von solchen Wiederaufnahmen und Wiederholungen gekennzeichnet, die die Schreckensstarre und Fassungslosigkeit zu spiegeln scheinen. Das Entsetzen über das Handeln Gottes wird geradezu wiedergekäut, um es verarbeiten zu können. Das „Verschlungen hat Adonai" am Anfang des Verses hat im hebräischen Text kein Objekt, was die Totalität der Vernichtung gezielt unterstreicht. Die „Fluren Jakobs" zielen auf das Umland der Städte und umgreifen das gesamte Land. Die für Israel stehende Bezeichnung „Jakob" findet sich sonst nur in 2,3 und 1,17, in 2,3 parallel zu Israel, hier steht sie parallel zu der Tochter Juda (1,15; 2,5). Offenbar kann Jakob ebenso wie Israel bereits für den Südstaat Juda stehen. Die Auen oder Fluren bezeichnen das fruchtbare Umland der Städte, die die Versorgung mit landwirtschaftlichen Gütern sicherstellen (vgl. Am 1,2; Jer 25,37; 49,20; 50,44–45). Dem werden die Bollwerke der Tochter Juda an die Seite gestellt, die Gott in seinem Zorn eingerissen haben soll (Mi 5,10). Die neubabylonische Zerstörungswelle der befestigten Städte und vor allem der Festungsanlagen im Süden des Landes in Lachisch, Arad, *Ḥorvat 'Uzza, Ḥorvat Radum, Tel 'Ira, Tell el-Milḥ, Ḥorvat 'Anim, Ḥorvat Tov* u. a. m. lässt die Verteidigungslinien im Süden zusammenbrechen und verunmöglicht die erhoffte Unterstützung durch ägyptische Truppen. Beides zusammengenommen drückt den Zusammenbruch der kompletten ökonomischen Infrastruktur aus. Schutz, Sicherheit und Versorgung sind dahin, das Land ist geschlagen, bzw. wie die EÜ übersetzt „zu Boden gestreckt"

(Jes 25,12). Wenn dann noch Königtum und Herrscher „entweiht“ werden, wie es im dritten Stichos heißt, ist der Zusammenbruch umfassend beschrieben.

Das Königtum ist die wohl wichtigste Institution des vorexilischen Jerusalem und es ist insgesamt sehr auffallend, wie wenig in den Klageliedern überhaupt vom König, seinem Amt und dem Zusammenbruch des Königtums am Beginn des 6. Jhs. v. Chr. die Rede ist. Nur in 2,6.9 wird der König überhaupt noch erwähnt. 4,20 spitzt den Verlust auf den königlichen Gesalbten zu und 5,16 lässt mit der „Krone“ den König assoziieren (s. aber die Auslegung). Weder die Wegführung Jojachins nach Babylon nach seiner Kapitulation 597 v. Chr. noch die Flucht Zidkijas 587 v. Chr., geschweige denn die Einsetzung Gedaljas oder dessen Ermordung im Nachgang der Eroberung finden explizite Erwähnung. Lediglich 1,6 könnte auf die Flucht Zidkijas und 2,9 (wie 4,20) auf die Deportation von Jojachin oder Zidkija nach Babylon anspielen. In beiden Fällen aber bleibt unsicher, ob tatsächlich ein konkretes Geschehen im Hintergrund steht oder nicht die Aussagen symbolisch ein Geschehen repräsentieren.

Der Verlust der Monarchie spielt jedenfalls in den Klageliedern eine signifikant geringe Rolle. Bedeutsam ist, dass der Zusammenbruch des Königtums nur im ältesten Klagelied überhaupt thematisiert wird. Die Zusammenstellung von Institution und pluralischer Funktionsbezeichnung kann sich mit „seine Fürsten“ auf die obersten Repräsentanten des Königtums, also die Königsfamilie selbst beziehen oder – was vom sonstigen Gebrauch her wahrscheinlicher ist – die „Monarchie und ihre Beamten“ meinen. Der Zusammenbruch der staatlichen Organisation steht im Vordergrund. Weder Politik noch Ökonomie noch Religion (d. h. der Kult, s. u. zu 2,6) funktionieren ohne das Königtum und seinen Beamtenapparat. Dabei ist die Rede vom Entweihen des Königtums sprachlich eigentümlich. Sie zeigt eine Nähe zu dem Ende der davidischen Dynastie in Ps 89,35.40 und der Entweihung der „Fürsten des Heiligtums“ in Jes 43,28. Vielleicht ist aber das Verbum *ḥll* „entweihen“ bewusst verwendet, um die Assoziation zu der homonymen Wurzel *ḥll* „durchbohren“ einzuspielen, womit auf den Tod der Führungsriege angespielt würde. Dass Gott selbst derjenige ist, der „entweiht“, was sonst die moralisch verwerflichen Sünder oder die fremden Völker tun, unterstreicht die Härte der Anklage. Niemand anders hat den Zusammenbruch herbeigeführt als der zornige Gott, dessen Handeln – allen durchgehaltenen Aussagen zum Erbarmen Gottes zum Trotz – erbarmungslos und voller Grimm ist.

ג (*Gimel*) 3 Die hämmernde Anklage Gottes geht weiter. Jeder der drei → Stichoi hat Gott als Subjekt, selbst das flammende Feuer am Ende ist Aktion Gottes. Der Zorn ist ebenso präsent wie in V.2. Die Zornesglut, die Gott im ersten Stichos antreibt, spiegelt sich auch in dem Verb am Schluss. Denn so wie die Feuerflamme verbrennt, so entbrennt der Zorn Gottes. Der Anfang des letzten Satzes kann auch „er (scil. sein Zorn) entbrannte gegen Jakob wie flammendes Feuer“ übersetzt werden. Zornesglut und Feuer haben häufiger eine große Nähe (Num 11,1; 2 Sam 22,9; Ps 18.9; Klgl 4,11; Jer 7,20; 44,6; Jes 9,18; 30,27; 42,25; 66,15; Nah 1,6; Sir 45,19 u. ö.). Nicht nur, dass Glut und Feuer für die hitzig überschießende Emotion stehen, sondern Feuer ist zugleich eng verknüpft mit dem Eindringen des Feindes und der Eroberung der Stadt. Denn in Feuerflammen gehen die hölzernen Konstruktionen auf, sie lassen Gebäude in sich zusammenstürzen und Verwüstung hinter sich. Nahezu jede Eroberung von städtischen Strukturen lässt sich in archäologischen Ausgrabungen später an der mehr oder minder dicken Brandschicht ablesen.

Das Abschlagen der Hörner zielt auf das Brechen jeglicher Widerstandskraft (vgl. Ps 75,11; Jer 48,25). Juda hat seinem in Feindschaft aufbrausenden Gott, der das gesamte Land in die Hand des Feindes gibt, nichts mehr entgegenzusetzen. Die Rechte Gottes steht normalerweise für das Eingreifen zugunsten Israels (Ex 15,12; Ijob 40,14; Ps 21,9; 89,14; 118,15 u. ö.): „Deine Rechte, HERR, ist herrlich an Stärke; deine Rechte, HERR, zerschmettert den Feind“ heißt es im Siegeslied am Schilfmeer (Ex 15,6). Die Rechte Gottes steht für sein Geschichtshandeln, sie bietet Israel üblicherweise Schutz und Stütze. Doch hier wie in V.4.8 kehrt sie sich ins Gegenteil (Ps 74,11; 77,11, vgl. Ez 20,22). Sie hält den Feind gerade nicht zurück, sondern zieht sich angesichts der heranstürmenden Feinde gar zurück und lässt den Feind gewähren. Dabei bleibt Gott aber nicht nur passiv. Vielmehr ist er selbst derjenige, dessen Zorn erbarmungslos vernichtet und wie Feuerflammen um sich greift.

Vom Schutzgott hat er sich zum „Feind“ gewandelt, was V.4 dann ausdrücklich sagen wird.

ד (*Daleth*) 4 Gott, so lautet die implizite Anklage, hat die Seiten gewechselt. Er steht Israel mit erhobener Rechten gegenüber, anstatt an seiner Seite zu kämpfen. Es ist nicht Gott, der den Bogen zerbricht (Ps 46,10) und so für Frieden und Sicherheit sorgt. Im Gegenteil, er tritt in den Bogen, um ihn zu spannen. Pfeil und Bogen sind mit die gefährlichsten Distanzwaffen. Die Bogenschützen des Feindes, durch Reihen von Schildträgern geschützt, schießen ihre tödlichen Pfeile auf die Stadt und ihre Bewohner (Abb. 14, 17). „Sie kommen mit Bogen und Sichelschwert, grausam sind sie und ohne Erbarmen.“ (Jer 6,23) Diese Rolle des Feindes hat nun Gott selbst eingenommen, er hat wie der Bedränger seine Rechte Israel gegenüber erhoben. Er hat Feuer gelegt in Jerusalem. Den Bogen spannen (bzw. treten, s. 3,12) und die Rechte erheben sind als Einzelhandlungen symbolisch zu verstehen und geben nicht eine reale Handlungsfolge wieder. Beide stehen für den machtvollen Angriff eines Gegners. Wie in V.1 ist im letzten Stichos von V.4 die auf die besondere Erwählung bezogene Bezeichnung „Tochter Zion“ verwendet und erneut ist die Formulierung offen für einen Bezug auf das Heiligtum. Vom Zelt der Tochter Zion ist zwar sonst nirgendwo die Rede, doch wird das transportable sinaitische Heiligtum oft als Begegnungszelt bezeichnet. „Zelt“ und „heiliger Berg“ sind in der sog. Toreinlassliturgie Ps 15,1 synonym verwendet und „Zelt“ bezeichnet in Ps 27,5–6 oder Ps 61,5 recht eindeutig den Tempel. Wird also Gott hier direkt für die Tempelzerstörung verantwortlich gemacht? Mindestens ebenso viel wie in V.1 spricht für einen Bezug auf Jerusalem. Denn wenn vom Tempel als Zelt die Rede ist, ist immer vom Zelt *Gottes* die Rede, nicht vom Zelt Zions. Einschlägig für einen Bezug auf die Stadt Jerusalem sind vielleicht Jes 52,2 und Jer 10,20, wo Jerusalem klagt: „Mein Zelt ist verwüstet, alle meine Zeltstricke sind gerissen. Meine Kinder gingen von mir fort und sind nicht mehr. Niemand schlägt mein Zelt wieder auf und breitet darüber die Zeltdecken aus.“ Vor allem aber Jes 33,20 macht deutlich, dass die Zeltmetapher die ganze Stadt meinen kann: „Schau auf Zion, die Stätte unserer Feste! Deine Augen werden Jerusalem sehen, die sorgenfreie Aue, das Zelt, das man nicht abbricht, dessen

Pflöcke man niemals mehr verrückt, dessen Stricke nicht zerrissen werden." Dieses Unvorstellbare ist jetzt passiert und verantwortlich dafür ist Gott selbst. Er hat seinen Zorn in der erwählten Stadt wie Feuer ausgegossen. Wie in V.1 stellt sich der Eindruck ein, dass Stadt und Tempel einerseits eine Einheit bilden, andererseits die Stadttheologie bedeutender ist als die Heiligtumstheologie. Dass der Tempel zerstört ist, ist nicht das Hauptproblem, sondern die Zerstörung der Stadt und damit der Einheit von Stadt und Heiligtum. Gott hat sein Erwählungshandeln zurückgenommen und ist nicht als Schutzgott der Stadt in Erscheinung getreten.

Die Ungeheuerlichkeit des Vorwurfs wird im mittleren → Stichos noch gesteigert. Gott hat getötet wie ein Krieger. Derselbe Gott, der in den Psalmen als Lebensquell gepriesen wird (Ps 27,1; 36,10; 42,3.9; 54,4), wird hier als Mörder angeklagt. Derselbe Gott, der für jedes Vergießen von Menschenblut Rechenschaft fordert (Gen 9,5–6), hat Menschenblut vergossen. Nicht das Blut der Feinde, sondern derjenigen, die den Bewohnern kostbar waren. Ihre Augenweiden hat er getötet. Mit diesem Vorwurf scheint die Gottesbeziehung restlos zerstört. Wie soll man einen solchen Gott loben oder preisen, wie ihm auch nur den Hauch des nötigen Vertrauens schenken, wie ihn mit einem Silberstreif von Hoffnung anflehen und um Gnade bitten? Eine Kommunikation mit einem solch grausamen Gott scheint unmöglich. Die Gottesbeziehung ist an einem Tiefpunkt angelangt, sie erlaubt nicht einmal mehr die direkte Anklage, sondern nur noch die fassungslos beschreibende indirekte. Da in Klgl 2 nicht einmal im Ansatz eine Rechtfertigung Gottes aufscheint, nicht wie in Klgl 1 auf ein Vergehen Israels Bezug genommen wird (zu der einzigen Andeutung s. V.14), muss das Handeln Gottes ungerecht scheinen. Die Theodizee-Frage, warum die Rechte Gottes so anders handelt (Ps 77,11), steht bitter im Raum und wird hier nicht abgedämpft durch die Erinnerung an Gottes vorgängiges heilvolles Handeln an Israel.

ה (*He*) 5 Auch wenn mit dem Vorwurf, Gott habe die Augenweiden getötet, ein Höhepunkt der impliziten Anklage erreicht war, setzt der Text die Anklage fort. Erneut hat man den Eindruck, dass es nicht wirklich einen Fortschritt im Text gibt. Wieder werden Formulierungen aus den vorhergehenden Versen aufgegriffen und das

Handeln aus ähnlicher Perspektive erneut thematisiert. Die Fassungslosigkeit über die ergangene Katastrophe scheint in einen fast zwanghaften Schockzustand zu versetzen, in dem das immer gleiche Leid immer wieder ausgesprochen werden muss. Darin ist allerdings durchaus ein Moment der Bewältigung zu erkennen, denn nur durch die wiederholte Konfrontation kann die Wirklichkeit der Katastrophe langsam ankommen. Im Grunde ist der stockende Fortschritt, das stete Zurückkehren zu bereits Gesagtem ausgesprochen authentisch für von der Katastrophe unmittelbar Betroffene. Auch V.5 zeigt das Ineinanderfließen der Perspektiven, die auf das Umland und die Städte ebenso wie die Stadt Jerusalem gerichtet sind. Besonders deutlich macht das der zweite → Stichos, der im Hebräischen weder eindeutig auf Israel, die Tochter Juda oder Jerusalem zu beziehen ist, sondern zwischen einem femininen („ihre [Jerusalems] Paläste") und maskulinen („seine [Israels] Burgen") Bezug wechselt. Der erste Stichos greift die Aussage auf, dass Gott zum Feind geworden ist und kombiniert sie mit dem Verbum aus V.2, das Gott als großen Vernichter charakterisiert, der Israel zugrunde richtet. Unter Aufnahme des Verbums nennt der zweite Stichos die Paläste und Burgen als Objekte der Vernichtung. Bei den Palästen geht es nicht um Prunkbauten oder das Besondere der Architektur, sondern der Begriff umfasst vor allem alle nicht privat genutzten funktionalen Gebäude, angefangen vom Königspalast bis zu den Beamtengebäuden, d. h. die Regierungs- und Verwaltungsgebäude. Allerdings zielt die Klage nicht auf den Zusammenbruch des Königtums als Institution und auch nicht auf den mit dem Königshaus verbundenen Luxus, sondern die Paläste sind wie auch an anderen Stellen als symbolisch markante Orte der Infrastruktur aufgefasst, mit deren Zerstörung eine funktionierende Volkswirtschaft zusammenbricht. Ähnlich war in 2 Kön 25,9 neben Tempel, Palast und allen Häusern extra noch einmal „jedes große Haus" genannt worden als es um den Zusammenbruch ging. Zusammen mit Toren und Mauern stehen die Paläste repräsentativ für die Stadtarchitektur und werden in Notizen über Eroberungen oft als *pars pro toto* für die Zerstörung erwähnt (2 Chr 36,19; Jes 25,5; 32,14; Jer 6,5; 9,20; 49,27; Hos 8,14; Am 1,4.7.10.12.14; Mi 5,4; Ps 48,14 u. ö.). Ähnliches gilt für die „Burgen" (besser „Festungen"), die bereits in V.2 für die Verteidigung des Landes standen. Das Wort kann ebenso Festungen wie befestigte Städte bezeichnen und steht *pars pro toto* für das, was ein Land dem Feind entgegensetzen kann (Am 5,9; 6,10; Jer 34,7; 48,18) und für den letzten Schutz vor dem Zugriff des Feindes (Jer 4,5). Wenn die Festungen eingenommen sind, ist der Widerstand gebrochen (Nah 3,10.12; Hab 1,10; Dan 11,15). Diese bleiben schlussendlich mit den Palästen verwüstet und verlassen zurück (Jes 34,13). Wenn Adonai selbst die Paläste und Festungen preisgegeben hat (Ps 89,41), war der Zusammenbruch nicht mehr aufzuhalten. Der letzte Stichos des Verses nähert sich erstmalig der emotionalen Seite der Katastrophe: „Auf die Tochter Juda hat er gehäuft Jammer über Jammer." Bisher war in Klgl 2 nur vom Handeln Gottes die Rede; die unmittelbare Einwirkung auf die Betroffenen stand nur implizit im Hintergrund. Von einer emotionalen Reaktion der Betroffenen war bisher anders als in Klgl 1 gar nicht die Rede – dieser Perspektivwechsel wird jetzt vollzogen. Mit einem wirkungsvollen Wortspiel, das so nur noch in Jes 29,2 in ähnlichem Kontext vorkommt, wird das jetzt eingespielt: Gott hat Traurigkeit und Trauer groß gemacht. Die leicht voneinander unterschiedenen Nomina (EÜ „Jammer über Jammer") gehen beide auf die selten verwendete Wurzel *'nh* zurück, mit der Niedergeschlagenheit und Klage zum Ausdruck gebracht wird (Jes 3,26; 19,8).

ו (*Waw*) 6 Mit V.6 beginnt der zweite Teil des Liedes, der sich deutlicher auf Jerusalem und die Zerstörung des Tempels konzentriert. Der distanzierende Stil, der wie in einer Anklageschrift die Handlungen des Angeklagten – in diesem Fall Gott – auflistet, wird bis V.7 ausschließlich und danach bis V.9 durchbrochen beibehalten. V.6 bezichtigt Gott der Gewalttat, was nur hier mit der Wurzel *ḥms* gewagt wird. Ein starkes Stück, denn ansonsten ist Gott strikter Gegner von *ḥāmas* (Zef 1,9; Mal 2,16; Jer 22,3) und reagiert durch sein rettendes Handeln auf die *ḥāmas*, die Feinde gegenüber den Erwählten ausüben (Ps 18,49; 72,14; 140,2.5.12; Hab 1,2; Ijob 19,7 u. ö.). Auch das Vernichten und Verschmähen, von dem in den folgenden Aussagen die Rede ist, wird weit häufiger von Feinden ausgesagt als von Gott selbst. So unterstreicht der Vers die Aussage der vorhergehenden Verse, dass sich der Schutzgott zum Feind gewandelt hat.

Der erste Blick richtet sich auf die zionstheologische Einheit von Stadt und Tempel, formuliert aber sehr ungewöhnlich. Die EÜ glättet, was wörtlich etwa „wie [in] einem Garten tat er seiner Hütte Gewalt an" zu übersetzen wäre. In altorientalischem Verständnis sind Gärten geordnete, vitale und sorgsam kultivierte Welten, die die kosmische Ordnung spiegeln. Nicht umsonst ist aus dem persischen Lehnwort das Wort „Paradies" abgeleitet. Die kleinen Paradiese sind andererseits besonders angreifbar, weil ihre begrenzenden Mauern nicht wirklich Schutz bieten. Das Gegenbild in Jes 51,3 macht die Konnotationen deutlich, wenn die heilvolle Wende die Öde Jerusalems wieder in den Garten des YHWHs verwandelt: „Denn der HERR hat Zion getröstet, getröstet all ihre Ruinen. Er machte ihre Wüste wie Eden und ihre Öde wie den Garten des HERRN. Jubel und Freude findet man in ihr, Lobpreis und den Klang von Liedern." Zwar ist das „wie einen Garten" in den Klageliedern nicht eindeutig, aber es scheint genau um die Umkehrung des Bildes von Jes 51,3 zu gehen. Gott hat den Garten, d. i. Jerusalem aufgegeben, ja sogar *seine* Wohnstatt zerstört. Im hebräischen Text steht „Hütte" (*sûkkāh)*, was wie das Zelt in V.4 die Zerbrechlichkeit und Schutzlosigkeit besonders herausstellt. Dass mit der Hütte der Tempel gemeint ist, dürfte von Ps 27,5 und vor allem von Ps 76,3 her naheliegen (vgl. auch Ps 18,12; 31,21; Ijob 36,29). Die Metapher von der Hütte ist aber mehr als bloßes Äquivalent zum Tempel. Ihr haftet das Moment des Temporären, des Aufgebbaren, wenig Festen an. Implizit hebt sie im Kontext der Zerstörung die Vorstellung von der dauerhaften Sesshaftigkeit im Tempel, des eigentlich unaufgebbaren Wohnsitzes auf (Jes 1,8). Mit der „Hütte" wird zugleich eine Verbindung zum zweiten Halb-→ Stichos hergestellt, denn *sûkkāh* meint oft die Hütte des Laubhüttenfestes, das im Herbst gefeiert wird. Bei dem ursprünglichen Erntefest, das zu den drei großen Wallfahrtsfesten gehört und das nachexilisch mit dem Auszug aus Ägypten verbunden wird, spielt eine Laubhütte eine zentrale Rolle (Dtn 16,13.16; Lev 23,42–43; Neh 8,14–17). Der zweite Teil der ersten Zeile kann verschieden übersetzt werden. Neben „Festort" kann das Wort auch „Festkalender" oder „Festzeit" meinen. Primär ist wahrscheinlich der Festort gemeint, denn so wie König und Priester, Festzeit und Sabbat in den beiden anderen Stichen, sind im ersten Hütte und Festort zueinander parallel. Durch die Assoziation von Sukkôt und dem Tempelvorhof, auf dem die Festversammlungen stattfinden, werden die jetzt eingestellte Wallfahrtstradition und der Zusammenbruch des Festkultes beklagt. Dass es um den sistierten Festkult geht, macht der zweite Stichos klar, der das *mô'ed* „Festort/Festzeit" noch einmal aufnimmt und jetzt mit dem Sabbat kombiniert. Für die Datierung von Klgl 2 ist die Erwähnung des Sabbats signifikant, denn es scheint nicht der Wochensabbat, sondern der monatliche Vollmondsabbat gemeint zu sein. Der Sabbat war nämlich in vorexilischer Zeit noch nicht ein wöchentlicher Ruhetag, sondern hat sich erst aus den babylonischen Unglückstagen, die *šapattû* genannt wurden, entwickelt und war in Israel ursprünglich mit dem Vollmondtag verbunden (Jes 1,13; Hos 2,13; 2 Kön 4,23). Der Übergang zum Wochensabbat ist jedoch fließend, sodass sich 2,6 nicht für einen absoluten Datierungsanker eignet. Neben dem Vollmondsabbat sind über das Wort „Festzeit" wahrscheinlich auch die Wallfahrtsfeste im Blick, sodass ein Festkalender in verkürzter Form (Jahres- und Monatsfeste) angespielt ist. Der sonst auch erwähnte Neumond (Ez 45,17; Neh 10,34; 1 Chr 23,31; 2 Chr 2,3; 8,13; 31,3) fehlt vielleicht wegen der auf ein Paar begrenzten Anordnung im Text. Es sind vor allem Versammlungsfeste als Teile des nationalen Kultes gemeint, die an den Ort Zions gebunden sind. An ihnen kommt man vor dem Angesicht YHWHs zusammen (Ex 23,17; 34,23; Dtn 16,16; Ps 81,4; 2 Kön 11). Weil Gott selbst die Rahmenbedingungen für den Kult aufgehoben hat, ist er auch verantwortlich dafür, dass die Feste in Vergessenheit geraten sind.

Der dritte Stichos („In glühendem Zorn verwarf er König und Priester.") assoziiert von den Festen auf die kultischen Funktionäre, die Vorsteher im vorexilischen Kult am Heiligtum. Die Zusammenstellung von König und Priester als Repräsentanten des Kultes hat alttestamentlich in dieser Form nur eine Parallele in Esra 9,7, wo ebenfalls auf den jetzt sistierten vorexilischen Kult Bezug genommen wird. An Priester und König, beide von Gott ausgesucht und in besonderer Weise erwählt, hängt der nationale Kult. Da V.6 ganz auf das Heiligtum und den darin stattfindenden Kult ausgerichtet ist, ist der König hier nicht als Spitze der Regierung angeführt, sondern als Brennpunkt des gesamten Kultes. Der Palast des Königs war unmittelbar angegliedert an das Heiligtum. Der König war quasi oberster Hausherr im Tempel. Das Königtum finanzierte den zentralen und national ausgerichteten Kult des Staats- und Stadtgottes YHWH einschließlich der Unterhalts-, Erhalts- und Renovierungskosten des Heiligtums. Der König hatte jederzeit Zugang zum Heiligtum und spielte bei allen großen Jahresfesten eine zentrale Rolle. Natürlich kam die Beteiligung des Volkes im Kult hinzu, insbesondere im Festkult der Wallfahrtsfeste, aber der vorexilische Staatskult war mehr oder minder ganz auf den König und sein Handeln ausgerichtet. Das betraf nicht nur ihn als herausgehobene Einzelperson, sondern auch die Königsfamilie und den gesamten Beamtenapparat. „König" steht also hier sowohl für die Person als auch die Institution. Ähnlich verhält es sich mit dem im Singular genannten Priester. Natürlich gab es im vorexilischen Kult mehr als einen Priester. Gerade der Opferkult, wesentlicher Bestandteil des nationalen Kultes, ist von einer Einzelperson gar nicht zu bewerkstelligen, sondern bedarf einer ganzen Riege von Priestern. Zwar steht den Priestern ein Oberpriester vor, der hier in Parallele zum König genannt sein könnte, doch steht der Singular eher nicht für eine Einzelperson, sondern für die Institution und Funktion insgesamt. König und Priester entzieht YHWH durch die Zerstörung der kultischen Infrastruktur die Handlungsgrundlage. Damit ist der Staatskult sistiert und die Schutzfunktion des Nationalgottes für seinen Staat endgültig aufgehoben. Diejenigen, die den Staatskult durch ihr Handeln zuvor getragen und garantiert haben, sind ihrer Funktionen enthoben. Das sensible Gefüge, das im Tempelkult die kosmische Ordnung abbildet, ist gestört und damit „die Welt" symbolisch aus den Fugen. Zu verantworten hat das absurderweise der Nationalgott selbst.

Die Verwerfungsaussage ist ausgesprochen scharf. Das Verbum drückt eine völlige Herabsetzung aus und wird nur sehr selten überhaupt mit Gott als Subjekt in Verbindung gebracht (Jer 14,21; 33,24; Dtn 32,19). Die Handlung Gottes wird nicht zurückgebunden an ein Fehlverhalten wie in 4,13, sondern bleibt absolut. Dabei zielt die Aussage nicht auf die Herabsetzung der Institution als solche, sodass Gott das Königtum oder das Priestertum generell verwerfen würde. Aber Königtum und Priestertum sind in ihrer Sukzession gebrochen, womit ihre Erwählung in Frage steht. Sie können den ordnungsgemäßen Ablauf des Kultes nicht mehr garantieren und ihrer Funktion nicht mehr nachkommen: der Kult ist zusammengebrochen.

ז (*Zayin*) 7 In diese Richtung zielt auch der erste → Stichos, der Altar und Heiligtum parallelisiert. Es ist die einzige Erwähnung des Altars in den Klageliedern und das einzige Mal überhaupt, dass über den Altar auf das Ende des regulären nationalen Opferkultes angespielt wird. Wenn von *seinem* Altar die Rede ist, den Adonai verworfen (EÜ „verschmäht") hat, dann kann eigentlich nur der große Jerusalemer Brandopferaltar gemeint sein. Jerusalemer, weil es im 7./6. Jh. nur noch ein maßgebliches YHWH-Heiligtum gab. Darin gab es konzeptionell zwei wie in einer Ellipse angeordnete Brennpunkte: Die Präsenz Gottes im Allerheiligsten (ausgestattet mit Kerubenthron und Lade) und als kultischer Zentralisationspunkt aller Opferhandlungen der große Brandopferaltar im Vorhof (Ex 27; 1 Kön 6,20.22 u. ö.). Dieser Altar wird auch als Altar YHWHs bezeichnet (Lev 17,6; Dtn 12,27; 16,21; 26,4; 27,6; 1 Kön 8,22.54; 2 Kön 23,9; 2 Chr 15,8; 29,19.21; Neh 10,35; Ps 26,6; Mal 1,7.10; 2,13, vgl. Ex 20,26; 21,14; Jos 9,27; 22,28; 1 Kön 18,30; Jes 56,7; 60,7, *nirgendwo* außer 2,7 als Altar Adonais!). Die Aussage, dass Gott *seinen* Altar verworfen habe, ist ohne Parallele im AT. Das Verbum *znḥ*, das vielleicht zuerst bei Hosea verwendet wird (Hos 8,3.5), taucht mit Gott als Subjekt am häufigsten in den Psalmen auf (Ps 43,2; 44,10.24; 60,3.12; 74,1; 77,8; 88,15; 89,39; 108,12; vgl. Klgl 3,17.31). Es ist meist auf das Volk bezogen und bezeichnet die Rücknahme der Erwählung (vgl. Sach 10,6). Dabei bezieht es sich häufiger auf die Katastrophe von 587 v. Chr. Nirgendwo sonst sind das Heiligtum oder der Altar Gegenstand von *znḥ* „verwerfen" (vgl. als Kontrast die einzige Stelle mit Ahas als Subjekt in 2 Chr 29,19). Signifikant ist auch das Verbum im zweiten Halb- → Stichos, das außer in Klgl 2,7 nur noch in Ps 89,40 vorkommt, dort aber auf den Bund mit dem Königtum verknüpft ist: „Du hast den Bund mit deinem Knecht zerbrochen, seine Krone entweiht, sie zu Boden geworfen" („zerbrochen" in Ps 89,40 entspricht im Hebräischen in 2,7 „verworfen"). Während der mittlere Stichos noch einmal die Paläste aus V.5 aufnimmt, womit erneut das Ineinander von Stadt (ihrer ist 3. Sg. fem.) und Heiligtum unterstrichen ist (s. Ps 48,4.14), bezieht sich der dritte Stichos wie der erste auf das

Heiligtum. Dass der Feind lärmt, gehört zu den Topoi von Kriegsschilderungen (Sach 9,15; 2 Kön 7,6; 1 Makk 5,31), auch außerhalb des AT (Sargon berichtet z. B. vom „fürchterlichen Gebrüll" bei der Eroberung Urartus). Ebenso gehört unangemessenes Geschrei und Gebrüll zum Sakrileg, wenn Unbefugte in das Heiligtum eindringen. Ps 74,4 gibt davon Zeugnis: „Deine Widersacher lärmten mitten in der Stätte deiner Gegenwart, ihre Feldzeichen stellten sie als Zeichen auf." Jeglicher Festjubel verstummt und weicht dem gellenden Lärm der Eroberer. Diese sind allerdings nicht genannt, sondern werden vom Kontext her nahezu automatisch bei dem „man lärmte" (wörtl. „er gab Laut") als Subjekt ergänzt. Geschickt greift die Aussage am Ende noch einmal das Sistieren des Kultes auf, denn wenn an die Stelle des Festjubels der Lärm der Feinde tritt, ist der Kult lautstark übertönt. Das von Pilgern geflutete Tempelareal der Wallfahrtsfeste mit ihrem Festlärm wird jetzt vom Brüllen der in das Heiligtum stürmenden Feinde bestimmt. Sicherlich nicht ohne Sinn ist der Gebrauch der Heiligtumsbezeichnung „Haus *YHWHs*", die den „Besitzer" des Hauses explizit nennt. Am Ort seiner größten Präsenz, dem Allerheiligsten, ist es sonst still, da Pilger diesen verschlossenen Bereich im Kult gerade nicht betreten. Selbst für Priester gibt es strenge Zugangsregelungen. Im Kult des zweiten Tempels betritt beispielsweise der Hohepriester das Allerheiligste nur einmal im Jahr zum großen Versöhnungstag (Lev 16). Zugleich wird durch den Gebrauch von „Haus YHWHs" deutlich, dass nicht mehr Gott selbst Subjekt der Handlung ist. Der letzte Stichos von V.7 ist zugleich der erste, in dem das der Fall ist. Damit wird die hämmernde Kette der buchhalterischen Anklage, die in V.1 begann und alles Tun Gottes aufrechnete, erstmalig unterbrochen. Die Schilderung der ersten Verse ist geprägt vom Entsetzen über das Ausmaß der Katastrophe, die als totales und umfassendes Ereignis geschildert wird. Nicht nur Jerusalem und der Tempel, nein, das ganze Land ist leidvoll betroffen. Nicht unbedacht, sondern planvoll wird YHWH angeschuldigt, Unvorstellbares angerichtet zu haben. Die Anklage ist unglaublich hart; sie wird nur wenig durch die Vergleichspartikel „wie" in V.4.5 abgemildert (vgl. Ps 63,10). Die verwendeten Verben der Vernichtung und der immer neu variierte Zorn haben in der schnellen Folge eine enorm erdrückende Wirkung: Er wirft vom Himmel auf die Erde (V.1b), gedenkt nicht (V.1c), richtet erbarmungslos zugrunde (V.2a.5a.b), reißt ein (V.2b), schlägt zur Erde nieder (V.2c), schlägt ab (V.3b), verbrennt (V.3c), spannt seinen Bogen (V.4a), mordet (V.4c), verschlingt (V.5a), vernichtet (V.5b), zerstört (V.5b), zertritt (V.6a), zerstört (V.6a), verwarf (V.6c), verschmäht (V.7a), entweiht (V.7a) und liefert aus (V.7b).

Das Gottesverhältnis scheint nachhaltig zerbrochen. Wenn Gott tatsächlich so ist, wie ihn die ersten Verse schildern – nämlich maßlos vernichtend wie ein Feind –, dann ist er es im Ansatz nicht mehr wert, noch angesprochen zu werden. Es muss eine Wirklichkeit Gottes geben, die nicht in dem in V.1–7 beschriebenen Handeln Gottes aufgeht und die es – sei es als Hoffnung oder Verheißung – wert macht, Vertrauen auf ihn zu setzen. Aber dazu ist Klgl 1 nicht fähig. In immer neuen Schüben bricht es aus dem Sprecher heraus, findet die stumme Fassungslosigkeit Worte der stillen Anklage und Frage: Warum? Der Stadtgott, dem das Volk einst Vertrauen geschenkt hat, ist nicht mehr: Die einzige Macht, die dieser Gott entfaltet, richtet sich offenbar gegen diejenigen, die ihm vertraut haben. Bitterkeit und Verzweiflung lösen die Fassungslosigkeit ab. Gott scheint beschädigt, angeschlagen und nicht mehr verlässlich. Seine Treue und Barmherzigkeit scheinen gänzlich aufgehoben. Es zeichnet das AT aus, dass es selbst diese dunkle Klage zulässt, ja ganz davon überzeugt ist, dass nur durch diesen Tiefpunkt hindurch neues Vertrauen möglich ist. In Klgl 2 jedenfalls findet der Sprecher nur zurück zur Fortsetzung der Auflistung, was alles schief gelaufen ist.

Wie schon erwähnt, fasst der Vers mit der Zusammenbindung von Heiligtum und Palästen Stadt und Tempel als Einheit auf. In der poetischen Gestalt Zions fließen Wohnsitz Gottes und erwählte Stadt, Profanes und Heiliges, Kosmisches und Irdisches ineinander. Jerusalem ist „vollkommene Schönheit, Freude der ganzen Erde", wie 2,15 es im Fremdzitat zionstheologisch ausdrücken wird. Wie in Ps 48,13–14 entziehen sich auch in 2,7 die Paläste der exakten Konkretion. Aber wie in V.6 König und Priester als Garanten und Repräsentanten des vorexilischen Kultes angeführt worden waren, so geht es, wenn auch nicht nur, so doch sicher auch um die neben dem Tempel gelegene königliche Palastanlage, die hier im Idealbild der altorientalischen Stadt mit Tempel, Palästen und

Mauerring eingeschlossen ist. V.7 unterstreicht durch die Einheit von Tempel und Stadt, wie stark zionstheologisch die Reflexion geprägt ist, wenn unter Zionstheologie eher „Stadttheologie" als „Tempeltheologie" verstanden wird.

ח (*Chet*) 8 Der Vers ordnet in den ersten zwei Stichen das Geschehen geschichtstheologisch ein. Es ist nicht willkürlich, zufällig oder ohne Berechnung, sondern ein gezieltes Handeln Gottes in der Geschichte. Dass YHWH plant, findet sich im Kontext der prophetischen Gerichtsandrohungen, meist gegen die Völker (Jer 49,20.30; 50,45), aber auch gegen Israel (Jer 18,11; 29,11; Mi 2,3). So wie YHWH die Befreiung im Exodus, den Bund am Sinai, die Landgabe, die Erwählung Jerusalems, die Errichtung des Heiligtums usw. geplant hat, so wird ihm jetzt unterstellt, die Vernichtung geplant zu haben. Erneut ist es das Gegenbild zu dem erbarmenden und barmherzigen Gott, der Israel durch die Geschichte lenkt, das hier aufscheint und offenbar Gott provozieren will, sich anders zu verhalten. Zugleich verstärkt das planvolle Handeln Gottes die Frage nach dem „Warum?", die hier weder explizit gestellt noch beantwortet wird. Dadurch bekommt die Beschreibung einen anklagenden Unterton.

Der erste Stichos nimmt das Verb „zerstören" aus V.5.6 auf, was die durchaus treffende Rede vom Schleifen der Mauer in der EÜ verdeckt. Wenn die Mauer der Tochter Zion geschliffen wird, ist die Stadt schutzlos dem Eindringen des Feindes ausgesetzt (s. Abb. 18). Der zweite Stichos betont das unter Aufnahme des Verbs „verschlingen/vernichten" (V.2.5). Auch die Wendung von der zurückgezogenen Hand aus V.3 wird verschärfend wieder aufgenommen. Hatte dort die Rechte Gottes den Feind nicht zurückgehalten, so hält er hier seine Hand nicht zurück vor der Vernichtung. Zwar bleibt dabei das Subjekt unbestimmt, doch von V.2.5 her legt sich nahe, dass es Gott selbst ist, der die Vernichtung ausführt. V.8 steht mit der Unbestimmtheit aber zwischen V.2.5 und dem letzten Beleg der Verbalwurzel in V.16, wo sich die Feinde der Vernichtung rühmen. Die Messschnur wird sonst als Maß und Lot im Kontext von Baumaßnahmen erwähnt. Sie ist ein positives Symbol des (Wieder-)Aufbaus (Jes 28,17; 34,17; Ez 47,3; Sach 1,16); hier aber dient sie dem Ausmaß der Vernichtung (vgl. Jes 34,11; 2 Kön 21,13).

Abb. 18: Eroberung einer Stadt auf einem assyrischen Relief. Die Soldaten schleifen die Mauern, brennen die Stadt nieder und transportieren Geräte (aus dem Tempel?) ab. Assyrisches Relief aus dem Nordpalast Assurbanipals, Ninive

Der Vers entfaltet seine Dynamik durch eine Überlagerung der Perspektive des zeitlichen Ablaufs (Planung, Durchführung, Rückschau) mit dem Blick auf die faktische Zerstörung der Stadt, die durch die Verben repräsentiert wird. Der Zusammenhang wird zusätzlich durch die rahmende Wiederholung der „Mauer" unterstrichen. Im letzten Stichos scheint die Zerstörung endgültig vollzogen (eigentlich müsste ein Perfekt übersetzt werden: „sie waren miteinander niedergesunken") und erfordert eine Reaktion. Diese wird implizit durch die Trauer der Mauern erbracht. Grammatisch hebt sich dieser Aspekt zweifach vom Kontext ab: Zum einen wird nicht im Perfekt formuliert, sodass die Trauer auf der Textebene noch andauert, zum anderen bleibt YHWH Subjekt: er lässt trauern. Die figurative Verwendung der Mauern, die im AT selten ist (vgl. neben Jes 3,26 bes. das von Klgl 2,8 abhängige Klgl 1,10) ist effektvoll: Wie innerlich zerbrochene Trauernde sind die Mauern in sich zusammengesunken und beklagen den Zusammenbruch (vgl. Hos 4,3; Joël 1,10). Dass gerade die Mauerbezeichnung durch ein Synonym gedoppelt ist (EÜ: „Wall und Mauer"), verstärkt den Eindruck, dass die Mauern → metonymisch zu den Bewohnern stehen. Die beiden Begriffe (vgl. Jes 26,1) beziehen sich daher wahrscheinlich nicht auf ein spezifisches Mauersystem von Mauer und vorgelagertem Glacis oder Mauer und Vormauer, auch wenn ein vorgelagertes etwas schwächeres Mauersystem für die eisenzeitliche Ummauerung von Jerusalem (für die Ostseite des Südwesthügels der Stadt) auch archäologisch nachgewiesen ist und so durchaus passen würde. 2 Kön 25,4; Jes 22,11; Jer 39,4 und Jer 52,7 erwähnen ein Zweimauersystem auf dem Südosthügel, das sich bisher nicht nachweisen ließ.

ט (*Tet*) 9 Die Aussage von V.8 wird im ersten → Stichos von V.9 verstärkt. Kamen schon die in sich zusammengefallenen Mauern ihrer Schutzfunktion für die Stadt nicht mehr nach, so gilt das erst recht für die Tore Jerusalems, die in die Erde eingesunken sind. Nichts mehr hält das Hineinströmen der fremden Soldaten auf, die Stadt ist vollkommen ausgeliefert (Ez 38,11). Das unterstreicht das Zerbrechen der Riegel (Am 1,7; Jer 51,30; Ps 107,16 u. ö.) und es ist bezeichnend, dass die Aussage durch zwei intensive Verben der Zerstörung („zerstört und zerbrochen") gedoppelt ist und jetzt wieder Gott explizites Subjekt ist. Er hat die Riegel zerbrochen und die Stadt schutzlos gemacht. Erneut wird seine Funktion als Stadtgott konterkariert (vgl. das Gegenbild in Ps 147,2). Zugleich wird zum Ausdruck gebracht, dass das öffentliche Leben zusammengebrochen ist. Denn die Tore sind nicht nur Orte des Zugangs zur Stadt, sondern auf den Plätzen vor den Toren findet das öffentliche Leben statt. Hier wird geplaudert, gefeiert, gehandelt und Recht gesprochen. Wenn die Tore zur Erde gesunken sind, ist das Leben zerstört.

Wie auch sonst häufiger in Klgl 2 wechselt nach dem ersten Stichos leicht das Thema, wobei das Verbindende – der Blick auf die Stadt in der Eroberung – bleibt. Neben die Zerstörung ihrer Befestigungssysteme tritt der Zusammenbruch der Regierung, ausgedrückt durch das Exil der Regierenden. Neben dem König, der im Singular steht, werden „Fürsten" (*śārîm*) genannt. Damit sind weniger lokale Kleinherrscher oder Adelige gemeint als Mitglieder der Königsfamilie und führende Beamte, die *de facto* mit dem König die Regierung führten. König und Fürsten stehen oft zusammen für die Regierung (2 Kön 24,12; 2 Chr 28,21; 29,30; 36,18; Jer 17,25 u. ö.), oft noch ergänzt durch Priester und/oder Propheten (Jer 2,26; 4.9; 32,32 u. ö.). Mit dem „unter den Völkern" wird auch sonst die Deportation ausgedrückt (bes. Klgl 1,3; Dtn 4,27; Jer 9,15; Ez 4,13; 6,8 u. ö.). Damit stellt sich die Frage, wie konkret in 2,9 auf das historische Geschehen Bezug genommen wird. In Frage kommen König Jojachin und Zidkija, denn beide wurden nach Babylon verbracht: Jojachin war 597 v. Chr. mit Teilen der Regierungsmannschaft und Gefolge deportiert worden (2 Kön 24,12.15; 2 Chr 36,10; Jer 27,20; Bar 1,9); Zidkija, der von den Neubabyloniern eingesetzte Nachfolger, nach seinem misslungenen Fluchtversuch 587 v. Chr. (2 Kön 25,7; Jer 39,7; 52,11) ebenso. Zwar gehört V.9 zu den Versen, in denen sich das konkrete Geschehen zu spiegeln scheint, doch ist das Festlegen der Aussage auf ein historisches Ereignis wie in vielen anderen Aussagen der Klagelieder vielleicht gar nicht intendiert. Das Geschehene soll nicht „erzählt" werden, d. h. es soll nicht so geschildert werden, wie es tatsächlich war oder erlebt wurde, sondern das Geschehene soll durch symbolische Blicke repräsentiert werden. So etwa wie in unserer heutigen Mediengesellschaft Fotomotive funktionieren: der Vater, der sein totes Kind auf den Armen trägt, kann für die Grausamkeit des Krieges stehen, die Blutlache für ein Gewaltverbrechen oder einen tödlichen Verkehrsunfall, die Barrikade aus Fässern, Reifen und Einrichtungsgegenständen für den zivilen Widerstand oder die Bürgerrevolution usw. Als Index verweisen sie auf einen weiteren Kontext. Jede Gesellschaft hat Ikonen, Sinnbilder, mit denen sie das Geschehen symbolisch repräsentiert. Die Identifizierung der Personen oder die konkrete Verankerung des Geschehens im historischen Ablauf ist dabei zweitrangig, oft sogar bedeutungslos. Die Klagelieder nutzen solche rhetorischen Stilfiguren oder textlichen Ikonen, um das Geschehen als solches aufzurufen und symbolisch zu repräsentieren, nicht um es getreu wiederzugeben oder historisch abzubilden. Die Deportation der regierenden Oberschicht, die hier durch „ihr König und ihre Fürsten" repräsentiert wird, ist eine solche textliche Allegorie, in der der Zusammenbruch der politischen Infrastruktur, die Ablösung der politischen Führung und das Chaos der unmittelbaren Nachkriegszeit zum Ausdruck kommen. Dass es dabei nicht um eine historische Notiz geht, macht schon die Engführung durch die Personalpronomina deutlich. Denn historisch betrachtet gab es keinen Stadtkönig in Jerusalem („ihr König"), sondern lediglich einen König von Juda, der in Jerusalem seinen Regierungssitz hatte. Deswegen sollte diesem Vers auch nicht zu viel Gewicht in der Datierungsfrage gegeben werden. Das knappe „es gibt keine Weisung" ist erst vor dem Horizont des dritten Stichos zu verstehen.

Denn der Blick auf die politische Handlungsunfähigkeit bestimmt auch den letzten Stichos, der das Fehlen der Weisung beklagt. *ḥazôn* ist eine Form des prophetischen Offenbarungsempfangs, die vor allem auf ein visionäres Moment abhebt: Vision/Schauung/Gesicht wäre die geeignete Wiedergabe, sodass die EÜ mit „auch ihre Propheten erhalten keine Vision mehr vom HERRN" nicht falsch liegt. Damit ist aber nicht die klassische Zukunftsschau verbunden, die wir mit der Prophetie zusammenbringen. Denn kommt man vom Prophetenbild der altorientalischen Nachbarkulturen, sind diese primär nicht die genialen Einzelgestalten, so wie wir sie aufgrund der Schilderungen in den Prophetenbüchern vor unseren Augen als Gestalten erstehen lassen, sondern Propheten sind zunächst einmal eng an den Königshof angegliederte Politikberater. Mittels instrumenteller Mantik wie der Eingeweideschau, der Wolkendeutung oder verschiedenen Orakelformen (Staborakel, Losorakel etc.) wird dabei zwischen Handlungsalternativen entschieden. Neben diesen induktiven Formen der Mantik spielt die hier im Vordergrund stehende intuitive Mantik (Traumdeutung, direkter Wortempfang) eine weit geringere Rolle. Sie dient zunächst dazu, den König in seinem Regierungshandeln des göttlichen Beistandes zu versichern. Der König führt nichts aus, was nicht durch die Götter gewollt oder unterstützt wird. Auch Ps 74,9 betont, dass kein Prophet mehr da ist, der die Zeichen deuten könnte.

Für Weisung benutzt der Text das Wort „Tora". Damit können eine Einzelweisung eines Gesetzes oder eine priesterliche Handlungsanweisung (Lev 7,7; 12,7; Num 15,16; Hag 2,11 u. ö.), eine grundlegende Orientierung (Jes 2,3; 8,16; Mi 4,2; Hab 1,4; Spr 28,4) oder die Tora des Mose (Dtn 33,4; Jos 1,7; Neh 8,1) gemeint sein. Hier könnte die Weisung → synekdotisch für die Aufgabe der Priester stehen. Die an das priesterliche Amt geknüpfte Weisung ist meist kultbezogen und steht mehrfach parallel zum prophetischen Offenbarungsempfang (Ez 7,26; Zef 3,4; Jer 18,18; und vielleicht auch Jer 2,8). Davon zu unterscheiden ist die an das deuteronomistisch Prophetenverständnis geknüpfte Aussage, dass die Tora/Weisung von den Propheten verkündigt und bekräftigt wurde (2 Kön 17,13; Neh 9,26; Dan 9,10; Sach 7,12). Das bedeutet, dass hier wie in 2,20 Priestertum und Prophetie als staatliche Institutionen im Blick sind (vgl. 2 Kön 23,2; Jer 23,11; Ez 7,26; Sach 7,3; Neh 9,32). Besonders Jer 2,26; 8,1; 32,32 zeigen, dass König, Beamte, Priester und Propheten für das politische Leben stehen. Sämtliches Regierungshandeln, der Staatskult wie die Politik sind zusammengebrochen. Anders als in den vorhergehenden Versen ist Gott nicht mehr explizites Subjekt. Insofern jedoch die Schauung ausdrücklich von YHWH herkommt, bleibt er als Verursacher zumindest implizit im Spiel. Er lenkt die Politik des Königs nicht mehr durch den entsprechenden Rat über die Propheten: er hat sich abgekehrt.

י (*Jod*) 10 War in V.8 schon mit der Trauer der Mauern die Reaktion der Betroffenen in der Stadt angedeutet worden, so wird sie jetzt im Bild konkret. Der Vers bildet eine thematische Einheit, wobei die Ältesten in den ersten beiden Stichen ein Übergewicht haben. Ein institutioneller wie ein demographischer Aspekt könnte durch die Zusammenstellung von Ältesten und unverheirateten jungen Frauen ausgedrückt sein: Am einfachsten lässt sich die institutionelle Seite für die Ältesten aufzeigen. Der Begriff „Älteste" kann Amtsträger bezeichnen, die insbesondere in der vorexilischen Gesellschaft für besondere Aufgaben ausgesondert waren. Es waren angesehene Glieder, die administrative Aufgaben übernahmen. So lag etwa ein Teil der lokalen (Schieds-)Gerichtsbarkeit lange in den Händen der Ältesten, die offenbar auch repräsentative Funktion für die Gesamtgesellschaft übernahmen (1 Kön 20,7–8; Jer 29,1;

Ez 8,1.11.12; 9,6; Esra 5,9). Schwieriger wird die Benennung des institutionellen Aspektes dagegen für die Jungfrauen, die ausgesprochen häufig in den Klageliedern erwähnt sind (1,4.15.18; 2,10.21; 5,11). Den jungen unverheirateten Frauen kommt zwar an manchen Stellen eine Funktion in der professionellen Totenklage oder im Festkult zu (Klgl 1,4; Joël 1,8; Jer 31,13), doch ist das eher selten. Wahrscheinlich stehen Älteste und Jungfrauen hier doch eher repräsentativ für die in der Stadt verbliebene weibliche und männliche Bevölkerung, sowohl die Alten als auch die Jungen. Vielleicht ist die Beschränkung auf Älteste und Jungfrauen zugleich eine poetische Verkürzung der häufigeren Zusammenstellung von Greis und Kind, Junge und Mädchen (Klgl 2,21; Jer 51,22; 2 Chr 36,17; Ps 148,12). Für beide Gruppen werden Klagegesten beschrieben. Trauer und Klage werden durch kulturell kodierte Gesten zum Ausdruck gebracht, die meist die Minderung, die durch einen Verlust erlitten wurde, symbolisch unterstreichen. Diese werden nicht nur individuell beim Tod eines Verwandten oder Freundes, sondern auch kollektiv in Notsituationen ausgeführt (Jer 4,8; 6,26; 49,3; Jona 3,5.6.8; Neh 9,1). Eine Vielzahl solcher Klagegesten ist aus Bild- und Textzeugnissen zu erheben. Das auf dem Boden und vor allem im Staub Sitzen ist sinnfälliger Ausdruck der Gebrochenheit (Ijob 2,13; Jes 3,26; 25,12; 26,5; 47,1.11; Ps 44,26). Neben dem gellenden Klagegeschrei (Jer 9,16; Jes 15,18; Est 4,1; Jdt 14,19), das häufig von professionellen Klagefrauen ausgeführt wird, zählen zu den Trauergesten das Zerreißen der Kleider (Gen 37,29.34; Jos 7,6; 2 Sam 13,31; Joël 2,13) und das Raufen der Haare (Esra 9,3), das Scheren einer Glatze (Lev 21,5; Jes 22,12; Ez 27,31; Mi 1,16), das Fasten (Jes 58,5) und der meist kollektive Verzehr von Trauerbrot (Jer 16,7; Ez 24,17.22; Hos 9,4) sowie das laute klagende Weinen (Jes 15,3; 16,7; 65,19; Jdt 14,16). All das wird hier ebenso wie die Einschnitte am Körper (Jer 16,6; 47,5; 49,3; Hos 7,14; Mi 4,14; 1 Kön 18,28), die im AT mehrfach verboten werden (Lev 19,28; 21,5; Dtn 14,1), nicht erwähnt. Herausgegriffen werden aus der Vielzahl der Trauergesten das Sitzen auf der Erde, das Tragen des Trauergewands *(śaq*, Jes 15,3; Jer 48,37; Ez 27,31; Ps 69,12), das dem Zerreißen der Kleider folgt (2 Sam 3,31; 2 Kön 6,30; Jes 37,1), und das Streuen von Staub auf den Kopf (Jos 7,6; Ijob 2,12; Ez 27,30; Am 2,7, s. die Bewohnerin einer Stadt in Abb. 15 [ganz links], ägyptische Klagende, Abb. 19).

Ausdrücklich wird kein Klagegeschrei erhoben, sondern die Ältesten verstummen vor Entsetzen (Jes 23,2; 48,2; 49,26; Ez 24,17). Durch die Aufnahme des „zur Erde hin" setzt der dritte Stichos geschickt die Jungfrauen in Parallele zu den ausführlicher als klagend beschriebenen Ältesten. Das Beugen der Köpfe zur Erde (eine augenfällige Geste, die nur hier *so* beschrieben wird) verstärkt die Abwärtsbewegung und lässt die in den Festen fröhlichen Jungfrauen niedergedrückt sein. Der Grund für die Trauergesten wird nicht benannt, aber nach der Beschreibung der Zerstörung kann es sich nicht um ein kollektives Krisenritual handeln, das im letzten Moment vor der Zerstörung an den Stadtgott gerichtet ist und ihn um Gnade erfleht, sondern vielmehr um die kollektive Klage der Ältesten und Jungfrauen über die Zerstörung der Stadt. Indem die Bewohner in den Blick kommen und über die Zerstörung der Stadt klagen, wird V.10 zu einem zusammenfassenden Abschluss von V.1–9 vor dem folgenden Abschnitt V.11–19.

Abb. 19: Klagende gebeugte Ägypterinnen aus dem Grab des Userhat in Theben-West, Abd el-Qurna (19. Dynastie, 1292–1185 v. Chr.)

Der Stadtgott YHWH hat seine Stadt trotz der unauflösbar scheinenden Bindung preisgegeben und der Vernichtung anheimfallen lassen. Alle von der Erfahrung von 701 v. Chr. geprägten Theologumena der Uneinnehmbarkeit und des göttlichen Schutzes sind zusammengebrochen. Stadt und Tempel boten keine Sicherheit, sondern eine offene Flanke, Jerusalem war nicht nur verwundbar geworden, sondern liegt verwundet am Boden. Der Stadtgott hat seinen Schutz versagt, hat Stadt, Heiligtum und König verworfen und dem Feind überlassen. Das Entsetzen darüber ist unermesslich und lässt Jerusalem verstummen. Der Sprecher in V.10, der bisher in dem Lied an keiner Stelle an die Textoberfläche trat, beschreibt nur scheinbar objektiv das Handeln Gottes an Jerusalem. Jeder Vers lässt deutlich werden, dass Betroffenheit und nicht der Wille zur Objektivität leitend ist. Klgl 2 führt keine Klage vor Gott. Es kann sich noch nicht einmal durchringen, ihn in der Schilderung im ersten Teil direkt anzureden. Für die Suche nach Gründen oder gar für eine Erklärung hat Klgl 2 keinen Platz. Verbitterung schwingt in der fast nüchternen Beschreibung der Katastrophe durch; Bitterkeit, die Anklage in sich impliziert. Denn dass von dem Gott Jerusalems Anderes erwartet worden war, der seiner Rolle als schützende, Erfolg verschaffende und zum Guten leitende Instanz nicht nachgekommen ist, spricht aus jedem der ersten neun Verse. Gott hat sich in das Gegenteil, zum schädigenden Feind verkehrt. Doch für ein „Warum?" oder ein „Wozu Gott?" ist der Stadtgott Jerusalems zu ferne, der Zusammenbruch zu groß, groß wie das Meer (2,13). Die Bevölkerung ist niedergedrückt und – wie die Stadt in Kap. 2 bis zum Ende des Liedes – vor Entsetzen stumm. Wer wird für Jerusalem die Stimme erheben, wer kann ein Wort des Trostes finden, wer kann den Weg zu Gott zurückweisen?

כ (*Kaph*) 11 An der Stelle der größten Sprachlosigkeit im ersten Lied tritt ein „Ich" an die Textoberfläche, ohne dass angezeigt würde, wen es genau bezeichnet. In Klgl 1 war es Jerusalem selbst, die ihre Stimme erhob und sich an Gott und die Außenstehenden richtete. Doch der dritte Stichos spricht von den Plätzen der Stadt, was eine Identifikation mit Jerusalem erschwert. Wenn dann in V.13 Jerusalem angeredet wird, ohne dass ein Sprecherwechsel angezeigt wäre, ist vollends klar, dass es nicht Jerusalem ist, die hier spricht. Es ist ein Sprecher, der vom Leid Jerusalems affiziert ist und eigentümlich zwischen Betroffenheit und Beobachtung steht. In V.11 weist die Verbindung „Tochter meines Volkes" (nicht wie manchmal zu lesen ist „Tochter, mein Volk" oder „Tochter, meines Volkes") darauf hin, dass ein Sprecher über Jerusalem spricht. Denn die „Tochter meines Volkes" wird im AT besonders in Stellen verwandt, in denen ein prophetischer Sprecher über Jerusalem spricht. Das ist neben Jes 22,4 neunmal im Jeremiabuch der Fall

(Jer 4,11; 6,26; 8,11.19.21.22.23; 9,6; 14,17). Von Jeremia her sind auch die übrigen vier Belege in den Klageliedern zu deuten. Entsprechend ist die Wendung wie „Tochter Zion" und „Tochter Jerusalem" als Stadtbezeichnung zu verstehen (3,48; 4,3.6.10). Über die Verwandtschaftsbezeichnung *Tochter* wird dabei ein emotionaler Aspekt ausgedrückt (s. Einleitung IV.1). Schwierig bleibt hingegen die Verbindung „mein Volk", denn zwischen der Bedeutung „Tochter: mein Volk" und „Tochter meines Volkes" ist grammatisch nicht zu unterscheiden. Die Analogie zu „Tochter Zion" legt ersteres zwar nahe, jedoch würden damit Stadt und Bevölkerung identifiziert, was sonst nicht der Fall ist. Damit unterstreicht wahrscheinlich die personifizierte Zuordnung des Volkes über das Personalpronomen zusätzlich den Aspekt der Zugehörigkeit (auch die → Septuaginta gibt „Tochter meines Volkes" wieder). Anders als bei „Tochter Zion" bekennt sich der Sprecher hier explizit zu einer engen Beziehung zu Jerusalem. Daher verwundert nicht, dass diese Bezeichnung in den Belegen außerhalb der Klagelieder nahezu ausschließlich verwendet wird, in denen das bedrohte oder zerstörte Jerusalem im Vordergrund steht. Jeweils ist der Prophet ergriffen vom Schicksal seiner Stadt. „Darum sage ich: Schaut von mir weg, ich weine bitterlich!" klagt Jesaja in 22,4 angesichts der Verwüstung der Stadt. In besonderer Nähe zum zweiten Klagelied steht aber Jer 8, wo die Bezeichnung in hoher Dichte verwendet ist:

> Meine einzige Freude ist der Kummer; mein Herz ist krank. Siehe, die Tochter meines Volkes (= Jerusalem) schreit um Hilfe aus einem fernen Land: Ist denn der Herr nicht in Zion, oder ist sein König nicht dort? … Wegen des Zusammenbruchs der Tochter meines Volkes bin ich zerbrochen, traurig bin ich, Entsetzen hat mich gepackt. Gibt es denn keinen Balsam in Gilead, ist dort kein Wundarzt? Warum schließt sich denn nicht die Wunde der Tochter meines Volkes? Ach, wäre mein Haupt doch Wasser, mein Auge ein Tränenquell: Tag und Nacht beweinte ich die Erschlagenen der Tochter meines Volkes. (Jer 8,18–23* in leicht geänderter Fassung der EÜ, die hier durchgehend „Tochter, mein Volk" übersetzt.)

Der Sprecher ist Jeremia, der eine Rede Zions zitiert. Der Prophet leidet am Schicksal Jerusalems und es ist kennzeichnend, wie sehr beide miteinander verschmelzen, das Mitleid zum Mitleiden wird. Auch in Jer 14,17 finden die tränenden Augen des Propheten keine

Ruhe wegen der unheilbaren Wunde der Jungfrau „Tochter meines Volkes" (bes. Jer 14,17 zeigt in der sonst unsinnigen Kombination, dass „Tochter meines Volkes" zu Tochter Zion analog zu sehen ist, vgl. Klgl 2,13; 2 Kön 19,21; Jes 23,12; 37,22; 47,1; Jer 46,11). Liest man 2,11 von diesen Jeremiastellen her, wird mehr als verständlich, dass schon die → Septuaginta die Klagelieder Jeremia zugeschrieben hat (s. Einleitung III.). In 2,11–18 spricht also ein „Ich", das dem Propheten vergleichbar zwischen Beteiligung und Beobachtung schwankt und am Schicksal des Volkes leidet. Dieser Sprecher kann zwar prinzipiell identisch sein mit dem neutralen Sprecher in Klgl 1, er ist jedoch von der Stimmung her ganz anders. Die Niedergeschlagenheit und Trauer über den Zusammenbruch ist signifikant. Dazu bedient sich der Sprecher sinnfälliger Bilder: den vom dauernden Weinen ermattenden Augen (Ps 69,4; Ijob 31,16; Ps 119,82.123; Klgl 4,17), das wie das Motiv der von Tränen überfließenden Augen als Ausdruck intensiver Klage (Jer 8,23; 9,17; 13,17; 14,17; Klgl 2,18; Ps 6,7) an die weinende einsame Stadt Jerusalem in 1,2 erinnert. Das Innere glüht und ist in Erregung, was als Ausdruck äußerster Betroffenheit gilt (s. zu 1,20). Besonders ist die Wendung, dass die Leber zu Boden geschüttet ist. Die Leber gilt in der atl. Körpersprache als Sitz intensiver Gefühle und man kann die Wendung nicht anders deuten, denn als emotionalen Zusammenbruch. Der Sprecher ist zusammengebrochen über den Zusammenbruch. Das Schicksal des Sprechers und der Stadt scheinen sich zu entsprechen, zumindest sind sie eng aneinander gekoppelt (das ist übrigens einer der Ansatzpunkte für die Rollendichtung in Klgl 3, s. dort). Die Rede vom Zusammenbruch der Tochter meines Volkes könnte aus Jer 8,11.21 stammen, in Klgl 4,10 und 3,48 wird sie später aufgenommen.

Der dritte Stichos schlägt mit der Hungersnot das Thema an, dass in V.12 dominiert. Damit wird die Frage aufgeworfen, ob sich die emotionale Klage des Sprechers auf die Schilderung von V.1–10 zurückbezieht oder quasi als Doppelpunkt verstanden werden will und auf V.11c–12 bezogen ist. Eine vergleichbare Situation findet man in V.13 vor. Auch dort kann sich die Rede vom Zusammenbruch (sodass ein Rahmen entstünde) auf V.11b–12 beziehen, zugleich aber auf das, was dann in V.14–17 erneut geschildert wird. Vielleicht ist es nicht ratsam, sich da zu sehr festzulegen. Das Sterben der Kinder und Säuglinge vor Hunger stellt in Kriegsschilderungen einen Höhepunkt dar, der für das Ganze stehen kann (Jer 9,20; s. auch Klgl 4,4). Die Not der Kinder ist emotional hoch besetzt, was auch der Schluss in V.19–22 zeigen wird. Klgl 2 stellt das Verhungern der Kleinsten als Gipfel der Katastrophe heraus. In der Belagerungssituation, in der die Belagerer die Wasserversorgung zu kappen versuchen und den Nachschub mit Nahrungsmitteln blockieren, kommt es mit zunehmender Dauer der Belagerung zum Verhungern der Bevölkerung (2 Kön 6,25–30). 2 Kön 25,1–2 schildert die Belagerung durch die Truppen Nebukadnezzars und gibt eine Belagerungszeit von eineinhalb Jahren an. Ausdrücklich heißt es „die Hungersnot in der Stadt war groß geworden und die Bürger des Landes hatten kein Brot mehr" (2 Kön 25,3//Jer 52,6). Dass also Klgl 2 (ebenso wie Klgl 4) besonders auf das Aushungern der Bevölkerung abhebt, kann bei aller Stilisierung derartiger Berichte historisch zutreffend sein. Als öffentliche Orte werden in Kriegsschilderungen oft Straßen, Tore oder Plätze herausgehoben (Jes 15,3; Jer 9,20; 15,7; 48,38; 49,26; 50,30; Am 5,16). Sie stehen für die Öffentlichkeit, in der das Grausamste passiert, ohne dass jemand einzugreifen in der Lage ist.

ל (*Lamed*) 12 Die in V.11 begonnene Rede des Sprechers wird fortgesetzt, auch wenn die 1. Sg. erst in V.13 wieder auftaucht. Der Vers schließt sich grammatisch durch das „*sie* sagen zu *ihren* Müttern" eng an das Vorhergehende an. In Fortführung und Wiederaufnahme von V.11b–c – zwei Verben („verschmachten" und „ausgeschüttet"), „Kind und Säugling" als Subjekt des Satzes und die „Plätze der Stadt" werden wieder aufgenommen – lässt V.12 den Betrachter den Kindern geradezu beim Sterben zusehen. Die Dramatik des Geschehens wird durch das Zitat der Hungernden und das Bild der Mütter, die ihre Kinder verzweifelt im Schoß sterben sehen müssen, gesteigert. Die Mütter rahmen den Vers im ersten und letzten Wort. Brot (wörtl. Getreide) und Wein sind Grundnahrungsmittel (Gen 14,18; Ri 19,19; Ps 104,15; Dtn 29,6 u. ö.) und stehen hier für Nahrungsmittel überhaupt. Mischwein oder Most gehören wie selbstverständlich zu jeder Mahlzeit (z. B. Gen 27,25.28; Spr 9,2.5), daher werden Milch oder Wasser, die zur Ernährung von Kindern vielleicht besser gepasst hätten, nicht erwähnt. Auch in den altorientalischen Kriegen gelten ungeschriebene Gesetze, zu denen gehört, die Jüngsten und Ältesten im Krieg zu verschonen. Die Ermordung gerade dieser Personengruppen gilt daher als besondere Grausamkeit. Indem hier die verhungernden Kinder den im Krieg Erschlagenen und im Krieg Verwundeten gleichgesetzt werden, zeigt sich die Dramatik und Grausamkeit des Geschehens. So wie die Leber des Sprechers auf den Boden ausgeschüttet war (V.11), so jetzt die Lebenskraft des Nachwuchses im Schoße ihrer Mütter. Ein grausames Bild, mit dem der Abschnitt abgeschlossen wird.

מ (*Mem*) 13 Der Sprecher redet Jerusalem hier erstmalig direkt an, was von V.13–19 durchgehalten wird. Die Anrede ist intensiv: Sechsmal ist Jerusalem in Personalpronomen der 2. Sg. fem. präsent, das erste „Tochter Jerusalem“ ist determiniert, was im Hebräischen sehr ungewöhnlich ist, und Jungfrau und Tochter Zion werden in der Anrede kombiniert, was so sonst nur in 2 Kön 19,21// Jes 37,22 vorkommt (vgl. Jes 23,12; 47,1; Jer 14,17; 46,11). Hier ist die schon angesprochene Schutzbedürftigkeit, die über die Bezeichnung der Stadt als Tochter besonders betont wird, mit Händen zu greifen. Von der „Tochter Jerusalem“ ist überhaupt nur in 1 Kön 19,21//Jes 37,22; Mi 4,8; Zef 3,14; Sach 9,9 und noch in V.15 die Rede. Alle Stellen haben etwas Feierliches und heben die Besonderheit der Stadt durch die Kombination von Zion und Jerusalem in ihrer Aussage hervor. Die Besonderheit betrifft hier allerdings nicht die Wehrhaftigkeit, die Schönheit oder die feierliche Freude, sondern das abgrundtiefe Gegenteil.

Die Verzweiflung der Mütter aus V.12 scheint auf den Sprecher übergegangen zu sein, er ist ratlos angesichts der Katastrophe (vgl. Jer 8,20–22). Von den vier Verben, mit denen er seine Ratlosigkeit umkreist, sind drei auf die Unvergleichbarkeit bezogen, das letzte jedoch auf den Zuspruch im Trost, den der Sprecher nicht leisten kann. V.13 ist durch drei *māh-* (was?) und eine *mî-* (wer?) Fragen ausgezeichnet. Alle Fragen sind rhetorisch und zielen auf die Unvergleichbarkeit der Katastrophe. Sie scheinen alle eine negative Antwort bereits vorauszusetzen, lediglich die letzte nach dem, der Jerusalem heilen kann, wird implizit über V.19–20 auf YHWH enggeführt. Doch hier bleibt sie zunächst unbeantwortet, sodass auch da ein „niemand“ nachklingt. Denn der Zusammenbruch ist unvorstellbar groß, groß wie das Meer. Mit dem Eingeständnis des Sprechers, dass *er* den Zusammenbruch der Stadt nicht heilen kann, hebt er sich von den falschen Priestern und Propheten ab, die genau das verheißen (Jer 6,14; 8,11). Implizit wird natürlich damit die Verantwortung an den Stadtgott Jerusalems zurückgegeben. Es gibt nur einen Arzt, der die Wunde Jerusalems heilen kann: YHWH (Ex 15,26; Num 12,6; Jes 30,26; Jer 3,22; 17,14; 30,17). Doch so weit reicht das Vertrauen des Sprechers (noch) nicht, dem Verursacher (V.1–9) auch die Umkehrung der Verhältnisse zuzutrauen. Von der Zuversicht der Bitte in Ps 60,4 „Erschüttert hast du das Land und gespalten. Heile seinen Zusammenbruch! Denn es kam ins Wanken“ oder gar dem Vertrauen von Ps 147,3 „Er heilt die Zusammenbrüche des Herzens“ (in beiden Fällen wurde *šæbær* wie in Klgl 2,13 anders als in EÜ mit „Zusammenbruch“ übersetzt) ist der Sprecher noch sehr weit entfernt. Liest man die Klagelieder in der linearen Folge beginnend mit Klgl 1, so klingt das Motiv des fehlenden Trösters 1,2.9.16.17.21 in V.13 nach. Von der Entstehung her jedoch scheint das Verhältnis umgekehrt, denn es hat sich wohl aus dem „wie dich trösten?“ von V.13 heraus entwickelt und knüpft daran an. Auch die Unvergleichbarkeit des Leidens, die Zion selbst in 1,12 herausstellt, hat ihren Ursprung in 2,13.

נ (*Nun*) 14 Hatte sich der Sprecher schon in V.13 implizit von den Priestern und Propheten abgesetzt, die vermeintlich Trost spenden, so tut er das in V.14 explizit. Schienen sie in V.9 noch positiv bewertet, so sind sie hier – ebenfalls verbunden mit der Schauung als Modus des Offenbarungsempfangs – gänzlich negativ. Lug und Trug kommen in dieser Wortwahl nur in Ez 22,28 vor, ebenfalls im Kontext von Falschprophetie (vgl. ferner Ez 13,9–10 und Sach 10,2; Ez 21,34). Die Propheten haben sich insbesondere dadurch verfehlt, dass sie „deine Schuld nicht aufgedeckt“ haben. Das ist die einzige Stelle, in der in Klgl 2 von einer Verfehlung Jerusalems die Rede ist. Der Begriff *'awôn*, der sich neben V.14 noch in 4,6.13.22; 5,7 findet, ist auch nicht in Klgl 1 verwandt, wo doch so intensiv über die Schuld Judas und Jerusalems als Grund für die Katastrophe nachgedacht wird. Hätten die Propheten die Verfehlung Jerusalems aufgedeckt, dann hätte das Schicksal der Stadt gewendet werden, bzw. hätte Gott, der sonst immer Subjekt dieser Wendung ist, das Schicksal wenden können (zwar hat der hebräische Konsonantentext „die Gefangenschaft gewendet werden können", aber das scheint eine Lesung aus der Rückschau). Das lässt darauf schließen, dass es bei der Schuld nicht primär um moralische Vergehen oder Sünden, sondern um politische Fehleinschätzungen geht, die zum Untergang geführt haben. Die prophetischen Politikberater haben versagt, indem sie Jerusalem eine Stärke unterstellt haben, die es nicht hatte, indem sie auf eine Koalition mit Ägypten gesetzt haben, was nicht getragen hat, und indem sie Nebukadnezzar klein geredet haben, was letztlich zur Zerstörung von Stadt und Tempel geführt hat. Es ist bezeichnend, dass V.14 nicht auf den Strafzorn Gottes abhebt und den Untergang nicht als Folge des Abfalls von YHWH deutet. Derartige Muster entwickeln sich erst später. Hier ist es die nüchterne Feststellung, „auf das falsche Pferd gesetzt zu haben". Der dritte → Stichos scheint vom Sinn her den ersten zu wiederholen, nur dass er neben die Lüge die Verführung setzt. Die Politik im Übergang vom 7./6. Jh. v. Chr. hat in den Untergang geführt (s. Einleitung VI.1).

ס (*Samech*) 15 Dieser und der folgende Vers gehören zusammen. Sie schildern die Außenperspektive, ohne dass sie dafür die Anrede an Zion verlassen würden (V.15a.16a „über dich"). Die Wendung „die des Weges ziehen", bezeichnet keine neutralen Passanten, sondern zunächst die umliegenden und in das Land einströmenden fremden Völker in ihrem Zugriff auf Juda/Jerusalem. Sie ist so noch zweimal in den Asafpsalmen belegt, wobei sie zunächst in Ps 80,13 nur auf die Plünderung (des Nordstaates bei der Eroberung Samarias?) bezogen ist, dann deutlich später (exilisch oder sogar schon nach 515 v. Chr.?) in Ps 89,42 im Kontext der Eroberung Jerusalems steht und den Spott der Nachbarn mit einbezieht. Dazwischen findet sich V.15, der wiederum in 1,21 aufgenommen wurde, wobei dort die Umstehenden zum Mitleid aufgefordert werden sollen. Mit der Verhöhnung und Verspottung durch die Feinde bzw. im Forum der Nationen ist neben dem materiellen Schaden, der durch Zerstörung und Plünderung entsteht, der soziale und emotionale Schaden durch die Herabsetzung und den Statusverlust zum Ausdruck gebracht. Schmähungen durch den Feind gehören daher zum Standardrepertoire von Katastrophenschilderungen (Dtn 28,37; Ps 44,14; 79,4.12; Jer 29,18; 44,8.12; 51,51; Ez 5,14–15; 16,57; 22,4; 36,15.30; Joël 2,17.19; Mi 6,16; Zef 2,8; Dan 9,16; vgl. auch Ps 31,12; 109,25; Ijob 30,9). Davon abgeleitet findet sich die Schmähung in Gerichtsdrohungen, vor allem in Jer 18,16: „Sie machen ihr Land zu einem Ort des Entsetzens, zum Gespött für immer. Jeder, der dort vorbeikommt, wird sich entsetzen und den Kopf schütteln." Dem Gespött ausgesetzt zu sein bedeutet tiefste Erniedrigung und Schutzlosigkeit. Oft wird die Herabsetzung durch charakteristische Gesten unterstrichen, die in V.15–16 in außergewöhnlicher Dichte versammelt sind. Dazu gehören das Zischen oder Pfeifen (1 Kön 9,8; Ez 27,36; Jer 19,8; 49,17; 50,13; Zef 2,15; Ijob 27,33; Ps 31,14), das Händeklatschen (Ez 25,6; Nah 3,19; Ijob 27,33) und das Kopfschütteln (2 Kön 19,21//Jes 37,20; Jer 18,16; Ps 22,8; 64,9; 109,25; Ijob 16,4). V.16 ergänzt sie sogar noch durch die Drohgebärden reißender Tiere. Das aufgerissene Maul, das in 3,46 aufgenommen wird (vgl. Ps 22,14), und die aggressiv gefletschten Zähne (Ijob 16,9; Ps 35,16; 37,12; 112,10, meist als Knirschen mit den Zähnen übersetzt). Außergewöhnlich ist darüber hinaus das Zitat, das den Vorübergehenden in den Mund gelegt wird und sich auf den zugeschriebenen Status vor der Eroberung bezieht. Dort galt die Stadt als „Entzücken der ganzen Welt" und als „Krone der Schönheit". Die Kurzzitate spiegeln weniger die Außensicht als die Selbstwahrnehmung der stolzen Stadt, denn dass dem eher unbedeutenden kleinen Jerusalem in den judäischen Bergen tatsächlich eine weltgeschichtliche Bedeutung und ein außergewöhnlicher Status zugeschrieben wurde, erscheint mehr als unwahrscheinlich. Zumindest gibt es keine außerbiblischen Quellen, die eine solche Außensicht bestätigen würden. Es sind vielmehr Kernaussagen der Zionstheologie, die hier verdichtet zum Ausdruck kommen: Der Zion ist „Krone der Schönheit" (Ps 50,2), „Nabel der Welt" (Ez 38,12), „von Gott geliebt" (Ps 78,68), „Freude der ganzen Welt" (Ps 48,3), „Ort der Ruhe" (Jes 33,20), „ewig und niemals wankend" (Ps 125,1), da „Gott in ihrer Mitte" ist (Ps 46,6). Beide Teilaussagen des Zitats in V.15 haben ihren Widerhall in klassischen Texten der Zionstheologie, die Phrase „Freude der ganzen Welt" in Ps 48,3 (vgl. Jer 49,25; Ez 24,25; Jes 65,18; 66,10) und „Krone der Schönheit" in Ps 50,2. Mit der letzten Phrase schlägt der Text zugleich eine

Brücke zu der großen Bildrede von der jungen Frau Jerusalem in Ezechiel, denn die sieht den Ruhm der Stadt ebenfalls durch ihre besondere Schönheit begründet: „Der Ruf deiner Schönheit drang zu den Völkern hinaus, denn sie war vollkommen durch meinen Schmuck, den ich dir anlegte – Spruch GOTTES, des Herrn." (Ez 16,14, vgl. 15.25) Diese ausgezeichnete Schönheit, die Folge der Erwählung ist, hat Jerusalem hochmütig gemacht und schließlich auch zu Fall gebracht. Bezeichnend ist ferner, dass auch Tyrus in Ez 27,3; 28,12 mit derselben Wendung wie 2,15 unterstellt wird, sich für eine vollkommene Schönheit gehalten zu haben und dann unendlich tief gefallen zu sein. Intertextuell nimmt das Kurzzitat also den Fall Jerusalems vorweg, der in V.16 explizit im zweiten Zitat reflektiert wird. Das Zitat spielt bereits mit dem Gegensatz von *Einst* und *Jetzt*, der auch in Klgl 1 und 4 zentral ist: Beachtung hat sich in Verachtung verkehrt, Ruhm wurde Spott, Anerkennung zu Mißachtung. Nichts mehr ist übrig von dem in der Geschichte bestärkten endlosen Vertrauen, YHWH hätte Jerusalem als Wohnsitz erwählt und dem Zion zum Götterberg kosmischer Qualitäten erhoben. Stadtgott und Gottesstadt waren einst eins, jetzt sind Stadt wie Gott beschädigt. Ein Kernpunkt der vorexilischen Zionstheologie war die sichere Überzeugung, die von Gott erwählte Stadt könne niemals preisgegeben werden und in die Hand der Feinde fallen. Denn „wie Vögel im Flug, so wird der HERR der Heerscharen Jerusalem schützen: schützen und er wird befreien, verschonen und er wird retten." (Jes 31,5)

Diese Sicherheit, die sich vor allem aus der Verschonung 701 v. Chr. speiste, hatte sich durch den Lauf der Geschichte als trügerisch erwiesen, das Unvorstellbare war Wirklichkeit geworden. Im ersten Lied war mehrfach die Enttäuschung darüber ausgedrückt worden, dass die Feinde übermächtig geworden sind, dass sie die Oberhand haben und ihre Präsenz unerträglich ist. Dieses Gefühl der Erniedrigung hat in V.15–16 einen vergleichbaren Haftpunkt.

פ (*Pe*) 16 Stand in dem Zitat in V.15 noch das Erstaunen der Vorübergehenden im Zentrum, so jetzt deren Überheblichkeit. Doch die Grundstimmung beider Verse, die nicht nur durch den parallelen Aufbau, sondern auch durch die Wiederholung des Zischelns als Geste miteinander verbunden sind, ist feindlich, herabsetzend und verspottend. Die zuvor bloß Vorüberziehenden sind jetzt ausdrücklich Jerusalems Feinde, die wie Raubtiere stilisiert werden. Das Zitat, das ihnen in den Mund gelegt wird, lässt sie die Vernichtung Jerusalems in Schadenfreude genießen. Sie rühmen sich der Vernichtung Jerusalems, auch wenn die Stadt nicht als Objekt präsent ist. Dabei benutzen sie das Verb „verschlingen", das bereits in V.2.5.8 gebraucht worden war und zunächst YHWH und dann die Feinde als Subjekt hatte. Jer 51,34 vergleicht Nebukadnezzar mit einem mythischen Ungeheuer, das verschlungen hat. Noch näher ist aber Ps 35, der ebenfalls die Feinde zitiert und dabei in seinem vielleicht noch exilischen Stück V.19–25 ähnlich formuliert: „Sie rissen den Mund gegen mich auf und sagten: Ha, dir geschieht recht! Du hast es gesehen, HERR. So schweig doch nicht! … Lass sie nicht sagen in ihrem Herzen: Ha, das freut uns! Sie sollen nicht sagen: Wir haben ihn verschlungen." (Ps 35,21.25) Die vergleichbare Argumentation aus Ps 35 macht zudem die *implizite* → Pragmatik deutlich, die hier zwar schon von Ferne aufscheint, zu der sich aber der Dichter noch nicht durchringen kann: „Schweig doch nicht, bleib doch nicht fern!" (Ps 35,22) Demgegenüber macht V.16 erst einmal die Feinde übermächtig und groß: Geradezu freudig heben sie den Tag heraus, an dem Jerusalem zu Boden geworfen wurde. Drei Verben, die nur hier in dieser Kombination vorkommen, charakterisieren den Tag der Eroberung als lange erwartet. Dabei wird die Erfüllung der Erwartung, dass es Jerusalem an jenem Tag treffen wird, doppelt betont. Die Verben stehen im Hebräischen ohne Objekt, was die Aussage noch härter macht. Den Schluss bildet das Sehen, was aber weniger auf die visuelle Wahrnehmung als auf das bewusste Erleben abzielt.

ע (*Ayin*) 17 Im Vergleich mit Ps 35 war aufgefallen, was vor allem in dem zweiten Klagelied so schmerzlich fehlt: die Hoffnung auf Änderung. Gott ist nicht Garant der Sicherheit, Beschützer oder Beistand, sondern Gott ist ganz derjenige, der das Geschehen zulässt, ja sogar ganz geplant lenkt und die Vernichtung verursacht. Das erfahrene Gericht ist im Erleben unmittelbar präsent. Wie in der Gerichtsprophetie war der Zeitpunkt des Geschehens schon von den Feinden besonders herausgehoben worden: „An jenem Tag …". Dieser angekündigte Tag des Gerichtes ist mit der Zerstörung

Jerusalems gekommen und darauf wird in V.17 jetzt Bezug genommen. Schienen in V.16 die Feinde als Verursacher, so betont V.17 in Anknüpfung an V.1–9 erneut die Rolle YHWHs. Er hat „eingerissen und nicht verschont" (beide Phrasen V.2) und so die Feinde erst in die Lage versetzt, Schadenfreude zu empfinden. Das Geschehen ist Teil des göttlichen Geschichts- und Gerichtshandelns. YHWH ist langsam zum Zorn (Ex 34,7) und es dauert lange, bis dass er aufgrund seines Zorns handelt. Dann aber ist sein Handeln unumkehrbar. Es ist nicht spontan oder einer Laune entsprungen, sondern geplant. Die Planung mit *zmm* betonen vor allem Jer 4,28; 51,12 und die nachexilische Gerichtsprophetie in Sach 1,6; 8,14–15. Doch V.17 geht noch weiter, wenn er den Plan schon „seit alters" feststehen lässt und damit die Grenzen zwischen Geschichtsmächtigkeit und Prädestination fließend werden lässt. Das ähnelt der Hiskija-Jesaja-Erzählung 2 Kön 19,25//Jes 37,26, in der YHWH für sich in Anspruch nimmt, das Geschehen Assurs gelenkt zu haben: „Hast du es nicht gehört? Vor langer Zeit habe ich es gemacht, seit den Tagen der Vorzeit habe ich es so gefügt. Jetzt ließ ich es kommen. Du bist es, der befestigte Städte zerstört und in öde Steinhaufen verwandelt." (vgl. Jes 46,11; Jdt 9,5) YHWH ist souveräner Herr der Geschichte. Damit ist das Zeugnis von V.17 ambivalent, denn bei allem Erschrecken über das „schonungslos hat er niedergerissen" bietet der Vers zugleich ein Bekenntnis zu YHWH und seiner uneingeschränkten Macht. Diese Macht schließt auch das Erbarmen ein. So wie offenbar Gott der eigentliche Herr der Geschichte ist, so ist er auch die einzige Instanz, die das Geschehen zum Positiven wandeln kann. Von diesem Glauben ist auch das gottfernste Klagelied letztlich tief überzeugt. V.17 schließt den Abschnitt ab. In den beiden folgenden Versen wird der Beter Jerusalem auffordern, sich an diesen Gott zu wenden und „Tag und Nacht" zu schreien. Die Ambivalenz im Gottesbild lässt sich nicht auflösen: Gott bleibt strafend *und* erbarmend. Klagen und Bitten können ihn jedoch bewegen, dass das Erbarmen sich Bahn bricht. Dafür aber muss die Sprachlosigkeit überwunden werden und sei es mittels der direkten Anklage. Mit der Betonung des universalen Geschichtshandelns ist V.17 also beileibe nicht nur die Fortsetzung der Beschreibung des grausamen Handelns Gottes. Es ist der Ansatzpunkt einer theologischen Wende.

Mit V.17 zeigt sich daher erneut, dass das Lied zwar sprunghaft scheint, es aber nicht wirklich ist. Dass es zwar im Affekt spricht, dabei aber nicht stehen bleibt, sondern nach Auswegen aus der Gotteskrise sucht. Dass es zwar YHWH hart als Verursacher anklagt, aber dabei ebenso weiß, dass er der einzige ist, der das Geschehen wenden kann. Es ist darin ein zutiefst theologisches Lied, indem es an der → Pragmatik der Klage auch dann festhält, wenn es aussichtslos scheint. Die Logik des Erbarmens scheint zwar in unendlicher Ferne, ist aber nicht ganz aufgegeben. Nur wenn Gott so grausam ist, wie die ersten Verse ihn geschildert haben, dann ist alle Hoffnung umsonst. Wie aber kann man herausfinden, ob dieser Funke Hoffnung vergeblich ist? Nur, wenn man die Sprachlosigkeit überwindet und zur Anrede Gottes zurückfindet. Das werden V.18–22 ausführen. Klgl 2 ist ein im Aufbau sehr gezielt angelegtes Stück, das am Ende die Sprachlosigkeit überwindet und zu einem impliziten Appell an das Erbarmen Gottes findet.

צ (*Tzade*) 18 Der Vers ist vom hebräischen Text einer der schwierigsten der Klagelieder. Der Text ist ohne Varianten (und sehr ähnlich auch in der → Septuaginta, der ältesten griechischen Übersetzung) überliefert und beginnt wörtlich mit „ihr (mask. Pl.) Herz schrie zu Adonai". Wer kann gemeint sein? Ein maskulines Kollektivsubjekt wäre der Feind aus V.17, aber dessen Herz schreit kaum zu YHWH. Denn „schreien zu" ist ein ausgesprochenes Bitt- und Klagewort. Oft behilft man sich, dass man als Bezug die Kleinkinder aus V.19 nimmt. Doch ein solcher vorwegnehmender Bezug des Personalpronomens wäre sehr ungewöhnlich in der hebräischen Poesie. So gibt der so klar überlieferte Vers im Kontext keinen Sinn, weshalb er in der Regel abgeändert wird. Die EÜ orientiert sich dabei an der Kette der singularischen Imperative, die ab dem zweiten → Stichos („lass fließen wie einen Bach die Tränen …") folgen und macht die Tochter Zion zum Subjekt. Sie lässt unmittelbar einen zweiten Imperativ „stöhne" folgen, der aber so auch nicht im hebräischen Text steht. Dort ist von der „Mauer der Tochter Zion" die Rede, die damit grammatisch das Subjekt aller folgenden Imperative in V.18–19 ist. Zwar ist „Mauer der Tochter Zion" auch V.8 belegt und dort werden die Mauern auch personifiziert, sodass sie trauern, doch wäre V.18–19 die ausgedehnteste Stelle, in der unbelebte

Dinge mit menschlichen Handlungen personifiziert werden. Wenn sich das auch mit Verweis auf die sumerischen Stadtklagen erklären ließe, ist die Änderung der Mauer *ḥômat* in einen Imperativ *hômî* „stöhne" daher durchaus sinnvoll, wenn auch textgeschichtlich nicht bezeugt. Ausgelegt wird im Folgenden ein Text, der die in V.13 begonnene Anrede an Jerusalem nicht verlässt.

V.17 hatte YHWH als Verursacher so in den Vordergrund gerückt, dass die Zerstörung Jerusalems als Teil seines planvollen Geschichtshandelns aufgeschienen war. Da darin ohne Zweifel auch das Erbarmen einen breiten Raum einnimmt, legte V.17 YHWH implizit als Instanz nahe, an den sich die geschundene Frau Jerusalem wenden solle. Das macht V.18 nun durch die Aufforderung an Jerusalem explizit. Zion wird mit großer Intensität aufgefordert, Klage über ihren Zusammenbruch zu führen. Die engsten Parallelen finden sich im Jeremiabuch. In Jer 9,17–19 fordert Gott Klagefrauen, die das Schicksal der Zerstörung Jerusalems und der Deportation der Bevölkerung beklagen sollen, „sodass unsre Augen von Tränen fließen und unsre Wimpern von Wasser triefen". In der Gottesrede ist Gott als Subjekt der Klage eingeschlossen. Ähnlich offen ist Jer 14,17, wo der Prophet im Auftrag Gottes sagen soll: „Meine Augen fließen über von Tränen bei Nacht und bei Tag und finden keine Ruhe." Auch hier bleibt das Subjekt offen (im Jeremiabuch verschwimmen die Rollen Gottes und seines Propheten Jeremia oft), während es in Jer 13,17 und Jer 8,23 eindeutig der Prophet ist, der über die Stadt klagt: „Ach, wäre mein Haupt doch Wasser, mein Auge ein Tränenquell: Tag und Nacht beweinte ich die Erschlagenen der Tochter meines Volkes (d. i. Jerusalem)." Die Eindringlichkeit des Weinens wird im letzten Stichos durch zwei Wendungen unterstrichen, die beide singulär formulieren. Die Klage soll nicht enden, weder Tag noch Nacht, und Zion sich keine Ruhe mehr gönnen. Die Intensität der Klage entspricht zum einen der maximalen Katastrophe („dein Zusammenbruch ist groß wie das Meer" V.13), sie macht zum anderen die maximale Gottferne deutlich. Nur durch die intensive und ununterbrochene Klage scheint die Hoffnung nicht vergebens, dass sie Gott erreicht und ihn erweicht.

Nimmt man das oben angeführte Gewebe der Stellen als kanonischen Zusammenhang ernst, dann sind Jeremia, Gott und Jerusalem in derselben Klage vereint. Das Mitleid Gottes ist (immer) schon da! Es äußert sich im Weinen über den Zusammenbruch. Nicht der Zorn bestimmt sein Wesen, sondern der Wille zum Erbarmen. In diesem Sinne dürfte 2,18 außerhalb des kanonischen Kontextes noch nicht gemeint gewesen sein, dafür ist die Depression zu tief. Vielmehr wird zunächst nur Zion zur Klage aufgefordert. Doch so wie Sprecher und Zion in Klgl 2 oft zusammenstimmen (interferieren, d. h. sich wie zwei Wellen überlagern), so schlägt der Vers eine Brücke zu Jeremia und dessen Klage über Jerusalem.

ק (*Qof*) 19 Eindrücklich wird die Reihe der Aufforderungen durch „steh auf!" fortgesetzt. Im Kontext der Klagelieder liest sich das wie die Aufhebung der Situation von 1,1, wo Zion einsam und zusammengesunken dasitzt. Doch Klgl 2 ist früher als Klgl 1 und der Imperativ „steh auf!" wird im Hebräischen oft benutzt, um eine Wende des Geschehens einzuleiten. Er ist nicht unbedingt wörtlich zu nehmen, sondern eher als Aufforderung im Sinne von „auf!" oder „los!". Nicht umsonst leiten die späteren Stellen Jes 51,17; 52,2; 60,1 die Wende für Jerusalem mit diesem Imperativ ein. Dass auch hier eine Wende in der Ferne mit gedacht ist, macht vielleicht auch der folgende Imperativ deutlich, denn das Verb *rnn* meint zu allererst „lautstark jubeln" und wird nur hier für das Gegenteil, die lautstarke Klage, verwendet (vgl. aber die Bezeichnung *r^e^nānîm* in Ijob 39,13 für Strauße, vielleicht wegen der klagenden Laute). Das Klagen anstelle des zunächst → semantisch erwarteten Jubels ergibt sich erst über den Kontext. Hatte schon V.18 die Klage über Tag *und* Nacht erstreckt, so jetzt V.19 durch „bei Nacht". Die Nacht gilt als Ort besonderer Gottferne und Verlassenheit. Die Nacht ist in (mindestens) drei Nachtwachen geteilt (Ri 7,19), jedoch scheint es hier nicht um den *terminus technicus* einer organisierten Wache zu gehen. Vielmehr steht die Wendung für „die ganze Nacht hindurch". Keine andere Passage versammelt Bilder intensiver Klage in solcher Dichte wie V.17–18. Die Intensität nimmt auch im zweiten Stichos weiter zu, wenn Zion aufgefordert wird, ihr Herz auszuschütten wie Wasser (Ps 69,13), d. h. alles in die Klage hineinzulegen, was an Willenskraft und Emotion möglich ist. Die bisher angeführten Wendungen des Weinens und Klagens waren primär darauf ausgerichtet, die Trauer zum Ausdruck zu bringen. Sie waren

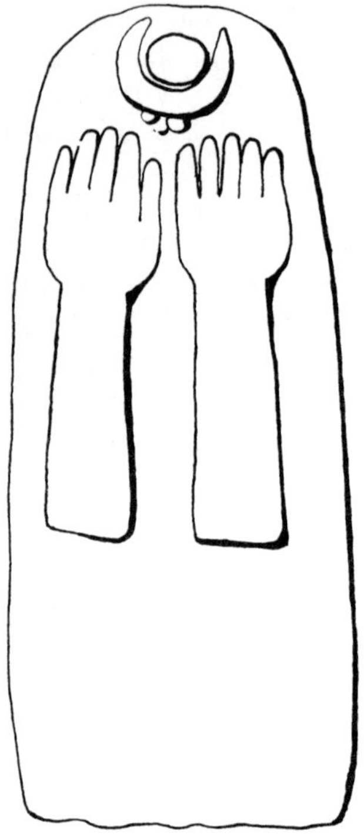

Abb. 20: Basaltstele mit erhobenen Händen und Mondsichel-Symbol aus dem spätbronzezeitlichen Stelenheiligtum in Hazor

zu Beginn auf Adonai ausgerichtet worden („Schrei laut zum HERRN“). Es scheint gezielt, dass Adonai im zweiten Stichos von V.19 ebenfalls genannt wird und so eine Rahmung entsteht. Die Wendung, die die EÜ mit dem gewöhnlichen „vor dem Angesicht des HERRN“ wiedergibt, ist im Hebräischen alles andere als gewöhnlich (wörtlich „an der Vorderseite des Angesichts Adonais“) und wird sonst nie für den Ort der Klage gebraucht (s. lediglich Jer 17,16; Num 19,4). Dabei handelt es sich wohl nicht bloß um poetische Freiheit, sondern entweder sollte ein Ersatz formuliert werden, weil es nirgendwo sonst anstelle von „vor dem Angesicht YHWHs“ die Wendung „vor dem Angesicht Adonais“ gibt, oder es scheinen tatsächlich angesichts der Tempelzerstörung und der Sistierung des Kultes Sperren zu existieren, die übliche Wendung zu verwenden. „Vor dem Angesicht YHWHs“ bezieht sich nämlich lokal meist auf den Eingangsbereich des Tempels oder wird abstrahiert im Sinne von „im tempelkultischen Vollzug“ verwendet. Beides scheint angesichts der Tempelzerstörung nicht einfach möglich. Wie dem auch sei, wechselt der folgende Stichos explizit von einem Klagegestus zu einem Bittgestus. Zion wird aufgefordert, die Handinnenflächen zu erheben (Abb. 20, vgl. Abb. 15, 16), was wie das Ausbreiten der Hände (Ex 9,29.33; 1 Kön 8,22.38.54//2 Chr 6,12.13.29; Esra 9,5; Ijob 11,13; Ps 44,21; Jes 1,15; Jer 4,31) ein Bitt- und Gebetsgestus ist. Die Wendung ist eng mit der Präsenz YHWHs und dem Tempelkult verbunden. So fordert Ps 134,2 „Erhebt eure Hände zum Heiligtum“ und die nachexilische Aufforderung verbindet den himmlischen Wohnort Gottes mit dem irdischen Haftpunkt des Kultes im Tempel: „Wenn im Land Hungersnot herrscht, wenn Pest ausbricht, wenn Getreidebrand, Rost, Heuschrecken und Ungeziefer auftreten, wenn Feinde sie im eigenen Land bedrängen, wenn irgendeine Plage oder Krankheit sie trifft, wenn sich dann Gebet und Flehen erhebt, von jedem einzelnen Menschen und von ganz Israel, weil alle die Not ihres Herzens kennen und ihre Hände zu diesem Haus ausstrecken, dann höre sie im Himmel, dem Ort, wo du wohnst, und verzeih!“ (1 Kön 8,37–39a//2 Chr 6,28–30a; vgl. Klgl 3,41; Ps 28,2; 77,3; 141,2)

Der Sprecher fordert Jerusalem auf, die Sprachlosigkeit durch die Klage und Bitte zu überwinden, selbst aus der Isolation hinauszutreten und Gott anzusprechen. Das wird der Ansatzpunkt sein, in dem auch Klgl 3 die Möglichkeit zur Wende sieht. Jerusalem soll nicht in Verzweiflung und Niedergeschlagenheit versinken, denn das Sinnieren über das Leiden führt zur Verbitterung (3,19). V.19 begründet die Aufforderung an Jerusalem, den Schockzustand zu überwinden, geschickt mit dem Blick auf die nachwachsende Generation. Kein Bild ist stärker und symbolisiert die Hoffnungslosigkeit der Gegenwart deutlicher als die öffentlich verendenden Kinder, das bereits in V.11 den Sprecher tief bewegt hatte (es wird V.21 sowie in 1,20; 4,5.8 aufgenommen, vgl. Jer 18,21; Jdt 7,22). Um des Lebens dieser Kinder willen, die vor Hunger umkommen, soll Zion sich überwinden und ihre unablässige Klage anstimmen. Da V.19 mit vier Zeilen einen Stichos „zuviel“ hat, wird dieser Bezug auf die verendenden Kinder meist als Vorwegnahme von V.20 gestrichen und einer Glosse zugerechnet. Allerdings muss auch hier zugestanden werden, dass das Stück von *allen* maßgeblichen Versionen und Varianten bezeugt wird. So wird man den zusätzlichen Stichos als besondere Betonung lesen können.

Die intensive Klage zielt auf die Bitte und die Bitte zielt auf Erhörung. Der Subtext richtet sich an Gott und ist eindeutig: Verschließ dich nicht dem Bittgebet und erhöre die Klage um der Kinder willen. Nichts macht deutlicher, dass es in den Klageliedern nicht einfach um ein Beklagen oder gar ein Rumjammern geht. Vielmehr geht es darum, um der Zukunft willen die zerstörte Gottesbeziehung wieder herzustellen. Wie wird Zion auf die Eindringliche Zurede des Sprechers reagieren?

ר (*Resch*) 20 Der Vers vollzieht die vom Sprecher in V.18–19 geforderte Wende. Zion ergreift hier erstmalig im zweiten Lied das Wort und richtet sich direkt an Adonai. Nach zwei Imperativen folgen rhetorische Fragen und eine Beschreibung der erlittenen Katastrophe aus der Sicht Jerusalems. Zu einer expliziten Bitte um Erbarmen kommen die drei Verse nicht, sie enden in anklagender Klage oder klagender Anklage. Entscheidend aber ist der Impuls, der von den beiden Imperativen im ersten Stichos ausgeht, und eine intensive Bitte um Zuwendung ist. Die Aufforderung „Sieh doch und schau!" ist typisch für die Gottverlassenheit des Exils und die Bitte um Zuwendung und Beendigung der Not. Folgerichtig ist sie daher im ersten Klagelied aufgenommen worden (s. 1,9.11.12). Sie findet sich auch in dem exilischen Asafpsalm Ps 80,15: „Gott der Heerscharen, wende dich uns wieder zu! Blick vom Himmel herab, und sieh auf uns!" (vgl. Jes 63,15; 84,10; 142,5; Klgl 5,1) Das zweite Verbum *nbṭ*, das ein genaues Hinsehen ausdrückt, ist – vor allem mit dem → Tetragramm als explizitem Subjekt – seltener (Ps 13,4; 33,13; 102,20; Jes 18,4; Jes 64,8), sodass die vier Belege in den Klageliedern (1,11; 20,20; 4,15; 5,1) auffallen. Dass YHWH zum „Sehen, Urteilen, Handeln" aufgefordert wird, findet sich bezogen auf das Elend in den Klagen des Einzelnen wie des Volkes vielfach variiert (vgl. z. B. Ex 33,12.13; 2 Kön 19,16// Jes 37,17; Ijob 10,15; Ps 9,14; 13,4; 25,18–19; 119,153; 142,5; Jes 63,10; Dan 9,18). Die Wahrnehmung des Elends ist Voraussetzung für alles Eingreifen Gottes (Ex 3,7.9), daher bittet Zion um Prüfung. Jerusalem ist in Klgl 2 – anders als in Klgl 1 – der festen Überzeugung, das Unheil nicht verdient zu haben, jedenfalls nicht in dem Umfang, wie es sie getroffen hat. Die Stadt versucht in ihrer Klage daher in V.20 zu unterstreichen, dass Gott in seinem Zorn maßlos war, Unschuldige getroffen hat und die Feinde sich letztlich gegen Gott selbst gerichtet haben. Dabei – und auch darin ist der Sprecher Jerusalem „Vorbild" – greift Jerusalem auf Argumente und Aussagen der Beschreibung des Handelns Gottes und der Feinde in V.1–17 zurück.

Die Frage „Wem hast du solches getan?" zielt nicht auf Zion, sondern auf die unschuldigen Kinder, deren Tod YHWH durch Hungersnot in der Belagerungssituation zu verantworten hat (V.11). Durch den Kannibalismus ist die Drastik hier gegenüber den Schilderungen des Sprechers noch einmal gesteigert. Anthropophagie, meist das Verspeisen von Leichenteilen, ist für Zeiten extremer Not vereinzelt in der Geschichte tatsächlich nachzuweisen. In äußerster Lebensgefahr schwindet anscheinend der letzte Funke Humanität. Die selten nachgewiesene Praxis allerdings steht zu allen Zeiten in keinem Verhältnis zu den literarischen Berichten darüber oder zu der künstlerischen Verarbeitung in Bildern (vgl. etwa Rembrandts Saturn). Weil es ein absoluter Tabubruch ist, ist Kannibalismus in der Literatur oft Beispiel für den vollständigen Verfall der Moralität. In biblischen wie altorientalischen Texten ist es hingegen ein literarischer Topos, der Ausdruck äußerster Not und Grausamkeit in Belagerungssituationen ist (Dtn 28,53–57; Lev 26,29; 2 Kön 6,28–30; Jer 19,9; Ez 5,10; Bar 2,3; Klgl 4,10, vgl. Jes 9,18–19; Mi 3,2–3, daneben etwa die aram. Inschrift des Königs Kilamuwa von *Śam'âl* aus dem 9. Jh. v. Chr. oder Vasallenverträge Asarhaddons aus dem 7. Jh. v. Chr.). Den Gipfel stellt dabei das Essen der *eigenen* Kinder durch ihre Mütter dar, auf das auch V.20 explizit abhebt. Vielleicht wird durch „Frucht" tatsächlich an die Drohung aus Dtn 28,53–57 (vgl. Dtn 28,4.11.18) angespielt, die darin gipfelt, dass Mütter ihre Neugeborenen im Verborgenen essen, um die Nahrung nicht teilen zu müssen. Im Hintergrund der unfassbaren Situation (die nicht mit historischem Geschehen verwechselt werden sollte), darf wie in 1,19; 2,11 die Belagerungssituation vermutet werden, die die Hungersnot durch die abgeschnittene Versorgung auf die Spitze treibt. Der dritte Stichos von V.20 greift auf V.7.9 zurück und steigert auch hier die Aussage. Priester und Propheten seien im Heiligtum ermordet worden, ein Hinweis, der zwar nicht abwegig scheint, aber von keinem anderen Text als historisches Detail bezeugt ist. Im Heiligtum Blut zu vergießen, ist an sich schon ein Sakrileg (vgl. 2 Chr 24,21–22, Mt 23,35), vor dem auch der gewöhnliche Feind zurückschreckt. Das Heiligtum wird dadurch verunreinigt (gezielt in 2 Kön 11). Priester und Prophet stehen für den ordnungsgemäßen Kultbetrieb, der durch den Feind brutal beendet wurde. Damit muss Gott als „Hausherr" dieses Tempels auf den Plan treten, denn Priester und Prophet, die hier anders als in 4,13 positiv gesehen werden, stehen Gott besonders nahe. Der stille Vorwurf lautet: So wie die Mütter ihre eigenen Kinder verzehrt haben, so hat YHWH seine eigenen Kultdiener dem Tod preisgegeben. Dass nämlich letztlich Gott als Verursacher angeklagt ist, macht V.21 vollends deutlich. Dort wird das Verb *hrg* „erschlagen“ mit Gott als Subjekt gebraucht.

ש (*Schin*) 21 Zion bietet alles auf, um Gott von der Härte zu überzeugen und folgt damit der Empfehlung des Sprechers V.18–19 zwar nicht in der Dauer, aber der Intensität der Klage. Mit den Gassen werden die Straßen aus V.19 (im Hebräischen ist es dasselbe Wort!) wieder aufgenommen. Damit schwanken Kind und Greis zwischen dem Hunger und dem Schwert aus dem zweiten Stichos. Das Bild ist von großer Grausamkeit geprägt: Die Leichen liegen tot am Boden. Gegenüber V.11.19.20 wird allerdings der Kreis der Getöteten über die Kinder hinaus erweitert. Die Zusammenstellung von „Kind und Greis“ ist mehrfach codiert. Zum einen wird sie an anderen Stellen des AT im Sinne des Merismus „jung und alt“ gebraucht, womit eine Gesamtheit erfasst wird. Zum anderen werden Kinder und Greise im Krieg verschont. Besondere Grausamkeit stellt daher der Topos heraus, dass auch die Jüngsten und Ältesten abgeschlachtet werden (Dtn 28,50; Jos 6,21; Jes 20,4; Jer 51,21; Est 3,3). Die Zusammenstellung mit jungen Männern und jungen Frauen schließlich, die so nur noch in Jer 51,21 (und im Gegenbild Ps 148,12) vorkommt, beschreibt die Totalität der Vernichtung, die verbal durch „zu Boden gestreckt“ und „durchs Schwert gefallen“ gerahmt ist. Im dritten Stichos, der das „ohne Erbarmen“ aus V.2.17 aufnimmt, erreicht die Rede Jerusalems ihr Zentrum und ihren Höhepunkt: Mit zwei ungeheuerlichen Verben wird Gott des schonungslosen Mordes angeklagt. Er hat „getötet“! Damit steht das „wie ein Feind“ aus V.4 erneut im Raum, denn auch dort hatte Gott alles, was das Auge erfreut, erschlagen (dasselbe Verb wie V.21). Auch das zweite Verb „abschlachten“ kennzeichnet ein Geschehen äußerster Brutalität (Jer 25,34; Ez 21,15; Ps 37,14, vgl. Jes 34,2.6; 65,12; Jer 48,15; Ez 21,15.33). Die Offenheit, mit der hier Gott der Gewalt gegenüber der Stadt und ihren Bewohnern angeklagt wird, ist selten. Das Bild trieft von Blut, da gibt es nichts zu beschönigen. Nur wenn man dies einerseits als Reflex des grausamen historischen Geschehens deutet (altorientalische Kriegsführung war unzweifelhaft *grausam*) und man sich klar macht, dass auch diese Aufgipfelung der Gewalt dazu dienen soll, Gott den Spiegel vorzuhalten und ihn zur Umkehr zu bewegen, erscheint es überhaupt erträglich. Dass Gott „ohne Erbarmen" ist (V.2.17.21; 3,43, vgl. Jer 13,14; Ez 7,4.9; 8,18; 9,10; Sach 11,6; Ijob 16,13; 27,22) gilt nur im Augenblick des Zorns. Sonst hätten weder der Appell an seine Gerechtigkeit noch der an seine Barmherzigkeit einen Sinn. Nur *wenn* Gott im Wesen nicht wirklich so ist, wie ihn die Schilderung in V.1–9.20–21 zeichnet, macht die Bitte „Herr, sieh doch und schau!" in V.20 einen Sinn. Die → Pragmatik der Klage verlangt nach einem anderen Gott als er auf der Oberfläche des Textes geschildert wird.

ת (*Taw*) 22 Der Schlussvers greift die Themen von V.20–21 noch einmal auf und bestätigt so die zentrale Stellung des dritten → Stichos von V.21, in dem vom Morden Gottes so unverblümt gesprochen wurde. Der Festtag nimmt nicht nur V.6.7 noch einmal auf, sondern lenkt den Blick in das Heiligtum zurück. War schon in V.7 die Wallfahrtstradition verkehrt und der Lärm der Pilger zum Lärm der Feinde mutiert, so sind auch jetzt die von ringsum von Gott zum Fest herbeigerufenen Wallfahrer zum Schrecken gewandelt. Die Festfreude ist dem Grauen des Krieges gewichen. Die Formulierung variiert die Wendung „Grauen ringsum", die in Jer 6,25; 20,3.10; 46,5; 49,25; Ps 31,14 eng mit den Schrecknissen des Krieges verbunden ist, und macht Jerusalem zum Subjekt. Dem trägt die EÜ Rechnung, wenn sie übersetzt „von ringsum gerufen, wovor mir graut". Damit wird nicht nur der Terror der Feinde charakterisiert, sondern auch die Unrechtmäßigkeit ihres Eindringens in das Heiligtum, was 1,10 aufnimmt und mit Bezug auf das Gemeindegesetz ausbaut. Der Zorntag YHWHs nimmt den Hauptbegriff des Zorns aus V.3.6, vor allem aber den Tag des Zorns aus V.21 auf und kennzeichnet das Geschehen als Gericht. Dass es keine Entkommenen und Entronnenen gegeben hat, steht auch in Jos 8,22; Jer 42,17; 44,14; Obd 1,14 für die umfassende und vollständige Vernichtung. Damit entspricht der zweite Stichos der Aufzählung von Kind, Greis, Mädchen und jungen Männern in V.21, die ebenfalls auf eine Totalität der Vernichtung zielte. Am Schluss schließlich greift Jerusalem noch einmal das Thema der getöteten Kinder auf. Anstelle der Mütter ist jetzt (unter Aufnahme des Stichworts aus V.3.4.5.7.16.17) „mein Feind" Subjekt, der die Gehätschelten und über die Säuglingssterblichkeit hinweg Großgezogenen zugrunde richtet. Dafür ist das Verb gebraucht, das in V.11 für das Erlöschen der Augen stand, die um die Kinder und Säuglinge weinten. Auch darin findet sich noch die Querverbindung zwischen dem Sprecher und Jerusalem. Neben diesen gezielten Aufnahmen von Phrasen und Wörtern aus der Rede des Sprechers, greifen die Gehegten auch → semantisch auf V.21 zurück. Damit ergibt sich zwar keine exakte → konzentrische Anordnung in V.21–22, doch wird die direkt an YHWH gerichtete Anklage, am Tag des Zorns ohne Schonung vorgegangen zu sein (V.21c), klar von den je drei Themen (Kinder, Heiligtum, Totalität der Vernichtung) ummantelt und so ins Zentrum gerückt. Wie auch durch „Tag deines Zorns" (V.21) und „Tag des Zorns YHWHs" (V.22) unterstrichen, geht es der Rede Zions um die Verantwortung Gottes. Ihm sollte sie ihre Klage vorlegen und das tut sie, immer wieder zurückgreifend auf die Beschreibung aus dem Mund des Sprechers, der ihr die Klage anempfohlen hatte (V.19). Am Ende des Liedes hat Zion anscheinend ihre Hände „für deiner Kinder Leben" zu ihm erhoben und ihr Herz wie Wasser in der Klage ausgeschüttet (V.19).

Zu einer Bitte, die über das „Sieh doch und schau!" hinausgehen würde, kann sie sich allerdings nicht durchringen. Das Lied endet dunkel, wie es begonnen hat. Das „mein Feind hat sie vernichtet", lässt sich durch den Einbezug vor allem von V.4.5 auf Gott selbst beziehen, der wie ein Feind in Jerusalem gewütet hat. Diese Offenheit, die das „mein Feind" auf Gott bezogen sein lässt und ihn als Mörder anklagt, macht die Beschädigung Gottes überdeutlich. Die Gottferne scheint am Ende des Liedes unendlich.

Dass das Lied damit nicht einfach im Wohlklang einer Erhörungsgewissheit oder einem preisenden Bekenntnis des Erbarmens endet, sondern den Klagegestus wie auch den implizit anklagenden Ton der Klage beibehält, lässt es authentisch scheinen. Es ist wohltuend, dass in der Überwindung der Sprachlosigkeit die Klage und die Anklage stehen dürfen und gerade die Anklage es ist, die zu Gott zurückführt. Das ist der Wert der Klage im Gebet, dass es nicht mehr als das Vertrauen braucht, dass Gott nicht so ist, wie der Leidende ihn erfährt und dass sein gerichtetes „Sieh her!" nicht ins Leere läuft, sondern bei Gott etwas auslöst.

Das zweite Klagelied ist auch ein literarisches Lehrstück, wie die Bearbeitung von Traumata möglich ist und wie schwierig dabei die Überwindung von Blockaden ist. Für die Rückschau bedarf es Mut und es muss mit Rückschlägen, inneren Zusammenbrüchen und dem Verstummen vor der grausamen Erinnerung gerechnet werden. Es bedarf der Wiederholung, der immer neuen Thematisierung und Fokussierung des Traumas, um einer Bewältigung näherzukommen. Und es bedarf des Zulassens der Trauer, überfließender Tränen und eingestandener Zerbrochenheit, um neuen Halt zu finden. Und ja, es bedarf der Personen, die vorweggehen, die Modelle sind und die den angesichts des Leids Verstummten Anregungen geben, ihre Sprachlosigkeit zu überwinden. Das war die Rolle des Sprechers, der Jerusalem bis zur Anklage bringt. Dass dieser Sprecher in Rolle und Wort Anleihen bei Jeremia nahm, zeigt den Wert der Konfessionen für das Verständnis des Propheten Jeremia und zugleich, warum die Tradition niemand Besseren als „Autor" der Klagelieder hätte finden können. Das wird auch Klgl 3 noch unterstreichen.

III. Die Erfindung der Theologie – Klgl 3

Das dritte Klagelied bildet die Mitte der Klagelieder, sowohl in kompositioneller als auch in theologischer Hinsicht. Zugleich ist es das am spätesten entstandene der Lieder. Obwohl es nahezu die gleiche Anzahl an Buchstaben wie das zweite Lied hat, macht es den Eindruck, dass es ausführlicher und länger wäre. Das wird durch die Verszählung unterstrichen, die 66 anstatt wie in den übrigen Liedern 22 Verse zählt. Jeweils drei Verse beginnen mit dem gleichen Buchstaben, oft auch drei oder zwei Zeilen mit demselben Wort (V.19–20.25–27.29–30.31–33.43–44.49+51.59–60). Zugleich orientieren sich thematische Einheiten nicht unbedingt an den Buchstaben, sondern häufig liegen die Übergänge inmitten einer „Strophe". Eine grobe Gliederung in drei größere Abschnitte ist durch den singularischen Sprecher in V.1–39.48–66 und ein „Wir" in V.40–47 leicht zu erkennen. Darüber hinaus fällt eine feinere Gliederung schwer. Am ehesten lassen sich noch die V.49–51 als Reaktion des Einzelnen auf das Schicksal der „Wir" und V.25–30 mit „weisheitlich" geprägten Empfehlungen als Einheiten erkennen. Der Versuch einer → konzentrischen Gliederung mit der Belehrung in V.25–33.34–39 schlägt fehl, weil sich weder V.21–24 und V.40–47 noch V.17–20 und V.48–50 wirklich entsprechen. Daher soll es hier bei der groben dreiteiligen Gliederung bleiben und eher ein kontinuierlicher Gedankengang angenommen werden. Eine theologische Mitte ist in V.21–24 zu erkennen, wo der Sprecher eine Reflexion im Rückgriff auf die Tradition anstellt und daraus neues Vertrauen schöpft. Das Argumentationsmuster hat Parallelen in exilisch-nachexilischen Dichtungen, wie vor allem Ps 77 und Jes 63,7–64,11. Insgesamt greift jedoch Klgl 3 auf eine Vielzahl von Texten zurück und scheint diese vorauszusetzen; darunter neben der Gnadenformel Ex 34,6–7 vor allem Texte aus den Konfessionen des Jeremia und der Ijobdichtung. Die Auslegung entfaltet darüber hinaus ein intensives Gespräch mit den Psalmen. Dabei muss unterschieden werden zwischen Bezügen, die eine Textform der Psalmen voraussetzen und solchen, die sich erst durch die Rezeption im Kanon einstellen. Es ist nicht immer leicht zwischen beiden Arten zu unterscheiden, doch stellt sich der Eindruck ein, dass für Klgl 3 die Psalmen bereits eine herausragende Bedeutung hatten, nicht jedoch, dass der Psalter bereits in fünf Bücher mit insgesamt 150 Psalmen aufgeteilt war. Ebensowenig setzt das intertextuelle Spiel voraus, dass die Texte in einem bereits festen Kanon zusammen überliefert wurden. Beides ist nicht ausgeschlossen, aber auch nicht notwendig anzunehmen. Auffallend ist, dass auf Texte, in denen auch terminologisch die Opposition von Gerechten und Frevlern eine zentrale Rolle spielt, (noch) kein Bezug genommen wird. Für die Datierung ergibt sich, dass Klgl 3 mit einem beträchtlichen Abstand zu Klgl 1–2 entstanden sein wird (s. die das Schema zur Entstehung der Komposition S. 39). Das „Schriftbewußtsein" und die Verbindung der theologischen Schwerpunkte (Universalismus, Rechtfertigung Gottes, Gotteszorn und Gerechtigkeit, Erbarmen Gottes) weisen sicher auf eine nachexilische, eher spätnachexilische Entstehung im 5./4. Jh. hin (s. o. Einleitung V.1).

Klgl 3 hat ein charakteristisches Profil: Es ist das Lied, in dem Gott → semantisch mit Abstand am präsentesten ist. Der Gottesname YHWH „Herr" ist 12-mal benutzt (V.18.22.24.25.26.40.5. 59.61.64.66), Adonai „Herr" viermal (V.31.36.37.58) und darüber hinaus zweimal „Höchster" (V.35.38) und einmal „El" (V.41). Nirgendwo sonst in den Klageliedern ist die Dichte der Bezeichnungen so groß. Die Zerstörung der Stadt wie des Tempels ist in den 66 Versen kaum präsent und wenn dann nur in sehr allgemeinen Formulierungen. Jerusalem und Zion werden im gesamten Lied ebenso wenig genannt wie Israel und Juda. Die Stadt ist lediglich in V.51 in den „Töchtern meiner Stadt" und der Formulierung „Tochter meines Volkes", die synonym zu Zion ist und die Stadt Jerusalem bezeichnet, präsent. Auch die in Klgl 1, 2 und 4 so wichtigen Volksgruppen und Amtsträger (Priester, Propheten, König, Junge, Alte, Kinder) werden nicht erwähnt. Auf den ersten Blick scheint also Klgl 3 über etwas ganz anderes zu handeln. Dass Zion/Jerusalem jedoch im Hintergrund sehr präsent ist, machen viele einzelne Formulierungen aus Klgl 1–2, die in Klgl 3 verwendet werden, deutlich. Es bestehen kaum Zweifel, dass Klgl 3 für einen vorliegenden Zusammenhang gedichtet worden ist, der mindestens die Einheit Klgl 1–2 umfasst hat. Alleine schon V.1 setzt durch „seinen" Zorn einen Kontext voraus. Weit weniger Bezüge bestehen allerdings zu Klgl 4 und erst recht zu Klgl 5. Klgl 3 erweist sich als hoch theologische Dichtung, die auf die Herausforderung der Katastrophe und den Umgang damit in Klgl 1–2 in eigener Weise reagiert und sich dabei in vielfacher Weise der vorgegebenen Tradition bedient. Ja mehr noch, das Lied bringt über das Stichwort des „Gedenkens" eine Reflexion über religiöses Traditionswissen und dessen Funktion ein. Dabei ist die Komplementarität von Zorn und Erbarmen im Gottesbild für das Denken von Klgl 3 ganz wesentlich. Vom Zorn Gottes ist im Vergleich zu Klgl 1, 2 und 4 auffallend wenig die Rede, sein Erbarmen hingegen wird im Vergleich mit den übrigen Liedern stark betont. Die Theologie von Klgl 3 fordert recht eindeutig über die Rede von Gottes Zorn sein Erbarmen nicht außer Acht zu lassen. Dazu bringt es das religiöse Traditionswissen als Korrektiv ein. Nicht die Klage als solche wird in Frage gestellt (sie ist in Klgl 3 gegenüber Klgl 1–2 in emotionaler Hinsicht sogar mindestens gleichgestellt), sondern die Reduktion des Handelns Gottes auf seinen Zorn. Gott ist eben *nicht nur* zornig, wie es Kgl 2 vorgestellt hatte. Klgl 3 zeigt, dass Gottes Wesen nicht in der Durchsetzung der Gerechtigkeit aufgeht, sondern in der Vorordnung der Gnade liegt. Darin ist Klgl 3 Korrektur der übrigen Lieder, nicht in einer Zurückweisung der Klage. Klage – selbst wenn sie harte Anklagemomente gegen Gott integriert – behält auch angesichts der Rechtfertigung Gottes ihr Recht. Sie scheint sogar notwendige Voraussetzung der Bewältigung der Krise zu sein.

Wie Klgl 1 reagiert auch Klgl 3 auf die in Klgl 2 entstandene Gotteskrise. Dort war ein durch die Anklage der Maßlosigkeit und Ungerechtigkeit beschädigter Gott zurückgeblieben, zu dem keine vertrauensvolle Beziehung mehr möglich war. Klgl 3 ist noch deutlicher eine Rechtfertigung Gottes. Dabei wird der Zorn Gottes nicht negiert, weggedrückt oder einfach gegen das Erbarmen getauscht, sondern in eine Relation zur Durchsetzung einer universal-kosmischen Ordnung der Gerechtigkeit gestellt. Gott „muss" zürnen, um ein Mindestmaß an Gerechtigkeit zu gewährleisten. Je größer das menschliche Unrecht, desto mehr muss Gott gegen sein liebendes und erbarmendes Wesen agieren. Mit diesem Gedankengang wird auch das Leiden Zions eingeordnet. Zur Bewältigung kollektiven Leids bedarf es Einzelner, die sich vom Leid affizieren lassen und gleichermaßen ihre Klage wie die Erfahrung der eigenen Rettung einbringen. Bewältigung ohne neues Vertrauen ist unmöglich. Dieses neue Vertrauen entwickelt der Einzelne in Klgl 3 durch den Rückgriff auf die Tradition.

א (*Aleph*) 1–3 In V.1–16 redet ein einzelner Mann über das Handeln Gottes, das er an sich erfahren hat. Viel ist in Tradition und Exegese darüber nachgedacht worden, wer der Mann sein könnte. Unterschiedliche textliche Ansatzpunkte und Blickrichtungen führen dabei zu sehr verschiedenen Lösungsansätzen. Da gibt es zunächst die Linie, die in dem *gæbær* eine königliche Figur sieht. Der Sprechende hat eine enge Beziehung zur Stadt und sein Schicksal ist *irgendwie* auch mit der Stadt verbunden. Er hat Zugang zum Traditionswissen und ist ein gebildeter Mann. Das hat nahegelegt, ihn mit einem der letzten Könige zu identifizieren. Aber alle Identifikationsversuche haben Haken, weil sie sich nur an einem oder zwei Punkten festmachen können. Am wenigsten wahrscheinlich ist von den Vorschlägen eine Identifikation mit König Joschija (639–609 v. Chr.), der wegen 2 Chr 35,25 auch als Autor der ganzen Sammlung ins Spiel gebracht wurde. Zwar ist Joschija ein „Gerechter", der am Schicksal seiner Stadt gelitten hat und dem nachgesagt wird, er habe Klagelieder gedichtet, doch hat Joschija den Untergang der Stadt nicht erlebt. Nichts im Text sonst weist auf Joschija hin. Eine Identifikation des Mannes mit König Zidkija (598/97–587/86 v. Chr.) hat da mehr für sich. Er hat die Belagerung der Stadt erlebt (2 Kön 25,1–2) und ist aus ihr geflohen, aber seine Flucht misslang (2 Kön 25,5–6). Er wurde vor Nebukadnezzar nach Ribla gebracht, geblendet und dann nach Babel in die Gefangenschaft verbracht, nachdem er erleben musste, dass seine Söhne vor seinen Augen getötet wurden (2 Kön 25,7). Sein Handeln missfiel Gott, wie es in der deuteronomistischen Beurteilung in 2 Kön 24,19 heißt, sodass er schließlich Juda und Jerusalem verstieß (2 Kön 24,20). Die Finsternis V.2.6, die so stark betonten Augen V.48–49.51, die Gefangenschaft V.3.55 und die schon früh auferlegte Last (V.27, Zidkija war 21 als er König wurde, 2 Kön 24,18), können für Zidkija in die Waagschale geworfen werden. Der ebenfalls sehr junge Jojachin, der schon mit 18 Jahren die Last des Königtums auferlegt bekam und nur drei Monate König war (598/97 v. Chr.), kapitulierte vor dem Druck der neubabylonischen Streitmacht (2 Kön 24,10–12), was die Zerschlagung der Infrastruktur und die erste große Deportationswelle zur Folge gehabt haben soll (2 Kön 24,13–16). Auch Jojachin wurde nach Babel ins Gefängnis gebracht, dort jedoch – wahrscheinlich weil er sich ergeben hatte – nach 27 harten Jahren begnadigt und am königlichen Hof versorgt. Dazwischen liegt die Eroberung und Zerstörung der Stadt. Bei Jojachin kommt neben dem jugendlichen Alter (V.27) und der langen Gefangenschaft (V.3.55) vor allem der eigentümliche Aufbau des dritten Klageliedes ins Spiel. Der erste Teil ist von dem harten Leid geprägt, das der Sprecher erfahren hat. In vollständigem Kontrast dazu steht die positive Erfahrung, von der der Sprecher im hinteren Teil berichtet (V.55–66). Dazwischen steht die „Wir"-Erfahrung der Katastrophe (V.40–47), auf die der Sprecher mit heftigem Weinen reagiert V.48–51. Dieser „Ablauf" legte nahe, das Lied mit dem Schicksal Jojachins in der Abfolge „Not – Gefangenschaft – Zerstörung Jerusalems – Klage – Begnadigung" zu sehen. Von den „königlichen" Sprechern hat die Identifikation mit Jojachin deshalb noch am meisten für sich, weil der Vorschlag mehr als nur Einzelbezüge im Lied als Aufhänger nimmt. Doch deutet auch hier wenig auf die konkrete Identifikation und das Schicksal des jungen Königs hin. Das gilt insbesondere dann, wenn man wahrnimmt, dass die Formulierungen oft auf Texte in den Psalmen, in Jeremia und Ijob zurückgreifen oder standardisierte Beschreibungen von Notklagen verwenden, die nicht historisch ausgewertet werden dürfen. An dieser Stelle setzen die anderen Vorschläge an. Da es viele Übereinstimmungen mit Ijob gibt, die bis in einzelne Formulierungen hineinreichen (s. dazu die Auslegung) und zudem Ijob als leidender Gerechter vorgestellt wird, der am Ende restituiert wird, wurde Ijob in der Tradition schon früh als der „Mann" in V.1 angesehen, so etwa bei dem jüdischen Gelehrten Rabbi Josua ben Levi aus dem 3. Jh. n. Chr. im Midrasch zu den Klageliedern. Dort findet sich aber auch bereits die gegenteilige Ansicht, dass der Einzelne in Klgl 3 kollektiv verstanden werden muss, d.h. mit Israel identifiziert werden soll. In dieser Linie steht auch der Vorschlag, den Mann in Klgl 3,1 mit Zion zu identifizieren. Die personifizierte Stadt sei „Lehrmeister für den einzelnen Beter und die glaubende Gemeinde." (Ulrich Berges) Für diesen Vorschlag spricht, dass es neben kleinen wörtlichen Zitaten aus Klgl 1–2 (in V.15.19.46) eine ganze Reihe von Stellen in Klgl 3 gibt, die auf das Schicksal Zions hin transparent scheinen oder darauf anspielen (s. die Auslegung). Zum Teil hat man sogar den Eindruck, das Erleben des Mannes und das Schicksal Zions seien identisch. Schließlich war die letzte „Stimme“ in Klgl 2 ebenfalls Zion. Das Problem mit dieser Lösung ist unzweifelhaft das Geschlecht, denn Zion wird sonst nie männlich personifiziert. Die Leserinnen und Leser hätten das kaum verstanden. Außerdem redet der Mann vom Zusammenbruch der Stadt (V.48) und von den Töchtern meiner Stadt, womit er kaum selbst Zion sein kann. Nimmt man an, dass beide Teile in V.1–39.48–66 demselben Sprecher zuzuweisen sind, und dafür spricht Vieles, ist zwar ein exemplarischer Bewohner Jerusalems der Sprecher, kaum aber die Stadt selbst.

Das lenkt den Blick auf den Propheten Jeremia, der in der Tradition schon deshalb mit dem „Mann“ aus Klgl 1 identifiziert wurde, weil er ja zugleich als Autor aller fünf Lieder galt. Wenn also der Sprecher „von sich“ redet, konnte nur Jeremia gemeint sein. Für diese Identifikation sprechen gerade in Klgl 3 noch eine Reihe von Verbindungen zum Propheten Jeremia. Auch von ihm wird berichtet, dass er in eine Zisterne eingesperrt und auch daraus wieder befreit wurde (Jer 37,16; 38,6–13). Auch der Prophet redet von einem Rechtsstreit (*rîb*, Jer 11,20; 2,12), weint über den Zusammenbruch der Stadt (Jer 8,21; 14,17) und die in V.57 zitierte Gottrede „Fürchte dich nicht!“ spricht Gott auch zu Jeremia (Jer 1,8). Er kennt das Leiden der Stadt, er ist der einzige Prophet, der die Eroberung der Stadt miterlebt hat. Es gibt noch eine Reihe weiterer Ähnlichkeiten mit dem Text des Jeremiabuches und auch dem Schicksal Jeremias, auf die in der Auslegung hingewiesen wird. Die Identifikation des Mannes mit Jeremia ist also keinesfalls so abwegig, dass man mit der wahrscheinlich zufälligen Übereinstimmung des Zahlenwerts der Worte „Jeremia“ und „ich bin der Mann“ (je 271, nach einem System, das jedem Buchstaben im Alphabet einen Zahlenwert zuweist und dann die Summe der Werte von *'ny hgbr* und *yrmyhw* vergleicht) gar nicht bedienen muss. Obwohl jedoch der Text auf Jeremia hin durchlässig ist, gibt es *nichts*, was wirklich zwingend auf Jeremia hinweisen würde. Deshalb ist die Identifikation in den jüngeren Kommentaren durchgehend aufgegeben worden. An seine Stelle ist ein paradigmatischer Einzelner getreten; nicht eine historische Person, sondern eine literarische Kunstfigur, was der nachexilischen Rollendichtung entspricht. Dieser Einzelne hat Zugang zu den Erfahrungen, die Zion gemacht hat. Zum anderen spricht er V.51 von „meiner Stadt“ und scheint damit auch als Bewohner der Stadt vorgestellt. Doch scheint seine Erfahrung so paradigmatisch generalisiert, dass sie nicht an den konkreten Stadtraum gebunden ist.

Es ist auffallend, wie intensiv auf Formulierungen in den Psalmen zurückgegriffen wird. Zum Teil hat man den Eindruck als führe Klgl 3 ein Schriftgespräch mit den Psalmen. Dafür operiert es oft mit verallgemeinerbaren Standardsituationen und entsprechenden Formulierungen. Einige Beispiele aus den V.54–58 können das veranschaulichen (s. dazu auch die weitere Auslegung): „ohne Grund“ (V.52): Ps 35,7.19; 69,5; 109,3; „wie ein Vogel“ (V.52): Ps 102,8; Grube/Grab (V.53): Ps 30,2; 40,3; 88,5.7; „Wasser ging mir über den Kopf“ (V.54): Ps 69,2–3; „ich bin verloren“ (V.54): Ps 88,6; „ich rief deinen Namen“ (V.55): Ps 116,4; 130,1; „du hörtest meine Stimme“ (V.56): Ps 18,7; 40,2; 106,44; „du warst nahe“ (V.57): Ps 34,19; 85,10; „fürchte dich nicht“ (V.57): Ps 46,3; 56,12; 91,5; 118,6; „meine Sache“ (V.58): Ps 35,1; 43,1, 74,22; „du hast mich erlöst“ (V.58): Ps 72,2; 103,4; 119,154. Das Exemplarische tritt dem Geschichtlichen gegenüber, das Überindividuelle dem Konkreten. Die Psalmen werden als Tradition wahrgenommen und mit ihnen wird argumentiert. Das dritte Lied betreibt „Exegese“ und „Theologie“.

All das spricht dafür, dass der Sprecher nicht eine historische Figur ist, sondern ein fiktiver Einzelner oder eine poetische Persönlichkeit, an deren Schicksal etwas verdeutlicht werden soll. Dazu passt, dass *gæbær* „Mann“ auch in den Psalmen oft für einen paradigmatischen Menschen verwendet wird (Ps 18,26; 34,9; 37,23; 40,5; 42,9; 88,5; 89,49; 84,12; 127,5; 128,4). Er soll zuallererst Zion und dann vermittelt auch den Hörenden/Lesenden als Paradigma vorgestellt werden, an dem das nachexilische Israel etwas lernen soll: wie das Leid vor dem Hintergrund von menschlichem Unrecht und göttlicher Gerechtigkeit zu verstehen ist und wie damit umzugehen ist, dass auch Unschuldige in Mitleidenschaft gezogen werden, wenn Gott um seiner größeren Gerechtigkeit willen straft. Dazu wird der „Mann“ in Klgl 3 eingeführt. In der *Klageliederkomposition* könnte man ihn durchaus mit dem Sprecher von Klgl 1–2 identifizieren, auch wenn dafür eindeutige textliche Hinweise fehlen. Das „Rollenmodell" ist allerdings in Kap. 2 in gewisser Weise schon vorgespurt, wenn dort der Sprecher zunächst aus Betroffenheit über das Schicksal Jerusalems weint (2,11) und dann Jerusalem auffordert, es ihm gleichzutun und ebenfalls laut zu klagen (2,18). Alternativ kann man in ihm eine „neue" Stimme in der Komposition der Klagelieder sehen, die ähnlich wie Elihu in den Ijob-Dialogen eine neue und weiterführende Perspektive einbringt.

Ein Adressat, an den die Rede gerichtet wäre, fehlt wie auch in Klgl 1–2. Gott wird erst in V.17 direkt angeredet. Man gewinnt den Eindruck eines Forums, in dem Gott als Angeklagter, der Sprecher als Ankläger und Zeuge und die Lesenden oder Hörenden als Geschworene oder Richter auftreten. Dass der Sprecher in einer gewissen Distanz das Handeln Gottes an ihm schildert, hat seine Parallele in 2,1–19, wo allerdings ein Sprecher das Schicksal Jerusalems beschreibt und Jerusalem auch direkt anredet. Vergleichbar zu Klgl 2, schildert der Sprecher das Ergehen, ohne über die Ursachen zu reflektieren bzw. darüber Auskunft zu geben. Gott hat die Rute seines Grimms an ihm ausgelassen, ohne dass auf die Gründe dafür Bezug genommen würde. Dabei greift V.1 durch „seinen" Grimm sachlich auf den „Zorntag YHWHs" in 2,22 zurück. Es ist ein Zorn, der Zion und den „Mann" trifft. Als am Zorntag YHWHs keiner entkam und entrann, traf auch den „Mann" die Rute seines Grimms. Diese Verbindung zwischen 2,22 und 3,1 ist allerdings sehr lose. Gleichwohl scheint der „Mann" auch in V.1–18 ein Mensch zu sein, der über das Maß seiner Sünden hinaus Leid erfahren hat. Es gibt keinerlei Hinweis auf ein sündhaftes Verhalten. Im Gegenteil: In der Sicht des Sprechers jedenfalls ist das Handeln Gottes unverständlich. Jeden Tag geht es gegen ihn, anscheinend grundlos. So scheint das Handeln Gottes auf den ersten Blick willkürlich, was den Beginn von Klgl 3 ebenfalls mit Klgl 2 vergleichbar macht. Auch dort wurde das Handeln Gottes als jenseits jeden Erbarmens und überzogen gekennzeichnet. Die Gegenthese wird Klgl 3 erst in V.22 entfalten. Die anfängliche Nähe von Klgl 2 und Klgl 3 wird durch das „seines Grimms" unterstrichen, da dieser Zornbegriff sonst in den Klageliedern nur in 2,2 vorkommt. Damit gibt V.1 ein erstes starkes Signal, dass das Leiden Zions mit dem Leiden des Beters vergleichbar ist. Der Fortgang der Argumentation wird zeigen, dass Gottes Zorn niemals unbegründet ist, sondern durch Unrecht und Sünden der Menschen erst erregt wird.

Explizit gibt es in Klgl 3 erst in V.39.42 einen Hinweis auf die Sünde. Dann erst wird klar, dass Gott nicht willkürlich handelt. Eine Andeutung dafür lässt sich vielleicht schon in dem Instrument der Rute in V.1 erkennen, da Ex 21,20; 2 Sam 7,14; Spr 23,13–14 den Stab zur Züchtigung und Erziehung einsetzen und Ps 89,33 die Züchtigung mit Bestrafung in Verbindung sieht: dann werde ich „ihr Vergehen mit der Rute strafen und ihre Sünde mit Schlägen". So steht die „Züchtigung" als Überschrift über den V.1–16. Das wirft die Frage auf, ob Gottes Handeln angemessen ist oder nicht. Dieses Urteil überlässt der Text wohlweislich zunächst dem Leser und der Leserin, wird die Frage aber im hinteren Teil der Klagelieder bejahen.

Der paradigmatische Einzelne, der auch der Sprecher bis mindestens V.39, vielleicht sogar bis zum Schluss des Liedes bleibt, beginnt in V.2 von *seinem* Leid zu berichten. Die Schilderung des Leidens reicht zunächst bis V.16. Sie wird in V.17 durch die direkte Anrede und die zusammenfassende Einschätzung des Sprechers in V.18 abgeschlossen. Bis V.17 wird Gott als der an dem Sprecher Handelnde vorgestellt, aber nicht direkt benannt. Erst in V.18 wird der Gottesname in Klgl 3 erstmalig verwendet (es mag Zufall sein, dass es wie in Kap. 2 die *Waw*-Strophe ist). V.2 beginnt mit einer dynamischen und zugleich programmatischen Aussage. Die EÜ „fällt mit der Tür ins Haus", wenn sie dem Sinn des Verses entsprechend die Verben von V.2 stark negativ konnotiert: „er hat mich getrieben und gedrängt." Für in der biblischen → Semantik geübte Leserinnen und Leser stellt sich der negative Eindruck erst am Schluss des Verses ein, wenn es heißt „in Finsternis, nicht ins Licht". Das erste Verb „führen, leiten" kann durchaus negativ sein, wenn damit das „Wegführen" in die Gefangenschaft (Gen 31,26; Dtn 4,27; 28,37; Jes 20,4; 60,11; Nah 2,8) bezeichnet wird. Doch die vier Belege in den Psalmen – und die weitere Auslegung von Klgl 3 wird zeigen, wie zentral die Psalmen als Resonanzraum von Klgl 3 sind – verweisen auf die Führung Israels in der Geschichte. Das gilt umso mehr für das zweite Verb „er ließ mich gehen", das in dieser Form insbesondere die Führung durch die Wüste bezeichnet und durchweg positiv konnotiert ist. Was also auf den ersten

Blick das positive Handeln YHWHs bezeichnet, kippt durch die Aussage „in die Finsternis“, die – als wäre das nicht schon genug – durch das „nicht ins Licht“ unterstrichen wird (vgl. Am 5,18.20; Ijob 12,25). In der Finsternis fehlen Entfaltungsmöglichkeiten, findet Leben nur in einer reduzierten Form statt, weshalb Gefängnis und Gefangenschaft mit Finsternis und Dunkelheit verbunden sind. Die Finsternis ist gekennzeichnet als Raum der Gefährdung, als lebensferner und existenzbedrohender Zustand, der dem Tod nahe, wenn nicht gleich kommt. Die Unterwelt, in der die Toten sich aufhalten, ist das Land des Dunkels und des Todesschattens (Ijob 10,21).

Finsternis und Tod sind ebenso „Geschwister“ wie Licht und Leben. Beide sind in den Psalmen mit kräftigen und Vertrauen erweckenden Bildern verbunden. Gott macht die Finsternis des Beters von Ps 18,28 hell, er führt Ps 78,14 aus Dunkel und Finsternis und ist dem Beter aus Ps 139,11–12 noch in der tiefsten Finsternis nah, denn für Gott ist „auch die Finsternis nicht finster“, sondern „die Nacht würde leuchten wie der Tag, die Finsternis wäre wie Licht“. Weil Gott barmherzig und gnädig ist, strahlt den „Redlichen in der Finsternis Licht auf“ (Ps 112,4). Die Frevler sind „Rebellen gegen das Licht“ (Ijob 24,13), während die Gerechten „in seinem Licht das Licht schauen“. Da Gottes Angesicht *leuchtet* – mit der Wendung wird die freundliche, schützende, lebensförderliche Gottesgegenwart oft umschrieben (Ps 4,7; 31,17; 67,2 u. ö.) – bedeutet das Wegführen in die Finsternis die gottgewirkte Entfremdung von Gott. Die Abwendung Gottes kommt dem Tod gleich bzw. hat ihn zur Folge.

Für den Beter der Psalmen ist ferner die Wegmetaphorik von großer Bedeutung. Die Psalmen beteuern, dass der Einzelne wie das Volk sich im Vertrauen auf YHWH auf dem rechten Weg leiten lassen kann und soll (Ps 31,4; 73,24). Selbst am äußersten Ende des Meeres weiß sich der Beter von Ps 139,10 noch von der Hand Gottes geführt. Der Hirte Israels führt auf grüne Auen, wo Leben in Fülle möglich ist (Ps 23,2). Es ist nicht der Gott, der leitet, wie ein Hirte seine Schafe (Ps 48,15; 78,52; 80,2, vgl. daneben bes. Jes 49,10), darauf bedacht, dass ihnen nichts zustößt. Er führt auf einen Weg ohne Hindernis (Ps 18,32; 27,11; 143,10), aus der Bedrängnis (Ps 25,17), auf Pfaden der Gerechtigkeit (Ps 23,3) und auf einem ewigen Weg (Ps 139,24). Der Beter von Ps 43,3 bittet sogar, dass Gott sein Licht (!) und seine Wahrheit senden möge, um ihn zu leiten, die Gottesgegenwart zu erleben. Hat man diese Stellen im Ohr oder im Sinn, wird erst recht deutlich, in welchem Kontrast sich die Aussage von Klgl 3,2 befindet, wenn Gott in die Finsternis und nicht ins Licht führt.

Der Sprecher hat Gott nicht als Hort des Vertrauens, der Zuwendung oder des Heils erfahren, sondern als den, der sich entzieht, den Schutz aufgibt und der Gefährdung aussetzt. Eine so negative Gotteserfahrung bezeugt sonst nur Ijob, der von sich sagt, dass er auf Licht harrte, doch Finsternis kam (Ijob 30,26). Gott habe Finsternis auf seine Wege gelegt (Ijob 19,8).

Das Vertrauen des Sprechers von Klgl 3 scheint schon im ersten Vers seiner Leidschilderung zerbrochen. Insofern ist V.2 eine programmatische Aussage. Tiefer kann es eigentlich kaum noch gehen. Die Lesenden oder Hörenden können sich schon jetzt der Frage nach der Angemessenheit des Handelns Gottes kaum erwehren. Was soll daran „Züchtigung" sein, wenn Gott sich abwendet, entzieht und schutzlos ausliefert? Zugleich erkennt man die Nähe zur Lage Jerusalems, wie sie in Klgl 2 beschrieben wurde: schutzlos, dem Mutwillen des Feindes ausgeliefert, gottesfern und todesnah. Wie der Verlauf von Klgl 3 noch zeigen wird, scheint diese Nähe durchweg beabsichtigt.

V.3 knüpft mit einer weiteren generellen Aussage an V.2 an und spitzt diesen in zweifacher Weise zu. Wenn Gott generell in die Finsternis führen und es zu seinem Wesen gehören würde, erbarmungslos und grausam zu handeln, dann müsste man sich damit abfinden. Es gäbe jedenfalls keinen Raum für die Klage, dass Gott ungerecht handelt, da er alle gleich schlecht behandelt. Nur wenn sein Handeln auf Willkür oder Ungerechtigkeit baut und Gott anders handeln könnte, macht die (An-)Klage Sinn. Meist wird Leid aber von den Betroffenen als ungerecht erfahren und mit der Frage „Warum gerade ich?" verbunden. Eine der Besonderheiten von Klgl 3 ist, dass es diese Frage nicht stellt und weder explizit klagt noch anklagt. Klgl 3 enthält sich in V.2–16 an der Textoberfläche der Entscheidung, ob Gott ungerecht ist. Im Subtext und in Andeutungen allerdings gibt der Text durchaus Hinweise, wie in der Betrachtung der „Rute" gesehen.

In V.2 adressiert der Sprecher das Gerechtigkeitsproblem vergleichsweise deutlich, wenn auch nicht wirklich Gott anklagend. Der Sprecher empfindet Gottes Handeln als ungerechtfertigt. Gott handelt nicht generell böse, sondern „bloß gegen mich“ und das ohne Pause „alle Tage“ (vgl. 1,13). Der Sprecher sieht sich im Fokus von Gottes Strafhandeln, ähnlich wie Ijob, der den Freunden sein Unverständnis für das Handeln Gottes entgegenschleudert: „Gottes Hand hat mich getroffen“ (Ijob 19,21, vgl. 7,16.19–21; 9,27–35 [besonders V.34]; 10,1–7.16.20; 30,21 u. ö.). Ebenso unverständlich bleibt das Maß des Zornes Gottes für Zion in Klgl 2 und über weite Strecken auch in Klgl 1. Nicht ganz leicht ist der exakte Sinn der beiden Verben. Die Übersetzung versteht das erste als Vorgang der Wiederholung mit der Bedeutung „von Neuem“. Eine andere Möglichkeit ist, dass beide Verben auf die Hand Gottes bezogen sind und er seine (schützende) Hand zurückzieht und seine (strafende) Hand dem Beter zuwendet. Gottes Hand kann auch im Psalter negativ konnotiert sein (Ps 32,4; 38,3; 39,11, vgl. Klgl 2,8!), doch wird sie überwiegend als positiv erfahren. Sie rettet (Ps 10,12; 17,14; 21,9; 31,16; 106,26; 109,27; 119,173; 143,7) und der Beter kann getrost seinen Geist in die Hand Gottes befehlen (Ps 31,6). Gottes Hand gewährt Schutz (Ps 80,18; 139,10) und Bestand (Ps 89,14.22) und nur die Toten sind von seiner Hand abgeschnitten (Ps 88,6). Darum fragt Ps 74,11 anklagend: „Warum ziehst du deine Hand zurück?“ Doch damit anscheinend nicht genug, denn V.3 kombiniert das Bild der zurückgezogenen Hand mit der gegen den Sprecher gewendeten Hand. Die Wendung ist so nur in 1 Kön 22,34//2 Chr 18,33 belegt, wo sie eine 180°-Kehrtwende meint. Das würde bedeuten, dass die Hand Gottes sich jetzt schädigend gegen den Sprecher gewendet hat.

ב (*Beth*) 4–6 V.4 beschreibt das Leiden des Beters als körperlichen Verfall. Fleisch, Haut und Knochen werden im Hebräischen in fünf knappen Worten angesprochen. Die beiden Verben (zerfallen, zerbrechen) rücken den Sprecher in die Nähe des Todes. Mit dem ersten wird der Zerfall abgetragener oder vom Mottenfraß löchriger Kleidung bezeichnet (Dtn 8,4; 29,4; Neh 9,21; Ijob 13,28) oder die Schwäche ausgezehrter Körper (Gen 18,12; Ez 23,42; Esra 4,4; Ps 32,3). An manchen Stellen rückt das Verb den körperlichen

Zerfall in die Nähe des Todes (Ps 49,15; 102,27) oder der totalen Vernichtung (Jes 50,9; 51,6). Haut und Fleisch können für den ganzen Menschen stehen (Ijob 10,11), insbesondere in den Stellen, in denen von Krankheit und Verfall die Rede ist (Ijob 7,5; 19,20). Auch die Knochen bzw. Gebeine stehen für den ganzen Menschen (Ijob 2,5; 20,11; Spr 15,30; 16,24 u. ö.), was die Übersetzung mit „Glieder" schon andeutet. Es geht weniger um das Skelett als um den ganzen Leib. Vielfach wird körperliche Versehrtheit und todesnahe Schwäche in den Psalmen durch die zerfallenden Gebeine zum Ausdruck gebracht (Ps 6,3; 22,15; 31,11; 32,3; 102,4.6; 109,18). Auffallend dabei ist aber, dass das starke Bild *zerbrechender* Glieder nur selten verwendet wird. Das „er zerbrach meine Knochen" war in der Forschungsgeschichte daher einer der textlichen Ansatzpunkte für die Identifikation des Sprechers mit Hiskija, denn in Jes 38,13 heißt es von Gott: „wie ein Löwe zerbricht er alle meine Knochen." Doch benutzt das Gebet des Hiskija in Jes 38 sprachliche Stereotypen zur Beschreibung des Leidens, von denen aus nicht auf eine Identifikation des Beters geschlossen werden kann. Viel eher scheint Klgl 3 in einem intensiven „Schriftgespräch" mit den Psalmen zu stehen, wenn es dortige Vertrauensaussagen wörtlich aufnimmt und ins Gegenteil verkehrt. Nicht von ungefähr kommt das Verb für „vertrauen" (*bṭḥ*) in den Klageliedern an keiner Stelle vor. Das Gegenbild zu Klgl 3,4 ist in Ps 34,20–21 formuliert. Denn die Leiden des Gerechten, von denen dort die Rede ist, sind *nicht* von Gott verursacht, sondern der Gerechte wird im Gegenteil von ihm aus dem Leiden erlöst: „Viel Böses erleidet der Gerechte, doch allem wird der Herr ihn entreißen. Er behütet all seine Glieder, nicht eins von ihnen wird zerbrochen." Diese Erfahrung scheint für den Sprecher gerade nicht zu gelten und doch ist die Erfahrung des Psalmbeters, wie der Fortgang der Argumentation in Klgl 3 zeigen wird, ein zentrales Moment zur Überwindung seiner Depression. Der Sprecher in Klgl 3 berichtet, wie er Gott als Feind erfahren hat, der seine Hand gegen ihn gerichtet hat (V.3). Damit macht er seine Situation vergleichbar zu der Jerusalems in Klgl 1–2 und das ist Absicht, denn der Sprecher will Jerusalem ein Paradigma zur Bewältigung der Krise vor Augen stellen.

Nicht ohne Grund greift V.4 ein anderes Bild der Bedrängnis auf, das besonders kompatibel zu der Stadtmetaphorik ist: Der

Sprecher fühlt sich von Gott eingeengt, ummauert und in seiner Freiheit eingeschränkt. Raummetaphern stehen in der biblischen Literatur oft, um ein Lebensgefühl zum Ausdruck zu bringen. Die Weite steht dabei für ungehinderte Entfaltungsmöglichkeiten. Beispiele dafür sind: „du hast mir weiten Raum geschaffen in meiner Bedrängnis" (Ps 4,2), „er führte mich hinaus ins Weite" (Ps 18,20; 25,17) oder „du schufst weiten Raum meinen Schritten" (Ps 18,37; 31,9; 80,10). Die Gegenbilder schränken den Beter ein, türmen Hindernisse vor ihm auf, belagern ihn oder mauern ihn ein. Eigentlich ist das Bauen Gottes durchweg positiv konnotiert und oft geht es um den (Wieder-)Aufbau Zions/Jerusalems (Ps 51,20; 102,17; 122,3; 127,1; 147,2; Jer 31,4; 33,7). Lediglich die Gerichtsandrohung Jer 45,4, das im Jeremiabuch mit Jer 1,10; 18,9; 24,6; 29,5.28; 31,28; 35,7 und 42,10 im Gespräch steht, konnotiert das Bauen Gottes negativ. Hier hingegen ist das Verbum „bauen" durch die Präposition „gegen mich" eindeutig negativ. Gemeint ist wahrscheinlich wie in 2 Kön 2//Jer 52,4; Ez 4,2 das Errichten eines Belagerungswalls oder einer Belagerungsrampe. Das ist in dem „umbaute" der EÜ lediglich angedeutet. V.4 muss metaphorisch verstanden werden, da man Menschen nicht wie Städte belagern kann (vgl. Ps 3,7; 27,3), doch spielt die Bildwelt der Belagerung auch in der zweiten Aussage des Verses eine Rolle. Das zweite Verbum, das die EÜ sinngemäß mit „umschließen" wiedergibt, meint das belagernde Umringen oder Umziehen einer Stadt (Jos 6,3.11; 2 Kön 6,14) oder das bedrängende Umzingeln einer Person (Ps 17,9; 22,17; Ijob 19,6). Nirgendwo sonst ist es mit „Gift und Erschöpfung" verwendet, was für sich genommen mindestens so seltsam ist. Es scheint, als wären neben der Errichtung eines Belagerungswalls verschiedene Aspekte einer Stadteroberung verschmolzen: das Einschließen der Bewohner durch das Versperren aller Stadtausgänge, die Vergiftung (wahrscheinlich der Wasserzufuhr, Jer 8,14) und die schließlich erfolgende Erschöpfung des Belagerten bzw. die mit der Belagerung verbundene Mühsal für die Bewohner, die ihre Kraft bricht. Es ist signifikant, dass es YHWH ist, der wie in Jer 8,14; 9,14; 23,15 strafend das Giftwasser verabreicht (vgl. Dtn 32,32–36). Dadurch werden Jerusalem und die Situation des paradigmatischen Einzelnen aus Klgl 3 parallelisiert.

Zwar muss man die verschiedenen Aspekte von V.5 nicht auf eine Belagerung beziehen, es liegt aber wegen der Parallelisierung zu Zion durchaus nahe. Das gilt besonders dann, wenn man sich auf die Sichtweise einlässt, dass Klgl 3 der Depression von Klgl 1–2 durch den Rückgriff auf das in der Tradition bezeugte Vertrauen auf YHWH etwas entgegenzusetzen sucht und dazu zunächst die Situation von Jerusalem und dem paradigmatischen Einzelnen aus Klgl 3,1 parallelisiert. Unter dieser Rücksicht fällt einem auch Ps 69,21–22 ins Auge. Dort beklagt der Beter aufgrund des Angriffs der Feinde, dass er „keinen Tröster hat" (vgl. 1,2.9.16.17.21) und die Feinde ihm Gift als Speise reichten. In Ps 69 steht YHWH auf Seiten des Beters, hier ist er der als strafend erfahrene Gegner des Sprechers. Es ist genau die Situation, in der sich Jerusalem in Klgl 1–2 erfährt.

V.6 verlässt die Bildwelt der Stadteroberung und unterstreicht die Verlassenheit und Todesnähe. Gottesnähe und Gottesgegenwart wird in der Bildwelt der Psalmen oft mit Lichtmetaphern ausgedrückt: YHWH ist Licht und Heil (Ps 27,1), in dessen Licht das Licht geschaut wird (Ps 36,10) und dessen gnädiges, barmherziges und gerechtes Licht den Redlichen aufstrahlt (Ps 102,4; vgl. Ps 97,11; 37,6 u. ö.). Finsternis hingegen ist konnotiert mit Gottferne und Todesnähe (Ps 44,20; 88,7.19; 107,10; Ijob 19,8; 23,17 u. ö. und bereits oben Klgl 3,2). Vielfach ist es in diesen Stellen auch YHWH, der in die Finsternis verstößt und dem Beter entfremdet erscheint. Die Gottferne wird dem Tod gleichgestellt, weil die Totenwelt der mental am weitesten entfernte Ort von Gott ist. Dabei beklagen die Beter das Wohnen in der Finsternis als wären sie schon tot, um Gott mit allem Nachdruck zum Eingreifen zu bewegen. Von besonderem Gewicht ist die Parallele in Ps 143,3, da sie wörtlich mit Klgl 3,6 übereinstimmt. Dort allerdings klagt der Beter über die Feinde, die ihn in die Finsternis stoßen. Der Gedankengang ist hingegen sehr parallel zu Klgl 3 bzw. zu dem, was Klgl 3 in den folgenden Versen entwickeln wird: Der Beter fühlt sich von Gott verlassen (Ps 143,3) und von den Feinden bedroht. Sein Geist verzagt (Ps 143,4), er bedenkt YHWHs Handeln in der Vergangenheit (Ps 143,5) und schöpft daraus neues Vertrauen, sich bittend an YHWH zu wenden (Ps 143,6–12). Es ist schwierig, das literarhistorische Verhältnis zwischen dem weisheitlich-reflektierten Klagegebet Ps 143 und dem ähnlichen Klgl 3 zu bestimmen. Vielleicht aber war Ps 143 eine der Vorlagen für die Entwicklung des argumentativen Gerüstes von Klgl 3. Dafür spricht, dass Klgl 3 an mehreren Stellen auf den letzten Davidpsalter zurückgreift. Das allerdings würde auch bedeuten, dass Klgl 3 spätnachexilisch zu datieren ist, was sich auch aus anderen Gründen nahelegt (s. o. Einleitung V.1).

ג (*Gimel*) 7–9 V.7 und 9 beginnen mit dem gleichen Verb, das „ummauern“ oder „einmauern“ bedeutet. Durch die zweite Vershälfte von V.7 ist klar, dass der Sprecher sich durch das Handeln Gottes seiner Freiheit beraubt sieht. Wie ein Gefangener ist er angekettet und kann nicht entfliehen. Die Eingänge des Gebäudes sind vermauert, sodass er im Gefängnis ist. Die übertragen zu verstehende Freiheitsberaubung ist wie V.5 den Raummetaphern zuzuordnen und verkehrt die positiv besetzte Weite und die damit verbundenen Lebensmöglichkeiten ins Gegenteil. Das Gefängnis ist wie die Grube ein finsterer Ort, in dem die Todesnähe groß ist. Das „ich kann nicht heraus“ scheint ein Phrasenzitat aus Ps 88,9, dem Psalm, der wie kein anderer die Finsternisse des Todes zu zeichnen versteht. Gott ist wie in Ijob der Wächter, der den Schuldigen nicht aus dem Gefängnis entlässt, selbst wenn er um Hilfe schreit. In den Psalmen hingegen ist YHWH der, der das Bittgebet erhört (Ps 4,2; 6,10; 65,3; 66,19–20, vgl. Spr 15,29) und an den deshalb in unzähligen Psalmen das Bittgebet gerichtet wird. Selbst Ps 80,5, wo das Bittgebet mit der Frage „wie lange noch“ verbunden wird, ist von einer Erhörungsgewissheit geprägt, die hier fern ist. Sonst verweigert sich Gott nur wegen übermäßiger Sündhaftigkeit der Erhörung (vgl. Jes 1,15; Jer 7,16; 11,14). Doch hier verschließt sich Gott in singulärer Weise dem Flehen (s. dazu V.44!). So „unvergleichbar“ wie die in Klgl 1–2 beschriebene Ferne Gottes im Untergang Jerusalems – so scheint auch der Sprecher V.7 zu sagen –, so unvergleichbar war auch meine Gottesferne. Er schafft eine gemeinsame Basis im Leid, damit sein „Modell“ der Bewältigung nicht vorschnell abgetan werden kann.

V.9 greift das Verbum *gdr* „vermauern“ aus V.7 auf und bezieht es auf die Wege des Sprechers. Diese habe Gott mit Quadersteinen verbaut. Gegenüber Bruchsteinen oder Steinbrocken, die den Weg beschwerlich machen, stehen die behauenen Steine für Plan und Sorgfalt. Da gibt es kein Durchkommen mehr – der geplante Weg wird zur Sackgasse. Das scheint die zweite Vershälfte aufzunehmen, die wörtlich vom „Umkehren der Pfade" spricht. Neben den Raummetaphern spielen Wegmetaphern eine große Rolle in den Psalmen, um den rechtgeleiteten Lebenswandel zu beschreiben (Ps 119,1.27.30.32; 125,5; 128,1; 139,24; 142,4; 143,8 u. ö.). Gott kennt den Pfad der Seinen (Ps 1,6; 142,4), er leitet und behütet die Seinen auf dem Pfad (Ps 143,10), und zeigt ihnen den Pfad zum Leben (Ps 16,11). So negativ wie Klgl 3,9 sieht nur Ijob 19,8 das Handeln Gottes am Pfad des Beters (s. bereits o. zu V.2). Er versperrt die Zukunft und verunmöglicht ein gelingendes Leben. Fast unweigerlich regt sich Widerstand, dass sich Gott tatsächlich so verhalten sollte, wie der Sprecher es ihm unterstellt.

ד (*Daleth*) 10–12 Tiervergleiche für YHWH sind selten und wenn sie vorkommen, sind sie meist an der Stärke der Tiere orientiert. YHWH ist ein Wildstier oder hat wenigstens Hörner wie ein solcher (Num 23,22; 24,8), er brüllt wie ein Löwe (Hos 11,10; Am 1,2; 3,8; Joël 4,16; Jer 25,30). Bären und Löwen gelten als die gefährlichsten Wildtiere, da sie Menschen mühelos reißen können (Spr 28,15; 30,30). Dabei sind Bären und Löwen sind eher Instrumente des göttlichen Gerichtshandelns (2 Kön 2,24; 17,25; Weish 11,17), als dass er selbst mit diesen Tieren verglichen würde. Lediglich Hos 13,8–9 und Ijob 10,16 wagen sich ähnlich weit wie Klgl 3,9. In den Psalmen sind es die Feinde, die mit Löwen verglichen werden, um ihre lebensbedrohende Macht gegenüber dem Beter zu unterstreichen (Ps 22,14.22; 35,17; 58,17 u. ö.). Hier hat YHWH dem Sprecher „aufgelauert" und sich vor dem Angriff im Verborgenen gehalten. Der „Mann" unterstellt Gott in seiner Aussage Hinterlist und Planung – ein starkes Stück. Gott soll feindlich und ungerecht wie ein Frevler (vgl. Ps 10,8–9; 17,11; 64,5) gehandelt haben. Besonders Ps 10,8–9 zeigt eine große Nähe zu Klgl 3,9: „Er liegt auf der Lauer in den Gehöften und will den Schuldlosen heimlich ermorden; seine Augen spähen aus nach dem Schwachen. Er lauert im Versteck wie ein Löwe im Dickicht, er lauert darauf, den Elenden zu fangen; er fängt den Elenden und zieht ihn in sein Netz." Wieder also wird die Bildwelt der Psalmen in bestimmter Weise verkehrt. So wie Jerusalem Gott in Klgl 2 als gefährlichen Feind erfahren hat, so der paradigmatische Beter von Klgl 3.

V.11 nimmt die Wege aus V.9 wieder auf. Drei weitere Verben, deren Übersetzung nicht leicht fällt, beschreiben das feindliche Handeln Gottes. Während die EÜ von 1979 den Angriff des Raubtiers aus V.10 fortsetzt und YHWH als Löwen den Sprecher zerfleischen und zerreißen lässt, orientiert sich die revidierte EÜ 2016 an den Wegen von V.9, mit denen Gott den Sprecher in einsame Irre geführt und geradezu kalt gestellt hat: „Er ließ meine Wege sich verstricken, machte mich regungslos und einsam." Schon bei dem ersten Verbum gerät man ins Stocken, weil es auch von dem Nomen „Dornen" abgeleitet werden kann, weshalb die Zürcher „Meine Wege hat er mit Dornen versperrt" übersetzt. Eine Entscheidung fällt schwer, wenn auch das Bild gekrümmter Wege am nächsten liegt. Gott hat den Beter nicht auf den „Weg des Lebens" (Ps 16,11) oder den „Pfad der Gebote" (Ps 119,35) oder „aus der Drangsal" (Ps 143,11) geführt, sondern in bedrohliche Irrungen und Wirrungen. Das zweite Verbum findet sich nur in 3,11, weshalb schon die alten Übersetzungen bei der Bedeutung mehr geraten haben. Der Schluss des Verses hingegen ist relativ klar. Die Wendung bezeichnet die Verkehrung in einen Zustand, der von Lebensferne gekennzeichnet ist und die physische Zerstörung ebenso wie die soziale Isolation einschließt. „Verwüsten", „erstarren lassen", „einsam machen" geben das treffend wieder. So können das Land oder die Stadt vom Feind verwüstet werden (Jer 12,11; 18,16; 19,8; Sach 7,14) oder auch Personen erstarren (Ijob 21,5, vgl. Ijob 16,7; Ps 40,16; 143,3). Signalwort ist aber *šômem*, das prominent in 1,4.13.16 vorkam: So wie Jerusalem „einsam", „isoliert", „menschenleer", „verwüstet" war, so der Sprecher in Klgl 3. Er weiß wovon er redet, wenn er Jerusalems Leid betrachtet. Denn auch ihm ist YHWH als Feind gegenübergetreten.

In V.12 wird Gott wie in 2,4 als Krieger vorgestellt, der den Kriegsbogen spannt, um seine Pfeile abzuschießen. Wörtlich heißt es „den Bogen treten", weil der Schütze den Bogen zum Spannen auf den Boden stellt und ihn in die Spannung tritt, um die Sehne anzulegen. Wieder erschrickt die feindliche Absicht, die der Sprecher Gott unterstellt. Es ist nicht nur der Waffengang, sondern Gott hat sich den Sprecher sogar als Ziel hingestellt. Wieder ist es Ijob, der sich in Ijob 16,12–13 ähnlich weit vorwagt in der anklagenden Beschreibung des Handelns Gottes: „Er hat mich als Zielscheibe für sich aufgestellt. Seine Pfeile umschwirren mich, schonungslos durchbohrt er mir die Nieren."

Dass Gott so an dem Einzelnen gehandelt haben soll, ist erschreckend, weil es – zumindest in der Wahrnehmung des Sprechers – die dunkle Seite Gottes hervorhebt. Sein Handeln erscheint unberechenbar und vermeintlich übermäßig im Zorn. Auch wenn 3,38 das Böse explizit in Gott verortet, ist doch ein deutlicher Unterschied zu den Klagen Ijobs zu erkennen. In Klgl 3 ist die Klage, wie V.31–32 zeigen, in das Vertrauensbekenntnis eingebunden, dass der Zorn zeitlich begrenzt ist. Er wird als Zorn erfahren – und wie im Ijobbuch steht ein Urteil über dessen Angemessenheit dem Betroffenen nicht wirklich zu (3,39) – doch sieht der Sprecher nicht nur das schicksalsschwere Handeln Gottes, sondern auch seine Barmherzigkeit und Güte. Doch zunächst wird Gott als Feind mit bösen Absichten stilisiert und man gewinnt den Eindruck, hier werde bewusst mit Gottesbildern gespielt und mit Vereinseitigungen argumentiert. Ist nicht Jerusalem in Klgl 1–2 in ebenso vereinseitigender Weise mit dem als feindlich erfahrenen Handeln Gottes umgegangen, ohne es im Horizont seines Erbarmens zu sehen? Dass Gott auch hier in die Rolle des Frevlers gekleidet wird und Vertrauensaussagen verkehrt werden, ist für die Argumentation bezeichnend. Denn in den Psalmen sind es die Gottlosen, die in den Psalmen den Bogen treten und den Beter angreifen. So etwa mit großer sprachlicher Nähe Ps 11,2: „Denn siehe: Die Frevler spannen den Bogen, sie legten ihren Pfeil auf die Sehne, um im Dunkeln auf die zu schießen, die redlichen Herzens sind." (Vgl. ferner Ps 7,13–14; 37,14; 64,4) Dass sich Gottes Handeln von den Gottlosen unterscheidet, will Klgl 3 mit Hinweis auf sein ebenso großes Erbarmen erweisen. Dazu muss aber erst das absolute Dunkel der Gottferne und des Leidens an und durch Gott entfaltet werden.

ה (*He*) 13–15 V.13 setzt das Bild von V.12 fort. Wie Ijob 16,13 zielen die Pfeile auf die Nieren. Das ist natürlich symbolisch und nicht wörtlich gemeint. Nierenrisse oder Nierenschädigungen sind schwerwiegende Verletzungen des inneren Organs, die mit sehr starken Schmerzen einhergehen und durchaus tödlich sein können. Überhaupt sind Nierenkoliken stechende, krampfartige und oft unerträgliche Schmerzen im Lendenbereich, die den Betroffenen im wahrsten Sinne einknicken lassen. Dass sie mit dem Eindringen eines spitzen Pfeils assoziiert werden, ist daher durchaus naheliegend. Darüber hinaus stehen die Nieren wie alle paarweise vorhandenen Organe im Menschen für dessen soziale Beziehungsdimension, oft auch für dessen Gottesbeziehung (Ijob 18,27; Ps 16,7; 73,21; 139,13). Wenn Gottes Pfeile dem Sprecher in die Nieren dringen, wird dadurch der Riss zwischen ihm und Gott offenbar. Darüber berichtet der Sprecher, wobei er seine Erfahrung der Gottesferne in dieses Bild kleidet. Das tiefe Zerwürfnis zwischen dem Sprecher und Gott blieb nicht ohne Folgen in der sozialen Welt. Das ist nicht verwunderlich, weil – anders als in der Moderne – die Gottesbeziehung nicht abgekoppelt ist vom übrigen sozialen Empfinden. Sehr vereinfacht dargestellt, lassen sich an der Eingebundenheit in die Gesellschaft, der Vielfalt der Sozialbeziehungen, dem gesellschaftlichen und ökonomischen Erfolg und schließlich dem sozialen Status eine funktionierende Gottesbeziehung ablesen. Die Entfremdung von Gott bedeutet zugleich eine Reduktion der Sozialbeziehungen bis hin zur Isolierung und das gleiche gilt auch umgekehrt: Eigenbrötelei, Vereinsamung und Desintegration spiegeln sich in einer gestörten Gottesbeziehung. Ein Ausdruck gestörter Sozialbeziehungen ist der herabsetzende Umgang der Umwelt mit einem Betroffenen, der sich im Spott äußert. Krankheit und Leid werden nicht als Schicksal begriffen, sondern als sichtbare Außenseite einer gestörten Beziehung, die ihre Ursachen im Betroffenen selbst hat. Nicht zuletzt deswegen spielt die Vorstellung von Gottes Gerechtigkeit eine so zentrale Rolle. Denn wenn das Gleichgewicht zwischen „Tun“ und „Ergehen“ aus den Fugen gerät, ist am Leiden und Wohlergehen nicht mehr abzulesen, ob ein Mensch recht tut oder nicht. So vereinfacht, wie es hier dargestellt wurde, haben die Menschen es auch in alttestamentlicher Zeit nicht verstanden. Doch geht es um die Grundlinie als Hintergrund, die die Aussage von V.14 verständlich werden lässt. Der Spott des sozialen Umfeldes ist Ausdruck einer Distanzierung von dem Sprecher (Jer 20,7; Ijob 12,4).Er ist noch gesteigert, indem der Spott zum kollektiven Erlebnis wird („meinem ganzen Volk“) und poetisch als Spottlied zum Saitenspiel gefasst (Ijob 30,9; Ps 69,13; Klgl 3,63), öffentlich und gleichzeitig verstetigt wird („alle Tage“ oder „den ganzen Tag“). Die Angabe „den ganzen Tag“ entspricht sprachlich dem „täglich“ aus V.3 (und dem „den ganzen Tag“ in V.62), was leider in der EÜ nicht berücksichtigt ist, sodass die Entsprechung von dem Handeln Gottes und dem Spott nicht sichtbar wird. Im Erleiden der Verspottung ist der Sprecher Jerusalem in 2,15–16 gleich, auch wenn es hier keine Entsprechung auf der Wortebene gibt.

V.15 kehrt zum Handeln Gottes zurück und benutzt eine weitere Metapher, um die Last, die Gott dem Sprecher auferlegt hat, auszudrücken. Gott habe ihn mit bitterer Kost gespeist. Wörtlich heißt es sogar: „er hat mich gesättigt mit Bitterem“. Auch Wermut, von dem der Sprecher sagt, ihn von Gott zu trinken bekommen zu haben, hat eine sehr hohe Konzentration an Bitterstoffen. Das aromatische Kraut wird hier anscheinend getrunken, was sehr ungewöhnlich ist und wohl auf die Gegenüberstellung zu der ersten Vershälfte zurückzuführen ist. Auch in Jer 9,14; 23,15 soll der bittere Wermut zur Strafe gegessen, während das Gift getrunken werden soll. Gift bekommt hingegen der Beter Ps 69,22 von seinen Feinden als Speise mit Essig als Trank gereicht (s. o. zu V.5). Mit der starken Betonung der Verbitterung sieht man sich jedenfalls an Zion erinnert, von der in 1,4 gesagt wurde „und sie, bitter ist ihr“ (EÜ „sie selbst trägt Weh und Kummer“, s. o. zu 1,4). Wieder ist es Ijob, der auch beklagt, dass er von Gott verbittert wurde (Ijob 27,2: „Schaddai hat mein Leben bitter gemacht“, EÜ übersetzt anders!). Auch der Beter von Ps 88,4 sieht sich mit Leid gesättigt. Dass Gott in 3,15 den Sprecher mit Bitterem gesättigt hat, formt auch ein Gegenbild zu den Aussagen in den Psalmen, in denen Gott mit Freude, Huld, langem Leben, Wohlgefallen und Gutem sättigt (Ps 16,11; 90,14; 91,16; 104,28; 107,9; 145,16). Dort deckt er „den Tisch“ und macht „übervoll den Becher“ (Ps 23,5). Dort ist seine Speise nicht bitter, sondern süß (vgl. Ps 119,103), denn er sagt seinem Volk zu: „Ich würde es nähren mit bestem Weizen“ und „sättigen mit Honig aus dem Felsen.“ (Ps 81,17)

ו (*Waw*) 16–18 Hatte schon V.15 durch die Bitterkeit die Nahrungsaufnahme ins Negative gekehrt, so steigert V.16 das Bild durch das Reiben der Zähne auf Kiesel. Nicht nur, dass man die Steine nicht essen kann, sondern durch das Zerreiben des Zahnschmelzes wird auch künftige Aufnahme fester Nahrung erschwert, wenn nicht durch das Zerbrechen und Abschleifen der Zähne ganz verhindert. Das Bild unterstreicht das in der Wahrnehmung des Sprechers Unnatürliche, das über alles Maß gehende seines Leidens. An Gott beißt er sich förmlich die Zähne aus. Kieselstein ist besonders hart (Ijob 28,9; Jes 5,28; Ez 3,9), jedenfalls härter als der Zahnschmelz. Am Ende der Tortur hat der Beter keinen Biss mehr, ein Bild, das vielleicht auch auf das Ende seiner Tage hinweist, denn Zahnlosigkeit ist Kennzeichen des Alters (Koh 12,3). Jedenfalls ist er, wie die zweite Hälfte verdeutlicht, am Boden. Gott hat ihn in den Staub gedrückt, gebrochen und erniedrigt (Ijob 30,19). Staub ist vielfach Signum zerstörter Hoffnung, der Vergänglichkeit, Trauer und der ausgelöschten Zeit (Ps 44,20; Jer 17,13; Jes 47,1). Die „Aschermittwochssequenz", dass der Mensch zum Staub zurückkehrt (Gen 3,19; Koh 3,20; 12,7; Ijob 10,9; Ps 90,3; 104,29; Tob 3,6; 1 Makk 2,63 u. ö.), gibt davon beredt Zeugnis. Zugleich ist das Hinabbeugen in den Staub ein Akt der Erniedrigung (Jes 26,5; Am 2,7; Sach 10,11; Ps 44,26; 72,9; Klgl 3,29), insbesondere des Feindes. Gott ist dem Sprecher wie ein Feind, der den Status der Ehre in Erniedrigung verkehrt. Das erinnert an die Perspektive von Klgl 2 und das sicher nicht ohne Grund. Im Kontext der Klagelieder stellt sich natürlich das Bild der trauernd im Staub sitzenden Frau Jerusalem ein. Wie vielfach in Klgl 3 sind das Schicksal Jerusalems und das des paradigmatischen Beters aneinander angeglichen. Und wieder taucht den Bibelkundigen ein Gegenbild aus den Psalmen auf. Gott hingegen erweist sich dem Sprecher hier eben nicht als der „den Geringen richtet er auf aus dem Staub, aus dem Schmutz erhebt er den Armen" (Ps 113,7), sondern verkehrt das ins Gegenteil.

Damit ist Gott durch sein Handeln in V.1–16 in weite Fernen gerückt. Der Sprecher scheint das geradezu teilnahmslos zu berichten, so als wenn es sich gar nicht mehr lohnen würde, den Verursacher anzusprechen und ihm die eigene Not klagend ins Angesicht zu schreien. Seine Klage verhalle ja eh im Nichts (V.8). Wo anders soll eine solche Distanz hinführen als in noch größere Gottferne? Folgt man dem hebräischen Text, so richtet sich der Sprecher in V.17 nur für einen kurzen Moment an Gott selbst. Die antiken Versionen haben die Besonderheit wahrgenommen und zum Teil durch die 3. Sg. ausgeglichen. Doch ist V.17 der Übergang zur Selbstreflexion in V.18–24, sodass die direkte Anrede an Gott, die förmlich aus dem Sprecher herausbricht, als eine Art Summe vielleicht doch ganz gut passt. Jetzt erst wird die implizite Anklage der vorherigen Verse personalisiert. Damit wird die Zerbrochenheit des Verhältnisses zwischen YHWH und Beter offenbar. Mit der Anrede geht der Sprecher „aufs Ganze" im wahrsten Sinne des Wortes. Das Wort *šālôm* (Schalom), das in der EÜ mit „Frieden" übersetzt ist, ist ein sehr umfassender Begriff. Er meint das unversehrte Ganz-Sein ebenso wie Gesundheit und materielles Wohlergehen, eben all das, was ein gelingendes Leben auszeichnet. Im sozialen und politischen Kontext kann es auch „Frieden" bedeuten, geht aber oft darüber hinaus. Es hat oft eine kollektive Dimension. Der etwas aus der Mode gekommene Begriff „Heil" trifft viel von dem, was durch das Wort *šālôm* zum Ausdruck gebracht wird. *šālôm* schafft man sich nicht selbst als Wohlstand, sondern Gott gewährt ihn (Num 6,26; Ps 55,19; 119,165). Auch in V.16 wird ein Vertrauensbekenntnis ins Gegenteil verkehrt. Der Psalmbeter bekennt: „Groß ist der HERR, er hat Gefallen am *šālôm* seines Knechtes." (Ps 35,27) Hier hingegen wird Gott vorgeworfen, den Sprecher aus dem *šālôm* verstoßen zu haben. Benutzt wird hier ein Verbum, das oft im Kontext von Verwerfungsaussagen steht und (besonders in den Korach- und Asafpsalmen) die temporäre Abwendung Gottes zum Ausdruck bringt (Ps 43,2; 44,10.24; 60,3.12; 74,1; 77,8; 88,15; 89,39; 108,12). Auf Individuen ist das Verbum seltener bezogen, was das kollektive *Passepartout* der Klage unterstreicht. Die zweite Vershälfte führt einen weiteren Begriff ein, der wie *šālôm* ein weites Bedeutungsspektrum hat und sehr positiv konnotiert ist: *ṭôb* bezeichnet das Gute und Schöne oder negativ ausgedrückt die Abwesenheit jeglichen Mangels. Die Übersetzung mit „Glück" ist nicht falsch, wenn man darin das Unverfügbare eines gelungenen Lebens ausgedrückt sieht. Denn auch *ṭôb* ist von Gott verfügt (Ps 4,7; 21,4; 23,6; 34,9.11.12; 107,9, bes. Koh 5,17; 7,14). Die zweite Vershälfte erinnert sehr an die Vergänglichkeitsklage in Ijob 7,7: „Denk daran, daß mein Leben nur ein Hauch ist. Nie mehr schaut mein Auge Glück." Aus der Lebenswirklichkeit des Sprechers ist das Gute, Schöne und Vollkommene gewichen und scheint selbst jenseits jeder Vorstellungskraft zu liegen. Das schreibt er dem aktiven Handeln Gottes zu, der die Erwartungen an Gerechtigkeit offenbar nicht erfüllt hat. Auch wenn V.17 nicht auf konkrete Leiden abhebt, stellt er durch die völlige Perspektivlosigkeit einen Höhepunkt dar. Bezeichnend ist dabei die Selbstwahrnehmung des Bedrängten, die man als selbstverstärkende Depression begreifen kann. Er sieht sich allein, vom Glück abgeschieden und ins Abseits gestellt. Die Fülle der Tiefschläge hat ihn in eine Sackgasse geführt, aus der er keinen Ausweg zu finden scheint. Die gegenwärtige Lage des Sprechers wird als Entfremdung und Gottverlassenheit gedeutet. Dieser Tiefpunkt wird durch das Selbstzitat in V.18 unterstrichen, der zwei weitere zentrale Begriffe einführt. Zunächst muss man sich vergegenwärtigen, dass das „ich sprach" einen Prozess der Selbstreflexion einschließt und genausogut als „ich dachte" verstanden werden kann. Doch hier scheint nicht nur aus poetischen Gründen das für das Denken übliche „Herz" („ich sprach in meinem Herzen") nicht aufzutauchen. Durch das Aussprechen wird eine Korrespondenz zwischen Innen- und Außenwelt hergestellt; die Aussage wird dabei als Wirklichkeit beschrieben, als Faktum oder Feststellung, die mit dem Aussprechen Gültigkeit erlangt: „dahin ist mein Glanz!" Die Übersetzung der EÜ führt mit „Glanz" etwas in die Irre, auch wenn darin die verlorene Würde zum Ausdruck gebracht wird. Anders akzentuiert auch die → Septuaginta, die „mein Sieg ist dahin" wiedergibt und den Vers mit dem vergeblichen Ringen um dauerhaften Erfolg im Leben zusammenbringt. Im Hintergrund des hebräischen Textes steht eher ein Zeitbegriff, der eine unbestimmte Dauer zum Ausdruck bringt. Der Sprecher drückt damit aus, dass er keine Perspektive mehr hat und sich keine Zukunft mehr zutraut. Sein Leben ist dem Ende der/seiner Zeit, dem Tod, nahe. Ein Gegenbild dazu findet sich in der armentheologischen Vertrauensaussage in Ps 9,19: „Denn der Arme ist nicht auf ewig vergessen, der Elenden Hoffnung ist nicht für immer verloren." Das Stichwort Hoffnung erinnert an die trostlose Verzweiflung Zions im ersten Lied, ist aber dort nicht aufgenommen. Jede Hoffnung gründet sich darauf, dass es anders sein *könnte*. Dieses Vertrauen kann der Sprecher für sich am Tiefpunkt seiner Reflexion nicht teilen, er ist ohne Hoffnung. Auch dazu bieten die Psalmen ein Gegenbild, wenn der Beter von Ps 39,8 fragt: „Und nun, Herr, worauf habe ich gehofft? Meine Hoffnung, sie gilt dir!" Das korrespondiert mit dem Nachbarpsalm Ps 38,16: „Doch auf dich,

HERR, habe ich geharrt; du bist es, der mir antwortet, Herr, du mein Gott." Hoffnung ist nicht herstellbar, man kann sie nicht einfach jemandem verordnen. Hoffnung ist ein sehr persönliches innerliches Vertrauen, das Anhaltspunkte in der Erfahrung braucht. Während sich der Beter in den Psalmen an Gott mit der Bitte um Stützung richtet, wird in den Klageliedern Gott als der erfahren, der die Last auferlegt (V.1–16). Kann sich die Hoffnung auf diesen Gott richten, der das Leid verursacht hat? Diese Grundfrage der Theodizee stellt sich jedem Glaubenden, der die Universalität Gottes akzeptiert und das Gute wie das Böse in Gott verankert (V.38). Kann man auf das Gute in Gott auch dann hoffen, wenn man vermeintlich nur das Schlechte aus seiner Hand erfährt? Hier fährt sich das gedämpfte Gemüt des Sprechers im Grübeln fest: Immer wieder kehren sich die Gedanken der eigenen Situation zu und bestärken die negative Wertung und das Gefühl, von diesem Gott verlassen zu sein. Gibt es einen Ausweg? Klgl 3 schlägt das Modell eines *Rückgriffs auf die Erfahrung anderer in der Tradition* als Lösung vor und zeigt dieses Modell durch das Stichwort „denken" (wörtl. „gedenken" wie 1,7.9; 2,1; 5,1, s. u.) an, dass in V.19 und 20 dreimal vorkommt.

ז (*Zayin*) 19–21 Unvermittelt setzt in den V.19–24 die Reflexion ein. Nachdem der Sprecher den Tiefpunkt durch das Selbstzitat in V.18 markiert hat, führt er seine beschreibende Klage nicht weiter. Es ist nicht klar, ob das Folgende in die wörtliche Rede bzw. das Nachdenken aus V.18 eingeschlossen ist. Da kein Neueinsatz markiert ist, kann man davon ausgehen. Entscheidend ist, dass der Sprecher jetzt auf V.18 bzw. die V.1–18 zurückblickt und so einen Prozess der Selbstreflexion beschreibt. Es ist eine Form der Selbstbeobachtung, die mit Verinnerlichung nur unzureichend wiedergegeben ist. Der Sprecher macht sich etwas bewusst.

Das Signalwort dafür ist die Wurzel *zkr* „gedenken". Auffälligerweise ist der hebräische Text offen für zwei Interpretationsrichtungen, die beide in der Texttradition ihren Widerhall gefunden haben. Zum einen kann die Form als Imperativ „Gedenke!" gelesen werden, was dem häufigen Gebrauch in den Psalmen (Ps 25,6–7; 74,2.18.22; 89,48.51; 106,4; 119,49; 132,1 [auch mit Not als Objekt!]; 137,7) entsprechen würde. Gott wird aufgefordert, an etwas oder jemanden zu denken, hier entsprechend an das Leid des Beters, um ihn aus der Bedrängnis zu retten. Damit wäre 3,19 konform zu den Klagepsalmen, in denen Gott um ein Eingreifen gebeten wird. Die hebräische Form kann aber zum anderen auch als Infinitiv gelesen werden: „an meine Not zu denken …“, sodass der Sprecher Subjekt und sein Schicksal das Objekt ist. Die meisten Übersetzungen folgen diesem Verständnis, da der Schluss des Verses „Wermut und Gift“ sonst Probleme bereitet. Aber die Offenheit ist vielleicht kein Zufall.

Das biblische „Gedenken“ ist mehr als ein bloßes Erinnern oder ein „denken daran“. Das Erinnerte wird zur Gegenwart und erlangt dabei wirksame Aktualität. Es entfaltet eine existentielle Dimension, die über den bloß intellektuellen Akt hinausgeht. Wenn der Sprecher in diesem Sinn an sein Schicksal denkt, wird es Teil seiner Gegenwart, seines Erlebens und seines Selbstverständnisses und bestimmt sein Fühlen, Denken und Erleben. Damit drückt es nicht nur auf seine Stimmung, sondern es lässt positive Perspektiven nicht zu. Die Erinnerung bedeutet eine Lebensminderung, die alles Positive verdrängt; Chancen und Perspektiven werden nicht mehr wahrgenommen, sondern das Negative schiebt sich machtvoll und bestimmend in den Vordergrund. Der Sprecher beschreibt diese Perspektivveränderung treffend als Verbitterung und Vergiftung. Das Gift zersetzt langsam den letzten verbliebenen Rest des Vertrauens, dass es auch anders sein könnte. Das Leben wird zur Qual und je länger je mehr, stellt sich der Todeswunsch ein (Ijob 3,20). Von großer Bedeutung ist nun aber, wie das Objekt des Erinnerns formuliert ist: es ist „Not und Unrast“. Der erste Begriff ist ein sehr häufig verwendetes Wort für Elend, Armut, Leiden und Not. Die Übersetzung der EÜ mit „Not“ lässt verkennen, dass damit das „Leid“ aus 3,1 aufgenommen ist. Durch die Verklammerung wird das in V.1–18 geschilderte Leiden als das zusammengefasst, das den Sprecher verbittert und sein Leben vergiftet, wenn er daran denkt. Der zweite Begriff kommt überhaupt nur an drei Stellen vor (Jes 58,7; Klgl 1,7; 3,19). Er ist abgeleitet von einer Wurzel, die ein Umherirren zum Ausdruck bringt und die in dem Verb „marodieren“ noch aufscheint. „Heimatlosigkeit“ ist eine häufige Übersetzung. Von einer Heimat- und Obdachlosigkeit des Sprechers war allerdings in V.1–18 bisher nicht die Rede. Gemeint ist daher eher die beschriebene Perspektivlosigkeit und Gottverlassenheit, die das

Leiden des Sprechers gekennzeichnet hat. Das Urteil des Sprechers steht nun in klarem Kontrast zur Haltung Zions, von der es in 1,7 hieß: „Jerusalem denkt an die Tage ihres Elends, ihrer Unrast." Sowohl das Verb als auch die beiden Objekte stimmen zwischen 1,7 und 3,19 überein. Deutlicher kann eine Textanspielung kaum sein. In V.19 wird endgültig offenbar, dass die Beschreibung des Leids, das der Sprecher „durch die Rute seines Grimms" erlebt hat, auf das Leid Zions zielt, das in Klgl 1–2 beschrieben worden ist. Auch Zion ist durch das „Gedenken" ihres Elends (1,3.7.9) verbittert und besonders in Kap. 2 in eine Spirale der Gottesvergiftung geraten, die keine Perspektive mehr hat. Der Sprecher hat zunächst in V.1–18 entfaltet, dass seine Situation der Situation Zions durchaus vergleichbar ist und auch er „unvergleichliches" Leid erlebt hat. In V.19 reflektiert er allerdings den Umgang damit. Im bloßen Gedenken ist keine Bewältigung des Traumas möglich, denn das Gedenken lässt das Leiden immer wieder wirksame Gegenwart werden. Das „Gegengift" des Sprechers ist nicht die Negierung des Leidens durch Verdrängen oder Vergessen. Das Leiden lässt sich nicht verdrängen, wie V.20 eindrucksvoll unterstreicht. Die Endlosschleife des negativen Erinnerns ist niederdrückend, die selbstbezogene Nabelschau macht depressiv im wahrsten Sinne des Wortes. Das Erinnern setzt immer wieder neu ein und „verkrümmt" die ganze Person. Was hier mit „Seele" übersetzt ist (*næpæš*), steht für die Vitalität, die Lebenskraft und Lebensfreude des ganzen Menschen. Interessant ist, dass der Text wie V.19 erneut in zwei Richtungen offen ist. Die verstärkte Verbform kann entweder als 2. Sg. verstanden werden, sodass sie als Aufforderung an Gott gelesen wird, die Bedrückung des Beters wahrzunehmen, oder als 3. Sg. fem., sodass „die Seele" Subjekt des Erinnerns ist. Die Fortsetzung des Textes, in dem der Sprecher sich die Güte Gottes als Gegenstand seiner Hoffnung vergegenwärtigt, lässt die zweite Variante wahrscheinlicher scheinen. Aber wie in V.19 scheint die Anspielung auf die an Gott gerichtete Klage durchaus beabsichtigt.

Den Umschwung im Denken bringt V.21, in dem der Beter seiner Depression aktiv etwas entgegensetzt. Das Misstrauen verschwindet nicht von allein, sondern nur indem neues Vertrauen gewagt wird. Worin das neue Vertrauen gründen kann, entfalten V.22–24. Die Reflexion des Sprechers zielt auf einen Grund der Hoffnung. V.21 beginnt mit einer Selbstaufforderung und V.24 schließt mit einem Selbstzitat, das V.18 diametral kontrastiert. War dort noch das Vertrauen vollständig zerbrochen, kann der Beter jetzt wieder sagen „mein Anteil ist Jahwe". War seine *næpæš* in V.20 niedergedrückt durch das ständige Nachsinnen, kann sie jetzt dieses starke Vertrauensbekenntnis sagen. Das Ende von V.21 entspricht dem von V.24 im Hebräischen bis auf ein Wörtchen vollständig. In V.24 ist dem „darauf hoffe ich" lediglich ein „auf ihn" hinzugesetzt. So wird einfach aber effektiv das Ergebnis des Reflexionsprozesses unterstrichen, das in einer neuen Gottgerichtetheit besteht. V.21 beginnt mit dem klar vorverweisenden „dies", womit der gedankliche Richtungswechsel „nach vorne" noch verstärkt wird. Die EÜ betont in dem „das will ich mir zu Herzen nehmen" die Initiative und Selbstaufforderung des Beters. Die Konnotationen des Hebräischen gehen sogar noch darüber hinaus: Das Herz ist der Ort des Denkens, der Reflexion und Verarbeitung. Im Herzen formen sich die Gedanken und reifen die Entscheidungen eines Menschen. Das Herz steht am deutlichsten für die willentliche Ausrichtung des Menschen auf etwas oder jemanden. Das Herz ist Zentrum, aber nicht nur des Denkens, sondern auch ein wesentlicher Sitz der Gefühle. Im Herzen empfindet der alttestamentliche Mensch Freude und Leid, im Herzen verortet sich die Zuversicht und Hoffnung. Das Hebräische macht die bevorstehende Bewusstseinsveränderung durch eine Präposition deutlich. Das, wozu der Sprecher sich auffordert, soll *auf sein Herz gerichtet sein* und die Ausrichtung seines Herzens verändern. Das Verb ist ebenfalls bezeichnend, da es wörtlich „zurückkehren lassen" meint. Es ist nicht etwas Fremdes, völlig Neues, das der Sprecher sich aus dem Nichts heraus zu Herzen nehmen will, sondern etwas, das dort schon einmal seinen Platz hatte: Vertrauen in YHWH. Das macht der Schluss durch das vorverweisende „darauf hoffe ich" deutlich. Im Hebräischen wird für „warten, harren" und „hoffen" ein Verb verwendet. Hoffnung ist der auf etwas Positives gerichtete Sinn. Die Hoffnung ist mit der Er*wartung* einer Veränderung verbunden. Der Schluss schwankt so zwischen der Angabe, was der Grund der Hoffnung ist („deshalb hoffe ich:" *weil* Gottes Huld nicht erschöpft ist) und der Angabe, was Gegenstand der Erwartung ist („darauf hoffe ich:" *dass*

Gottes Huld nicht erschöpft ist). Die EÜ versucht durch das „darf ich" einen Mittelweg zwischen beiden.

ח (*Chet*) 22–24 V.22–24 entfalten die Hoffnung inhaltlich durch den Hinweis auf drei Eigenschaften Gottes: seine Huld, sein Erbarmen und seine Treue. Alle drei Aussagen sind im Psalter prominent und dort entfaltet. Sie gründen aber in der wahrscheinlich zentralsten Aussage über Gottes Wesen, der sog. Gnadenformel, deren Grundform sich in Ex 34,6–7 findet: „Der HERR ist der HERR, ein barmherziger und gnädiger Gott, langmütig und reich an Huld und Treue: Er bewahrt tausend Generationen Huld, nimmt Schuld, Frevel und Sünde weg, aber er spricht nicht einfach frei, er sucht die Schuld der Väter bei den Söhnen und Enkeln heim, bis zur dritten und vierten Generation." Es ist das Bekenntnis zu YHWHs Willen zum Erbarmen und der Vorordnung seiner Barmherzigkeit vor der Gerechtigkeit. Das Übermaß der Gnade (tausend Generationen) gegenüber seiner gerechten Strafe (drei bis vier Generationen) gründet in seiner Barmherzigkeit. Diese Gnadenformel ist der am häufigsten zitierte oder angespielte Text im Alten Testament (Num 14,18; Neh 9,17.31; Ps 86,15; 103,8; 145,8; Joël 2,13; Jona 4,2; 2 Chr 30,9, vgl. Ex 20,5–6; Dtn 5,9–10; 7,9–10; Jer 30,11; 32,18; 46,28; Nah 1,3; Ps 86,5; 111,4; 112,4; Sir 2,11; Weish 15,1) und sie steht sachlich hinter den Aussagen von 3,22. Es sind also nicht einfach „daher gesagte" Weisheiten, mit denen sich der Sprecher zu beruhigen sucht, sondern ganz zentrale theologische Inhalte. Nichts kennzeichnet den Glauben an YHWH so sehr wie das Bekenntnis zum fast unendlichen Erbarmen in der Gnadenformel.

Allein 128 Belege finden sich im Psalter für Gottes *ḥæsæd*, sodass sich Unmengen von Textbeispielen geben ließen. Beschränkt man sich auf den Plural (den die EÜ nicht wiedergibt, weil Huld im Deutschen nicht in den Plural gesetzt werden kann!), dann reduzieren sich die Belege auf acht. Darunter so gewichtige wie Ps 25,6: „Gedenke deines Erbarmens, HERR, und der Taten deiner Gnade; denn sie bestehen seit Ewigkeit!" 3,22 könnte besonders den weisheitlichen Merksatz Ps 107,43 im Sinn haben, was man an der EÜ kaum ablesen kann. „Wer ist weise, dass er dies alles beachtet? Wer wird die Taten der Huld des HERRN verstehen?" Dem Sinn unserer Stelle näher ist die Übersetzung der Zürcher: „Wer ist weise? Der merke sich dies und achte auf die Gnadentaten des HERRN." Das „achten auf" kann man durchaus als „zu Herzen nehmen" verstehen. Der Vers „ruft dazu auf, das Handeln YHWHs in den individuellen Lebensgeschichten und in der Geschichte Israels wahrzunehmen – und die darin offenbar werdende Liebe YHWHs zu begreifen." (E. Zenger)

Dass der Fokus auf die Gnadengaben als Beginn des „Glaubensbekenntnisses" nicht zufällig ist, zeigt der Beginn des Volksklageliedes von Jes 63,7–64,11, das ebenfalls eine gebrochene Gottesbeziehung zu erneuern sucht: „Die Taten der Huld des HERRN will ich preisen, die Ruhmestaten des HERRN, gemäß allem, was der HERR uns erwiesen hat, seine große Güte, die er dem Haus Israel nach seiner Barmherzigkeit und seiner großen Huld erwiesen hat." Diese Gnadengaben jedenfalls, so bekennt der Sprecher von V.22, sind nicht zu Ende. Erneut verstört der hebräische Text, weil er recht eindeutig eine 1. Pl. bezeugt, was „ja, wir sind (wegen der Gnade Gottes) nicht am Ende" zu übersetzen wäre. Doch schießt ein „Wir" dem Verständnis quer und der parallele Aufbau der beiden Versteile deutet auf eine Entsprechung zwischen Gnadengaben und Erbarmen. Beide werden durch „denn nicht" mit einem Verbum verbunden, dass „nicht zu Ende sein" bedeutet. Während *ḥæsæd* die Huld, Milde, Güte und Liebe Gottes zum Ausdruck bringt, zielt *ræḥæm* auf sein Erbarmen. Beide Begriffe zusammen umschreiben häufiger das Wesen Gottes (Ps 25,6; 40,12; 51,3; 69,17; 103,4; Jes 63,7; Jer 16,5; Dan 1,9; Hos 2,21; Sach 7,9, vgl. ferner das Gebet in Sir 51 und Jes 54,8.10). Auch das unterstreicht noch einmal, wie zentral das Argument hier ist. Dessen Besonderheit besteht in der Aussage, dass die Huld Gottes nicht erschöpft ist und sein Erbarmen nicht einfach aufhört, was *so* nirgendwo sonst im AT vergleichbaren Ausdruck findet. Der Satz ist also zugleich Zusammenfassung des „Glaubensbekenntnisses" wie dessen Anwendung auf die Situation des Sprechers.

V.23 ergänzt den Grundsatz aus V.22 durch eine Betrachtung unter zeitlichem Aspekt. „Neu" ist im biblischen Verständnis weit weniger das nie da Gewesene oder ganz Andere, sondern weit mehr das Erneuerte, zur Geltung gebrachte Bewährte. Das gilt für den „neuen Bund", den „neuen Exodus", das „neue Herz" und auch das „neue Lied" (Jes 42,10; 43,19; 61,4; Jer 31,31; Ez 36,26 u. ö.). Und in diesem Sinne ist das „neu" hier zu verstehen. Der Text ist offen dafür, die Erneuerung sowohl auf Gottes Huld als auch auf seine Barmherzigkeit zu beziehen. Dass Gottes Gnade und sein Erbarmen an jedem Morgen neu sind, soll zeigen, dass auf die Nacht ein neuer Morgen und nach der Finsternis ein neues Licht folgt (Ps 30,6). Gottes Hilfe am Morgen ist ein Topos in der Psalmensprache, der eng mit der Vorstellung von Gerechtigkeit und der gewährten Gnade verknüpft ist (Ps 5,4; 46,6; 143,8 u. ö.). Schließlich kontrastiert das „alle Morgen" das „alle Tage" aus V.3.14. Gottes Gnade ist anders als sein Zorn (V.32) dauerhaft, er währt, wie die Psalmen immer wieder formulieren „ewig" (Ps 100,5; 103,17; 106,1; 136 u. ö., vgl. Ps 18,51; 25,6; 89,3.29).

Begründet wird das positive Handeln Gottes schließlich am Ende des Verses mit der Treue Gottes, die oft mit seiner Huld (nie aber mit seinem Erbarmen) verknüpft wird (Ps 36,6; 40,11; 88,12; 89,2.3.25.34.50; 92,3; 98,3; 100,5, vgl. die Wendung „Huld und Treue" in 25,10; 40,11–12; 89,15 u. ö.). Das Bekenntnis zur Verlässlichkeit und Beständigkeit YHWHs ist ebenso Bollwerk gegen den Vorwurf der Willkür, wie das Bekenntnis zur Huld gegen die Unbarmherzigkeit. Das verstärkt den Eindruck, dass das schädigende Handeln Gottes in den V.1–17 letztlich nur unter der Anwendung seiner Strafgerechtigkeit und dem Aspekt der „Züchtigung" verstanden werden kann. Das allerdings wird der Text erst V.33–42 entfalten. Es ist auch nicht von ungefähr, dass keiner der Schlüsselbegriffe in Klgl 1–2 vorkommen. So als wollte Klgl 3 in Richtung Klgl 1–2 auch sagen: „Ja, aber vergiss die Gnade Gottes nicht."

V.24 schließt die Reflexion durch ein Selbstzitat ab, das die Veränderung gegenüber V.18 zeigt. Die Aussage, dass Gott „Anteil" ist, benutzt ein Bild des aufgeteilten Erbes oder verteilter Beute. Es markiert die enge und unlösbare Zugehörigkeit und ist positiv besetzt (Ps 16,5; 119,57; 142,6, vgl. Dtn 32,9; Jer 10,16 u. ö.). YHWH wird als Gott gefasst, der Leben, Beständigkeit und Wohlergehen gewährt, als Gott, dem man umfänglich vertrauen kann. Indem Gott zum „Anteil" erklärt wird, wird er als „Gott der Erlösung" aufgefasst. Das Bekenntnis ist getragen von der Überzeugung, dass Gott für den „Anteilseigner" handeln wird. Das, was im „Anteil" zugeteilt wird, ist die Zuwendung, die Ausfluss der Gnade Gottes, derer sich der Beter in V.23 versichert hat. Man kann sich des

Eindrucks nicht erwehren, dass hier mit der Tradition „gearbeitet" wird. Der Rückgriff auf die Überzeugung, dass Gottes Barmherzigkeit seine Gerechtigkeit übersteigt (die zum Grundbestand der Theologie des Alten Testamentes gehört) und dass sich darin immer neu ein Potential zum Wandel zeigt, überzeugt den Beter von der Verlässlichkeit Gottes.

Jetzt ist es die *næpæš*, die in V.20 noch völlig depressiv war, die das Vertrauensbekenntnis spricht. *næpæš* meint dabei die Person unter dem Aspekt ihres Verlangens, ihrer Lebenskraft und Vitalität. Wie in V.18 bleibt offen, ob der Sprechakt als Selbstgespräch nur nach innen gerichtet ist oder Adressaten außerhalb des Sprechers hat. Der Sprecher jedenfalls scheint wie gewandelt – ein Phänomen, das dem Stimmungsumschwung in den Klagepsalmen des Einzelnen vergleichbar ist. Nur dass hier der Stimmungsumschwung durch Reflexion und durch Rückgriff auf die Tradition erfolgt ist. In tiefer Depression und im Gottesdunkel darf man sich nicht darauf beschränken, auf ein Eingreifen Gottes zu warten, sondern muss aktiv im Umgang mit positiven Ressourcen werden. Selbst im tiefsten Leid – so die Quintessenz der Einheit – darf man Gott nicht auf eine Rolle engführen. Seine Dynamik, die sein Erbarmen und seine Gnade einschließt, muss im Spiel bleiben. Allein das schon öffnet eine Perspektive der Hoffnung, dass es anders sein könnte, wenn es auch noch nicht anders ist. Gedenken ist dabei nicht ein Patentrezept, das das Leid ungeschehen machen könnte. Das hieße den Opfern Hohn zu sprechen und das Leid billigen, indem es als überwindbar karikiert wird. Gedenken aber kann Stimme in den vor dem Leid verstummten, klanglosen Raum bringen und einen leisen Ansatz von neuem Vertrauen schaffen. Nicht, dass einfach Licht an die Stelle der Dunkelheit treten würde, aber der hereinbrechende Morgen erinnert daran, dass es Tag gibt und jede Nacht ein Ende kennt.

Entscheidend ist, dass der Wandel durch einen Rückgriff auf das religiöse Traditionswissen erfolgt und sich der Erfahrung und des Bekenntnisses anderer bedient. In Zeiten der Not reicht die Kraft oft nicht für ein aus eigener Erfahrung gespeistes Bekenntnis. Dann mag die Aneignung des Grundsatzes „die Gnadengaben Gottes sind nicht zu Ende" eine neue Hoffnung begründen. So ist der Schluss von V.24, der auf V.21 zurückgreift, im eigentlichen

Sinn Begründung. Weil Gott auch so ist, wie die Tradition bezeugt, „deshalb hoffe ich". Erinnerung bzw. Gedenken kann zwar leidvolle Erfahrungen nicht ungeschehen machen und Leid auch nicht mindern, aber eine Perspektive offenhalten, dass es anders sein könnte. Dieser Hoffnungsspalt eröffnet auch Perspektiven für eine Erneuerung der Gottesbeziehung. Es ist der Wurzelgrund des Vertrauens, aus dem sich die gelingende Gottesbeziehung speist. Wenn die individuelle Erfahrung dieses Vertrauen nicht trägt, ist es das kollektive Gedächtnis, das die Perspektive der Veränderung festhält. In der Reflexion begründet Klgl 3 – um es zugespitzt zu formulieren – ein positives Verständnis von Tradition und dem Umgang damit. Der Gedankengang von 3,21–24 ist eng verwandt mit dem des vielleicht noch exilischen Psalms 77. Der dortige Beter findet nachts auf seinem Lager keinen Trost, weil er das Handeln Gottes nicht versteht und sich fragt, ob Gottes Huld zu Ende ist (V.8–10). Im Bedenken des Geschichtshandelns Gottes erkennt er eine Perspektive, die Erwählung und Erlösung zusammenbindet. Um zu dieser Erkenntnis zu gelangen, bedient er sich der zum Bekenntnis geronnenen positiven Erfahrung des Kollektivs.

Der Umgang mit dem religiösen Traditionswissen in Klgl 3 ist in mehrfacher Hinsicht bemerkenswert. Zum einen zeigt der gezielte kontrastive Umgang mit den Psalmen in V.1–18 eine hoch reflexive Form des Umgangs mit der Schrift. Zum zweiten ist der kognitive und reflexive Umgang mit der Tradition ausgesprochen kreativ und baut Brücken vom Leiden zum Bekenntnis. Der Rückgriff auf die Tradition ist eine vertrauensbildende Maßnahme. In gewissem Sinn ist Klgl 3 eine Erfindung der Theologie als eines reflexiven Umgangs mit religiöser Tradition, der sich nicht vollständig aus dem Bekenntniszusammenhang lösen will und kann. Dass gerade diese Passage (zusammen mit V.29) in den ältesten griechischen Handschriften der → Septuaginta fehlt, ist eigenartig und kaum inhaltlich begründet.

ט (*Tet*) 25–27 Alle drei Verse dieses Buchstabens beginnen mit dem Wort *ṭôb*, das „gut, schön, richtig, Glück" bedeutet. Als wäre durch die Reflexion des Beters eine Mauer des Guten gegen den vergiftenden Einfluss des Schlechten und das Unglück aufgebaut worden. Der Sprecher hatte ja in V.22–24 versucht, ein Gegengewicht gegen die Wahrnehmung des Negativen zu setzen, das → semantisch im ersten Klagelied markant präsent war (1,2.21.22). Das „darauf hoffe ich", das als Ergebnis der Reflexion YHWHs Güte, Barmherzigkeit und Treue in den Vordergrund geschoben hatte, wirkt noch nach. Das gilt besonders für V.25–26, während V.27 eine auf V.1–18 bezogene Quintessenz formuliert, die dann in V.28–30 fortgeführt wird. Aus dem weisheitlichen Milieu sind sog. *ṭôb-min*-Sprüche vertraut, in denen auf die Lebensgestaltung und die darin wirksame Haltung bezogene Weisheiten in Merksätze gefasst werden. Diese knappen Sprüche zeichnen sich durch den Komparativ aus: „Besser gering geachtet werden und einen Knecht haben, als großtun und kein Brot haben." (Spr 12,9) Selten finden sie sich auch in weisheitlich beeinflussten Psalmen (Ps 37,16; 118,8–9; 119,72). Zwar scheint der Beginn von V.25 daran anzuspielen, doch folgt dann kein „besser als". In Analogie zur Spruchweisheit scheinen die drei Verse trotzdem so etwas wie Merksätze zu formulieren. Vergleichbare „Wahrsprüche" gibt es auch im Psalter (Ps 25,8; 92,2; 112,5; 145,9). Der erste Spruch in V.25 formuliert seinen Gehalt geschickt in zwei Richtungen. Die ersten Worte lassen sich als Zuschreibung oder als Beschreibung Gottes lesen: YHWH ist gut! Das Gutsein ist eine Eigenschaft Gottes wie sein Erbarmen, seine Liebe und seine Treue (Ps 25,7–8; 27,13; 34,9; 54,8; 100,5; 106,1; 107,1; 135,4; 136,1). Wie äußert sich diese Güte? Indem YHWH gütig ist und Gutes schenkt (Ps 84,12; 85,13; 119,65; 125,4; 145,9). Gerade die mit YHWH verbundenen *ṭôb*-Aussagen im Psalter strahlen fast immer in beide Richtungen und unterstreichen damit: Wesen und Wirken Gottes unterscheiden sich nicht; gut sein und gütig handeln entsprechen sich. Diese Grundaussage wendet V.25 an und führt es auf den in V.18–24 gegebenen Kontext eng. YHWHs Güte zeigt sich besonders gegenüber denjenigen, die auf ihn hoffen. Die beiden Worte „hoffen" und „harren" sind synonym. Beide kommen im Psalter vielfach vor, in Ps 69; 119 und 130 auch nebeneinander. Dass YHWH Objekt der Hoffnung ist (Ps 27,14; 37,9.34; 40,2; 69,7; 130,5), unterstreicht, dass schon das Gottsein Gottes, das in seinem erbarmenden Wesen kulminiert, der Hoffnung Grund gibt. Das war ja auch in V.22–24 entfaltet worden. V.25 greift nun darüber hinaus, indem es die Güte Gottes auch auf diejenigen gerichtet sein lässt, die den HERRN suchen. Gott zu suchen ist Ausdruck einer

Gott zugewandten Haltung (Ps 9,11; 14,2; 22,27; 24,6; 34,11; 53,3; 69,33; 77,3; 105,4 u. ö.). Suchen und Fragen sind im Hebräischen synonym und „fragen“ kann auch oft als „bitten“ verstanden werden. Gott zu suchen schließt also die aktive Hinwendung zu Gott ein. Es ist an vielen Stellen Ausdruck des Vertrauens gegenüber Gott und hat die Zuwendung seines Erbarmens zur Folge: „Ich suchte den HERRN und er gab mir Antwort, er hat mich all meinen Ängsten entrissen.“ (Ps 34,5) Oder noch deutlicher am Leid orientiert in Ps 69,33: „Die Gebeugten haben es gesehen und sie freuen sich! Ihr, die ihr Gott sucht, euer Herz lebe auf!“ V.25 preist also die Haltung des Sprechers in V.22–24 als richtig und verheißt ihm die Zuwendung Gottes. Er hat versucht, das Wesen Gottes zu verstehen und auf seine Situation zu beziehen und durch die Reflexion auf die Eigenschaften Gottes implizit an ihn und sein Erbarmen appelliert. Das hat ihm neue Hoffnung auf den HERRN gegeben und diese Hoffnung, so der Merkspruch in V.25, wird am Ende nicht enttäuscht werden.

Dass es um die Haltung des Sprechers und dessen Beispielhaftigkeit für den Umgang im Leid geht, machen die beiden anderen *ṭôb*-Sprüche deutlich. V.26 greift das Stichwort „harren“ aus V.21.24 auf. Damit wird noch einmal die Haltung des Sprechers positiv sanktioniert: es ist gut zu harren. Die Hoffnung richtet sich stärker als zuvor auf das Handeln Gottes, auf seine Hilfe und Rettung (vgl. Ps 37,39). Es wird eine Haltung des Schweigens empfohlen, womit offensichtlich an Ps 37,7 angeknüpft wird: „Sei still vor dem HERRN und harre auf ihn.“ In dem Psalm wird empfohlen, auf das Gottsein Gottes zu vertrauen und an vermeintlich offensichtlichen Ungerechtigkeiten keinen Anstoß zu nehmen, da Gottes Gerechtigkeit sich durchsetzen wird (Ps 37,8–11). Noch ist das Leid groß und Hilfe noch nicht da, doch stärkt das Nachdenken über Gottes Erbarmen die Zuversicht, dass die Rettung vom HERRN kommt. Wann sich Gottes Erbarmen zeigt, ist nicht berechenbar. Deswegen lautet die Empfehlung im dritten *ṭôb*-Spruch, es sei gut, ein Joch in der Jugend zu tragen. Das Joch, mit dem Zugtiere eingespannt werden, ist überwiegend negativ besetzt. Das Joch ist eine Last, es drückt auf den Nacken und begrenzt in der Ausübung der Freiheit. Ganz anders hat die rabbinische Tradition das Joch in V.27 verstanden. Das Joch der Tora ist leicht zu tragen und soll von Jugend an (so z. B. in einigen griechischen und aramäischen Texttraditionen) getragen werden. Im Text der Klagelieder steht das Joch jedoch wahrscheinlicher für die Lasten, die Gott dem Sprecher in V.1–18 auferlegt hat, denn es wird nicht ohne Bedeutung sein, dass das Stichwort „Mann" aus 3,1 hier wieder auftaucht. Auch entspricht das Bild des Joches dem Aspekt der „Züchtigung", der in der Rute gesehen wurde. Schließlich war es 1,14, wo vom Joch der Sünden die Rede war, das Jerusalem nicht glaubte länger tragen zu können. Auch hier scheint die Beziehung offensichtlich.

Zwar hatte man anders als in V.1–20 in V.21–27 den Eindruck, das Schicksal Jerusalems sei in den Hintergrund getreten und nicht mehr die stille Hintergrundfolie, vor der das Schicksal des Einzelnen entfaltet wurde, doch ist durch die Empfehlung, das auferlegte Joch schweigend zu (er-)tragen, das Schicksal Jerusalems auf einmal wieder ganz nah. Derjenige, der der Empfehlung des Wahrspruches in V.27 folgt, wird Jerusalem als Beispiel vor Augen gehalten.

י (*Jod*) 28–30 Dass die empfohlene Haltung des in V.27 genannten „Mannes" ein Beispiel für Jerusalem sein soll, machen V.28–30 deutlich, die an V.27 anschließen. Der „Mann" soll einsam dasitzen wie Jerusalem 1,1, aber er soll anders als Zion die ihm auferlegte Last schweigend tragen. Das „ihm" ist im Hebräischen im Hören kaum von „sein Joch" zu unterscheiden. Vom (Er-)Tragen des Jochs war in V.27 geredet worden. Während dem „Mann" nun empfohlen wird, still zu sein, lautete die Empfehlung für Jerusalem in 2,18 „nicht still zu sein" und die Tränen zu vergießen. Das dortige „nie lass deinen Augapfel rasten!" hatte die gleiche Wurzel *dmm* „schweigen/still sein" benutzt, was den Bezug aufeinander recht eindeutig scheinen lässt. Bei der Aufforderung, schweigend dazusitzen, könnte man den Eindruck bekommen, dass hier eine Haltung der Duldung und Demut von dem Leidenden gefordert würde. Leid muss er-tragen werden, weil es Züchtigung von Gott oder Strafe für die eigenen Sünden (s. das Joch in 1,14) ist. Wie bei der „Rute seines Grimms" in 3,1 ist hier eine Verzweckung des Leids als pädagogisches Mittel Gottes zu erkennen – ein Zug in Klgl 3, der nicht unproblematisch ist. Er erinnert an die Freunde Ijobs, die das Leid auf Fehlverhalten zurückführen und es als Zucht

Gottes deuten. Während Klgl 2 noch von der notwendigen und notwendenden Funktion der Klage überzeugt war, weil Leid eben *nicht* sein soll und daher an Gott appelliert werden muss, beugt hier das Leid den Aufrechten als pädagogisches Mittel in eine Demutshaltung. Das Widerständige, nicht sein Sollende am Leid wird marginalisiert. Dass das nicht unbedingt gemeint ist, sondern eher die demütige Erwartung des sicheren und nahen Eingreifens (V.31) im Hintergrund steht, zeigt die Aufnahme von 2,18 in 3,48–50.

V.29 verstärkt die Haltung der Duldung. Den Mund in den Staub zu geben, wie es wörtlich heißt, ist ein Gestus der tiefsten Demut. „Gebeugt" meint wörtlich die Wurzel, mit der das Leid und die Bedrückung bezeichnet wurde (1,3.7.9; 3,1.19). Das Ertragen dieses Leidens drückt der in den Mund gebeugte Staub eindrucksvoll aus. Der Gestus soll die Bereitschaft YHWHs erhöhen, sich dem Leidenden neu zuzuwenden und seine Züchtigung zu beenden, weil sie zu einer tiefen inneren Umkehr geführt hat (oder steht vielleicht Spr 19,18 im Hintergrund?). Das „vielleicht" verstört, wenn die oben gegebene Auslegung von V.21–24 zutreffend ist. Doch legt Klgl 3 insgesamt großen Wert auf die Souveränität Gottes und seine Entscheidungsfreiheit. Vor allem der Zeitpunkt der Zuwendung Gottes ist nicht berechenbar. Das „Wie lange noch?", das die tiefe Klage im Psalter oft bestimmt (Ps 6,4; 13,2–3; 35,17; 74,9–10; 79,5; 80,5; 82,2; 89,47; 94,3) kann nur unbestimmt beantwortet werden („nicht für immer", 3,31). So lange ist demütiges Ausharren die angemessene Haltung. Die Empfehlungen sind getragen von dem Grundgedanken, dass der Einzelne nicht in der Lage ist, die Gerechtigkeit Gottes zu ermessen. Seiner Freiheit obliegt das Maß des Zorns und der Züchtigung ebenso wie das konkrete Gewähren der Huld. Durch das „vielleicht" muss die in V.21–24 „erarbeitete" Gewissheit des Vertrauens in das Erbarmen Gottes nicht geringer sein, im Gegenteil: es unterstreicht die begründete Hoffnung.

Das Dulden bestimmt auch V.30, wo empfohlen wird, Schläge und Schmach zu ertragen. Das Schlagen ins Gesicht ist Ausdruck der tiefsten Erniedrigung (Ijob 16,10) und – ausgeführt mit der Rute – eine öffentliche Züchtigung (Mi 4,14). Zwar lässt der Text offen, wer die Schläge austeilt, doch lässt der Zusammenhang mit der Züchtigung kaum Zweifel daran aufkommen, dass es letztlich Gott ist und die Schläge aus 3,1 gemeint sind. „Ertragen" darf allerdings nicht mit „gutheißen“ verwechselt werden. Vielmehr bedeutet das Ertragen der Schmach, seine Sache ganz Gottes Hand zu übertragen (s. u. V.60). Die mit der öffentlichen Bloßstellung verbundene Schmach erinnert an das bloßgestellte Jerusalem in Kap. 1–2, über deren Wange Tränen liefen (1,2), weil sie keinen Tröster hatte. Die Haltung der Duldung ist die der Frommen und Gerechten, die das Schicksal aus der Hand Gottes annehmen. Meist sind es aber dort die Feinde, die den Gerechten schmähen, der auf das Eingreifen Gottes hofft: „Ich hielt meinen Rücken denen hin, die mich schlugen, und meine Wange denen, die mir den Bart ausrissen. Mein Gesicht verbarg ich nicht vor Schmähungen und Speichel. Und Gott, der Herr, wird mir helfen; darum werde ich nicht in Schande enden. Deshalb mache ich mein Gesicht hart wie einen Kiesel; ich weiß, dass ich nicht in Schande gerate.“ (Jes 50,6–7) So demütig eine solche Haltung auf den ersten Blick scheint, muss sie sich einerseits fragen lassen, ob sie nicht die Gewalt zu sehr verzweckt und bonisiert, d. h. letztlich (zu) positiv wertet. Sei es nun als pädagogisches Mittel zur Erziehung des Sünders oder als Mittel, das Eingreifen Gottes zugunsten des Gerechten sicher herbeiführen zu wollen oder die Bestrafung des Sünders dem Endgericht Gottes zu überlassen. Beides hat als Umgang mit dem Leid problematische Züge. Umgekehrt ist aber ernstzunehmen, dass der Kreislauf von Gewalt und Gegengewalt nur durch Gewaltvermeidung durchbrochen werden kann. Dass dazu der Gewaltverzicht und der Verzicht auf einen Ausgleich für erlittene Gewalt einen Beitrag leistet, wird man kaum bezweifeln können. Die Provokation der Haltung liegt in dem Protest gegen ungerechte Gewalt. Die Empfehlung an den auf Gottes Huld Harrenden in 3,30 können auch in dieser Richtung verstanden werden. Damit fällt für die Aufforderung, die Wange dem darzubieten, der schlägt, und damit ohne Gegenwehr weitere Schläge in Kauf zu nehmen, die Parallelität zu Lk 6,29//Mt 5,39 ins Auge. Es ist gut möglich, dass Jesus (oder wer auch immer die Feindesliebe in ihre jetzige sprachliche Form gegossen hat) bei der Formulierung Klgl 3,30 vor Augen hatte.

כ (*Kaph*) 31–33 Im Abschnitt V.31–39 kehrt der Text von Verhaltensempfehlungen zur Theologie zurück. Er begründet nun erneut mit Rückgriff auf Aussagen, die der Tradition entnommen sind, warum die in V.28–30 empfohlene Haltung nicht töricht ist und die ihr zugrundeliegende Hoffnung nicht vergebens sein wird. Die V.31–32.33–36.37–39 bilden dabei Untereinheiten. Den Auftakt macht eine theologisch gewichtige Aussage, die mit Gottes Treue in Verbindung steht. Dass Gottes Strafhandeln als Verwerfung verstanden wird, setzt die Erwählung oder eine zuvor intakte Gottesbeziehung voraus. Die Aussage, dass Gott verworfen hat, findet sich in Bezug auf den Einzelnen (Ps 43,2; 77,8; 88,15 u. ö.), insbesondere aber mit Bezug auf das Geschichtshandeln Gottes (Ps 60,3.12) und dabei noch einmal zugespitzt auf die Zerstörung Jerusalems und das Exil (Ps 44,10; 74,1). Der Ton der Verzweiflung kann in die Anklage und in die Frage „Warum?“ oder „Wie lange noch?“ umschlagen (Ps 88,15; 108,12). Dabei ist die flehentliche Bitte „verstoß nicht für immer!“ (Ps 44,24) auf das Ende des Strafhandelns gerichtet. Gott soll sich wieder zuwenden und erbarmen: „Wende dich uns wieder zu!“ (Ps 60,3) Ps 77, der wie bereits gesagt in vielen Aspekten parallel zu Klgl 3 argumentiert, formuliert breiter: „Wird der Herr denn auf ewig verstoßen und niemals mehr erweisen seine Gunst? Hat seine Huld für immer ein Ende? Hat aufgehört sein Wort für alle Geschlechter? Hat Gott vergessen, dass er gnädig ist? Oder hat er im Zorn sein Erbarmen verschlossen?“ (Ps 77,8–10) Die Antwort auf die rhetorischen Fragen lautet natürlich immer „nein“, weil Gott treu zu seinen Zusagen steht. Es ist die Essenz, die aus der Gnadenformel abgeleitet ist (vgl. Mi 7,18). In der Klarheit der forcierten *These* von 3,31 findet sie sich sonst kaum. Vergleichbar sind die Aussagen in Jer 3,12; Jes 57,16; Mi 7,18; Jdt 7,30. Es ist wie ein Merksatz, den man sich einprägen kann und soll: denn nicht für immer verstößt der Herr!

V.32 führt den Satz weiter aus und schließt dabei sprachlich – wie V.31 inhaltlich – an V.22 an. Hier (wie bereits besonders in V.1.19.28) ist schwer bezweifelbar, dass Klgl 3 mit engem Bezug auf Klgl 1–2 formuliert ist. Denn das seltene Verbum „betrüben“ war zentral in 1,4.5.12, was in der EÜ nicht immer erkennbar ist. Insbesondere auf das „mit dem der Herr mich betrübt hat“ (1,12, EÜ: geschlagen) scheint in V.32 angespielt zu sein. Nicht nur der Sprecher kann auf Wiederzuwendung Gottes in Liebe hoffen, sondern auch Zion, wenn es sich auf die veränderte Perspektive einlässt, dass Gottes Zorn „nur einen Augenblick“ dauert, seine

Gnade aber „ein Leben lang" (vgl. Ps 30,6; Jes 54,8). Die Aussage, dass sich Gott in seiner Liebe nach dem Zorn *wieder* zuwendet, gehört zum Grundbestand vor allem der exilisch-nachexilischen Theologie (Dtn 13,18; Jer 12,15; 31,20; Hos 6,1; Mi 7,19; Sach 1,16; Neh 9,28; Ijob 5,18; Jdt 7,30 u. ö.). Sie gründet in der Gnadenformel (Ex 34,6–7, s. o. zu 3,22), die wie kein anderer Text das Erbarmen Gottes gegenüber der Strafgerechtigkeit gewichtet und das Wesen Gottes als Erbarmen entfaltet. Die Gnadenformel ist auch in V.32 präsent, denn das „nach seiner großen Huld" spielt auch sprachlich eindeutig auf die Gnadenformel an. Zwar findet sich die Rede von Gottes großer Huld auch in Neh 13,22; Ps 5,8; 69,14; 86,5; 106,7.45; Jes 63,7, doch am markantesten in vielen zentralen Belegen der Gnadenformel (Ex 34,6; Num 14,18; Neh 9,17; 86,15; 103,8; Joël 2,13; Jona 4,2). Außer in Num 14,18 ist die Rede von „Gottes großer Huld" in den genannten Stellen zudem immer mit seinem Erbarmen verbunden. Man kann also zu recht von so etwas wie einem Kurzprofil der Gnadenformel sprechen, das hier in V.32 sprachlich aufgerufen wird. Warum wird in Klgl 3 so auffallend mit der Gnadenformel argumentiert? Weil sie ein, wenn nicht *das* Zentrum der Theologie des israelitischen Gottesglaubens darstellt. Sie bringt die Vorordnung der Gnade vor der Gerechtigkeit markant zum Ausdruck, ohne dabei Gott zu einem „nur" lieben Gott abzustumpfen und das erfahrene Leid zu leugnen. Seine Strafgerechtigkeit ist notwendig, damit überhaupt Gerechtigkeit sein kann (er lässt gewiss nicht ungestraft), aber sein Erbarmen überwiegt um ein Vielfaches. Darum macht es Sinn auf sein Erbarmen auch dann zu hoffen, wenn sein Strafzorn im Vordergrund steht. Klgl 3 tritt also nicht an, die negativen Seiten des Geschichtshandelns Gottes zu leugnen. Im Gegenteil – es wäre töricht, das angesichts des beschriebenen Leids zu bestreiten. Sowohl der exemplarische Mann in Klgl 3 als auch Zion haben diese harte Hand des Zornes Gottes zur Genüge erfahren. Es soll also nicht geleugnet werden, dass Gott betrübt und hart in seinem gerechten Zorn handelt. Das ganze Bild ergibt sich aber erst, wenn auch auf das Erbarmen geschaut wird. Gleiches gilt natürlich umgekehrt – das Gottsein Gottes geht nicht in seinem Erbarmen auf.

V.33 führt einen weiteren theologischen Topos zur Begründung ein: das Mitleid Gottes. Es macht ihm keinen Spaß zu strafen, doch würde sonst das Unrecht ungestraft bleiben (V.34–36). Sein Handeln hält die Gerechtigkeit in der Weltordnung aufrecht, die ansonsten zusammenbrechen würde. Der Gedanke findet sich ähnlich in Ez 33,11: „So wahr ich lebe – Spruch GOTTES, des Herrn –, ich habe kein Gefallen am Tod des Schuldigen, sondern daran, dass ein Schuldiger sich abkehrt von seinem Weg umkehrt und am Leben bleibt." Während bei Ezechiel der Akzent auf der Umkehr liegt und die Strafe zum pädagogischen Mittel wird, ist davon in V.33 nichts zu sehen. Gott ist zur Strafe *gezwungen*, um seine Gerechtigkeit nicht völlig aufzugeben, aber er hat selbst in der Bestrafung Mitleid mit seinem Volk (Ri 2,18; 2 Chr 36,15; Ps 106,45; Jes 63,9).

Im Wechsel von V.33 zu V.34–36.37–39 wandert die Argumentation zu der eigentlichen Theodizee, der Rechtfertigung Gottes im Angesicht des Leids, indem sie die Frage der Gerechtigkeit in einen kosmologischen Rahmen stellt. Es ist nicht von ungefähr, dass diese Wasserscheide im Denken, die sich vom konkreten Leiden des Einzelnen und seiner berechtigten Hoffnung auf Gnade hin zu einer globalen Betrachtung richtet, genau auf der Hälfte des dritten Liedes zu finden ist. Den Abschluss des ersten Arguments, das das im Handeln Gottes begründete Leiden nicht leugnet, aber in den Kontext seiner größeren Gnade einordnet, bildet V.33, der aber schon auf V.34–36.37–39 schaut. Es fällt sofort auf, dass nicht mehr vom Einzelnen die Rede ist, sondern von „Menschenkindern". Zum einen wird damit die zweite Seite der zugespitzten Anfrage aus V.3 eingeordnet. Es mag zwar der Eindruck des konkret Betroffenen sein, dass sich Gott „nur" und „immer" gegen ihn richtet, doch ist dieser Eindruck falsch. Das „immer" wurde in V.31 zurückgewiesen, das „nur gegen mich" ist hier in den größeren Kontext eingeordnet, dass Gottes strafendes Handeln Leiden für „die Menschenkinder" schafft, das Gerechte und Ungerechte betrifft. Dieses Problem ist im Hintergrund präsent, da von Vergehen oder Sünden des Mannes in 3,1 nur implizit durch das Moment der „Züchtigung" die Rede war. So deutlich wie Ijob 5,17–18 verbindet Klgl 3 das Leiden hier noch nicht mit der Zucht des Allmächtigen, doch ist die Tendenz dahin erkennbar.

Sprachlich ist der Vers gut vernetzt. Er benutzt zum einen das Verbum *'nh* (EÜ „plagt", wörtlicher „beugen, erniedrigen, gewalttätig behandeln"), das aus der gleichen Wurzel wie „Leid" gebildet ist und damit auf das Leiden des Mannes in 3,1.19, aber auch auf Jerusalems Leid in 1,3.7.9 zurückgreift. Zum zweiten nimmt er das Verbum „betrüben“ auf, das in 3,32 wie in 1,4.5.12 verwendet wurde und somit ebenso das Schicksal des Mannes und Jerusalems zusammenbindet. Das belastende, ja auch die Lesenden fast erdrückende Handeln Gottes gründet weder in Willkür noch einfach im Willen Gottes, sondern in von Menschen verursachter Ungerechtigkeit und Gewalt. Was in der EÜ mit „nicht freudigen Herzens“ wiedergegeben ist, heißt im Hebräischen nur „nicht von Herzen“ oder „nicht aus dem Herzen“. Zum einen schwingt da mit, dass es nicht „von Herzen“ kommt und Gott keine Freude bereitet (vgl. Ez 33,11; Weish 1,13). Zum anderen verweist die Formulierung darauf, dass es nicht Gottes Lust und Laune ist, den Menschen Leid zuzufügen. Das Herz ist ein Ort der Emotionen ebenso wie der Sitz der willentlichen freien Entscheidung, es ist das „Innere“ des Menschen, nicht das „Außen“. Gleiches gilt für Gottes Herzen. Wenn das Leid *nicht* „aus seinem Herzen“ ist, hatte Gott keine Wahl. V.33 nimmt damit bereits V.34–36 vorweg. Angesichts der „himmelschreienden“ Ungerechtigkeit auf Erden ist Gott zu seinem Strafhandeln gezwungen, wenn die Weltordnung aufrechterhalten werden soll. Die Argumentation ist sehr grundsätzlich und hoch theologisch. Das Schicksal Jerusalems steht dabei, wenn überhaupt nur entfernt, im Hintergrund – es geht um viel Größeres: die Schöpfungsordnung und die Weltgeschichte. Dass Jerusalem durchaus nicht vergessen ist, sondern hier ein impliziter Zusammenhang zwischen der Ungerechtigkeit der Bewohner Jerusalems und der Gerechtigkeit Gottes hergestellt wird, zeigen die folgenden Verse.

ל (*Lamed*) 34–36 Die Verse entfalten eine dreifach gestaffelte rhetorische Frage, die die Ursache des Leids im Handeln der Menschen verortet. Die aufgelisteten Ungerechtigkeiten sind exemplarisch und zwei markante Zuspitzungen: Misshandlung von Gefangenen und massive Rechtsbeugung. Im ersten Fall steht das Recht des Stärkeren als Beispiel inakzeptabler Gewalt. Es betrifft nicht Einzelne, sondern „alle Gefangenen des Landes“. Angeklagt wird eine systematische Misshandlung von Gefangenen. Foltergefängnisse sind nicht Gottes Sache! Das Verb *dk'* beschreibt brutalste Gewaltanwendung, es meint „zertreten, zermalmen, vernichten“;

Abb. 21: Der Pharao auf dem Schoß des Gottes setzt seine Füße auf einen Thronschemel, in dem die unterworfenen Neunbogen-Feinde gedrängt liegen. Dadurch wird die sichere Ausdehnung und Entfaltung seiner Herrschaft symbolisiert. Statuenbasis aus Kalkstein, Saqqara, Ägypten, 3. Dynastie (2670–2600 v. Chr.)

auch hier ist kaum eine Steigerung vorstellbar. Warum die Gefangenen als Beispiel? Sicherlich sind die Gefangenen offen, auf die in Kap. 1–2 als leidend beschriebene Bevölkerung und auf die in die Gefangenschaft Exilierten bezogen zu werden. Dafür würde vor allem Ps 102 sprechen, wo das Erbarmen über Zion mit der Befreiung der Gefangenen verbunden wird (Ps 102,14.17.20–22, vgl. Sach 9,11–12). Wahrscheinlicher aber stehen die Gefangenen wie die Armen als Gruppe vor Augen, die aufgrund ihrer Rechtlosigkeit des besonderen Schutzes bedürfen (Ps 79,11; Jes 42,7). „Denn der HERR hört auf die Armen, seine Gefangenen verachtet er nicht." (Ps 69,34, vgl. 68,7) Beide Möglichkeiten müssen sich nicht ausschließen, denn es ist etwas unklar, von wessen Füßen die Rede ist. Die Klarheit der EÜ, in der „die Füße" misshandeln, hat der hebräische Text nicht. Das Zertreten findet „unter *seinen* Füßen statt". Ein Subjekt, auf das sich „seine" beziehen könnte, ist aber im Text nicht genannt. Eine naheliegende Möglichkeit ist, die Füße auf Gott zu beziehen, der so im Himmel thront, dass die Erde unter ihm zum Schemel seiner Füße wird (V.41.50; 2,1, vgl. Ex 24,10; Jes 66,1; Ez 43,7; Sach 14,14). Das würde nicht nur einen weiteren Akzent auf Zion legen, sondern auch gut zu dem „Höchsten“ in V.35 passen. Der Bereich unter den Füßen ist der sichtbarste Machtbereich (Dtn 33,29), symbolisch der Raum, der am deutlichsten untergeordnet ist und in dem sich die Herrschaft entfaltet (Abb. 21 und 22). Dort kann es im wahrsten Sinne keinen Aufstand der Feinde geben dürfen. Die Argumentation bezieht sich auf den Vorwurf, dass Gott untätig ist. Es gibt Ungerechtigkeit im Bereich, in dem Gottes Gerechtigkeit walten sollte. Das kann Gott nicht zulassen.

V.35 gibt als zweites Beispiel für die Ungerechtigkeit, die Gott zu seinem Strafzorn zwingt, die Rechtsbeugung an. Geradezu ironisch ist der Betroffene ein *gæbær*, ein Mann wie der in 3,1–18, der von der vermeintlichen Ungerechtigkeit im Handeln Gottes berichtete. Nicht Gott aber beugt das Recht, sondern die Menschen. Die Missachtung des Rechts findet sogar vor dem Angesicht des Höchsten statt, was sie besonders schlimm macht. Es sind nicht kleinste Vergehen gegen das Recht, sondern Kapitalverbrechen, in denen ein Zeuge vor Gericht „vor Gott“ die Wahrheit bezeugen soll und das Recht beugt. So wird die Wahrheit zur Schwäche verkehrt, Unrecht tritt an die Stelle von Gerechtigkeit und der Schwächere wird übervorteilt. Rechtsbeugung ist ein Topos, der für die Miss-achtung der gesamten Rechtsordnung steht. Diese Ordnung des Rechts aber ist auf dem hohen Anspruch der „Gerechtigkeit“ erbaut. Deutlich kommt hier erstmalig die Tora ins Spiel, denn Ex 23,6; Dtn 16,19; 24,17; 27,19 formulieren mit den gleichen Worten

Abb. 22: Der assyrische König stellt seinen Fuß auf einen Gefangenen zum Zeichen seiner Dominanz. Relief aus Ninive

wie V.35 (vgl. Jes 10,2; Am 2,7; Mal 3,5; 1 Sam 8,3; Spr 17,23; 18,5). Die Rechtsbeugung steht *pars pro toto* für die Missachtung der Tora. V.36 führt das Thema des fehlenden Rechts fort. Auch hier ist es das in Unrecht verkehrte Recht, die Rechtsverdrehung, die die Gerechtigkeit missachtet, die das Handeln Gottes auf den Plan ruft. Auch hier ist der Subtext: Nicht Gott, sondern der Mensch verkehrt das Recht. Angesichts des unverständlichen Leids, das der Mann in 1–18 erlebt hat und angesichts des von Gott gefügten harten Schicksals, dass Jerusalem in ihrer Verlassenheit beklagt, konnte der Gedanke aufkommen, Gott hätte das Recht zu seinen Gunsten gebeugt und verkehrt. Klgl 2 klagte ihn als Mörder der Kinder Jerusalems an und wer mordet, ist unzweifelhaft im Unrecht. Für V.36 hingegen ist klar, dass nicht Gott derjenige ist, der das Recht verkehrt. Die Essenz bringen die Freunde gegenüber Ijob ähnlich zum Ausdruck, da auch Ijob sich von Gott ungerecht behandelt sieht (Ijob 19,6). Bildad fragt in Ijob 8,3 „Beugt etwa Gott das Recht, oder beugt der Allmächtige die Gerechtigkeit?" und gibt die Antwort implizit, die Elihu dann noch einmal in aller Deutlichkeit unterstreicht: „Nein, wahrhaftig, nie tut Gott unrecht, und der Allmächtige beugt nicht das Recht." (Ijob 34,12) Auch hier dienen die V.34–36 dazu, den Vorwurf der Willkür gegenüber Gott zurückzuweisen und eine Theodizee, die Rechtfertigung Gottes vor dem Leid, zu formulieren. Gott verantwortet das Leid, er verursacht es aber nicht. Damit wirft das Leiden Jerusalems und das Leiden des Einzelnen die Frage nach den Sünden auf. Was bisher in Kapitel 3 nur im Hintergrund eine Rolle spielte, tritt folgerichtig in V.39.42 mit Macht in den Vordergrund. Allerdings nicht als Schuldanklage, sondern als Schuldeingeständnis eines Kollektivs.

Es ist bezeichnend, dass soziale Vergehen und die daraus resultierende Ungerechtigkeit in V.34–36 als Beispiel dafür genommen werden, dass YHWHs Strafzorn eingreifen muss, um Gerechtigkeit zu wahren. Hier erkennt man, dass Klgl 3 die deuteronomistische Fixierung auf den Fremdgötterdienst schon hinter sich gelassen hat und die prophetischen Linien von Recht und Gerechtigkeit fortsetzt.

מ (*Mem*) 37–39 Stand die Souveränität Gottes in der vorangegangenen weisheitlichen Argumentation schon außer Frage, so wird diese in der abschließenden Einheit in V.37–39 durch drei weitere rhetorische Fragen unterstrichen. Im Unterschied zu V.34–36 sind jetzt explizite Fragepronomen vorhanden. Die erste Frage scheint sprachlich eindeutig auf die erste Schöpfungserzählung zurückzugreifen, wo von der Erschaffung durch das Wort die Rede ist. Zwar wird in V.37 „sagen" (*'mr*) statt „sprechen" (*dbr)* verwendet, doch ist die Nähe durch das „und es geschah" eindeutig. Der Verweis auf die Schöpfung ist Ausweis absoluter Souveränität und Allmacht Gottes (Ps 148,5). Die Verknüpfung von Schöpfung und Gerechtigkeit findet sich auch in Ps 33. Auch dort ist Gott im Himmel und schaut auf die Menschen, um treu zu seiner Erwählung zu stehen, Gerechtigkeit zu garantieren und seine Güte walten zu lassen. Auffallend ist, dass im Unterschied zu Gen 1 ein feminines Subjekt genannt wird („und sie wurde"). Das könnte z. B. auf die Erde weisen, die auch im Hebräischen feminin ist. Doch gehört die Erde in den Schöpfungserzählungen der Genesis zu der ungeschaffenen Vorwelt. Die Vorstellung, dass die Erde aus dem Nichts geschaffen wurde (*creatio ex nihilo*) findet sich in der Hebräischen Bibel nicht. Eine andere Möglichkeit wäre, Zion als Objekt der Erschaffung in Analogie zur Welterschaffung zu verstehen. Dies würde Zion noch einmal ganz in die Verantwortung Gottes stellen. Doch bleibt die Erklärung dieser Auffälligkeit im Text der Klagelieder Spekulation. Letztlich geht es weit mehr um das souveräne Geschichtshandeln als um ein erschaffendes Handeln Gottes. Das macht die zweite Vershälfte deutlich, die eine monotheistische Stoßrichtung hat, wenn man der Zürcher Übersetzung folgt, die näher am hebräischen Text ist: „Wer sollte das sein, der sprach und es geschah, ohne dass der Herr es geboten hätte?" Es gibt niemanden sonst, der Verantwortung für die Aufrechterhaltung der Weltordnung übernehmen könnte: es gibt keinen, der ihm gleichkommt und nichts geschieht an ihm vorbei (vgl. Am 3,6).

V.38 schließt an V.37 an, denn auch dort wird ein Sprechakt Gottes thematisiert. Versteht man V.38 als Erläuterung von V.37, ging es auch dort um das Handeln Gottes in und an der Welt. Der Vers formuliert klar das Dilemma, dass sich aus dem Denken der Einzigkeit Gottes, seiner Universalität und Allmacht ergibt. Es gibt schlicht kein göttliches Handeln, das nicht von ihm ausgehen würde. Sowohl das Strafhandeln *als auch* das Erbarmen kommen von demselben Gott. Eine Theologie, die eins von beiden auszublenden sucht, geht fehl. Gottes Handeln umfasst die ganze Wirklichkeit. Zwar ist die Reflexion über den Ursprung des Bösen in Gott nicht zwingend mit dem Monotheismus verknüpft, aber die Einzigkeit Gottes verstärkt die Frage. Es sind daher monotheistische Texte, die darüber reflektieren, dass unter dieser Voraussetzung Gerechtigkeit nur von Gott kommen kann und seine Einzigkeit Konsequenzen hat. Das ist am deutlichsten in Jes 45,5–8 entfaltet:

> Ich bin der HERR, und sonst niemand;
> außer mir gibt es keinen Gott.
> Ich habe dir den Gürtel angelegt ohne daß du mich kanntest,
> damit man vom Aufgang der Sonne bis zu ihrem Untergang erkennt,
> daß es außer mir keinen Gott gibt.
> Ich bin der HERR, und sonst niemand.
> Der das Licht formt und das Dunkel erschafft,
> der das Heil macht und das Unheil erschafft,
> ich bin der HERR, der das alles macht.
> Taut, ihr Himmel, von oben, ihr Wolken, laßt Gerechtigkeit regnen!
> Die Erde tue sich auf und bringe das Heil hervor,
> sie lasse Gerechtigkeit sprießen.
> Ich, der HERR, erschaffe es.

Daneben ist es Ijob, der sich in Ijob 1,22; 2,10 die Erkenntnis zur Grundlage macht, dass Gutes wie Böses von Gott ausgehen (vgl. Gen 30,2.22; Dtn 32,39; 1 Sam 2,6–8; Rut 1,20–21 u. ö.). Indem Klgl 3 zuvor das Strafhandeln als notwendige Maßnahme zur Aufrechterhaltung der Gerechtigkeit eingeordnet hat, kann V.38 nicht mehr als Beleg für Gottes Willkür ausgelegt werden. Wenn Gott zudem nicht das Böse um des Bösen willen will (V.33), sondern um des Guten, der Gerechtigkeit willen (V.34–36), dann stellt sich die Frage, ob das Leid notwendiges Übel ist. Klgl 3 scheint im Rückgriff auf Gen 1 auch zuzustimmen, dass Gott die Welt „sehr gut" geschaffen hat (Gen 1,31). Unter der Grundvoraussetzung der Gerechtigkeit Gottes wird nun die Frage nach den Sünden als Ursache individuellen Leids aufgeworfen: Gott fügt kein ungerechtes Leid zu, es gibt aber Leiden, das Gott zufügt, also muss die Ungerechtigkeit beim Menschen und nicht bei Gott liegen. So einfach wird Gott nicht aus der Verantwortung für das Übel zu entlassen sein, wenn auch der Gerechte in Mitleidenschaft gezogen wird. Zunächst aber hebt der Text auf die Verantwortung des Menschen ab und führt auf die Sünden des Menschen eng. Für seine individuell zurechenbare Schuld ist jeder selbst verantwortlich, also muss er auch die Folgen seiner Sünden tragen. Ein Lebender darf über seine Sünden nicht klagen, weil er sie selbst zu verantworten hat. Darin verbirgt sich nicht ein genereller Widerspruch zur Klage, der als „Korrektur" gegen 2,18 gerichtet ist. Die Terminologie in V.39 ist auffallend anders. Der einzige andere Beleg für das Verb ist Num 11,1, wo das Volk unmittelbar nach dem Aufbruch vom Sinai „jammert" oder „rummosert", dass es ihm so schlecht gehe, was aber der Wirklichkeit nicht entspricht. Das Verb drückt also die selbstbezogene Klage aus, die selbstgerechte Anklage Gottes und das Murren oder die Unzufriedenheit über den eigenen Zustand. In V.39 ist es zunächst das „am Leben" sein, dass dem Menschen keinen Grund zur Klage geben soll. Nicht von ungefähr ist hier weder *'îš* „Mensch, Mann" noch *'ænôš* „Mensch, Menschlein", sondern wie in der Schöpfungserzählung *'ādām* „Mensch, Adam" gebraucht, der Gen 2,7 zu einer „lebendigen Seele" geschaffen wurde. Das Leben soll wertgeschätzt werden als Geschenk, das der Mensch aus der liebenden Hand Gottes empfangen hat. Er ist es, der das Leben in seiner steten Zuwendung erhält, auch im Leid. Der zweite Teil des Verses spricht die Sünden als Hintergrund des Ergehens an. Noch ist die Frage ungerechtfertigtem Leids nicht aufgeworfen, sondern ein enger Zusammenhang von Tun und Ergehen vorausgesetzt: Die Sünde des Menschen verursacht das Leid, seine individuell zurechenbare Schuld ruft um willen der größeren Gerechtigkeit die Bestrafung auf den Plan. Zwei Fragen bleiben dabei nach wie vor offen: Was ist, wenn das Erbarmen Gottes auszubleiben scheint? Was ist, wenn das Leid tatsächlich den Gerechten trifft?

Durch den Gebrauch des Wortes *gæbær* „Mann" wird noch einmal auf 3,1.27.35 zurückgegriffen und so das Lied des Einzelnen abgerundet. Nichts deutete an, dass der Mann, der sich in 3,1 als Sprecher identifiziert hatte, das Wort zwischendurch abgegeben hätte. Die Stellen, in denen von einem „Mann" die Rede war (V.27.35.39) waren in einer gewissen Allgemeingültigkeit formuliert, deren Aussagen auch auf den Sprecher bezogen werden konnten. Damit verstärkt V.39 die Frage, ob der „Mann" wegen seiner Sünden Leid erfahren und die „Rute seines Grimms" als Züchtigung gespürt hat oder ob er als Gerechter gelitten hat, weil Gottes Handeln auf eine übergeordnete Gerechtigkeit gerichtet war. Die Geschichte des paradigmatischen Sprechers aus 3,1 ist noch nicht zu Ende erzählt, sie geht spätestens in V.48 weiter.

נ (*Nun*) 40–42 Zuvor aber wechselt das Lied in die 1. Pers. Plural, wobei nicht klar ist, ob wirklich ein Sprecherwechsel vorliegt oder nicht doch der Sprecher von V.1–24.25–39 sich als Teil der Gemeinschaft an das Kollektiv wendet. Die Selbstaufforderung in V.40 kann von einem Einzelnen an ein Kollektiv gerichtet oder von einem „Wir“ gesprochen worden sein. Im Lesefluss der Klagelieder ist es das erste Mal, dass die Stimme eines „Wir“ präsent ist (vgl. danach 4,17–20; 5,1–11.15–22). Vieles spricht dafür, dass V.40–48 in dem „Wir“ die Überlebenden der Stadt Jerusalem repräsentiert sind, da es erneut eine Reihe von Textbezügen gibt. Aber auch das ist bei weitem nicht klar, weil es im Text nicht referentiell angezeigt ist. Die von der „Wir-Stimme“ eingenommene Position bleibt ambivalent. Zunächst scheint sich das Kollektiv die Belehrung aus V.25–39 zu eigen zu machen und darauf mit einem Sündenbekenntnis, der Reue und dem Versprechen der Umkehr in V.40–42 zu reagieren. In V.43–47 hingegen steht erneut eine Beschreibung der Härte des Strafgerichtes. Auf die aus der Tradition gewonnene Einsicht des Einzelnen in V.22–24.31–32, dass Gottes Liebe nicht aufhört und seine Huld unerschöpflich ist, scheint das „Wir“ ebenso wenig zu reagieren wie auf die Passage zur Rechtfertigung Gottes V.34–38. Das „Wir“ findet jedenfalls noch nicht zu einem neuen Vertrauen zu Gott zurück. Es bleibt auf halbem Wege stehen.

Das Verbum in V.40 meint „erforschen, genau durchsuchen“ wird aber sonst nicht zur Gewissenserforschung verwendet. Etwas anders verhält es sich mit dem zweiten Verbum, das ebenfalls „erforschen, auskundschaften, genau prüfen“ bedeutet. Es wird mehrfach für die Vorstellung benutzt, dass Gott selbst „das Herz“ oder „auf Herz und Nieren“ prüft (Jer 17,10; Ps 139,1.23) und ihm nichts verborgen bleibt (Ps 44,22). In diesem Sinne meint es die „schonungslose Aufklärung“ aller Vergehen und Verfehlungen. Während das zweite Verb absolut verwendet ist, hat das erste „unsere Wege“ zum Objekt. Damit ist die Gesamtheit des Verhaltens und der darauf bezogenen Einstellungen gemeint (Ps 1,6; 39,2;

119,5; 139,3.24). Oft ist von den Wegen Gottes die Rede (Ps 18,22; 25,4; 51,15; 128,1 u. ö.), was entweder die Ausrichtung des Lebens auf Gott und seine Gebote meint oder ein Synonym für das Gesetz ist (z. B. in Ps 103,7). Die Aufforderung zielt also darauf, die Ausrichtung auf Gott zu prüfen und in jeder Hinsicht zu erneuern. Das setzt nicht nur die Wahrnehmung der Fehler, sondern auch die Reue voraus. Die Reue ist ein Akt der Hinwendung zu und der Ausrichtung auf Gott (wie hier mit der Präposition *'ad* „zu": Dtn 4,30; 30,2; Jes 19,22; Hos 14,2; Am 4,6–10; mit *'æl* „in Richtung auf" Jes 44,22; 55,7; Jer 4,1; 24,7; Hos 14,3; Neh 1,9 u. ö.).

V.41 ist als Gebetsaufforderung zu verstehen, die durch einen Gebetsgestus unterstützt wird. Die Formulierung ist bemerkenswert. Die Hände erheben oder ausbreiten ist ein Klage- und Gebetsgestus (Abb. 6–8, 15–17), der auch in Ps 28,2; 44,21; 77,3; 141,2; Ijob 11,13; 2 Makk 14,34; 15,21 u. ö. bezeugt ist. Verglichen mit diesen Stellen ist nicht einfach von den Händen, sondern den geöffneten Handflächen die Rede. Das ist zwar als Gestus unmittelbar verständlich, findet sich aber nur an drei Stellen: für den Lobpreis in Ps 63,5, metaphorisch in Ps 119,48a („Ich erhebe meine Hände zu deinen Geboten, die ich liebe") und in Klgl 2,19, wo auch das Herz erwähnt ist. Dort hatte der Sprecher Zion aufgefordert, sich an Gott zu wenden und wegen der Kinder Jerusalems um Erbarmen zu flehen. Der Bezug zwischen beiden Stellen ist eindeutig und gewollt. Das „Wir" gleicht sich der Klage Jerusalems an und V.49–50 wird zeigen, dass auch der „Mann" Gleiches tut, „bis der HERR vom Himmel (gnädig) herabblickt". Das um Erbarmen bittende Gebet, das jetzt unter dem Vorzeichen des kollektiven Sündenbekenntnisses steht, ist durch die theologische Reflexion in V.21–24 und die Empfehlung in V.28–29 keinesfalls erledigt. Im Gegenteil! Gegenüber 2,19 ist eine Veränderung festzustellen, denn nicht nur die Hände werden erhoben, sondern das Herz samt den Händen (wörtlich: das Herz *zu* den Händen). Versteht man das Herz als Ort der willentlichen Entscheidung und Ausrichtung, macht das Sinn. Die ganze Entschiedenheit und das ganze Wollen des Menschen sind auf Gott gerichtet und unterstreichen die flehentliche Bitte. Der Vers empfiehlt das Bittgebet. Die Hände setzen das um, was im Herzen entschieden ist (Ez 22,14; Sir 38,10; Ps 24,7; Ijob 31,7). So kann die Wendung als poetische Verkürzung von Ijob 11,13 verstanden werden: „Wenn du selbst dein Herz in Ordnung bringst und deine Hände zu ihm ausbreitest“ (vgl. das Gegenteil in Jes 13,7; Ez 21,12). Der Vers zieht eine gedachte Linie von dem Herzen über die nach oben ausgebreiteten Hände zum Himmel. Nur hier kommt in den Klageliedern die Gottesbezeichnung *'el* vor. Da gerade Klgl 3 die Verwendung von Gottesnamen und Gottesbezeichnung gezielt einsetzt (s.o. zu YHWH in V.18 und dem Höchsten in V.35.38), dürfte das nicht ohne Grund sein. *'el* ist ursprünglich Eigenname des väterlichen, höchsten Gottes, bedeutet dann aber einfach „Gott“ und in nachexilischen Texten oftmals Gott schlechthin. Sicherlich spielt auch eine Rolle, dass der Höchste als Himmelsgott verehrt wurde. Wie bei der Verwendung von *'ælyôn* „Höchster“ schwingt bei *'el* in nachexilischen Texten die Souveränität und Einzigkeit des Gottes Israels mit. Bemerkenswert ist darüber hinaus, dass Gott mit Nachdruck im Himmel verortet wird. Zwar ist es nicht so, dass Gott in der Jerusalemer Tempeltheologie nicht auch schon in vorexilischer Zeit im Himmel verortet wurde, doch richtete sich das Gebet eher vor das Angesicht Gottes, das im irdischen Tempel präsent war. Mit der Zerstörung des Jerusalemer Tempels rückt YHWH in den Himmel und verbleibt danach dort. Das macht seinen Wohnort nicht nur unabhängig von einem irdischen Tempel, sondern ermöglicht die für die Universalität vorausgesetzte Ortsungebundenheit. Gott wird zunehmend transzendent gedacht. Das Tempelweihgebet, das in 1 Kön 8,12 zunächst noch YHWH mit dem irdischen Tempel in Verbindung bringt, dann aber ausführlich über die Frage des Wohnortes reflektiert und den Tempel als den Ort sieht, wo YHWH *seinen Namen* wohnen lässt, aber selbst nicht mehr dort wohnt (1 Kön 8,22–53), ist dichtester Zeuge dieser Entwicklung. Diese Namenstheologie findet sich nicht in Klgl 3, doch dürfte die Betonung des Adressaten in V.41 als „Gott im Himmel“, als Himmelsgott, in eine ähnliche Richtung weisen. Es geht um die Verlagerung Gottes in den Himmel um der Universalität und größeren Transzendenz willen.

V.42–47 scheint den Inhalt des Gebets wiederzugeben. Gott wird in V.42–45 direkt angeredet, während V.46–47 beschreibend sind. Die Rede greift in die Vergangenheit zurück. Während V.42 knapp auf die Ursache eingeht, schildern V.43–47 erneut mit einer gewissen Resignation unterschiedliche Aspekte der Katastrophe.

Das Gebet endet im Dunkel, in dem sich Zion auch in Klgl 1–2 glaubte. V.42 stellt das Sündenbekenntnis betont voran und greift dabei den Sündenbegriff aus 1,5.14.22 auf. Die Sünden Zions sind die Sünden seiner Bewohner. Gleiches gilt für die Widerspenstigkeit. Zion hatte in 1,18.20 mit Nachdruck seine Widerspenstigkeit bekannt, jetzt bekennt das Kollektiv, widerspenstig gewesen zu sein. Es ist derselbe Widerstand gegen Gott. Hatte schon Zion in Kap. 1 eingesehen, dass dies zur Katastrophe geführt hat, so macht V.42 das für das Kollektiv – allerdings nur implizit – deutlich. Dtn 29,17–19 macht in deuteronomistischer Diktion deutlich, was schon V.34–36 bewegt hatte. Dass die Anhäufung von Rechtsbrüchen von Gott nicht hingenommen werden kann, weil sie die Gerechtigkeit als Ganze in Frage stellt. Die Deuteronomisten sehen immer wieder die Abkehr von YHWH als das Grundübel an, das in die Katastrophe führt, weil Gott dieses Übel nicht verzeihen wird. Es ist nicht schwer, die Ähnlichkeiten zu Klgl 3 herauszuhören:

> Es soll keinen unter euch geben, weder Mann noch Frau, weder Sippe noch Stamm, der heute sein Herz vom HERRN, unserem Gott, abwendet und anfängt, den Göttern dieser Völker zu dienen. Es soll bei euch keine Wurzel wachsen, die Gift und Wermut hervorbringt, das heißt keinen, der beim Hören der Worte dieser Verwünschung insgeheim folgenden Gegensegen über sich spricht: Mir soll nichts geschehen, wenn ich aus eigenem Entschluss etwas tue, damit Wasserfülle die Dürre beendet. Der HERR wird sich weigern, ihm zu verzeihen, er wird schnauben vor Zorn und Eifersucht gegen einen solchen Menschen. Jede Verwünschung, die in dieser Urkunde aufgezeichnet ist, wird auf ihn lauern, und der HERR wird seinen Namen unter dem Himmel auslöschen. (Dtn 29,17–19)

In Dtn 28 sind die Verwünschungen aufgelistet, die als Strafe für solches Verhalten drohen: Krankheit, Hunger, Seuchen, Vernichtung, Vertreibung, Verwüstung, Zusammenbruch der Infrastruktur, Exil. Es sind unter anderem die Folgen, die Zion in Kap. 1–2 beklagte. Ein weiterer innerbiblischer Gesprächspartner für das „du hast nicht vergeben“ in V.42 ist der Bericht über das Ende Judas in 2 Kön 24,1–4. Dort wird die Verwüstung Judas auf den Zorn YHWHs zurückgeführt, weil – zugespitzt in der Sünde Manasses – das Unrecht überhand genommen und unschuldiges Blut vergossen worden war. Daraufhin heißt es in V.4: „Das wollte der HERR nicht mehr verzeihen." In diesem Kontext ist das „du hast nicht vergeben" zu verstehen. Es steht nicht im Widerspruch zu der Vergebungsbereitschaft und dem Erbarmen, das so eindrucksvoll in V.22–24.31–33 dargelegt worden war, sondern es erklärt die erlittene Katastrophe als Folge von Sünden, die den Zorn Gottes heraufbeschworen haben. In der exilisch-nachexilischen Literatur ist die Frage, wie viele Sünden verziehen werden können bevor der Zorn Gottes nicht mehr aufzuhalten ist, vielfach thematisiert. Meist lautet die Antwort, dass die Sünde so überhand nimmt, dass es kein Recht mehr gibt. Ein Beispiel ist der Schuldaufweis in Jer 5,1–7:

> Zieht durch Jerusalems Straßen, schaut genau hin und forscht nach, sucht auf seinen Plätzen, ob ihr einen findet, ob einer da ist, der Recht übt und auf Treue bedacht ist: Dann will ich der Stadt vergeben – Spruch des HERRN! Doch selbst wenn sie sagen: So wahr der HERR lebt, schwören sie dennoch einen Meineid. HERR, sind deine Augen nicht auf Treue gerichtet? Du hast sie geschlagen, aber es tut ihnen nicht weh; du hast sie vernichtet, aber sie haben sich geweigert, Züchtigung anzunehmen. Sie haben ihre Stirn härter gemacht als Stein, sie haben sich geweigert umzukehren. Ich aber dachte: Nur die geringen Leute, nur sie handeln töricht, weil sie den Weg des HERRN nicht kennen, das Recht ihres Gottes. Ich will doch lieber zu den Großen gehen und zu ihnen reden; denn sie kennen den Weg des HERRN, das Recht ihres Gottes. Doch sie haben gemeinsam das Joch zerbrochen, die Stricke zerrissen. Darum schlägt sie der Löwe des Waldes, der Steppenwolf überwältigt sie. Vor ihren Städten lauert der Panther, alle, die herauskommen, werden zerfleischt. Denn zahlreich sind ihre Verbrechen, schwer wiegt ihre Abtrünnigkeit. Weshalb sollte ich dir vergeben?

Auch hier fällt es nicht schwer, die Nähe zu Klgl 3 im Gedankengang und in der Motivwahl zu erkennen (vgl. Jer 15,5–6). Mit dem „du hast nicht vergeben" läutet V.42 die erneute Beschreibung des Niedergangs ein und verstärkt die Frage nach dem „Wie lange noch". Wann wird das Erbarmen greifen, das in V.31–32 am Horizont aufgeschienen war?

ס (*Samech*) 43–45 Die folgende Schilderung des Strafhandelns Gottes steht in der Härte nicht gegenüber Kap. 2 zurück. Gott wird als schonungslos Tötender vorgestellt, der sich durch kein Gebet erweichen lässt. Die Schilderung dient wie in Klgl 2 dazu, das „es ist genug!“ zu untermalen und das „nicht für immer“ einzufordern. V.42 ruft 2,1 auf, wo Gott Zion mit seinem Zorn umwölkte und die unheimliche Dunkelheit der Wolken die Unentrinnbarkeit unterstrichen hatte (vgl. Zef 1,15; Joël 2,2; Ez 30,3; 34,12). Der hier für den Zorn verwendete Begriff *'ap* war der häufigste Zornterminus in Klgl 2 (V.1.3.6.21.22). Das „du hast uns in Zorn gehüllt“ nimmt 2,1 auf, als hätte der Zorn Gottes wie eine Wolke umgeben. War in 1,3.6 der Feind der Verfolger (vgl. auch 4,19; 5,5), so wird Gott hier selbst zu dem, der als Feind verfolgt hat, um zu vernichten. Den Gipfel markieren die letzten beiden Worte, die Gott als mitleidlosen Mörder darstellen. Es gehört zur altorientalischen Kriegsrhetorik, schonungslos zu sein und kein Mitleid zu haben (1 Sam 15,3; 2 Chr 36,17; Jes 9,18; 13,18; Jer 51,3). Daher findet sich die Formulierung auch häufiger zur Beschreibung der Härte des Zorngerichtes (Jer 13,14; 21,7; Ez 5,11; 7,4; 9,10; Sach 11,6 u. ö.), auch in 2,2.17.21. Auch Ijob beklagt, dass Gott sich ihm gegenüber schonungslos verhalten hat (Ijob 6,10; 16,13; vgl. 27,22). Die Vorstellung ist grausam, ohne Frage, doch zeigt die Verwendung dieser Formulierung, dass vielleicht unsere heutigen Empfindungen und Assoziationen nicht die gleichen sind wie die des Ursprungskontextes. Man wird die Formulierung V.43 als das nehmen müssen, was sie ist: *martialische Kriegsrhetorik.* Denn es fällt auf, wie selten das Nomen außerhalb von Kampfhandlungen oder vergleichbaren Kontexten verwendet ist (zu den wenigen Stellen gehören Ex 2,6; 2 Sam 12,2; Spr 6,34; Jes 30,14). D. h. Mitleid ist eine sehr spezifisch und viel enger als in heutiger → Semantik verwendete Vokabel. Für die andere, eher „profane“ Seite des Mitleids kennt das Hebräische das Wort *ræḥæm*, das oft mit dem Wort „Erbarmen“ übersetzt und häufig Gott zugesprochen wird. Es ist wichtig zu sehen, dass das Hebräische diesen Unterschied in der Semantik macht. Denn oftmals sind es Stellen wie 3,43, die in der Rezeption dazu geführt haben, den alttestamentlichen Gott als willkürlich, unberechenbar und gewalttätig zu zeichnen und damit ein antijüdisches Vorurteil zu bedienen. Das blendet umgekehrt die Stellen aus, in denen von YHWHs Mitleid die Rede ist (Ez 36,21; Joël 2,18; Mal 3,17; 2 Chr 36,15). Das fehlende Mitleid kontrastiert zudem nicht das überreiche Erbarmen, denn beides ist in alttestamentlichen Texten nicht das Gleiche. Beide kommen *nur* in Jer 13,14; 21,7 zusammen vor, nie ist das Erbarmen im positiven Sinne mit Mitleid zusammengenommen (gleiches gilt übrigens für die Gnade, Huld und Liebe). Es scheint sich in theologischer Rede um „zwei verschiedene Paar Schuh" zu handeln, was für heutige Bibelleserinnen und -leser schwer einsichtig zu machen ist. Der implizite alttestamentliche Leser hat kein Problem damit, die Schonungslosigkeit im Strafhandeln mit der Liebe im Erbarmungshandeln Gottes zusammenzudenken.

Hatte V.43 wie Klgl 2 Gott als feindlichen Krieger skizziert, so betont V.44 seine Unerreichbarkeit. Der Vers beginnt mit dem gleichen Verbum wie V.43, bezieht es aber jetzt wirklich auf Wolken, in die sich der HERR gehüllt hat. Es ist der *deus obscurus*, der verdunkelte, unerreichbare und unverständliche Gott, der hier gezeichnet wird. Gott hat sich im Wolkendunkel abgeschottet, sodass das flehentliche Bittgebet ihn nicht mal erreicht. Dass Gott sich des Bittgebetes vollständig verschließt, ist eine negative Spitzenaussage, die bereits in Bezug auf den „Mann" in 3,8 begegnete, aber darüber hinaus in atl. Texten nur wenig Seitengänger hat. Dass Gott das Gebet der Gottlosen nicht erhört, ist nachvollziehbar, vor allem, weil er das Gebet der Gerechten erhört (Spr 15,29; vgl. 28,9; Ps 109,7). Ps 80,5 fragt wie lange Gott noch dem Bittgebet seines Volkes standhalten kann, bis er zur Hilfe kommt. Ijob 24,12 hinterfragt Ijob die Gerechtigkeit Gottes, weil dieser nicht gegen die aufgetürmte Gewalttat einschreitet: „In der Stadt stöhnen Menschen, die Seelen der Erschlagenen schreien laut. Doch Gott nimmt keinen Anstoß." Auch dort ist sich der Text der Ungeheuerlichkeit des Vorwurfs gewiss. Eine Schlüsselstelle ist sicher Jes 1,15, weil dort begründet wird, wann und warum Gott das Gebet nicht hört: „Wenn ihr eure Hände ausbreitet, verhülle ich meine Augen vor euch. Wenn ihr auch noch so viel betet, ich höre es nicht. Eure Hände sind voller Blut." Ähnlich verweigert sich YHWH dem Fürbittgebet Jeremias in Jer 7,16; 11,14. Auch der Schuldaufweis in Ez 8 endet mit der Verweigerung zu hören: „Ich, ja ich werde voll Zorn handeln. Mein Auge wird kein Mitleid zeigen, und ich werde keine Schonung üben. Selbst wenn sie mir laut in die Ohren schreien, ich werde sie nicht hören." (Ez 8,18) Weil sich die Betroffenen wie Gottlose verhalten haben, die jedes moralische Verhalten aufgegeben haben und die Würde des Lebens missachten, deshalb hört YHWH ihr Gebet nicht. Der Text geht nicht so weit, solche Recht- und Gottlosigkeit anklagend vorzubringen. Erst 4,13 wird das im Kontext der Klagelieder tun. Vor dem Hintergrund der Stellen, in denen von der Erhörungsverweigerung die Rede ist, muss man die ungeheure Schuld in das Bekenntnis V.42 hineinlesen und als Grund für die Verschlossenheit Gottes voraussetzen. Der Text selbst lässt das offen und unterstreicht in dem anklagenden Ton zugleich das Unverständnis gegenüber dem Handeln Gottes auf Seiten der Betroffenen.

V.45 beschreibt die Lage des Volkes in drastischer und singulärer Weise. Wie in 1,5.7–9.21; 2,17 (und in Bezug auf den Einzelnen in 3,14.30) ist es die Herabsetzung durch den Feind, seine Schadenfreude und die darin empfundene Erniedrigung des „Verlierers“, die besonders weh tun. Das scheint nur auf den ersten Blick für Menschen in modernen Gesellschaften fremd, doch Mechanismen der Beschämung und Erniedrigung des Unterlegenen gibt es auch dort. Das Hinausdrängen an den Rand der Gesellschaft, die Bloßstellung der Mittellosigkeit oder die soziale Verachtung kennt die „aufgeklärte“ Gesellschaft ebenso wie den Spott über den unterlegenen Gegner. In sog. agonistischen Gesellschaften ist der Status im sozialen Kontext allerdings noch bedeutsamer als in modernen sozialen Netzwerken. Die Herabsetzung im öffentlichen Kontext ist daher immer schwerwiegend. Beide in V.45 vorkommenden Nomina sind sonst nirgendwo verwendet. Das erste meint etwas „Weggefegtes“ oder „links liegen Gelassenes“, das zweite die Verachtung durch ein Gegenüber. Aber genauer lässt sich das aufgrund fehlender Parallelen kaum sagen.

Die Bloßstellung findet in der Mitte der Völker statt (vgl. 1 Kön 9,7; 2 Chr 7,20). Entweder sind damit wie in 1,18 die Nachbarvölker gemeint (Ps 44,14; 79,4; Ez 5,15), die Jerusalem/Juda umgeben, oder die Völker, die an der Eroberung Jerusalems/Judas beteiligt waren (s. u.), eine unbestimmte Menge von Völkern (Jer 49,15; Jes 60,14; Ps 89,15–16) oder – am wenigsten wahrscheinlich – die Völker, unter die die Bewohner Jerusalems zerstreut sind (Mi 5,7; Jer 29,15).

פ (*Pe*) 46–48 Versteht man V.46 als Fortsetzung und nicht als Neueinsatz, dann sind es die Feinde der Wir-Gruppe, die sich „das Maul zerreißen" oder „das Maul aufreißen", um sich groß zu tun. Die Wendung lässt die Feinde Raubtieren ähnlich sein (Ps 22,14). V.46 ist ein wörtliches Zitat aus 2,16 und damit ein weiterer untrüglicher Beleg, dass Kap. 3 nicht unabhängig von den ersten Klageliedern entstanden ist. Vergleichbare Parallelitäten finden sich *nicht* zum vierten und fünften Lied. In 2,16 waren es diejenigen, die auf die Vernichtung Jerusalems gehofft und es „verschlungen" hatten. Es war ein Gemisch derjeniger, die des Weges kamen und den desolaten Zustand Jerusalems sahen, der Nachbarn und der an der Eroberung beteiligten Völker. Letztlich ist das „wer" weniger entscheidend als das „dass", denn es geht darum, die Erniedrigung zum Ausdruck zu bringen, die das „Wir" in der Eroberung empfunden hat. Darin ist die Empfindung des „Wir" und Zions vollkommen identisch, vielleicht ein Hinweis darauf, dass es sich bei dem „Wir" um Überlebende der Katastrophe von 597/87 v. Chr. handelt bzw. in Gestalt der literarischen Figur handeln soll.

Der letzte Vers unterstreicht noch einmal die Bedrohung und Gefährdung, der sich das „Wir" durch das Strafhandeln YHWHs ausgesetzt sah. Es sind vier Nomen, die paarweise zusammengeordnet sind, was durch die Alliterationen, die die EÜ sehr gut einfängt, noch unterstrichen wird. „Grauen" und „Grube" finden sich auch in anderen Stellen (Jes 24,17–18; Jer 48,43–44). Verwüstung und Verderben (wörtlich „Zusammenbruch") findet sich in dieser Kombination jedoch nur hier. Die Begriffe betonen den Abgrund und die Vernichtung, die das „Wir" erlitten hat. Der letzte Begriff „Zusammenbruch" knüpft an die Verwendung in 1,15 (die jungen Männer); 2,9 (die Riegel der Tore); 2,11 (die Tochter des Volkes); 2,13 (Tochter Zion); 3,4 (die Knochen des Mannes) an und bildet die Brücke zu dem Teil, in dem erneut ein Einzelner das Wort ergreift.

Die „Wir"-Passage thematisierte das „Warum?" und erneut das „Wie schlimm?" Eine „Antwort" auf die Fragen „Warum so schlimm?" und „Wie lange noch?" wurde nicht gefunden, da die Sündenschuld und das Strafgericht nicht in eine Relation gesetzt wurden. Lediglich implizit war durch die Formulierungen angedeutet, dass die Härte des Strafgerichts mit der Schwere der Schuld korreliert. Die Einsicht in das Erbarmen Gottes (V.22–24.31–32) und damit die Ermöglichung einer Hoffnungsperspektive ist in der

„Wir"-Passage nicht zu finden. Dazu ist das leidende „Wir" noch nicht fähig. Im Unterschied zu Kap. 2 und intensiver als Kap. 1 wird aber Gott das Leid direkt (an-)klagend vorgelegt. War in den ersten beiden Kapiteln die Anrede nur punktuell möglich 1,20–22; 2,20–22, so bestimmt sie jetzt das Bild. Die Selbsterkenntnis in Kap. 1 hatte sich in den Kurzzitaten Zions Bahn gebrochen und den Grund des Leidens sowie die Rechtfertigung Gottes formuliert: „weil ich so trotzig war" (1,20), „wegen all meiner Sünden" (1,22), „der HERR ist im Recht" (1,18), „schwer ist das Joch meiner Sünden". Diese Aspekte wurden in V.1–39 aufgenommen und am Beispiel des „Mannes" entfaltet. Das theologische Plus, das dessen Reflexion eingebracht hatte, war das erneuerte Vertrauen auf das Erbarmen Gottes. Davon ist in der „Wir"-Passage nichts zu spüren. Der Schmerz der Gemeinschaft sitzt zu tief, die Schwere ihrer Sünden ist so groß, dass sich das Fenster des Erbarmens für das ganze Volk noch nicht wieder öffnen lässt. Gibt es „Gerechtigkeit" mit Maß? Das „Wir" verbleibt in Resignation, in „Grauen und Grube" (V.47). Der Vers ist poetisch stark: Die vier negativen Begriffe, die einen Sog in die Gottferne erzeugen, sind zu je zwei Paaren angeordnet, die jeweils lautlich eng beieinander liegen (*paḥad wāpaḥat* und *haše't wehašābœr*). Die beiden hinteren sind determiniert, also „*die* Verwüstung und *das* Verderben", was ihnen zusätzliches Gewicht und den Bezug auf die Katastrophe des Zusammenbruchs der Stadt 587 v. Chr. im Kontext der Klagelieder verstärkt. Zwischen den Paaren steht das ganz knappe „wurde uns zuteil", sodass das „Wir" von beiden Seiten vom Unheil geradezu bedrängt und eingeklemmt wird. Der „Wir"-Abschnitt endet dunkel und verlassen, geradezu in selbstbezogener Depression. Die Botschaft ist klar: Aus dem Kollektiv kann eine „Lösung" nicht kommen, es verstummt bis zum Ende des Liedes, weshalb der Einzelne jetzt das Wort erneut ergreift und emphatisch in die Klage einstimmt. Der Wechsel in die 1. Person ist abrupt und nur an den Personalpronomina in V.48 „mein Auge, Tochter meines Volkes" zu erkennen.

Der in V.48 beginnende Teil zerfällt in zwei Abschnitte. Zunächst reagiert der Einzelne auf die Situation der Stadt und beschreibt die Intensität seiner Klage. Ab V.52 schildert der Einzelne sein Schicksal und berichtet von einer Rettungserfahrung, die ihn zu einer Vergeltungsbitte führt. Die Identität des Sprechers bleibt unklar. Das Leid, von welchem der Einzelne jetzt berichtet, geht nicht wie V.1–17 von Gott, sondern von den Feinden aus. Außerdem berichtet er von einer durchgreifenden Rettungserfahrung, die im ersten Teil des Liedes weit entfernt war. Umgekehrt gelingt es nicht, in dem Einzelnen einen von dem „Mann“ aus V.1 unterschiedenen Sprecher zu identifizieren. In V.51 identifiziert sich der Sprecher stark mit Jerusalem, indem er von den Töchtern *meiner* Stadt spricht. Er scheint ein Bewohner Jerusalems zu sein.

In V.48 beschreibt derselbe Sprecher, wie sehr er emotional vom Schicksal Zions betroffen ist. Zion wird wie in 2,11 als „Tochter meines Volkes“ bezeichnet. Dort war bereits mit Blick auf die übrigen atl. Belege (Jes 22,4; Jer 4,11; 6,26; 8,11.19.21.22.23; 9,6; 14,17; Klgl 4,3.6.10) darauf hingewiesen worden, dass die Wendung zwar eine besondere Beziehung zwischen Bevölkerung und Stadt festhält, aber in nahezu allen Fällen nicht das Volk Jerusalems („Tochter, meines Volkes“), sondern die personifizierte Stadt („Tochter meines Volkes“) selbst meint und → synonym zur Bezeichnung „Zion“ und „Tochter Zion“ verwendet wird. Der Sprecher lässt seine Tränen im Übermaß fließen. Ganz ohne Vergleichspartikel heißt es wörtlich: „Wasserbäche lässt mein Auge herabsteigen.“ Die Wendung findet sich genau so nur ein weiteres Mal in dem wahrscheinlich späteren Ps 119,136, wo der Beter darüber weint „weil man deine Weisung nicht beachtet“. Näher liegen Stellen im Jeremiabuch, wo die Augen vor Tränen strömen, weil Jerusalem zum Trümmerhaufen wird (Jer 9,10) und das Volk „Wermut zu essen und Giftwasser zu trinken“ bekommt (Jer 9,14) und ihnen die Zerstreuung unter die Völker angedroht wird (Jer 9,15). Darum sollen professionelle Klagefrauen herbeikommen und die Klage anstimmen, „sodass unsre Augen von Tränen fließen und unsre Wimpern von Wasser triefen“ (Jer 9,17). In Jer 14,17 soll Jeremia den falschen Heilspropheten entgegenhalten: „Meine Augen fließen über von Tränen bei Nacht und bei Tag und finden keine Ruhe. Denn einen großen Zusammenbruch erlitt die Jungfrau, die Tochter meines Volkes, eine unheilbare Wunde.“ (EÜ leicht abgeändert) Diese Stelle hat zusammen mit Jer 13,17, wo Jeremias Auge (mit gleicher Formulierung) wegen der Exilierung vor Tränen überfließt, die Identifikation des Sprechers mit Jeremia begünstigt. Wichtiger scheint jedoch, dass V.48 in ein „Tränennetzwerk“ der ersten drei

Klagelieder eingebunden ist. In 1,16 fließt das Auge Zions von Tränen, weil sie keinen Tröster hat; in 2,11 ermatteten die Augen des Sprechers vor Tränen, wegen des „Zusammenbruchs der Tochter meines Volkes" und in 2,18 fordert der Sprecher Zion auf, Tränen wie einen Bach Tag und Nacht fließen zu lassen. Liest man diese Stellen als Hintergrund für V.48, so gleicht sich der Sprecher Zion an. Er übernimmt ihr Weinen in der eingeforderten maximalen Intensität. Der Sprecher stimmt in die Klage Zions ein und vergießt Bäche von Tränen über ihren Zusammenbruch. Damit ist zugleich angezeigt, dass das Leiden Zions noch nicht vorüber ist. Deswegen konnte und sollte Klgl 3 nicht nach dem vierten Lied platziert werden, selbst wenn eine vorgängige Komposition die Lieder 1, 2 und 4 umfasst hat.

ע (*Ayin*) 49–51 V.49–50 gehören als Satz zusammen und setzen zugleich V.48 thematisch fort. Die Einheit ist durch den Fokus auf das Auge („mein Auge", V.48.49.51) zusammengehalten, und markiert zugleich die Strophe in V.49 und 51, wo es am Anfang steht. Dadurch wird zugleich der Buchstabe *Ayin* herausgehoben, denn *Ayin* heißt im Hebräischen Auge. In recht singulären Formulierungen wird unterstrichen, dass das Auge nicht stillstehen und das Weinen nicht aufhören soll, bis YHWH vom Himmel herabblickt. Dieses Wahrnehmen Gottes hat kein direktes Objekt. Es bezieht sich auf die Situation, in der sich das „Wir" befindet. Und diese Situation war dieselbe, in der sich Zion befindet. Gott soll also das Leid Zions und seiner Bewohner wahrnehmen. Durch zwei Verben der visuellen Wahrnehmung ist dieser Akt zweigeteilt. Das erste meint ein bloßes Sehen als Wahrnehmung einer Szene (Gen 19,28; 26,8; Ex 14,24; 2 Sam 6,16). Es wird oft auch von Gott ausgesagt und dabei mehrfach mit dem Blicken aus dem Himmel verbunden (Dtn 26,15; Ps 14,2; 53,3). Besonders eindrücklich als Hintergrund von V.50 ist Ps 102,20–21: „Denn herabgeschaut hat der HERR aus heiliger Höhe, vom Himmel hat er auf die Erde geblickt, um das Seufzen der Gefangenen zu hören, zu befreien, die dem Tod geweiht sind." Das zweite Verbum hat neben dem wahrnehmend-emotionalen und auch einen rational-kognitiven Aspekt. Gott soll die Klage wahrnehmen und die Situation vor den Maßstäben seiner Gerechtigkeit *und* seines Erbarmens bewerten. Die Klage soll ihn bewegen, innerlich, sodass sein Erbarmen sich regt. Das Verbum nimmt die dringliche Bitte Zions aus 1,9.11.20; 2,20 auf, dass YHWH doch hinschauen soll (s. zu 2,20).

Wie in V.41 wird Gott im Himmel vorgestellt und blickt von dort herab bzw. soll von dort herabblicken und Erbarmen zeigen. Auch hier kann das betonte „aus dem Himmel" in der Linie der „Tempelkompensation" verstanden werden (s. o. zu V.41). Vergleichbar sind neben den bereits genannten Stellen vor allem Jes 63,15; 2 Chr 6,35.39; Ps 33,14; 53,3; 80,15; Bar 2,16, (vgl. zur Erhörung „aus dem Himmel" auch Neh 9,27–28).

Im Unterschied zu V.44 ist der Sprecher davon überzeugt, dass seine Klage von Gott wahrgenommen wird und er reagieren wird. Das ist genau die Zuversicht, die sich der Sprecher in V.22–24.30–31 gedanklich „erarbeitet" hat.

V.51 schließt die Einheit V.48–51 mit einem dritten Hinweis auf das Auge des Sprechers ab (womit das dreimalige *'ênî* „mein Auge" der dreimaligen Erwähnung in 1,16; 2,11 genau entspricht, was Zufall sein mag). Diesmal schmerzt das Auge vom vielen Tränen. Das Leiden affiziert ihn in höchstem Maße, sodass seine Lebenskraft und Vitalität leidet. Der Schmerz Zions, der in 1,12.22 erwähnt worden war, ist ganz von dem Sprecher wahrgenommen und (weil die gleiche Wurzel verwendet ist) metaphorisch in sein Auge getreten. Das macht der Schluss des Verses deutlich, der jetzt das Leid noch einmal konkretisiert: wegen der Töchter meiner Stadt. Die Fassung der EÜ von 1979 „vor lauter Weinen in meiner Stadt" setzte eine Textänderung voraus. Diese hatte ihren Sachgrund darin, dass sonst nirgendwo von den „Töchtern der Stadt" die Rede ist. Von jungen Frauen und jungen Männern war zwar die Rede gewesen (1,4.15.18; 2,20–21), doch nicht von „Töchtern". Dennoch ist die Textüberlieferung eindeutig und man wird darin nicht nur einen Hinweis sehen, dass der Sprecher eine innige Beziehung zur Stadt hat („meine Stadt"), sondern auch einen Hinweis auf die Bevölkerung Zions. Die revidierte EÜ 2016 übersetzt daher zu Recht „wegen all der Töchter meiner Stadt". Sieht man von den Belegen ab, in denen Töchter metaphorisch für „Städte" im Land stehen (z. B. Jes 16,2; Jer 49,3; Ez 16,27; Ps 48,12; 97,8 u. ö.), lassen sich durchaus Hinweise dafür finden. Im Jesajabuch ist dreimal von den Töchtern Zions die Rede (Jes 3,16–17; 4,4) und auch wenn eine bewusste Textverbindung da eher ausgeschlossen ist, wird man zur Erläuterung vielleicht auf die Töchter Jerusalems (Hld 1,5; 2,7; 3,5.11; 5,8.16; 8,4, vgl. 3,11) verweisen können. Mit der Angabe der Umstände, die das grenzenlose Weinen hervorrufen, entspricht V.51 V.48, wo der Zusammenbruch Zions genannt war.

Es ist beeindruckend, wie der Einzelne in V.48–51 auf die Resignation des „Wir" in V.45–47 reagiert. Er stimmt in die bittende Klage ein und intensiviert sie noch. Allerdings verändert er ihre Richtung von der Leidklage auf die Bitte. Die Beschreibung der Situation spielt in V.48–51 keine Rolle mehr, auch nicht das Handeln Gottes. Dagegen steht das „bis dass der Herr vom Himmel schaut", das auf ein Eingreifen Gottes zielt. Erst wenn Gott die Situation in aller ungeschönten Dringlichkeit wahrnimmt, wird Gott handeln. Der Einzelne macht also das, wozu das „Wir" in der Depression nicht fähig war. Er richtet seine Klage vertrauensvoll aus auf Gott. Sein „Wissen" um die Begrenztheit des göttlichen Zorns, seine Einsicht in die Liebe und das Erbarmen Gottes versetzen ihn dazu ebenso in die Lage wie die im Anschluss berichtete Rettungserfahrung. Entscheidend für das Thema „Leidbewältigung" ist ein Zweifaches: Die Situation ist unverändert. Es ist nicht einfach wieder „alles gut", nur weil neues Vertrauen sich Bahn gebrochen hat. Das Leid und seine leidvollen Folgen bleiben bedrückend. Das Leid wird nicht verdrängt oder vordergründig durch positive Gegenbilder übertüncht. Darin ist Klgl 3 authentisch und beispielhaft. Das zweite Moment ist das seelsorgerliche. Der Einzelne versucht nicht billigen Trost zu spenden, indem er durch „es wird schon wieder gut" auf das Erbarmen Gottes verweist. Er stellt auch nicht durch ein „ist doch halb so schlimm" die Schwere des Leidens in Frage. Vielmehr stellt er sich auf die Seite der Leidklage und stimmt in sie ein, bis eine Veränderung erreicht ist. Demgegenüber steht sein Einzelschicksal zurück, das er erst anschließend erneut als Paradigma anbietet.

צ (*Tzade*) 52–54 Mit V.52 beginnt der abschließende Teil des Liedes, der zunächst noch einmal auf das Schicksal des Einzelnen zurückgreift (V.52–54) und dann eine Rettungserfahrung berichtet (V.55–57), die nahtlos in eine Beschreibung der Fürsorge Gottes übergeht (V.58–61). Den Schluss bilden nachdrücklich unterstrichene Vergeltungswünsche des Beters (V.64–66), nachdem er Gott noch einmal aufgefordert hat, die andauernde Bedrückung wahrzunehmen und zu reagieren (V.62–63). Der Teil hat große Ähnlichkeiten zu einem individuellen Klage- und Danklied und man könnte auf den Gedanken kommen, das Lied habe ursprünglich seinen Ort außerhalb von Klgl 3 gehabt. Doch die akrostichische Form von *Tzade* bis *Schin* mit je drei Zeilen pro Buchstaben lässt diese Annahme abwegig erscheinen. Dann aber dürfte V.52–66 absichtlich einem individuellen Klagelied mit Stimmungsumschwung und Dank nachempfunden sein (s. zu Parallelen o. zu V.1). Nichts deutet einen Sprecherwechsel im Text an, doch ist auf den ersten Blick auch kein sachlicher Anschluss an V.48–51 zu erkennen. Nichts deutet mehr auf das Schicksal der Stadt und ihrer Bewohner. Waren die Formulierungen im ersten Teil oft transparent auf Zion und ihr Leid, so finden sich nur noch wenige Ansatzpunkte für eine Durchlässigkeit der Aussagen auf Zion/Jerusalem. Vor allem aber gibt es keine sprachlichen Parallelen zu Klgl 1–2 und auch nicht zu 3,1–20. Nach den eindeutigen Bezügen im ersten Teil des Liedes, ist es schwer, das als nicht beabsichtigt anzusehen. Die positive Erfahrung des Beters hat kein Pendant im Erleben Zions. Im Kontext verständlich wird die Passage nur wenn man sie erneut wie V.1–20 als paradigmatisches Einzelschicksal eines Bewohners der Stadt sieht. Allerdings sind die Erfahrungen des Einzelnen so anders als die Erfahrungen in V.1–19. Am auffälligsten ist die Tatsache, dass YHWH die Seite gewechselt hat. Nicht mehr Gott ist der Feind und derjenige, der bedrängt, verfolgt oder tötet. Es sind die Feinde, die den Sprecher bedrängen. Diese Feinde repräsentieren das Böse und die Ungerechtigkeit, weil sie ohne Grund gegen den Beter handeln. Als Verständnis bietet sich an, dass die Passage eine positive Gegenerfahrung schildert, die Zion und dem „Wir" ein Modell zur Verfügung stellen soll, neues Vertrauen zu gewinnen. Oder anders ausgedrückt: Die intensive Klage des Beters und sein Mitleid mit dem „Wir" hat den Sprecher gewandelt. Im ersten Teil hatte der Sprecher deutlich gemacht, dass seine Leiderfahrung Zion vergleichbar ist. Mit dem Rückgriff auf das religiöse Traditionswissen hatte er einen Weg gewiesen, neues Vertrauen zu gewinnen. Dieses lässt die positive Kontrasterfahrung als Möglichkeit zu: Nicht alles ist so, wie es scheint und vor allem ist das, was zu sein scheint, nicht alles. War schon im ersten Teil die Schuldlosigkeit Voraussetzung dafür, das Leid als „Züchtigung" zu ertragen, die das Vertrauen auf Gott auf eine harte Probe stellt, so ist jetzt vollends klar, dass es sich um einen verfolgten Gerechten handelt. Nichts deutet auf Sünde oder Widerstand gegen Gott hin. Beter und Gott sind jetzt ganz auf derselben Seite. Die Klage in V.1–19 ist also nicht negiert, sondernd gewandelt. Sie ist Teil des Bewältigungsprozesses.

V.52 beginnt mit der diametralen Gegenüberstellung von Sprecher und Feinden. Die ersten Worte sind im Hebräischen durch eine Alliteration des *Tzade* zusammengebunden. Der freie Vogel symbolisiert Vitalität, der gefangene Vogel hingegen Schwäche und Todesnähe. Das Bild des Vogels, dem mit Fallen und Netzen nachgestellt wird, bringt eine Situation besonderer Bedrohung zum Ausdruck (Ps 102,8; 124,7; Hos 11,1; Am 3,5; Spr 6,5; 7,23; Koh 9,12). Durch den Tiervergleich wird zugleich die Verletzbarkeit und Schutzbedürftigkeit signalisiert; dem Vogel stellt man nach und treibt ihn in die Enge des Netzes, wo ihn das sichere Los des Todes erwartet. Dabei befeinden ihn die Feinde ohne Grund (Ps 69,5; 109,3; 119,161). Die Gegner agieren wie die Feinde in Ps 35, die dem Beter ohne Grund Feind sind (Ps 35,19), ihm grundlos ein Netz stellen und eine Grube graben (Ps 35,7). Dass V.53 dann – wenn auch terminologisch ganz anders – die Grube erwähnt, ist nicht ganz von ungefähr. Netz und Grube werden auch in Ps 9,16; 57,7; Ez 19,8 miteinander kombiniert. Doch ist es in V.53 nicht die Fanggrube, sondern die Zisterne, die mit einem Stein verschlossen wird, um den Ausgang zu versperren (Dan 6,17–18). Das Zudecken der Zisterne scheint das Verb eher zu bezeichnen als dass wie in der EÜ („warfen Steine auf mich") der in die Grube Hinabgelassene mit Steinen beworfen wird. Die Grube ist mit Finsternis, Gefahr und Unfreiheit verbunden. Noch deutlicher als das Netz steht die Grube für den Tod und die Unterwelt („in die Grube hinabfahren" ist ein Ausdruck für sterben und in die Unterwelt eingehen Ps 30,4; 88,5.7; 147,7 u. ö.).

Dass auch Jeremia in einer Zisterne gefangen gehalten wurde (Jer 37,16; 38,6–13), hat die Identifikation des Sprechers mit dem Propheten bestärkt, doch benutzt der Text das Bild der Zisterne offenbar eher bildhaft als dass er ein historisches Moment berichten will.

In V.54 setzt der Sprecher die Schilderung fort und schließt an das Bild von V.53 an. Er ergänzt das Bild der Todesnähe durch die Gefahr des Ertrinkens. Die Zisterne ist offenbar mit Wasser gefüllt, das ihm über den Kopf reicht. Die Schilderung erinnert an Jona 2,6, wobei hier die mythische Note der Urflut fehlt. Das Selbstzitat fasst die Empfindung des Sprechers zusammen. Eine größere Gottferne scheint nicht vorstellbar: er sieht sich abgeschnitten, wie es wörtlich heißt. Die Toten sind Abgeschnittene vom Faden des Lebens und von der Verbindung mit Gott (Ps 88,6; Jes 53,8; Ez 37,11; vgl. Ijob 7,6). Erneut scheint ein Tiefpunkt ohne Hoffnung erreicht. Der Sprecher war dem Tod nah und sah sich von der rettenden Gerechtigkeit Gottes getrennt. Er reagiert jedoch nicht mit der Gottklage, sondern ruft aus der tiefsten Gottesferne Gott um Hilfe an.

ק (*Qof*) 55–57 Während der Sprecher das „ich bin verloren" noch zu sich selbst oder hinein in die Leere ruft, wendet er sich jetzt in V.55 an Gott als Gegenüber. V.55–57 sind durch eine Reihe von Kurzzitaten geprägt. Beschreibung und Anrede wechseln in V.56 und V.57. Von daher liegt es nicht fern, auch in V.55 das Zitat der Anrufung zu finden. Auch dass der Gottesname YHWH hier in der Mitte der fünf Worte des hebräischen Textes steht, könnte dafür sprechen. Was in der Übersetzung vermeintlich als Apposition aufscheint, kann als der Name, der angerufen wird, gelesen werden („Ich rief deinen Namen: YHWH"). Obwohl der Name Gottes in unzähligen Stellen eine prominente Rolle spielt (aus der Gebetsliteratur z.B. Ps 5,12; 8,2.10; 9,2.10; 75,2; 79,9; 142,9) und auch die Anrufung *im Namen* YHWHs häufig ist (Ps 79,6; 80,19; 105,1; 116,4.13.17), ist die präpositionslose Formulierung in V.55 besonders, in der Fügung des Hebräischen sogar singulär. Unter den ähnlichen Stellen sind der Lobpreis Dtn 32,3 „den Namen YHWH rufe ich aus" (eigene Übersetzung) oder die ungewöhnliche Formulierung in dem priesterlich beeinflussten Ps 99,6: „Mose und Aaron sind unter seinen Priestern, Samuel unter denen, die seinen Namen anrufen. Sie riefen zum Herrn und er gab ihnen Antwort." Man kann diese Besonderheit auf die poetische Formulierung zurückführen oder als Indiz dafür gewichten, dass im Hintergrund von Klgl 3 die Tendenz der Aufwertung des Namens YHWH in exilisch-nachexilischer Zeit steht (vgl. auch Ps 99,3) und gerade

V.55 eine Haltung bezeugt, die dem Aussprechen des Gottesnamens eine besondere Kraft zukommen lassen will. Die Achtung und Heiligung des Namens (Jes 29,23; Mal 3,16) oder die Ehrfurcht vor dem Namen Gottes (Ps 86,11; 102,16) zeigen ebenso wie das Namensmissbrauchsverbot des Dekalogs die besondere Bedeutung des Namens. Der Name ist „die erfahrbare Dimension des transzendenten («heiligen») Gottes" (Erich Zenger). Die Vaterunserbitte (Mt 6,9) oder die schon früh bezeugte Sonderbehandlung des Namens (Sonderschreibungen, Aussprachevermeidung) sind Ausläufer davon.

Der Sprecher in V.55 berichtet, am tiefsten Tiefpunkt seines Lebens den Namen Gottes ausgerufen zu haben. An der Grenze zum Tod, „tief unten aus der Grube", ruft er den Gott des Lebens, ihn in das Leben zurückzuholen und aus der Not zu befreien. In den Klagepsalmen ist diese Situation häufig. Besonders eindrücklich ist Ps 116,4: „Ich rief den Namen des HERRN: Ach HERR, rette mein Leben!" Das Ergebnis schildert zum Beispiel Ps 30,4: „HERR, du hast meine Seele heraufsteigen lassen aus der Totenwelt, hast mich am Leben erhalten, sodass ich nicht in die Grube hinabstieg." V.56 verbindet das Zeugnis der Erhörung mit einem weiteren Zitat einer Bitte. Dass Gott auf die Stimme des Notklagenden gehört hat, gehört wie die Bitte „Höre auf meine Stimme!" zu den Standardformulierungen der Klagepsalmen (Ps 3,5; 18,7; 27,2; 55,18; 64,2; 66,19; 77,2; 130,2; 141,1; 142,2). Auch hier fällt die präpositionslose Formulierung von V.56 auf. Der Sprecher erinnert Gott in seinem Gebet: „meine Stimme hast du gehört." Auch dafür gibt es eine ganze Reihe von Parallelen (Ps 5,4; 18,7; 27,7; 28,6; 31,23; 55,18). In der Regel ist das aber nicht mit einem Zitat der Anrufung verbunden. V.56 hingegen zitiert: „Verschließ nicht dein Ohr vor meinem Seufzen, meinem Schreien!" Das kann als eine Aufforderung verstanden werden: *jetzt* wieder, wie einst als du meine Stimme gehört hast. Man kann es aber auch als Zitat der Anrufung selbst auffassen, der YHWH einst in der Bedrängnis Gehör schenken sollte und das auch getan hat (V.57). Dem Duktus des Textes näher liegt das Zitat, aber V.58 zeigt, dass der Text auch dort über die Vergangenheit hinausweist. Zu entscheiden ist das letztlich nicht, aber genau das könnte Absicht sein. Denn die Erhörungserfahrung wird ja mit dem Ziel berichtet, das Vertrauen in YHWH auf erneutes Eingreifen zu bestärken. Dass YHWH sich nicht verschließen soll, findet sich auch in Ps 55,2, der einzigen Stelle, in der auch die Wurzel *'zn* „Ohr, hören" vorkommt und die bereits oben als Parallele aufgefallen war: „Vernimm, Gott, mein Bittgebet, verbirg dich nicht vor meinem Flehen!" Gott soll seine Ohren auf das Seufzen und Schreien des Beters richten. Während der für das Seufzen verwendete Begriff in den Psalmen ohne Parallele ist (nur noch Ex 8,11), gibt es für das Schreien einschlägige Parallelen (Ps 18,7; 39,16; 40,2; 102,2; 145,19). Dass YHWHs Ohren das Schreien der Gerechten hören, betont Ps 34,16 und ist damit als „Modell" 3,56 sehr nahe.

V.57 ist ein Kleinod von ergreifender Schönheit, insbesondere im Kontext der Klagelieder, denen es an dunklen Versen nicht mangelt. „Du sagtest: Fürchte dich nicht!" An keiner anderen Stelle ist die Stimme Gottes in den Klageliedern so präsent, wie in diesem kleinen Satz; es gibt *kein* anderes wörtliches Zitat eines Gotteswortes (s. u. zu 4,22). Schon von daher kommt der Aussage ein besonderes Gewicht zu. Die Errettungserfahrung des Einzelnen in der Vergangenheit wird darin zum Paradigma für das ganze Volk in der Gegenwart. Sich nicht ängstigen zu müssen heißt, von Bedrohung ganz frei zu sein. Alles Eingeengte, Perspektivlose, Zögerliche verglüht in der Zuversicht, die das „Fürchte dich nicht!" ausstrahlt. Es ist der in Liebe gesprochene Satz gegenüber dem Schutzbedürftigen, sich seiner Sache anzunehmen. Es ist ein Satz besonderer Nähe und Vertrautheit, wie auch V.57 betont. Diese Nähe Gottes resultiert aus seiner Initiative, sie ist Ausdruck seines Erbarmens, seiner Gnade und Liebe. Die Nähe Gottes bedeutet Schutz und Geborgenheit. Es ist eine der tiefsten Vertrauensaussagen, dass Gott sein Ohr dem Bedrohten zuneigt und ihm nahe ist (Dtn 4,7; Jes 55,6; Ps 34,19; 119,151). „Nahe ist der HERR allen, die ihn rufen, allen, die ihn aufrichtig rufen" bekennt Ps 145,18 und Ps 75,2 preist Gott, weil sein Name denen nahe ist, die seine Wunder erzählen. *Genau das* tut der Sprecher hier. Er berichtet davon, dass Gott das „Fürchte dich nicht!" gesprochen hat.

Die Beistandszusage „Fürchte dich nicht" ist einerseits im Alltagssprachgebrauch verortet (1 Sam 22,23; 23,17; 2 Sam 9,7; Rut 3,11 u. ö.), stellt aber zugleich eines, wenn nicht *das* häufigste Gotteswort im AT dar (Gen 15,1; 26,24; 46,3; Num 21,31; Dtn 1,21; Ri

6,23; 2 Kön 19,6; Jes 7,4; Jer 1,8; 30,10 u. ö.). Meist hat man die Stellen aus Deuterojesaja im Ohr, in denen Gott Beistand, Nähe und Rettung zusagt, allen voran Jes 41,10: „Fürchte dich nicht, denn ich bin mit dir; hab keine Angst, denn ich bin dein Gott! Ich habe dich stark gemacht, ja ich habe dir geholfen." (Jes 41,13; 43,1.5; 44,2) Zwar ist die aus dem Gottvertrauen gespeiste angstlose Haltung oft Thema in den Psalmen (Ps 3,7; 23,4; 27,1.3; 46,3; 49,6; 56,12; 91,5; 112,7–8; 118,6), doch erstaunlicherweise findet sich das „Fürchte dich nicht" nicht unter den Gottesworten in den Psalmen. Es scheint daher bewusst an dieser Stelle aus der prophetischen Theologie aufgenommen zu sein. Zugleich ist es die Stelle im hinteren Teil der Klagelieder, die am stärksten durchlässig auf das Kollektiv und auf Zion ist. In Zef 3,16 beschreibt es die Hoffnungsperspektive für Jerusalem: „An jenem Tag wird man zu Jerusalem sagen: Fürchte dich nicht, Zion! Lass die Hände nicht sinken!" (Vgl. Jes 40,9; 54,4) Aus der Zusage, die dem Einzelnen in seiner Bedrohungssituation gegeben worden war, erwächst für die Gerechten die Hoffnung, dass YHWH auch Zion/Jerusalem die Nähe seines erbarmenden Angesichts wieder zuwenden wird. Das Kurzzitat beschreibt eine heile Gegenwelt, deren Ursprung ebenso wie die bedrückende Situation des Leids in Gott liegt.

ר (*Resch*) 58–60 V.58–59 beschreibt die Rettungserfahrung mit weiteren Bildern, die in den Psalmen häufig sind. Die Bedrohung des Beters wird oft in Metaphern geschildert, die auf eine Gerichtssituation weisen. Der Beter sieht sich zu Unrecht angeklagt und verurteilt, nur der Garant der Gerechtigkeit, Gott, kann ihn aus dieser Ungerechtigkeit retten. In dem „du hast meine Sache geführt" ist eine solche Gerichtsmetapher verwendet, die Gott als Anwalt des Schwachen preist, der den zu Unrecht Angeklagten im Rechtsstreit vertritt (Ps 18,44; 31,21; 35,1.23–24; 43,1; 119,154). Mit dem Rechtsstreit *rîb* ist eine der wenigen sprachlichen Verbindungen dieses Teils von Kap. 3 mit V.36 gegeben. Beide Stellen verwenden zudem die Gottesbezeichnung *Adonai*, was den Bezug noch eindeutiger macht. Dort war auf die Notwendigkeit göttlicher Gerechtigkeit hingewiesen worden, weil das Recht eklatant gebrochen wird. Hier hat sich Gott als der erwiesen, der dem Rechtsbruch mit seiner Gerechtigkeit entgegentritt. Die Erwähnung des

Rechtsstreites muss nicht als Indiz darauf gewertet werden, dass der Sprecher sich tatsächlich in einem Gerichtsverfahren befindet. Vielmehr handelt es sich um eine standardisierte Rede, Gottes Eingreifen zugunsten des Gebeugten zu beschreiben.

Dass Gott erlöst oder die Erlösung des Bedrängten erbeten wird, ist vielfach auch in den Klage- und Dankliedern ausgedrückt (Ps 19,15; 69,19; 72,14; 74,2; 77,16; 78,35; 106,10; 107,2). Die Vorstellung geht ursprünglich auf ein Auslösen aus Schuldzusammenhängen im Boden- und Personenrecht zurück. Der Auslöser ist derjenige, der die Ehre durch Vollzug der Blutrache wiederherstellt und der, der ein aus Not verkauftes Grundstück in den Familienbesitz zurückkauft. Wenn Gott erlöst, tritt er für den „Verschuldeten" ein und löst ihn aus seiner Schuldverstrickung. Dass das Leben des Bedrängten Objekt der Erlösung ist, ist sprachlich ungewöhnlich (vgl. Ps 119,154). Lediglich im Hohelied der Gnade in Ps 103,4 wird zum Lobpreis YHWHs aufgefordert, „der dein Leben vor dem Untergang rettet und dich mit Huld und Erbarmen krönt". Aber wie das „fürchte dich nicht" sehr starke Parallelen in Deuterojesaja hatte, findet sich die Masse aller Belege im Jesajabuch (insg. 25 in Jes 35–63, vgl. bes 41,14; 43,1; 63,9.16). Auch die Rede vom Erlöser ist durchlässig auf Israel bzw. Zion, wie Ps 74,2; Jes 59,20 und Mi 4,10 belegen, die jeweils die Wurzel *g'l* „erlösen, loskaufen" verwenden.

V.59 verbleibt im Bild des Rechtsverfahrens und beschreibt das Parteiergreifen und seine Folge. Gott muss die Situation wahrnehmen und beurteilen, was die erste Vershälfte festhält. Du hast meine Bedrückung gesehen. Das Verbum ist zwar dasselbe wie 1,9.11.20; 2,20; 3,20.50, doch ist das Objekt „meine Bedrückung" gerade nicht das „Leid" aus Kap. 1. Das Nomen gibt es nur hier, sehr nahe liegt die „Rechtsbeugung" (Ijob 8,3; 19,6; Ps 119,87; 146,9 u. ö.). Damit ist die Nähe zu V.36 auch hier deutlich erkennbar (s. u. zu V.60).

Spannend wird der Text noch einmal mit der singulären alliterativen Formulierung am Schluss. Das „verschaffe mir Recht!" unterstreicht den Appell an Gottes Gerechtigkeit. In Ps 9,5 findet sich das Bekenntnis des „Vollzugs": „denn du hast mir Recht verschafft" (vgl. Dtn 10,18; 2 Sam 18,19.31; Ps 82,3; 146,7). Zwei Stellen sollen darüber hinaus besonders hervorgehoben werden. Zum einen ein weiteres Mal das „Hohelied der Gnade" Ps 103,6:

„Der HERR vollbringt Taten des Heiles, Recht verschafft er allen Bedrängten" und die Verheißung in Mi 7,9, die die Durchlässigkeit der Formulierung aus V.59 auf Zion zeigt: „Den Zorn des HERRN muss ich (scil. Jerusalem) tragen, denn ich habe gegen ihn gesündigt; bis er meinen Rechtsstreit vertritt und mir Rech verschafft. Er wird mich hinausführen ins Licht, ich werde seine Gerechtigkeit schauen." Vor diesem Hintergrund ist der Imperativ in V.59 zu lesen, womit die Bitte (wie V.56) ein Janusgesicht erhält. Zum einen ist nach V.58 unzweifelhaft, dass dem Sprecher schon Recht verschafft wurde, zum anderen steht zur Vollständigkeit noch die Bestrafung der Feinde aus, die den Sprecher grundlos verfolgt haben (V.60–65). Der Sprecher formuliert ein „Schon" und „Noch nicht" und gibt damit auch eine implizite Antwort auf das „Wie lange noch?", das ihn in V.1–20 beschäftigt hat.

Erneut scheint also das, was der Sprecher am eigenen Leib erlebt hat und wovon er berichtet hat, nicht ohne Relevanz für das Schicksal Zions. Wie aber ist das im Zusammenspiel mit der Resignation in V.40–47 zu verstehen? Um eine Antwort auf diese Frage zu finden, kann es nicht ohne Bedeutung sein, dass in V.52–59 ein Einzelner spricht, der zu unrecht angeklagt war. Er war unschuldig und hatte grundlos unter den Feinden zu leiden. Sein Leid steht im Zusammenhang des Rahmens, der in V.34–36 entfaltet worden war. Mehrfach waren Bezugslinien dorthin erkennbar. Dem leidenden Gerechten hingegen ist YHWH mit seinem machtvollen Handeln *in der Vergangenheit* entgegengekommen, er hat Nähe und Schutz erfahren dürfen. Ihm ist Recht verschafft worden und ihm wird Recht verschafft werden. Er darf zu Recht auf die Bestrafung der Feinde hoffen. Das kann nur bedeuten, dass es in Zion ebenfalls nur Hoffnung für die Gerechten geben kann. Rachegelüste sind fehl am Platz – Gerechtigkeit dürfen nur die erwarten, die selbst gerecht sind. Nur sie dürfen darauf hoffen, dass sie vom Gericht verschont bleiben, YHWH sich ihnen wieder zuwendet und er ihnen auch gegenüber den Feinden Recht verschafft. Die Frage „Wie lange noch?" wird impizit beantwortet mit Verweis auf das noch nicht abgeschlossene Gericht. Das, was der Text impliziert, nämlich die Scheidung zwischen „Gerechten und Frevlern" als Grundlage der Zuwendung YHWHs im Gericht, führt er noch nicht aus. Beide Begriffe fehlen auffallend in Klgl 3, weder ist explizit von

Gerechten die Rede (überhaupt nur 4,13) noch von Frevlern (die Wurzel fehlt ganz in den Klageliedern). Vielleicht ist das auch ein Hinweis auf die Datierung, denn das Thema „Heil den Gerechten, Unheil den Frevlern“ ist erst in sehr späten prophetischen Texten entwickelt und dann in der Apokalyptik weiter entfaltet.

Mit V.60 wechselt noch einmal die Blickrichtung und der Text schaut in drei Versen auf das Tun der Gegner. Die Perspektive ist durch das dreimalige „gegen mich“ geprägt. Wortgleich wird in V.60 und V.61 übersetzt „all ihr Planen gegen mich“. Im Hebräischen fällt eine leichte Veränderung und damit eine Steigerung in V.60–62 auf: V.60 „in Bezug auf mich“, V.61 „gegen mich“, V.62 „gegen mich jeden Tag“. In der Mitte der drei Verse steht betont ein appellatives „YHWH“. Abgeschlossen wird die Einheit durch V.63, der alles Handeln der Gegner zusammenfasst und Gott auffordert, die Beschämung durch die Gegner genau wahrzunehmen. Durch die visuelle Wahrnehmung in V.60 und V.63 entsteht eine Rahmung um die kleine Einheit.

Der identische Versanfang verbindet V.59 und V.60. V.59 hatte über die Rechtsbeugung einen Bogen zu V.34 geschlagen, und daran knüpft V.60 an. Hatte V.34 in Bezug auf das Handeln der Frevler gefragt „Sollte Adonai das nicht sehen?“, so hält der Sprecher jetzt fest: „Du hast gesehen.“ Es ist nicht nur das Handeln der Gegner, das in V.52–53 beschrieben worden war, sondern die ganze Haltung, die die Gegner an den Tag legen und die ihre Rechtlosigkeit offenbart. Ihr Streben ist auf die Schädigung des Mannes gerichtet. V.60 nennt als erstes die Rachgier oder die Rachegelüste der Gegner. Das Wort „Rachgier“ weckt bei den Rezipienten in der Regel eine starke Abwehrhaltung, weil es mit einer archaischen Haltung in Verbindung gebracht wird, doch lohnt ein „kühler“ Blick auf die Rache, um zu erkennen, dass es um mehr geht als um das gewalttätige Auftreten der rachsüchtigen Gegner. Rache ist ein Ausgleichshandeln, das von einem starken Affekt getrieben wird und seinen Ausgangspunkt bei einem erlittenen Unrecht oder einer Ungerechtigkeit nimmt. Rache reagiert auf etwas bereits Geschehenes, das die Gerechtigkeitsordnung grob verletzt hat. Das Ziel von Rache ist immer Ausgleich und Gerechtigkeit. Rache ersetzt das Recht oder setzt sich an die Stelle des Rechts, und das ist der springende Punkt. Rache wird dann zu Unrecht, wenn sie dem

Handelnden nicht zusteht oder das zugrunde liegende Vergehen vom Rechtssystem durch Sanktionen abgedeckt wird. Wie ist demgegenüber die Lage in Klgl 3? Die Gegner handeln grundlos (V.52), d. h. sie reagieren nicht auf geschehenes oder erlittenes Unrecht. Sie setzen sich an die Stelle des Rechts, ohne dass ihnen das zukäme. Sie missachten die Rechtsordnung und setzen sich über Regeln hinweg. Ihr Ziel ist nicht die Gerechtigkeit, sondern die Schädigung des Sprechers und damit die Vermehrung von Ungerechtigkeit. Letztlich setzen sie sich mit ihrem Handeln an die Stelle Gottes, was eine Reaktion Gottes unvermeidlich scheinen lässt. Der Satz „mein ist die Rache, spricht der HERR" kennzeichnet ein ganz wesentliches Moment von Rache im Alten wie im Neuen Testament (Dtn 32,35; Spr 20,22; Röm 12,19; Hebr 10,30). Dass das auch für Klgl 3,60 zutrifft, zeigt das verwendete Nomen, das durchgängig mit dem Handeln Gottes verbunden ist (Ps 79,10; 94,1; 149,1; Jer 46,10 u. ö.). Von den 27 Belegen im AT gibt es nur noch einen einzigen, in dem neben 3,60 die Rache nicht Sache Gottes ist. Es ist Jer 20,10 in einem Zitat der Gegner Jeremias, die sich an der Anklage des Propheten Jer 20,8 stoßen und ihn anzeigen wollen: „Vielleicht lässt er sich betören, dass wir ihn überwältigen und an ihm Rache nehmen können." Der Verlauf der Auslegung weiter unten wird zeigen, das es weitere Verbindungen zum Schicksal Jeremias gibt, doch zunächst ist wichtig festzuhalten, dass im AT immer Gott Subjekt der Rache ist (und das ließe sich im Ergebnis auch für das Verb „rächen" zeigen). Die Gegner des Sprechers setzen sich also an die Stelle Gottes, was ihr Handeln vollkommen inakzeptabel macht und entsprechend V.34 Gott auf den Plan rufen *muss*.

Die Pläne der üblen Menschen sind gegen den Sprecher gerichtet. Ihre ganze Haltung ist darauf ausgerichtet, ihm Schaden zuzufügen und ihn in seiner Existenz zu hinterfragen. Das Wort „Planen", dass V.60 mit V.61 verbindet, unterstreicht die Entschiedenheit zum Bösen, wie Gen 6,5 deutlich macht. Das Wort ist häufiger verwandt, wenn es um die Ausrichtung der Bösen in ihrem Handeln geht (Jes 59,7; Jer 4,14; Ijob 21,27; Spr 6,18 u. ö.). Prominent ist es in Ps 56, wo der Beter in einer ähnlichen Situation steht wie der Sprecher von Klgl 3: „Tag für Tag verdrehen sie meine Worte, auf mein Verderben geht ihr ganzes Sinnen." (Ps 56,6) Auch gegen Jeremia werden Pläne geschmiedet (Jer 18,18), was ein weiteres Mal verdeutlichen kann, warum die Tradition schon früh auf die Idee kommen konnte, Jeremia sei der Sprecher in Klgl 3 (vgl. die Erwähnung der Grube nur zwei Verse später!).

ש (*Schin*) 61–63 Wie bei Jeremia ist es eine Kombination von Handeln, Planen und übler Nachrede. Auch er beklagt die Verhöhnung durch die Gegner (Jer 20,8). Diese Schmach soll der Fromme zwar ertragen (V.30), was aber nicht heißt, die Haltung der Gegener gutzuheißen oder sich fatalistisch zu ergeben, sondern Gott die Vergeltung zu überlassen. Nicht umsonst ist das „o HERR“ appellativ in V.61 hineingesetzt, weil er es ist, der auf die Erniedrigung reagieren soll. Der Sprecher unterstreicht durch die Wiederholung der Pläne, dass die „Fakten auf dem Tisch liegen“. Die Pläne sind gegen ihn gerichtet und können ihn jederzeit vernichten. V.62 dehnt das Handeln der Gegner zeitlich aus. Wie in V.14 kann die Formulierung sowohl „den ganzen Tag“ als auch „alle Tage“ bedeuten. In beiden Fällen geht es darum, deutlich zu machen, dass es ohne Unterlass passiert, d. h. das geschehende Unrecht „total“ ist. Das ist eine der Argumentation dienliche Übertreibung, sodass es für den Sprecher tatsächlich kein Entrinnen gibt (V.53–54) und jetzt YHWH am Zug ist. Inhaltlich wird durch den ersten Teil des Verses nicht viel Neues hinzugefügt. Die Widersacher werden als diejenigen bezeichnet, die sich gegen den Sprecher erheben, was häufiger auch in den Psalmen so ausgedrückt wird. Alles, was ihnen über die Lippen kommt (EÜ „Reden“) ist böse und falsch (Ps 12,3–5; 31,19; 59,8.13; 120,2; 140,4.10; Spr 4,24 u. ö.). Sie sinnen nicht wie der Gerechte selbst nachts auf dem Lager über Gott nach (Ps 63,7) oder über seine Weisung Tag und Nacht (Ps 1,2), sondern ersinnen sich Übles (Ps 2,1) oder Betrug den ganzen Tag (Ps 38,13). Die Botschaft, die V.60–62 formuliert, ist klar: „Verstummen sollen die Lügenlippen, die frech reden gegen den Gerechten, mit Hochmut und Spott.“ (Ps 31,19, Zürcher)

Das macht der abschließende Vers der Einheit deutlich, wenn er Gott noch einmal zum genauen Hinschauen auffordert und damit den Bogen zu V.60 zurückschlägt. Hier wird allerdings das Verbum *nbṭ* „genau hinblicken“ verwandt, was erstmalig in dieser Einheit den Blick auf Zion zurücklenkt, da es auch in 1,11; 2,20 verwendet ist. Dort sollte das Blicken Gottes auf die leidende Stadtfrau gerichtet sein, um ihre Not wahrzunehmen. In V.63 soll sich YHWHs Blick jedoch wie in V.60 auf die Gegner richten, genauer auf ihr Sitzen und Stehen. Mit diesem Merismus (wie „Tag und Nacht", „von Kopf bis Fuß" etc.) wird erneut das ganze Handeln umfasst (vgl. Ps 139,2, vgl. Ps 121,8; 127,2; Sir 12,12). Den Abschluss bildet der Verweis auf den öffentlichen Spott, den die Gegner über den Sprecher ausschütten. Das Spottlied (wörtl. Saitenspiel), für das hier ein ähnliches Wort wie in Ijob 30,9; Ps 69,13; Klgl 3,14 gebraucht ist, führt die Herabsetzung des Sprechers durch die Widersacher in V.60–62 zusammen. Dass nur ein ähnliches, aber (ohne Not) nicht das gleiche Wort wie in V.14 gebraucht wird, ist vielleicht Absicht. Denn dort war der Sprecher das „Spottlied" seines Volkes „den ganzen Tag". Für die Annahme, dass die Gegner des „Mannes" und das Volk als Ganzes identisch sind, gibt es sonst keine Hinweise im Text. Das appellative Moment in V.60.63 erhöht jedenfalls den Druck auf YHWH. Die Situation erfordert ein Eingreifen Gottes, denn das Tun der Gegner ist so umfassend, dass es in seiner Ungerechtigkeit die Gerechtigkeit Gottes herausfordert.

ת (*Taw*) 64–66 Die V.60–63 sind theologisch zentral, wenn die nun folgende Bitte um Vergeltung an den Feinden richtig verstanden werden soll. Die Auslegung hat deutlich gemacht, dass es nicht um irgendwelche Bösewichte geht, die dem Sprecher mal das Leben schwer machen und ihm ein Dorn im Auge sind. Das würde die Kraft des Bösen unterschätzen. Die Widersacher handeln zu jeder Zeit und ihre böse Absicht bestimmt ihr ganzes Handeln. Sie mehren dadurch die Ungerechtigkeit und stellen die Gerechtigkeit als solche in Frage. Sie handeln so „im Angesicht des Höchsten", wie es in V.35–36 formuliert war. Sie stellen sich über das Recht und die Rechtsordnung. Sie wollen selbst „Vergeltung" üben und die Rolle Gottes übernehmen. Ihr Handeln ist zwar oberflächlich gegen den Gerechten Einzelnen gerichtet, doch stellen sie in letzter Konsequenz das Gottsein Gottes in Frage, der als einzige Instanz die Gerechtigkeit garantiert. Die Bitte um das Eingreifen Gottes gegen die Feinde in V.64–66 ist unter diesen Voraussetzungen zu verstehen. Der Sprecher überträgt die Vergeltung ganz in die Hand Gottes, der *seine* Gerechtigkeit walten lassen soll. Was heutigen Leserinnen und Lesern Schwierigkeiten bereitet, ist im Weltbild des Textes und von seinen Ordnungsvorstellungen her mehr als konsequent, ja es ist notwendig. Wenn Gott hier nicht seine Strafgerechtigkeit walten lässt, wird die Welt letztlich aus den Fugen geraten und Gerechtigkeit für nichts und niemanden mehr zu garantieren sein. Darum fordern V.64–66 Vergeltung an den Feinden. Der Sprecher richtet sich an Gott mit der Bitte um Vergeltung, nicht um seinerseits Rachegelüste und niedere Instinkte zu bedienen, sondern damit ihm und den Widersachern Gerechtigkeit widerfährt. Die Formulierung in V.64 unterscheidet sich von der Rache in V.60. Sie benutzt das Wort *g^e^mûl*, das ein ausgleichendes Handeln beschreibt, sodass der Empfänger im wahrsten Sinne bekommt, was er verdient (Ps 94,2; 103,2; 137,8; Jes 59,18; 66,6 u. ö.). Der geforderte Zorn Gottes ist also kein übermäßiger Strafzorn eines überreizten Gottes, sondern eine im Maß begrenzte und angemessene Gegenreaktion. Gott soll die Feinde nicht einfach beseitigen, sondern gerecht nach ihren Taten richten. Das allerdings kommt ihrer Vernichtung gleich. Diese haben sie sich letztlich selbst zuzuschreiben, es ist die *de facto* „Selbstzerstörung der Bösen". Die gleichen Voraussetzungen formuliert der früher zu datierende Ps 28,4, der vielleicht auch bei der Formulierung von V.64 im Hintergrund stand: „Vergilt ihnen, HERR, nach dem Tun ihrer Hände!"

V.65 ist schwer zu übersetzen, weil singuläre Wortbildungen verwendet werden. Die EÜ 1979 formulierte recht frei „Du wirst ihren Sinn verblenden", was die revidierte EÜ 2016 in die Bitte „Gib ihnen ein verhärtetes Herz" geändert hat. Darin scheint eine Verstockung auf, die den Widersachern die Umkehr verbaut. Sie haben den Bogen überspannt und ihr Leben durch die Totalität des Unrechts verwirkt. Im Hebräischen ist zudem ein Wortspiel zwischen dem Spottlied (V.63) und der Verhärtung (V.66) zu erkennen. Das deutet vielleicht an, dass das auf die Gegner zurückfällt, was sie selbst vorgebracht haben. Am Ende soll sie der Fluch Gottes treffen. Das Wort geht auf die Wurzel *'lh* zurück, die eine Verwünschung, einen zum Negativen gewendeten Eid bezeichnet (vgl. Num 5,21.23.27; 1 Kön 8,31–32). Zum einen sind es die Verwünschung des Sprechers (V.60–63, vgl. Ps 10,7), die jetzt auf die Widersacher selbst zurückfallen, zum anderen scheinen die Verwünschungen der Vertragsklauseln des Deuteronomiums im Hintergrund zu stehen (Dtn 29,11.13.18–20). Denn die dortigen Flüche treffen nicht nur die Vertragsbrüchigen und haben Zion und Jerusalem schon im Übermaß getroffen (vgl. Jer 29,18; 42,18; 44,12; Ez 16,59; Dan 9,11), sondern sie sollen auch die Feinde treffen: „Alle diese Verwünschungen aber wird der Herr, dein Gott, über deine Feinde und Gegner verhängen, die dich verfolgt haben." (Dtn 30,7) Mit der Verfluchung ist eine selbstwirksame Aura gemeint, die den Widersachern nichts mehr gelingen lässt, die sie (wie den Sprecher in V.17) aus dem Frieden und dem Glück herauskatapultiert bis zur vollständigen Vernichtung (vgl. Ps 37,22). Denn neben dem radikal guten Gott hat das radikal Böse keinen Platz.

In der Forderung nach Vernichtung der Feinde, die der Schlussvers mit aller Härte von Gott verlangt, ist nicht nur die vollständige Durchsetzung der Gerechtigkeit formuliert, sondern auch eine Rechtfertigung des Handelns Gottes. Denn die Formulierung „verfolge sie im Zorn" greift auf V.43 zurück. Auch das Handeln Gottes gegenüber dem „Wir" war demnach an der Durchsetzung der Gerechtigkeit orientiert. Diese bereits in V.34–36 erkennbare Linie wird hier wieder aufgenommen. Das rechtfertigt auch noch einmal den Zorn Gottes, der in 1,12; 2,1.3.6.21.22 mit demselben Terminus ausgedrückt wurde. Der Zorn Gottes wird durch den Schlussvers ganz in den Dienst der Gerechtigkeit genommen. So formuliert V.66 noch einmal, was Klgl 1 versucht hatte aufzuweisen und was in Klgl 3 als Voraussetzung breit entfaltet wurde: Gottes Handeln ist nicht willkürlich, sondern gerecht. Es dient der Aufrechterhaltung einer Ordnung, in der Gerechtigkeit garantiert werden kann. Es setzt die Einzigkeit Gottes und den universalen Rahmen seines Handelns voraus (V.37–38). So ist es bestimmt kein Zufall, wenn am Ende dieser kosmische Rahmen noch einmal angesprochen wird. „Unter dem Himmel YHWHs" ist eine ausgesprochen ungewöhnliche Verbindung. Einen „personalisierten" Himmel gibt es in Lev 26,19; Dtn 28,23; 33,18, aber das ist eher nicht vergleichbar. Von Gottes Himmeln ist in Ps 8,4; 20,7; 144,5 die Rede, nirgendwo sonst aber von den Himmeln YHWHs wie hier. Das hat oft zu Textänderungen geführt. Schon die antiken Übersetzungen schließen mit einem Vokativ „YHWH" (vgl. die EÜ 1979: „oh Herr!" Doch an der schwierigen Lesart des Hebräischen gibt es nichts zu rütteln. „Unter dem Himmel YHWHs" markiert damit ein Zweifaches. Zum einen betont es noch einmal, dass der Anspruch der

Gerechtigkeit mit der Weltordnung zusammenhängt und universal ist. Zum anderen wird durch die possessive Formulierung unterstrichen, dass niemand Anderes als YHWH, der Gott Israels, Zions, Jerusalems und des Sprechers, Garant dieser Gerechtigkeit sein kann. Das schließt ein appellatives Moment am Schluss nicht aus, sondern ein, auch wenn es sprachlich am Ende nicht ausgedrückt ist.

Während der Sprecher die Schmach ertragen muss und auch ertragen kann, ist es an Gott, die aus den Fugen geratende Welt durch seine Gerechtigkeit „zu retten“. Das Leid muss ertragen, aber nicht akzeptiert werden. Nicht das Leid als Leid soll aus der Welt beseitigt werden, sondern dessen zersetzende Kraft und sein selbstverstärkendes Potential. Gott ist als Garant der Gerechtigkeit die einzige Instanz, die Gewähr geben kann, dass das Unrecht nicht überhand nimmt. Das ist nicht nur letztlich, d. h. am jüngsten Tag, sondern schon jetzt und auch für Zion eine Botschaft des Trostes, da sie der Gewalt Einhalt gebietet, indem sie sie in die Hand Gottes legt. Kann es da verwundern, dass V.66 zusammen mit Ps 79,6–7 und Ps 69,55 seinen Platz in der häuslichen jüdischen Pessach-Liturgie gefunden hat?

YHWH hat nicht nur gegenüber der Welt das erste (V.37) und gegenüber den Widersachern das letzte Wort (V.64–66); er spricht auch in Klgl 3 in V.57 das *einzige* Wort „Fürchte dich nicht!“ und er *ist* das letzte Wort in Klgl 3.

IV. Verblasster Glanz und ein unglaublicher Zusammenbruch – Klgl 4

Das vierte Klagelied ist geprägt durch das Denken in starken Gegensätzen, die sich an dem Schema *Einst-Jetzt* orientieren. Was einst brillant war, ist jetzt blass. Wo vorher das blühende und luxuriöse Leben dominierte, herrschen jetzt bittere Not und der Tod. Dieses „Jetzt" ist stark durch die Eroberungssituation geprägt, die anscheinend immer noch nachwirkt, auch wenn darauf hier schon zurückgeschaut wird. Dabei steht eine auf die Stadt bezogene markante Zionstheologie im Hintergrund. Die Stadt schien von der Hand ihres Stadtgottes geschützt und begünstigt, sodass sie einen geradezu paradiesischen Lebensraum bot, doch jetzt herrscht nur noch Niedergang. Was geschehen ist, ist selbst für die Völker unglaublich (V.12), um wie viel mehr für die Betroffenen in der Stadt. Im Hintergrund des vierten Liedes stehen elitäre Kreise, die sich als „kostbare Kinder Zions" (V.2) verstehen, vor der Zerstörung vom Stadtleben profitierten und jetzt nahezu alles verloren haben. Der König galt ihnen als Autorität (V.12.20) und die Monarchie als Garant für den politischen und wirtschaftlichen Selbststand der Stadt und des Landes (V.20). Sie hatten in der kritischen Phase auf außenpolitische Unterstützung gehofft (V.17) und sind bitter enttäuscht von den politischen Verbündeten, was sich am Ende in dem Drohspruch gegen Edom Luft macht (V.20–21). Kritisch scheinen die Trägerkreise gegenüber der Jerusalemer Aristokratie aus Priestern und Propheten zu sein (V.13), die ihrem Status nicht gerecht geworden sind und sich durch Rechtsbrüche Vorteile verschafft haben. Der Tempel als Institution wird dabei nicht thematisiert, weder in intaktem noch in zerstörtem Zustand. Er spielt faktisch keine Rolle, sondern ist Teil der Stadt, die bis auf die Grundmauern zerstört wird. YHWH erscheint in der Rolle als Stadtgott, der in seinem Zorn die Stadt vollständig im Stich lässt und niederbrennt.

Die Gefangennahme durch den Feind und das Leben in der Verbannung wird als große Schmach erlebt. Doch nicht die ganze Elite wurde nach Babylon deportiert (s. dazu Einleitung VI.). In Mizpa zumindest, wo die Provinzverwaltung nach dem Untergang der Stadt angesiedelt war, scheint auch ein Teil der ehemaligen Jerusalemer Oberschicht gelebt zu haben. Die Träger des vierten Liedes jedenfalls scheinen nicht in Babylon im Exil zu sein, sondern leben weiter in der zerstörten Stadt oder im Umland (vielleicht in Mizpa?), doch hegen sie die Hoffnung, dass die Exilierung bald beendet und damit ein Neuanfang möglich wird. Das Exil und die Zerstörung Jerusalems werden wie in der deuteronomistischen Literatur als Strafe verstanden. Auch sonst finden sich Querverbindungen zum deuteronomistischen Denken, doch fehlen Bundeskategorie und Fremdgötterdienst vollständig. Dafür scheint eine Zionstheologie auf, die im klassischen deuteronomistischen Denken keinen Platz hat. Möglicherweise stehen die Kreise mit ihrer eigen akzentuierten Sicht auf die Sonderstellung der Stadt Jeremia und den ihn protegierenden Schafaniden nahe.

Poetisch ist das vierte das stärkste Lied. Die Rede in Metaphern wird exzellent beherrscht, es wird viel mit Vergleichen gearbeitet. Dabei werden visuelle Bilder meisterhaft aufgerufen, der Dichter arbeitet gezielt mit Raumkategorien und Emotionen. Das vierte Lied löst noch stärker als die anderen ein „Kino im Kopf" aus, indem unterschiedliche Bilder kontrastreich in ein Zueinander gebracht werden. Der Hunger in allen Facetten ist dominantes Thema im ersten Teil, im hinteren Teil die Grausamkeiten während der Eroberung und das misslingende Entrinnen vor dem Feind.

Das Lied hat eine kompositorische Mitte in V.11–12 und zerfällt damit in zwei Teile. Der erste Teil V.1–10 ist ebenfalls in zwei Teilen V.1–5 und V.7–10 um V.6 gebaut, wobei der Vers auch zur zweiten Einheit gerechnet werden kann. Dafür spricht, dass ein solcher „Teiler" zwischen den beiden Teilen V.13–16.17–20 fehlt. Dafür heben sich V.21–22 als Schlussteil noch einmal markant ab.

Sprachlich formuliert das Lied oft eigen, hat jedoch auch klare Bezüge zum zweiten Lied. Besonders deutlich im Motiv des Hungers der Kleinsten (2,11; 4,4) und der extremen Form des Kannibalismus (2,20; 4,10). Auffallend ist aber zugleich auch die andere Akzentsetzung etwa bei der Schuld der Priester in 4,13 gegenüber 2,20. Bezüge zum ersten Lied gibt es hingegen wenige, wobei das Einst-Jetzt-Schema beide Lieder durchaus in der Perspektive verbindet. In Lied 1 steht die prachtvolle Vergangenheit der Stadt im Vordergrund, in Lied 4 der frühere Luxus ihrer Eliten. Markant ist jedoch die Differenz in der Personifizierung Jerusalems als Stadtfrau. Anders als in den ersten beiden Liedern spricht Zion nicht selbst, vielmehr stehen die Bewohner Jerusalems im Fokus. Zion ist aber sprachlich trotzdem sehr präsent: „*ihre* Vornehmen" V.7, „in *ihrer* Mitte" V.13 etc. Klgl 4 hat kein „lyrisches Ich", der Sprecher bleibt ganz im Hintergrund. In V.17.18.19.20 spricht zudem ein „Wir", das nicht näher benannt ist, aber die Bewohner der Stadt repräsentiert. Lediglich kleine Anteile von direkter Rede sind im vierten Lied präsent, die meist die Aussage stilistisch durch die Form des Zitates verstärken (V.15.20.21–22). Auffallend ist zudem, dass auch Gott *nirgendwo* adressiert wird, das vierte Lied ist noch weniger an Gott gerichtetes Gebet als das erste und zweite Lied. Nur dreimal wird das → Tetragramm in der zweiten Hälfte des Liedes verwendet V.11.16.20. Die Beschreibung des in unfassbarer Dichte vorgetragenen Leids gipfelt im Zorn Gottes. Während das erste Lied durch die Fülle der Zornbegriffe beeindruckte, ist es hier die geschickte Komposition, die den Zorn aus dem überfließenden Gefäß freisetzt und damit implizit fragt, wie sich das Gefäß so hat füllen können. So sehr aber auch YHWH mit der Zerstörung in Verbindung gebracht wird, so sehr ist er auch indirektes Subjekt der Schlussverse, die das Gericht an Edom und die Zuwendung gegenüber Zion ankündigen. Die Hoffnungsperspektive, mit der das vierte Lied endet, unterscheidet es vor allem vom zweiten, aber auch vom ersten Lied.

Eine Datierung des vierten Liedes bleibt ausgesprochen schwierig. Da es sich auf das zweite, aber nicht auf das erste Lied bezieht, ist es vielleicht jünger als das zweite, aber doch älter als das erste Lied (s. das Schema zur Enstehung der Komposition der Klagelieder S. 39). Es könnte noch im Exil entstanden sein, auch wenn das unsicher bleibt. In Frage kommen die letzten Dekaden vor 539 v. Chr., in denen der Druck auf Edom seitens der Neubabylonier stark wächst, vor allem im Araberfeldzug 552 v. Chr. Dass sich mit der verschiebenden politischen „Großwetterlage" Hoffnungen auf das Ende des Exils verbanden, mag den Hintergrund von V.22 bilden. Eine Datierung bleibt aber wie bei den anderen Liedern schwierig und es ist nicht auszuschließen, dass das vierte Lied in zeitlich größerer Nähe zum nachexilischen ersten Lied steht. Durch seinen vorsichtig hoffnungsvollen Schluss korrigiert das vierte Lied jedenfalls auch das zweite, jedoch auf ganz andere Weise als das erste Lied. Die Bezüge legen nahe, dass das vierte Lied nicht unabhängig vom zweiten entstanden ist, aber vielleicht wurde es auch erst durch leichte Veränderungen darauf bezogen. Die Zusammenstellung mit dem zweiten Lied könnte als Nukleus der Komposition der Klagelieder verstanden werden, dem dann Klgl 1 in nachexilischer Zeit vorgeschaltet wurde.

א (*Aleph*) 1 Der Beginn des vierten Klagelieds mit *'êkāh* „Ach!, Weh!" verbindet das Gedicht mit Klgl 1 und 2. Das Wort wird meist als eine klagende Interjektion aufgefasst, ist aber von seiner Funktion zunächst ein Frageadverb „wie?" und manchmal „wo?" (Dtn 1,12, Hld 1,7; Jer 8,8; 48,17; Ps 73,11). Die → Septuaginta hat das Wort nahezu durchgehend mit dem Fragewort *pōs* „wie?" übersetzt. Versteht man es als hineingeworfenen Klageruf „Weh!", stürzt der Text sich in die Beschreibung und beginnt mit einer metaphorischen Zustandsaussage: „Glanzlos ist Gold." Das ist nahe an einem Oxymoron, denn mit Gold verbindet man immer einen bleibenden Glanz, auch wenn Gold anlaufen und damit matt werden kann. Glanzloses Gold drückt einen Gegensatz aus wie „weißer Rabe" oder „schwarze Sonne".

Das glänzende und nahezu unveränderliche Gold hat sich verfärbt, das beständige Edelmetall ist degeneriert, das Unvorstellbare ist eingetreten und hat die Welt auf den Kopf gestellt. Was genau gemeint ist, bleibt zunächst offen, sodass das glanzlose Gold als Überschrift fungiert und der Gesamtsituation ihren Stempel aufdrückt. Dass der Wandel von einstigem Glanz zur matten Gegenwart gemeint ist, macht das zweite Verbum deutlich, das sich auf ein → Synonym für Gold bezieht, das mit „Feingold", also besonders reinem Gold wiedergegeben ist. Das Verb bedeutet „wechseln", was in der EÜ mit der Übersetzung „gedunkelt" zu einer Angleichung an die erste Aussage geführt hat. Das „Feingold" ist zusätzlich als besonders gut qualifiziert, als *ṭôb* „gut, schön", was die EÜ als „köstlich" wiedergibt. Das Adjektiv wird im Deutschen heute nahezu nur noch auf Speisen bezogen, meint aber auch „besonders wertvoll". Als würde es noch einer Betonung bedürfen, dass Gold wertvoll ist. Auch das unterstreicht, dass alles Selbstverständliche zerbrochen ist. Auch die dritte Aussage bleibt metaphorisch und löst noch nicht auf, worum es konkret geht. Die Aussage von den hingeschütteten Steinen wird oft auf das zerstörte Heiligtum bezogen, doch ist vom Tempel im gesamten vierten Klagelied *nicht* die Rede. Das Adjektiv „heilige“ leitet da in die Irre, weil es etwas dem Profanen Entzogenes, Besonderes, und Gott Zugerechnetes meint. Dass aber wie in dem ganzen ersten Abschnitt in V.1–5 vom elitären Nachwuchs der Stadt die Rede ist, wird erst auf den zweiten Blick deutlich. Steine schüttet man gewöhnlich nicht aus oder hin, denn Steine sind keine Flüssigkeit. Auch hier ist der Wechsel des Aggregatzustandes gewollt, um das Ungeheuerliche des Vorgangs bildlich auszudrücken. „Hingeschüttet“ oder besser „ausgegossen“ wird hingegen oft Blut (Gen 9,6; 37,22; Num 35,33; Ps 79,3.10; Jer 7,6 u. ö.). In zwei Dritteln aller Belege ist das Verb mit Blutvergießen verknüpft. Dass hinter den „heiligen Steinen“ Personen stehen, macht die Verwendung des Verbums im gleichen Verbstamm in 2,12 deutlich, wo die Kinder im Schoß ihrer Mütter ihre Lebenskraft ausgießen. Auch die Rede von den Straßenecken weist in diese Richtung, denn in 2,19 verschmachteten die Kinder an den Straßenecken. In Nah 3,10 wird die Eroberung und Exilierung der ägyptischen Stadt No-Amon geschildert und auch dort werden die Kleinkinder „an allen Straßenecken“ zerschmettert. Nah an den Klageliedern ist auch das „an allen Straßenecken lagen deine Kinder hilflos da“ (Jes 51,20) in der Rede an die wegen der Zerstörung untröstliche Frau Zion in Jes 51,17–20.

Das Klagelied beginnt mit dem Blick auf die Bewohner Zions und deren Ermordung in der Stadt. Nicht die Zerstörung der Stadt steht im Zentrum, sondern die Vernichtung ihrer Elite. Sind die kostbaren Kinder Zions (V.2) die hingeschütteten Steine (V.1), war die jetzt zerstörte Stadt metaphorisch aus den Edlen Zions „erbaut“. Dabei wird die Assoziation zu dem mit Gold prächtig ausgestatteten Heiligtum und den zum Einsturz gebrachten Mauern nicht gänzlich unbeabsichtigt sein. Denn ohne die Stadtbewohner, genauer sogar ohne deren Elite, ist die ganze Stadt samt ihrem Tempelbetrieb nicht überlebensfähig. Nichts funktioniert mehr, der Handel setzt aus, das Kapital samt der Ressourcen ist vernichtet, es herrscht ökonomischer Stillstand. Die gesamte Wirtschaft, die ein erträgliches Leben für *alle* Stadtbewohner sichert, bricht zusammen. Was vorher glänzte, ist nun matt und ohne Kraft, was vorher wertvoll war, hat seinen Wert verloren. Alles ist hin. So könnte man die Assoziationskette, die in V.1 angestoßen wird, beschreiben. Dabei führt V.1 noch nicht auf die emotional besetzten Kinder eng. Das wird erst V.4 tun.

ב (*Beth*) 2 Es bedarf eigentlich keines weiteren Beleges, dass die Steine in V.1 nicht den Tempel meinen, doch gibt V.2 einen weiteren Hinweis. Die Kinder Zions werden dort als *y^eqārîm* „edel, kostbar“ bezeichnet, was häufig zusammen mit Steinen im Sinn von Edelsteinen verwendet wird (2 Sam 12,30; 1 Kön 10,10; Ez 27,22 u. ö.). Auch dabei scheint der Tempel nicht völlig aus der Bildwelt verschwunden, denn die Tempelsteine, Zions Grundstein oder die Edelsteine werden als „kostbar“ erachtet (1 Kön 7,10; Jes 28,16; 2 Chr 3,6 u. ö.). Jetzt aber ist eindeutig von Personen die Rede, die mit reinem Gold aufgewogen werden. Der Text verwendet hier ein weiteres → Synonym für Gold, das ähnlich häufig wie der Feingold-Begriff in V.1 ist. Diesmal wird das Gold als besonders hoher Gegenwert verstanden. Die edlen Kinder Zions seien einst mit Gold aufgewogen, jetzt aber vom Wert her wie einfache Krüge aus Ton. Der Einst-Jetzt-Gegensatz ist sprachlich nicht ausgeführt, legt sich aber von der Gegenüberstellung her nahe. Krüge aus Ton gehören zum Alltagsgeschirr, das nichts Besonderes darstellt und – anders als Goldgefäße – billige Allerweltsware ist. Tongeschirr zeichnet sich dadurch aus, dass es leicht zerbrechlich ist (Ps 2,9) und diese Fragilität scheint auch hier im Bild gewollt zu sein. Die Kinder Zions, von denen in atl. Texten sonst nur überschwänglich positiv die Rede ist (Joël 2,23; Sach 9,13; Ps 149,2), sind erniedrigt und zerbrechlich. Sie waren hoch geachtet als wären sie mit Gold aufzuwiegen, jetzt ist ihr Wert dem von Billigware gleich. Tonware ist wegen seiner Zerbrechlichkeit mehrfach gebraucht in Bildern des Gerichts, insbesondere im sog. Töpfergleichnis in Jer 18, wo auch von der Hand des Töpfers die Rede ist. Dort vergleicht sich Gott mit einem Töpfer, dem es zusteht, das von ihm geformte Gefäß zu verwerfen – gemeint ist Israel. Im Hintergrund steht dabei, dass das Töpfern eine der wichtigsten Metaphern für die individuelle Menschenschöpfung ist und Gott auch im Kontext der Schöpfung häufiger als Töpfer beschrieben wird (Jes 45,9; 64,7; Ijob 10,9 u. ö.). Vielleicht ruft das „wie Werk von Töpferhand“ in V.2 diese Kontexte geradezu ironisch auf. Im Vordergrund steht die Materialwertigkeit „einst Gold – jetzt Ton". Damit greift auch V.2 auf eine Zeit zurück, in der die Bewohner Jerusalems hoch geachtet waren. Im Hintergrund steht dabei die Zionstheologie, die Jerusalem zur erwählten und besonderen Stadt gemacht hat (Ps 46; 48; 84). War es einst eine Auszeichnung, zu den Kindern Zions gezählt zu werden und in Jerusalem geboren zu sein – eine Vorstellung, die im Hintergrund von Ps 87 steht – so ist die Herkunft aus dieser Stadt nichts mehr wert. War der vormalige Wert durch die Erwählung Zions als Wohnort YHWHs, des Zionsgottes, begründet, so ist die Wertlosigkeit jetzt durch die Zerstörung der Stadt manifestiert. Davon ist aber bisher nur implizit die Rede.

ג (*Gimel*) 3 Der Vers greift auf einen Tiervergleich zurück, der vom Sinn her zwar relativ klar, vom Inhalt aber weitestgehend unverstanden bleibt. Schakale und Strauße werden biblisch oft zusammen genannt, da sie in der Bildwelt des AT mit der Wüste und damit mit unbewohnten Randzonen verbunden werden (Jes 13,21; 34,13; 43,20; Jer 50,39; Mi 1,8). Von daher sind sie negativ konnotiert, so etwa in Ijob 30,29, wo Ijob seine Vereinsamung beschreibt: „Den Schakalen wurde ich zum Bruder, den Straußenhennen zum Freund." Die primäre Stoßrichtung des Verses scheint nun „im Stich lassen" zu sein, dazu werden Schakal und Strauß vergleichend nebeneinander gestellt. Dass Schakale ihre Jungen säugen (bis zur Entwöhnung etwa fünf Wochen) soll den Normalfall der Brutpflege darstellen. Das Säugen gilt als Ausdruck der Fürsorge, des Schutzes und einer intakten Mutter/Amme-Kind-Beziehung (Num 11,12; Ps 22,10; 131,2; Rut 4,16; Jes 46,3–4 u. ö.). Gerade weil es hier etwas umständlich ausgedrückt ist („die Brust reichen"), scheint das zunächst der positive Vergleichspunkt, der in V.4 noch einmal aufgenommen wird. Mit Straußen hingegen wird „Grausamkeit" verbunden. Die Vernachlässigung des Nachwuchses gilt als besonders schwerwiegend ebenso wie die mehrfach thematisierte Störung der Mutter-Kind-Beziehung von außen (Ijob 24,9; Ex 23,19; Hos 10,14; Jdt 7,27, s. o. zu 2,11). Das allerdings kann man dem Afrikanischen Strauß (*struthus camelus*) so jedenfalls nicht vorwerfen und der wird sich nicht grundsätzlich anders verhalten als der ausgestorbene Arabische Strauß. Strauße verteidigen ihre geschlüpfte Brut mit großem Nachdruck auch gegenüber vermeintlich stärkeren Gegnern. Der Ansatzpunkt für den Vergleich ist vielleicht in der Brutpflege zu finden. Straußenhennen leben in der Brutzeit in Gemeinschaft mit einem Hahn und bebrüten zunächst auch ein gemeinsames Nest. Die Haupthenne versammelt ihre eigenen Eier in der Mitte des Nestes und platziert einige Eier der zuvor vertriebenen Nebenhennen dazu. Die nicht bebrüteten Eier der Nebenhennen werden aus dem Nest entfernt. Dieses der natürlichen Auslese und dem Schutz dienende Verhalten könnte als Grausamkeit gewertet worden sein. Wenn sich ein Feind dem Nest nähert, kann es vorkommen, dass die Hennen zur Ablenkung die Flucht ergreifen und weglaufen. Auch das könnte als Vernachlässigung der Brut aufgefasst worden sein. Sowohl Straußenmännchen als auch Straußenweibchen bebrüten die Eier, verteidigen das Nest und sorgen für die Aufzucht der Küken, die etwa nach sechs Wochen Brutzeit schlüpfen. Früh verlassen die Küken das Nest. Kommt es zu Kämpfen zwischen Straußenfamilien, kann es sein, dass die Küken einer anderen Henne „übernommen“ werden. Auch das könnte in Bezug auf die unterlegene Henne als Vernachlässigung der Brut gedeutet worden sein. Welchen Ansatzpunkt das „wie Strauße in der Wüste“ auch immer hat (von den textlichen Problemen des Verses ganz zu schweigen), es wird hier für die Grausamkeit der Stadt als Vergleichsspender benutzt.

Ungewöhnlich ist „die Tochter, mein Volk“, was oft in „Töchter meines Volkes“ geändert wird. Indem die Tochter, die den Schutz für sich in Anspruch nimmt, selbst keinen Schutz gewährt, entfaltet der Vers eine implizite Anklage (vgl. V.13). Liest man „Töchter“, geht die Grausamkeit von der Bevölkerung aus, die ihre „Brut“ wie Strauße in der Wüste verlassen und die Kinder dem Feind preisgeben. Auch wenn ein solches Verständnis nahe liegt (V.4.10), geht der Text davon aus, dass die Stadt selbst entscheidend zur Vernachlässigung beiträgt. Denn die „Tochter meines Volkes“ ist wie in 2,11; 3,48 ein → Synonym für Zion. Beklagt damit der Vers, dass die im Hintergrund als Mutter personifizierte Frau Zion ihren Bewohnern keinen ausreichenden Schutz in der Bedrohung geboten hat, Zion ihre „Brut“ (Ps 87,5; Jes 66,8) vernachlässigt hat? Selbst in verlassenen Städten – so betont dann der Verweis auf die Schakale, die in verwüsteten Stätten wohnen – wird der Nachwuchs geschützt und gehegt – Jerusalem hingegen hat im Schutz versagt und ihre Kinder im Stich gelassen. Dass Zion als Stadtfrau nicht unschuldig am Desaster ist, betont V.6 und auch in V.1–2 schien die Stadt ihren „Edelsteinen“ nicht den Schutz geboten zu haben, den die Bevölkerung sich von der befestigten Stadt erwartet hat. Dabei klagen die vielleicht aristokratischen und den Davididen nahestehenden Kreise (V.17–20) hinter dem vierten Lied offenbar an, dass es andere Gruppen gegeben hat (V.13), die die Stadt in Gefahr gebracht und das Gericht heraufbeschworen haben.

ד (*Daleth*) 4 In V.4 bleibt der Fokus zunächst auf dem Nachwuchs, konzentriert sich jetzt aber auf den Wasser- und Nahrungsmangel. Damit scheint auf eine Belagerungssituation angespielt zu sein, in der die Wasserversorgung gekappt und die Nahrungslieferung aus dem bäuerlichen Umland in die Stadt unterbunden wurde (s. die Auslegung zu 1,11; 2,11). Die auf den Durst folgende Mundtrockenheit, ist Zeichen eines extremen Flüssigkeitsmangels und ein Alarmsignal des Körpers. Wird keine Flüssigkeit aufgenommen, kommt es zunächst zu Sprachstörungen (daher steht das Kleben der Zunge am Gaumen in Ijob 29,10; Ps 137,6; Ez 3,26 in Verbindung mit Sprachlosigkeit), dann später zu dauerhaften Schädigungen der Organe, insb. der Nieren und schließlich zur Lebensbedrohung (vgl. die Todesnähe in Ps 22,16). Das Verdursten wird von den Säuglingen ausgesagt, d.h. ihnen fehlt die versorgende Mutter- oder Ammenbrust. Damit verhalten sich die Mütter Jerusalems gegenüber ihren Kindern *schlimmer* als die in V.3 genannten Schakale, die aufgrund ihrer Wüstenexistenz für die bedrohliche Lebensferne stehen und trotzdem ihre Jungen säugen. Den Säuglingen werden in der zweiten Vershälfte die Kleinkinder gegenübergestellt, die bereits feste Nahrung zu sich nehmen. Sie betteln um Brot, doch es gibt keine Hand, die es ihnen reicht. Das „keiner bricht es ihnen“ bezieht sich vielleicht nicht auf das Zerbröckeln in mundgerechte Stücke, sondern auf das sog. Ring-Brot, das zur Bevorratung im Raum unerreichbar für Tiere, Ungeziefer und auch Kinder auf einem Stock aufgereiht war. Um es herunterzunehmen, wurde der Ring aufgebrochen und das – so der harte Vorwurf in V.4 – würde niemand für die Kinder tun, entweder, weil es kein Brot mehr gibt und/oder die Grausamkeit der Bewohnerinnen gegenüber ihrem Nachwuchs so groß ist.

Wie die Säuglinge stehen die kleinen Kinder unter besonderem Schutz ihrer Mütter, da sie sich selbst nicht versorgen können. Das Bild hingegen lässt sie vernachlässigt sein, sodass sie vom Hungertod bedroht sind. Wie in 2,11–12.19.20 sind die Kinder besonders herausgestellt, was die Emotionalität der Aussage noch erhöht. Bei den Hörenden und Lesenden wird der Schutzinstinkt geweckt, weil die Schutzlosen die primär Notleidenden sind. Auffallend ist, das anders als in 2,12 die Mütter in V.4 nicht explizit genannt werden. Das wird erst in der Steigerung in V.10 der Fall sein.

ה (*He*) 5 Der Vers knüpft einerseits an die Nahrungsaufnahme V.4, andererseits an den preziösen Wert der Betroffenen V.1–2 an und bedient sich wie diese Verse des Einst-Jetzt-Schemas. Der Vers stellt die vormalige Stadt als Lebensraum von Überfluss, Luxus und Annehmlichkeit dar. Da ließ sich leben, da bestimmten Lebensfreude, Zufriedenheit und Genuss den Alltag. So soll es zumindest scheinen. In oder nach dem Zusammenbruch hingegen ist davon nichts mehr geblieben. Durch zwei Gegensatzpaare wird diese Situationsbeschreibung in Extremen gestaltet. Dabei wird jeweils herausgestellt, dass es dieselben Personen sind. Dem Genuss von Delikatessen wird das Verenden auf der Straße gegenübergestellt. Wie in 1,20; 2,19.21; 4,1 wird durch das „draußen in den Gassen" das Sterben öffentlich. Fand das Verzehren der Leckerbissen vornehmlich im privaten Raum drinnen statt, so das Sterben vor Hunger draußen im sozialen öffentlichen Raum. Die gut Genährten treten als vom Hunger Ausgezehrte auf die Straße. Das zweite Paar verstärkt den Eindruck. Denen, die zuvor von Karmesin „unterstützt" wurden, fehlt jetzt jeder Halt, sodass sie sich an Unrat klammern. Die Formulierungen sind sprachlich schwierig. Relativ sicher scheint allerdings, dass statt Purpur hier Karmesin gelesen werden sollte. Karmesin ist ein rot gefärbter Stoff, der wie Purpur für puren Luxus steht. Seine intensivrote Farbe wird in der Antike aus einer Schildlausart (*Coccus illicis*) gewonnen, die symbiotisch auf der strauchartigen Kermeseiche (*Quercus coccifera*) lebt. Auf den „Kermeswurm" deutet auch das hebräische Wort für Karmesin, das „Wurm" bedeutet (während für Purpur meist ein anderes Wort verwendet wird). Die Gewinnung des Farbstoffes ist zwar nicht so aufwändig wie das Einsammeln der phönizischen Purpurschnecke, aber dennoch derart luxuriös, dass es sich nur die Oberschicht leisten konnte. Dieselben, die sich auf karmesinrote Kissen betteten oder karmesinrote Kleidung trugen, klammern sich jetzt an Unrat, weil sie nichts Anderes mehr haben. Vor dem inneren Auge stellt sich ein Bild von Müllsammlern mit zerfetzten Kleidern ein, die das Weggeworfene nach dem letzten Rest von Verwertbarem durchsuchen. Auch hier ist der Innen-Außen-Gegensatz beabsichtigt. Alles liegt offen und die Not ist für jeden sichtbar. Wie in V.1–2 und schon in 1,6; 2,9 wird auf die Elite abgehoben, um das Extreme der Not zu unterstreichen. Die Oberschicht ist von Mangel und Mittellosigkeit als Letzte getroffen, wie es feinsinnig Jer 14,3 schildert: „Die Vornehmen schicken ihre Diener nach Wasser; sie kommen zu den Zisternen, finden aber kein Wasser; sie kehren mit leeren Krügen zurück.“ Wenn auch ihre Reserven aufgebraucht oder enteignet sind, leiden *alle* in der Stadt ausnahmslos. So wie der Hunger von Säuglingen und Kleinkindern, die als erste versorgt werden, deutlich macht, dass der Mangel ohne Ausnahme alle in besonderem Maße betrifft, dient auch das Abheben auf die Elite demselben Ziel, das Leid als umfassend darzustellen. Nur, dass die Emotionalität eine deutlich andere ist. Zur Oberschicht gehören der König und seine Beamten sowie diejenigen, die durch Handel reich geworden sind. Es fällt auf, dass Begriffe für die „Vornehmen“ oder die „Elite“, obwohl es deren im Hebräischen einige gibt (z. B. Num 21,18; 1 Sam 2,8; 2 Kön 24,14; Neh 13,17; Jes 9,14; Jer 14,3 u. a.), ebenso wie die klassischen Armenbegriffe in Klgl 4 (wie in allen fünf Klageliedern!) fast ganz fehlen. Die „kostbaren“ Kinder Zions in V.2 und vielleicht die „Vornehmen“ V.7 (s. aber u.) sind da eine Ausnahme. Die soziale Stratifizierung hat nicht einen sozialkritischen Impetus, der die Oberschicht als für die Katastrophe Hauptverantwortliche herausstellen würde, sondern sie dient als Stilmittel, um herauszustellen, dass die Not alle – Klein und Groß, Arm und Reich – getroffen hat. Das geschieht im vierten Lied eindrücklicher als in den anderen Liedern.

ו (*Waw*) 6 Obwohl auf die Zerstörung der Stadt kaum deutlicher als in V.6 angespielt werden kann, bleibt das Schicksal Zions weiter unausgesprochen. Gleiches gilt für Gott, auf dessen Handeln in diesem Vers eindeutig Bezug genommen wird, ohne es explizit anzusprechen. Warum ist das so? Entweder brauchen die konkreten Ereignisse nicht erwähnt zu werden, weil das vierte Lied auf die ersten beiden Lieder oder zumindest das Zweite hin geschaffen wurde und sich nur als Ergänzung der bereits vorhandenen Perspektive verstand. Oder die Ereignisse waren für den Dichter auf andere Weise so präsent, dass sie nicht nicht erwähnt zu werden brauchen. Sein Fokus lag nämlich nicht auf der Zerstörung *der* Stadt, sondern auf dem Leiden der Menschen *in* der Stadt. Jetzt aber benennt er einen Grund für die Misere und arbeitet dabei ein weiteres Mal mit einem Vergleich, der das Geschehene als unvermeidbar, ja fast selbstverständlich erscheinen lassen soll. Er vergleicht die Schuld Zions („der Tochter meines Volkes") mit der Sünde Sodoms. Auf der Textebene ist wahrscheinlich, dass von Städten die Rede ist, nicht das eine Mal vom Volk, das andere Mal von einer Stadt. Natürlich stehen in beiden Fällen hinter den Sünden die oder (im Fall Jerusalems) ein Teil der Bewohner der Stadt. Der Vers setzt ein Wissen um die Zerstörung Sodoms voraus, allerdings nicht zwingend die Abraham-Erzählung in Gen 18–19. Die Zerstörung Sodoms war vor allem in der Jerusalemer Tradition sprichwörtlich (Jes 1,7.9; 3,9; 13,19; Jer 23,14; 49,18; 50,40; Am 4,11; Zef 2,9) und V.6 dürfte zu den frühen Belegen der Reihe gehören. Später wurden das Schicksal Jerusalems und Sodoms auch im Jesajabuch parallelisiert. In allen Fällen ist die Sündhaftigkeit Sodoms sprichwörtlich (und muss dabei nicht auf den sexuellen Aspekt enggeführt werden!). Die Aussage, dass Sodom „gewandelt, umgestülpt" (EÜ „vernichtet", das gleiche Verb auch in 1,20; 3,3; 5,2.15) wurde, findet sich auch in der Erzählung Gen 19,21.25.29, in Am 4,11 und der späten Stelle Dtn 29,22. Auch Ninive und andere Städte werden „umgestülpt" (Jona 3,4; 2 Sam 10,3), sodass die Wendung weniger auf die salzige „Mondlandschaft" am Südende des Toten Meeres Bezug nimmt als sie „dem Erdboden gleichmachen" meint. Mit dem „ohne dass sich eine Hand regte" (und gemeint ist ohne eine menschliche Hand) spielt V.6 auf die Zerstörung der Stadt durch Gott an, ohne ihn explizit zu nennen. Das „ohne dass eine Hand sich rührte" schließt den Einfluß eines feindlichen Heeres aus. Da in der Antike auch Naturkatastrophen dem Handeln der Götter entspringen, ist implizit klar, dass Sodom von Gottes Hand zerstört wurde. Wenn aber schon Sodom wegen seiner Sünden vernichtet wurde, um wie viel wahrscheinlicher muss auch Zion die Folgen seiner Sünden tragen, wenn seine Schuld größer war als die Sodoms? Diese Schuld wird weder im Fall Sodoms noch im Fall Jerusalems weiter konkretisiert. Dass beide Begriffe auch in V.13.22 nebeneinander vorkommen, hilft nur bedingt weiter. Während sich das Paar in V.22 auf die Sünden Edoms bezieht (die anders als die Schuld Zions nicht „zu Ende“ ist, s. u.), bezeichnen die Begriffe in V.13 die Schuld von Priestern und Propheten, die das Blut von Gerechten vergossen haben. Nimmt man die Prophetie Jesajas oder Ez 16,49 als Hintergrund hinzu, sind es soziale Vergehen, die die Schuld der Verantwortlichen so groß macht. Die Armen übervorteilt, das Recht gebeugt und sich der Verschwendung hingegeben zu haben, ist ein Standardvorwurf an die elitäre Stadt Jerusalem. Diese Deutung passt sich sehr gut in die Tendenz des vierten Liedes ein.

ז (*Zayin*) 7 Die beiden folgenden Verse gehören zusammen und markieren mit krassen Vergleichen weiter den Einst-Jetzt-Gegensatz. Die Bildwelt ist erneut den Luxuswelten der Levante entnommen. Die EÜ 1979 bezog die Aussagen auf die „Jungen“, was an die Kinder Zions V.1–2.4 anschließt und den Blick auf die Jugend als zerbrechlichen und schützenswerten Teil der Gesellschaft aufnimmt. Das ist inhaltlich vielleicht gar nicht falsch, setzt aber eine Textänderung voraus, die von der Textüberlieferung nicht gedeckt ist, weshalb die revidierte EÜ 2016 in „ihre Vornehmen“ geändert hat. Im Text steht *nazîr*, was zu allererst den „Geweihten“ bezeichnet, d. h. eine Person, die ein zeitliches oder lebenslanges Gelübde abgelegt hat, sich von Alkohol enthält und die Haare als Zeichen der besonderen Gottesnähe nicht schneidet (Num 6). Der berühmteste alttestamentliche Nasiräer ist Simson (Ri 13; 16,17). Am 2,11–12 nennt die Nasiräer zusammen mit Propheten und wirft dem Volk vor, den Nasiräern durch die Gabe von Wein ihr Gelübde zunichte gemacht zu haben und den Propheten das Prophezeien untersagt zu haben. Schließlich werden sie in 1 Makk 3,49 im Umfeld des Tempels genannt. Ist hier also von denjenigen die Rede, die in Jerusalem ein Gelübde abgelegt haben? Aus folgenden Gründen wahrscheinlich nicht: Von kultischen oder tempelbezogenen Aspekten redet das vierte Lied abgesehen von der Erwähnung der

Priester in V.13 sonst nicht. Keines der in den atl. Texten genannten Kennzeichen des Nasiräers ist in V.7 genannt und nichts in V.8 deutet auf Geweihte. Auch die in V.8 angesprochene Reinheit ist nicht unkultisch und nicht auf das Heilige bezogen. Die Weihe von männlichen und weiblichen Laien in der Institution des Nasiräates ist ein Kennzeichen des zweiten Tempels. Belastbare Belege, dass Nasiräergelübde bereits zuvor eine größere Rolle spielten, lassen sich nicht wirklich finden. Einen Weg weisen Gen 49,26 und Dtn 33,16, wo Josef als der *nazîr* seiner Brüder bezeichnet wird und so auf seine vornehme Sonderstellung abgehoben wird. Auf etwas Abgesondertes weist auch der Gebrauch in Lev 25,5.11, sodass in 4,7 von den „Besonderen", den „*happy few*", den Vornehmen oder kurz der Elite der Stadt die Rede ist.

Die erste Metapher, die auf die intakte Vergangenheit zielt, vergleicht die Herausgehobenen mit Schnee und Milch. Reinweißer Schnee, der nicht sofort schmutzig wegschmilzt, ist in Jerusalem selten und man kennt ihn eher vom Hörensagen als vom Erleben. Vor allem den feinen, reinen Schnee verbindet man mit den hohen Bergen des Libanons und Antilibanons (Jer 18,17), etwa dem Hermon (2814 m), der mehrere Monate des Jahres mit Schnee bedeckt ist, was von weitem sichtbar ist. Über den Schnee und die besondere Reinheit (Ijob 9,30; 15,15; 25,5) werden die „Vornehmen" mit den Attributen „selten", „erhöht", „besonders" und „vergänglich" konnotiert, was ihren elitären Status unterstreicht. Neben den Schnee wird die Milch gestellt und beides zielt auf das Aussehen. Glatte blasse Haut ist Teil des Schönheitsideals (Ijob 29,6; 30,30; Hld 5,10.12.15; Jes 18,2.7), weil sich die Körper nicht der sengenden Sonne aussetzen müssen und die Haut nicht von ihr gegerbt wird. Diesen Luxus können sich nur die leisten, die nicht nach draußen müssen, um sich um den täglichen Lebensunterhalt zu kümmern. Der Idealzustand ist erreicht, wenn die feinen dunklen Adern unter der glatten milchigen Haut sichtbar sind. Davon scheint in V.7–8 die Rede zu sein, doch der Text ist schwierig. Sicher ist, dass von Korallen und Saphir die Rede ist, beides Luxusgüter von besonderer Seltenheit. Bei dem Saphir wird es sich trotz des Namens *sappîr* noch nicht um den blauen Edelstein handeln, den wir heute unter dem Namen kennen und der mit dem Aufkommen der Römer nach Palästina gelangte. Auch wenn Saphire im Boden Israels gefunden werden können, handelt es sich meist um Importsteine aus Indien. Der biblisch Saphir genannte Stein (Ex 24,10; 28,18; Ijob 28,16 u. ö.) ist wahrscheinlich der ebenfalls sehr kostbare und aus Afghanistan importierte Halbedelstein Lapis Lazuli. Korallen hingegen werden vermutlich aus dem Roten Meer gestammt haben, wo sich ausgedehnte Korallenriffe befinden. Worauf immer sich der Vergleich mit diesen Materialien konkret bezieht, er unterstreicht die Besonderheit und den hohen Wert der Personen, die damit verglichen werden. Sie werden wie schöne, kostbare Statuen beschrieben, deren luxuriöser Wert sie alleine schon besonders schützenswert macht.

ח (*Chet*) 8 Dieser idealisierten Vergangenheit wird nun in einem poetischen Meisterstück die Gegenwart gegenübergestellt. Die Vergleichspunkte sind jetzt durchweg negativ konnotiert: „schwarz“, „Ruß“, „runzelig“, „trocken“. Wieder beziehen sich die Vergleiche auf die Haut, was den Vers eng an den vorherigen anschließt. War schon in V.1–2.5, in denen der „Schein“ für ein „Sein“ stand, die Innen-Außen-Korrespondenz ein poetisches Mittel, um Aussagen über die Betroffenen zu machen, so wird dieses Moment in V.7–8 durch die Haut weiter verstärkt. Der Haut kommt als Grenze zwischen Innen und Außen des Menschen eine Indexfunktion zu, d. h. an ihr kann etwas über den Wert der Person, ihren Status und ihre Emotionalität abgelesen werden. Das Gegenteil des Schönheitsideals wird vor Augen gestellt: von der Sonne gegerbte Haut, die wegen der starken Strahlung nicht nur dunkel, sondern auch rissig geworden ist. Die Materialien und die damit verbundenen Assoziationen sind gewöhnlich, alltäglich, lebensfern und leblos. Ruß trägt als Rückstand der Verbrennung schon die Vernichtung in sich und ist noch dazu tiefschwarz. Die „Farbe“ ist verbunden mit der lebensfernen Dunkelheit der Nacht, auch das lässt den Tod im Hintergrund aufscheinen. Die runzelige Haut führt nicht nur auf das Gegenteil des Schönheitsideals, sondern ruft entfernt auch den lebensbedrohlichen Durst aus V.4 auf, der sich an geschrumpfter Haut auch äußerlich zeigt. Das gilt auch für das vertrocknete, schon rissige Holz, das ausgedörrt und vom lebenspendenden Wasser schon lange entfernt ist. Es ist abgestorben und ohne Leben. Dass die Haut nicht wie in V.7 die rosigen Adern, sondern die Knochen sichtbar werden lässt, stellt vom Hunger ausgezehrte Menschen vor Augen. Ein größerer Gegensatz zur luxuriösen Vitalität der Menschen (V.7) ist kaum vorstellbar. Der ganze Glanz ist dahin! Waren es zuvor in V.7 „Abgesonderte" von der Gesellschaft, so sind sie jetzt gewöhnlich, man kann sie auf der Straße nicht mehr erkennen. Hielten sich die Schneereinen zuvor drinnen auf, so findet man sie jetzt auf den schmutzigen Straßen. Dort sind sie jetzt den Hungernden gleich, die den Abfall nach Verwertbarem durchsuchen (V.5) bis sie auf den Straßen verschmachten. Die Saphirblauen sind an die Straßenecken hingeworfene Edelsteine (V.1). Durch V.6–7 werden die Bilder von V.1–2.5 zu einem Gewebe verbunden, das den zerbrochenen Luxus vor Augen stellt und die Erniedrigung der Gegenwart eng mit dem Tod verbindet. Die „Schönen und Reichen" Jerusalems (V.7 ordnet sie durch „*ihre* Vornehmen" eindeutig der Stadt zu) sind heruntergekommen im wahrsten Sinne des Wortes. Es ist die totale Inversion dessen, was zuvor als gut, schön und richtig galt. Der Luxus ist nicht Gegenstand der Kritik, sondern Idealzustand einer glanzvollen Vergangenheit, die vollständig zusammengebrochen scheint. Nach diesem Luxus sehnt sich die Schilderung vorwurfsvoll zurück. Im vierten Lied finden elitäres Denken und Kritik an der Elite in einer beachtenswerten Mischung zusammen.

ט (*Tet*) 9 Dass der in V.8 beschriebene Zustand nicht naturgegeben ist, sondern mit Ereignissen der Geschichte in Verbindung steht, lässt V.9 erkennen. Zugleich wird das Thema „Hunger", auf dass in V.8 durch die Metaphern implizit angespielt worden war, in V.9–10 explizit wieder aufgenommen und ins Extrem gesteigert. Die Hungerqualen stehen dabei als unerträgliches Leiden vor Augen. Der ihnen folgende Hungertod wird deshalb als schlimmer denn der Tod durch das Schwert gewertet. Schwert und Hunger sind in Katastrophenschilderungen eigentlich Geschwister, sie werden oft zusammen genannt (Jes 51,19; Jer 5,12; 14,16.18; Jdt 7,14, s. o. zu 1,11). Das Schwert steht für die Waffen des Gegners, die bei der Erstürmung und Plünderung der Stadt töten, was sich ihnen in den Weg stellt. Die Grausamkeit ist enorm, der Feind mordet ohne Rücksicht auf Verluste. Manche sind sofort tot, andere sinken auf der Straße nieder und verbluten an ihren Wunden. Schon das Schwert verspricht also nicht einen „schnellen Tod“, doch ist es hier den Hungerqualen gegenübergestellt, die als unvorstellbar schlimmer erachtet werden. Das ist durchaus zutreffend, denn der Hungertod ist ausgesprochen qualvoll: Wenn die körperlichen Reserven verbraucht sind, schwindet erst die Muskelmasse, dann fällt das Körpergewicht. Wegen der im Stoffwechsel freigesetzten, aber nicht mehr abgebauten Säuren, beginnen die Glieder mehr und mehr zu schmerzen. Die Kräfte schwinden und die Agilität wird extrem eingeschränkt. Das Immunsystem versagt und Infektionen zehren den Körper weiter aus. Wahrnehmungsverluste stellen sich ein, weil das Hirn an Sauerstoff unterversorgt ist. Angstzustände, Depression bis hin zu Spasmen begleiten den extremen Nahrungsmangel, bevor nach 30–50 Tagen der Mensch unter unerträglichen Schmerzen im Todeskampf am Hunger verstirbt. Ein grausamer, qualvoller Tod, der hier vor Augen gestellt wird. Der Text parallelisiert die vom Schwert „Durchbohrten“ mit den vom Hunger „Durchbohrten“ und benutzt auch in der zweiten Hälfte für den Hungertod ein Verb, das sonst im Kontext von Verwundungen durch Kriegswaffen gebraucht ist. Wie viele Verse im vierten Lied ist auch V.9 nicht leicht zu übersetzen. Dabei hebt der Text offenbar durch das Wort „zerfließen“ auf den langsamen und qualvollen Tod ab. Der Schluss des Verses scheint auf die Versorgung der Stadt mit lebenswichtigen Ressourcen Bezug zu nehmen. Die Früchte des Feldes kommen nicht mehr in die Stadt, was die Hungersnot vergrößert. Wenn von Missernten die Rede ist, dann geht es nicht um ausbleibende Erträge aufgrund von Naturkatastrophen, sondern um die zerstörte Infrastruktur, die den Anbau von Feldfrüchten erschwert oder unmöglich gemacht hat.

י (*Jod*) 10 Der Kannibalismus bildet den Höhepunkt der Notschilderung. Wie in 2,20 ist die Emotionalität dadurch gesteigert, dass es Mütter sind, die ihre eigenen Kinder essen. Auch hier werden aber die Mütter nicht explizit genannt, sondern „Frauen“, was 2,20 und 4,10 miteinander verbindet (das Wort „Frauen“ begegnet sonst nur noch in 5,11). Es sind die eigenen Kinder; nur hier kommt der von dem Verb „zeugen/gebären“ abgeleitete Begriff für den Nachwuchs in den Klageliedern vor. Hatte 2,20 noch gefragt, ob Frauen ihre eigene Leibesfrucht essen dürfen und damit offen gelassen, ob sie es tatsächlich taten, so ist die Praxis hier als Faktum geschildert. Das darf wie in 2,20 nicht als Beschreibung historischer Tatsachen gewertet werden, sondern hat die Funktion eines Stereotyps, mit dem hier die absolute Verkehrung der Alltagspraxis ausgedrückt ist. Es ist die äußerste und nicht mehr steigerbare Not, die diese Aufhebung moralischer Schranken erst möglich macht. Der Topos findet sich mehrfach in atl. Texten (Dtn 28,53–57; Lev 26,29; 2 Kön 6,28–30; Jer 19,9; Ez 5,10; Bar 2,3; Klgl 2,20, vgl. Jes 9,18–19; Mi 3,2–3) und es fällt auf, dass es dabei durchgehend um die Praxis im *eigenen* Volk geht. Nicht die anderen Völker sind zum Brechen dieses letzten Tabus gezwungen, sondern die Anthropophagie findet immer im eigenen Volk statt. Es fehlt auch nahezu durchgehend eine moralische Wertung, denn die Metapher provoziert das moralische Urteil bei den Rezipienten unmittelbar, weil eine Grenze überschritten ist. Zu allen Zeiten reagieren Leserinnen und Lesern auf diesen Tabubruch affektiv: „Das geht gar nicht! Das darf man auf keinen Fall!" Diese emotionale Reaktion ist gewollt: Das Unvorstellbare dringt über die Metapher als Vorstellung in die Köpfe der Rezipientinnen und Rezipienten ein und lässt die extreme Not vor Augen treten. Sie verbindet sie mit einer selbstverständlichen Wertung, die sie als inakzeptabel erscheinen lässt. Damit ist ein Punkt erreicht, an dem es nicht mehr weiter geht. Das macht der Übergang zu dem wertenden V.11 überdeutlich.

Dass V.10 die affektive Abwehr und Emotionalität des Kannibalismus offenbar ganz gezielt als literarisches Mittel einsetzt, macht die Formulierung deutlich, die sich auffallend von 2,20 unterscheidet. Das Adjektiv „liebend" gibt es in dieser Form nur hier. Es geht auf das Wort *ræḥæm* zurück, das zunächst den Mutterschoß und davon abgeleitet „Erbarmen, Mitleid, Liebe" zum Ausdruck bringt. Es wird oft, fast sogar ausschließlich von Gott ausgesagt (s. o. zu 3,22), auch wenn in manchen Stellen die Mutterliebe als Vergleich im Hintergrund steht (z. B. Jes 49,1; Hos 2). Insbesondere das Adjektiv *raḥûm* wird nur auf Gott bezogen. Im Text formt sich vor dem biblischen Aussagekontext eine subtile appellative Botschaft: Das, was die Mütter nicht mehr leisten können, kann nur noch von Gott kommen: Erbarmen.

Bisher war aufgefallen, dass die Schilderungen nicht direkt auf den Untergang der Stadt bezogen waren. Die Stadt war präsent in ihrer Schuld (V.6), ihrer Grausamkeit (V.3–4), ihren Straßen (V.1.5.8) und ihren Bewohnern (V.1–5.7–10). Die Katastrophe stand unzweifelhaft im Hintergrund, wurde aber anders als in Klgl 1–2 nicht in Bildern der Zerstörung ausgemalt. Im Gegenteil, es muss auffallen, dass das Leid Zions als Stadtfrau in V.1–10 gegenüber den Schilderungen in Klgl 1 und 2 deutlich zurücktritt. Zum Abschluss der Beschreibungseinheit jedoch bringt V.10 das Geschehen noch einmal ausdrücklich mit dem Zusammenbruch Zions in Verbindung. Die Wendung nimmt (wie 3,48) den ebenfalls hoch emotionalen Vers 2,11 auf, in dem vom Verschmachten der Kinder und Säuglinge die Rede war. Im Kontext der Klagelieder ist damit der Blick ebenfalls nach außen gelenkt: War dort schon der Betrachter in Tränen ausgebrochen wegen der unvorstellbaren Grausamkeit (1,16: „darüber muss *ich* weinen"), um wie viel mehr ist in 4,10 eine vergleichbare Reaktion erfordert. Aber anders als in 1,16 wird diese Außenperspektive nicht im Text verankert, sondern bleibt implizit. Die Reaktion wird hier der Leserin und dem Leser überantwortet.

כ (*Kaph*) 11 Der Vers bildet den Mittelpunkt des vierten Liedes und lenkt den Blick nun mit aller Heftigkeit auf das Handeln YHWHs, der hier zum ersten Mal im vierten Lied genannt wird. Sein vernichtendes Handeln an Jerusalem steht im Vordergrund. Auch Zion steht in V.11 erstmals im vierten Lied für die Stadt (V.2 mit Bezug auf die „Kinder Zions"). So wie das vierte Lied bisher extrem war in den Einst-Jetzt-Gegensätzen, so extrem ist es jetzt in der Beschreibung des vernichtenden Handelns YHWHs, das förmlich über die Stadt hereinbricht. Das „randvoll" der EÜ versucht dem poetischen Kunstgriff im Hebräischen nahezukommen. Dort wird ein Verbum vorangestellt, das „voll machen, vollenden" ebenso wie „zerstören" bedeuten kann. Als Nomen steht es für „Ende" und „vollständige Zerstörung" (Jes 28,22; Jer 4,27; 5,10; Nah 1,8–9; Neh 9,31 u. ö.). Erst die → Syntax und das Objekt „seinen Zorn" machen das Anfangswort im Hebräischen eindeutig zum Verbum. Das „randvoll" machen, d. h. bis zum Überlauf vollmachen, bedient ein Modell der Emotionen, das oft in antiken Texten verwendet ist. Der „Gefühlshaushalt" ist ein Gefäß und die nach außen tretenden Gefühle sind Folge innerer Regungen. Hier fragt sich, was denn das Gefäß so randvoll gemacht hat, dass der Zorn des Gottes, der langsam zum Zorn ist (Ex 34,6), überfließt. V.13–14 geben *eine* Antwort.

Die Wendung den „Zorn vollenden" kommt mit unterschiedlichen Zornbegriffen vor (vor allem in Ezechiel Ez 5,13; 6,12; 7,8; 13,13.15; 20,8.21; 43,8). Der Zornbegriff *ḥemāh* meint wörtlich „Hitze" und deutet damit schon auf das Feuer, das die Grundmauern zerstört. Das nimmt der zweite Satz steigernd auf, wenn er die Hitze des Zorns oder seine Zornesglut über die Stadt ausgießt. Die Rede von der ausgegossenen Hitze des Zorns findet sich sonst nicht (ähnlich sind Ps 69,25; Zef 3,8), obwohl ein solches Bild gerade bei der Zornglut naheliegt. Häufig findet sich hingegen die Rede von der Hitze/Glut des Zorns (Ex 32,12; Num 25,4; Dtn 13,18; Ps 78,49; Jer 30,24 u. ö.) und vom Ausgießen des Zorns (Jer 10,25; Ez 14,19; 20,8 21; Ps 69,25; 79,6 u. ö.). Auch das Bild vom Ausgießen des Zorns lässt Vollständigkeit assoziieren, da sich Flüssigkeit auf einer Fläche (die die Stadt natürlich in Wirklichkeit nicht ist), gleichmäßig verteilt. Der dritte Satz lässt YHWH ein Feuer in Zion entzünden. Zwar war auch in 1,13 vom Feuer die Rede, doch erinnert die Rede hier stark an 2,2–4, denn aus beiden Versen scheinen Teile aufgenommen zu sein. Dass Städte während der Belagerung mit Brandpfeilen oder Fackeln bzw. bei und nach der Eroberung in Brand gesteckt werden, gehört zur Kriegspraxis (Jes 1,7; Jer 32,29; 37,8; 51,30.58; Neh 1,3, s. Abb. 14 und 18), doch dass YHWH selbst derjenige ist, der das Feuer entzündet, ist ein ebenso hartes wie starkes Bild, das so vor allem in Jeremia belegt ist (Jer 11,16; 17,27; 21,14; 49,27; 50,32; Ez 21,3; Am 1,14). Dass die hölzernen Tore in Brand gesetzt werden, um die Stadt schutzlos zu machen, findet sich an mehreren Stellen (Jer 17,27; 51,58; Nah 3,13; Neh 1,3; 2,3.13), auch dass Paläste und Mauern verbrannt werden (Jer 39,8; 49,27; Am 1,7.10.14; Hos 8,14; 2 Chr 36,19 u. ö.), doch dass die Fundamente „gefressen" werden, wie es wörtlich heißt, findet sich sonst nirgendwo im AT. Die deutsche Wendung „bis auf die Grundmauern niedergebrannt" als → Synonym für die vollständige Zerstörung, wird hier noch übertroffen. Sonst ist die Rede von „die Grundmauern bloßlegen" (Ez 13,14; Mi 1,6; Hab 3,13) oder ähnlich gründlich wie 4,11 „Grundmauern niederreißen" (Ez 30,4). Die Edomiter sollen nach Ps 137 bei der Eroberung Jerusalems gerufen haben „Reißt nieder, bis auf den Grund reißt es nieder!"

(Ps 137,7), was in V.21–22 noch wichtig werden wird, doch hier ist es YHWH, der das Feuer gelegt hat, welches die Grundfesten verzehrt. Gründlicher kann man die Zerstörung jedenfalls nicht ausdrücken. Die Wucht von V.11 als Mittelpunkt der Komposition ist kaum zu unterschätzen: In einem Vers ist alles niedergemacht.

ל (*Lamed*) 12 Der Text zielt ab auf die Sprachlosigkeit bei den Rezipientinnen und Rezipienten angesichts dieser Wucht der Zerstörung. Das macht V.12 deutlich, wenn er auf die Wahrnehmung der Katastrophe von außen eingeht. Das kann, ja das soll keiner verstehen, denn es schreit förmlich nach einer Rechtfertigung des Verursachers, die der Text nur implizit in V.13 zu geben bereit ist. Was der Text generalisierend in unmissverständlicher Weise deutlich macht, soll für alle gelten, die den Text lesen oder hören: Das Geschehene ist unglaublich! Zunächst greift er auf Könige zurück, die das Ausmaß der Zerstörung nicht glauben wollen. Wie biblisch vor allem an Salomo (1 Kön 5,9–10.26; 10,23; 2 Chr 9,22–23; Spr 1,1 u. ö.) entfaltet wird, gelten Könige als gebildet und verständig (Ez 28,12.17; Koh 2,9; Dan 1,3–4; Sir 38,2; 44,3 u. ö.). Sie beobachten das „Weltgeschehen" und können darüber urteilen (Jes 49,7; Ps 2,10). Doch was in Zion passiert ist, geht über deren Vorstellungskraft, nicht weil das Geschehene über die menschliche Erfahrung herausreichen würde, sondern weil niemand das dem hoch stehenden Jerusalem zugetraut hätte. Das macht der zweite Teil deutlich, der in der Formulierung noch universaler ist. „Alle Bewohner des Erdkreises" heißt es wörtlich, was die EÜ sachlich richtig als „kein Mensch auf der Erde" wiedergibt. Die Formulierung hat Parallelen in den universalen Aussagen von Ps 24,1; 33,8; 98,7; Jes 18,3; 26,9.18; Nah 1,5 und schließt alle Menschen „bis an die Enden der Erde" ein. Unter all denen gibt es keinen, der das Geschehene für möglich gehalten hätte. Die ganze Überheblichkeit der Zionstheologie, die Jerusalem zur „Stadt unseres Gottes" (Ps 48,2.9; 87,3) überhöht hat, kommt in dieser behaupteten Ungläubigkeit der Welt zum Ausdruck. Von hier aus zeigt sich klar, dass die Wahl der Stadtbezeichnung „Zion" in V.11 kein Zufall, sondern eine ganz gezielte Formulierung war. Die Jerusalemer Stadttheologie hat Zion zur uneinnehmbaren Festung (Ps 46,6), fest wie die Erde (Ps 78,69), zum höchsten Berg (Ps 48,3), der niemals wankt (Ps 125,1), zum Zelt, das man niemals abbricht (Jes 33,20), zur vollkommenen Schönheit (Ez 16,4; Ps 50,2) und zum Entzücken der ganzen Welt (Klgl 2,15), zum Nabel der Welt (Ez 38,12), zur Gründung des Höchsten Gottes (Ps 87,5) gemacht, die Gott liebt (Ps 87,2) und die er niemals preis gibt sondern ewig bestehen lässt (Ps 48,9). Eine solche Theologie der Stadt steht hinter der Aussage von V.12 und unterstreicht noch einmal den elitären Hintergrund des vierten Liedes. Es sind die vom Luxus verwöhnten Kreise, deren Wert mit Gold und Edelsteinen verglichen wird (V.1–5), die ihr Selbstverständnis etwas Besonderes zu sein durch diese Stadttheologie bestärkt sehen.

Für den unvorstellbaren Zusammenbruch werden die Tore Jerusalems *pars pro toto* für die Stadt genommen. Weil die Tore die wunden Punkte in einer Stadtbefestigung sind, sind sie meist so stark befestigt, dass ein Durchdringen der mehrfach gestaffelten Armierung nahezu unmöglich ist. Wenn die Tore durchbrochen oder von innen geöffnet werden, dann gibt es kein Halten mehr für den Feind. Dann ist die Stadt erobert. Daher haben die Tore für die Stadtbefestigung besonderen Symbolwert (Mi 1,12; Obd 1,11; Ps 122,2; Neh 1,3, s. o. zu 2,9). Neben den besonders akzentuierten Toren hat auch das Nebeneinander von „Feind“ und „Bedränger“ Parallelen im zweiten Klagelied (2,4.9.17, vgl. 1,5). Auch dort war der Zusammenbruch des „Schemels seiner Füße“ (2,1) unglaublich, nämlich „groß wie das Meer“ (2,13) und Jerusalem die „Krone der Schönheit“ (2,15) und „Pracht Israels“ (2,1), die Gott vom Himmel auf die Erde geworfen hat (2,1). Was das ganze zweite Lied durchzog, ist hier in einem Vers poetisch meisterhaft verdichtet. V.11–12 sind nicht nur textlich die Mitte des Liedes, sondern auch konzeptionell. Es ist der Zusammenbruch der Zionstheologie, der dem Lied seinen Stempel aufdrückt.

Gegenüber Klgl 1 und 2 fällt ein Unterschied auf. Während die Feinde Jerusalem in den ersten Liedern verspotten und Jerusalem beklagt, tief verachtet zu sein (1,7.9.11.17.19.21; 2,16.17; 3,46), fehlt dieser Aspekt im vierten Lied bisher ganz (s. aber 4,21). Im Gegenteil, aus V.12 spricht noch die Hochachtung und Anerkennung für Zion. Der sprichwörtliche Spott aller Könige der Erde (Dtn 28,54; Jer 15,4; 24,9; 29,18) und die damit verbundene Bloßstellung der Stadt findet nicht statt. Da ist keine Schadenfreude und kein Hohn, da ist auf allen Seiten Fassungslosigkeit! Als Reaktion ist nur das

Entsetzen geblieben, das in 2,15 durch das Händeklatschen, Kopfschütteln und Zischeln ausgedrückt worden war. Auch das zeigt, dass Klgl 4 von einem Selbstverständnis auf die Zerstörung schaut, dass den Zusammenbruch der Zionstheologie noch nicht wirklich verarbeitet hat (vgl. Jer 8,19).

מ (*Mem*) 13 Die V.13–16 gehören zusammen und fokussieren die Eroberung Jerusalems. Sie durchschreiten förmlich mit dem Feind von V.12 die Tore Jerusalems und blicken in die Stadt zum Zeitpunkt der Bezwingung. Wie in den ersten Versen wird stark mit visuellen Bildern gearbeitet, die hoch emotional besetzt sind: vom Feind geblendete blutverschmierte Stadtbewohner, die weggestoßen werden. Zunächst ist nicht klar, um wen es sich handelt. Dieses kräftige Bild, das der Betrachter vor seinem inneren Auge wegen seiner Grausamkeit abwehren will, aber nicht kann, wird eng verbunden mit der Blutschuld, die als Ursache der Katastrophe herausgestellt wird. Damit das funktioniert, ist V.13 als langer Vordersatz zu V.14 formuliert. Markant werden zwei Gruppen herausgestellt, die Verantwortung für das Unheil tragen, weil sie selbst schwere Schuld auf sich geladen haben sollen. Priester und Propheten sind auch in 2,20 zusammen genannt, doch ist der Kontrast zwischen beiden Stellen auf den ersten Blick groß. Hatte 2,20 an YHWH gerichtet vorwurfsvoll gefragt, ob man Priester und Prophet im Heiligtum dahinschlachten darf, so sind es hier *ihre* Propheten und Priester, die das Blut von Gerechten *in ihrer Mitte* vergossen haben. Wie schon in 2,20 ausgeführt, darf man sich unter Propheten hier nicht den freien, ungebundenen Prophet vorstellen, sondern den „außenpolitischen Berater", der dem Tempel und dem Königshaus nahesteht. Propheten gab es in spätvorexilischer Zeit viele, bessere und schlechtere. In den großen Propheten wird vielfach über Auseinandersetzungen zwischen Propheten berichtet, aus denen klar wird, dass die „Berufenen" keinesfalls zimperlich miteinander umgingen (Ez 13; 22,28). Der Prophet Urija aus Kirjat-Jearim, der eine ähnliche Position wie Jeremia einnahm, wird sogar bis nach Ägypten von den Häschern des Königs verfolgt und schließlich umgebracht, wenn man Jer 26,20–26 Glauben schenkt. Auch Jeremia gerät immer wieder in Auseinandersetzungen etwa mit dem Priester Paschhur, der ihn am Benjamintor in einen Block spannen und so öffentlich züchtigen (wenn nicht foltern) lässt (Jer 20). Das Jeremiabuch lässt Priester und Propheten gegen Jeremia opponieren (Jer 18,18; 26,7–8.11.16), ihn anklagen und fast umbringen. Protegiert und aus der gefährlichsten Situation gerettet, wird Jeremia von Aristokraten (*śārîm*), möglicherweise Mitgliedern der Schafanidenfamilie (Jer 26,16; 29,3; 36,10–12.35; 39,14; 40,5–41,3; 43,6). Die Schafaniden waren eine einflussreiche Diplomatenfamilie, die über mehrere Generationen großen Einfluss in Jerusalem hatte und zu den Parteigängern Jeremias gerechnet werden. Einer übertriebenen Überhöhung Jerusalems, die gegen alle politische Vernunft auf den Status der Uneinnehmbarkeit Zions pochte, standen die Schafaniden ausgesprochen kritisch gegenüber. Auch die Festsetzung Jeremias in einer Zisterne (Jer 38) will sich seiner unbequemen Prophetie entledigen. Seine Gegner werden geradezu stereotyp in den Gruppenbezeichnungen „Priester“ und „Propheten“ zusammengefasst (Jer 2,8; 4,9; 13,13; 14,18; 23,33–34; 32,32). Den Propheten wird vorgeworfen, durch ihre Prophetie die Herrschsucht der Falschen gestützt und das Volk in die Irre geführt zu haben (Jer 5,31). Dazu bedienen sie sich Betrügereien (Jer 6,13), Vorteilsnahme (Jer 8,10), Ruchlosigkeiten (Jer 23,11) und Lügen (Jer 27,16). Dass sie vor falschen Anklagen und Justizmorden nicht zurückschreckten, erscheint angesichts der harten Auseinandersetzungen wahrscheinlich. So wirft etwa Jer 2,34 Jerusalem vor, das Blut von Unschuldigen vergossen zu haben, ohne dass man sie beim Einbruch ertappt hat. Der Vorwurf, unschuldiges Blut in Jerusalem vergossen zu haben, findet sich auch in Jer 7,6; 19,4; 22,3.17. Wenn V.13 den Priestern und Propheten vorwirft, das Blut von Gerechten in der Stadt (in ihrer Mitte bezieht sich auf die Stadt) vergossen zu haben, könnte das in eine ähnliche Richtung weisen (s. Ex 23,8; 2 Sam 4,11; Jes 5,23; Ps 94,21; Koh 8,14). Das Stichwort „Gerechte“ (*ṣādîqîm*) lässt zusammen mit V.14 das Schicksal König Zidkijas (*ṣidqiyā*) von Ferne anklingen, ist aber wahrscheinlich nicht der erste Fokus. Auch dass hinter den Gerechten eine der nachexilischen Gruppenbezeichnungen wie „Arme“, „Fromme“, „Aufrichtige“ etc. steht, ist möglich, aber doch eher unwahrscheinlich (Ps 1,5–6; 32,11; 33,1; 34,16; 97,12 u. ö.). Vielleicht aber bildet 4,13 so etwas wie die Wiege der Armentheologie, wenn aus dem Gesamtvolk mit den Gerechten eine Gruppe abgetrennt wird, die in besonderer Weise YHWHs Schutz bedarf und in besonderer Weise unterdrückt und leidend ist. Die Unterscheidung von „Gerechten" ist jedenfalls Voraussetzung für die nachexilische Entwicklung der scharfen Gegenüberstellung von Gerechten und Frevlern, die in Jesaja und den Psalmen zu finden ist.

נ (*Nun*) 14 Erneut werden für das Bild die Straßen der Stadt angesprochen. Es fällt auf, dass in Klgl 4 keine Gebäude erwähnt werden, wenn man von den Toren, die der Feind durchschreitet (V.12), einmal absieht. Dagegen ist viermal von den Straßen und einmal von den Plätzen die Rede. Der offene Raum dominiert, womit die vollständige Zerstörung konsequent in der Bildwelt durchgehalten wird. Diese Besonderheit unterscheidet Klgl 4 von 2, wo ebenfalls die Straßen (V.19.21) und Plätze (V.11.12) eine prominente Rolle spielen, daneben aber Paläste, Burgen, Bollwerke und der Tempel erwähnt werden. Waren die Straßen in V.5.8 schon mit Unrat, Leichen und heruntergekommenen Hungergestalten gefüllt, so werden jetzt blutbesudelte wankende Gestalten hinzugefügt. Das vorangestellte Wanken markiert die Orientierungslosigkeit und den Kontrollverlust der Betroffenen. Das Verb bezeichnet alle schwankenden Bewegungen: „Umherschweifen, unsteten Lebenswandel, Torkeln, Kopfschütteln, Winken, Baum schütteln" etc. (1 Sam 1,13; Jer 14,10; Am 8,12; Klgl 2,15; Nah 3,12; Zef 2,15; Ps 107,27). In dem aus nachexilischer Zeit stammenden Ps 109,10 ist es mit Heimatlosigkeit oder Obdachlosigkeit verbunden. Dort verwünscht der Beter die Feinde, die ihn grundlos verfolgen: „Umherstreifen, ja umherstreifen sollen seine Kinder und betteln, sie sollen Heimat suchen fern von ihren Trümmern." (Übersetzung Erich Zenger) Dass die Wankenden in V.14 als Blinde gekennzeichnet werden, unterstreicht die Orientierungslosigkeit. Da die Blinden zugleich blutige Gewänder haben, liegt es nahe, beides in einem Zusammenhang zu sehen. Das würde bedeuten, dass den Betroffenen die Augen ausgestochen wurden. Die Kriegspraxis im Vorderen Orient war grausam und zielte mit brutalster Gewalt auf Abschreckung, um den nächsten Gegner frühzeitig aufgrund der zu erwartenden Grausamkeiten zum Einlenken zu bewegen. Kriegsgefangene wurden entsprechend grausam zugerichtet, auch um neue Aufstände der Besiegten zu verhindern. Für die assyrische Praxis gehörten dazu etwa das ehrverletzende Abschneiden von Nasen, Ohren, Gliedern, aber auch die Blendung. Erstmalig berichtet Salmanassar I. im 13. Jh. v. Chr. von massenhaften Blendungen seiner Besiegten. Die Blendung von Einzelpersonen als exemplarische Bestrafung findet sich auch bildlich dargestellt (Abb. 23 und 24). Zwar gilt die neubabylonische Kriegspraxis im Allgemeinen als weniger brutal als die assyrische, doch ist anzunehmen, dass auch dort Blendungen als öffentliche Bestrafung vollzogen wurden. Das Beispiel Zidkijas, der nach der Hinrichtung seiner Söhne als Bundesbrüchiger geblendet wurde (2 Kön 25,7; Jer 39,7; 52,11), ist dabei besonders prominent. V.14 könnte von solchen Brutalitäten ausgehen. Der Feind sticht den Bewohnern die Augen aus, sodass diese orientierungslos schwanken (weil sie sich noch nicht an die Blindheit „gewöhnt" haben) und vom frisch aus den Augenhöhlen vergossenen Blut verschmiert sind.

Um wen es sich handelt, lässt der Text eigenartig offen. Auf jeden Fall sind es nicht „alle", denn es gibt Menschen, die ihnen begegnen und sie nicht berühren wollen. Es ist nicht ausgeschlossen, sie mit den „Priestern und Propheten" aus V.13 zu identifizieren

Abb. 23: Blendung eines Gefangenen (wahrscheinlich eines abtrünnigen Bundespartners) durch Sargon II. (722–705 v. Chr.)

(das „Blut“ verbindet beide Verse), auch wenn der Text das nicht ausdrücklich sagt. Die Aufnahme von V.15 in Jes 52,11 mit der Begründung „die ihr die Geräte des HERRN tragt“ scheint das zusätzlich nahezulegen. Liest man den Vers von daher, liegt sogar eine Engführung auf die Priester nahe. Diejenigen, deren Hauptaufgabe die Unterscheidung von „rein“ und „unrein“ ist, rufen nun selbst „Unrein! Unrein!“ (Lev 13,44–45; Jes 52,11) Erblindete Priester können ihrer Aufgabe, zwischen rein und unrein zu unterscheiden, nicht mehr nachkommen – die Institutionen sind zusammengebrochen. Wahrscheinlicher aber ist, für V.14 das Geschehen als Folge des Fehlverhaltens der Priester und Propheten zu sehen. Die Stadt muss wegen der moralischen Schuld solche abstoßenden Grausamkeiten erfahren. Diejenigen, die die grausam Zugerichteten sehen, wenden sich angewidert ab.

Abb. 24: Blendung eines Gefangenen durch den König von Ugarit. Ausschnitt aus einem spätbronzezeitlichen Elfenbeinpaneel, Königspalast Ugarit

ס (*Samech*) 15 Der Vers setzt das Bild von V.14 fort. War schon die Reaktion in V.14 in Distanz zu den Besudelten gegangen, so wird diese jetzt durch das Zitat verstärkt. Sieht man von dem kurzen Satz V.20 und V.21–22 ab, sind die beiden Kurzzitate die einzige direkte (An-)Rede im vierten Lied. Den von Blut Verschmierten werden nur knappe Worte zugerufen: „Fort, unrein! Fort, fort! Rührt nichts an!“ Blut gilt in hohem Maße als verunreinigend, da es als Sitz des Lebens angesehen wird (Lev 17,11; Dtn 12,23) und deshalb tabuisiert ist. Eine Berührung würde das Unreine, das mit dem Blut an den Kleidern verbunden wird, übertragen. Dass es hier um kultische Reinheitsvorstellungen geht und das Hauptgeschäft der Priester, die zwischen rein und unrein zu unterscheiden hatten, dadurch karikiert wird, dass den Priestern selbst die Unreinheit zugesprochen wird, ist eher unwahrscheinlich. Ähnlich wie in 1,9 wird die Kategorie der Unreinheit hier (noch) nicht strikt im priesterlich-kultischen Sinn verwendet. Das hat wahrscheinlich aber schon die frühe Rezeption getan, denn V.15 scheint in Jes 52,11 aufgenommen und auf die Rückkehrbewegung aus dem Exil bezogen. Dort ist die Begründung „die ihr die Geräte des HERRN tragt“ hinzugesetzt, was eine kultische Interpretation der Unreinheit nahelegt. Allerdings muss auch hier zugestanden werden, dass das Abhängigkeitsverhältnis der beiden Stellen nicht eindeutig ist.

Die Verunreinigten jedenfalls werden verstoßen, sie müssen die Stadt verlassen. Das Schwanken aus V.15 wird wieder aufgenommen und zum heimatlosen Umherirren in der Fremde gewendet („da fliehen sie, da wanken sie“). Führte in V.12 die Bewegung des Feindes in die Stadt, so jetzt die der blutverschmierten Kriegsblinden aus ihr hinaus. Das wird von den Nationen kommentiert: Sie dürfen nicht bleiben. Sie dürfen sich nicht als Fremde in der Fremde aufhalten, genießen kein Gast- und kein Schutzrecht. Waren die Blinden erst vom „inneren Kreis“ verstoßen und aus der Stadt getrieben worden, so jetzt vom „äußeren Kreis“ unter den Völkern, zu denen sie sich geflüchtet haben. Die Formulierung „sich als Fremde aufhalten“ beschreibt im AT immer einen Rechtsstatus. So wie das „umherirren“ nicht als Metapher für das Exil gebraucht wird, so auch nicht das „sich in der Fremde aufhalten“. Deshalb ist in der Formulierung wohl keine Anspielung auf die Exilierung zu sehen, auch wenn die Bewegung „raus aus der Stadt“ – „hin zu den Völkern“ das nahelegen könnte. Anders als V.22 will die Formulierung hier die Ortlosigkeit symbolisch unterstreichen, nicht das historische Geschehen als Deportation darstellen. Die Deutung unterstreicht aber noch einmal die Bedeutung des Raums im vierten Lied. Kein anderes Lied arbeitet so stark symbolisch mit Raummetaphern, Ferne-Nähe, Drinnen-Draußen, Enge-Weite etc.

פ (*Pe*) 16 Zwar waren die Feinde in V.14 diejenigen, die geblendet haben, und die Völker in V.15 diejenigen, die kein Asyl geboten haben, doch hinter dem Geschehen steht V.11 entsprechend Gottes Strafhandeln. V.16 ist der zweite Beleg des → Tetragramms im vierten Lied. Dass das Angesicht YHWHs als Subjekt vorangestellt ist, ist sehr ungewöhnlich, dürfte aber dem → Akrostichon geschuldet sein. Der einzige weitere Fall ist das ebenfalls akrostichische Gedicht Ps 34,17: „Das Angesicht des HERRN richtet sich gegen die Bösen, ihr Andenken von der Erde zu tilgen.“ Wie die Termini in V.15 wird das Verbum *ḥlq* üblicherweise nicht für die Exilierung gebraucht, sondern eigentlich für das Verteilen von Beute (Gen 49,27; Ri 5,30; Jes 9,2; Mi 2,4; Ps 22,19; 68,13; Spr 16,19 u. ö.) oder die Aufteilung des Landes (Ez 47,21; Joël 4,2; Dan 11,39; 1 Kön 18,6 u. ö.). Die einzige Stelle, in der das Verbum auch für die Zerstreuung in der Deportation steht, ist Gen 49,7, eine Stelle, die die späte Vorstellung der Verteilung der Leviten unter das ganze Volk voraussetzt.

Die Geblendeten sind wie Beute unter die Völker verteilt und das ist Gottes Werk. Israel ist zum Spielball der Nationen geworden, zum Besitz, der jetzt einem anderen gehört und der unter die Völker aufgeteilt ist – von dem Gott, von dem an anderen Stellen gesagt wird, er habe Israel zu seinem persönlichen Eigentum, seinem Schatzkästlein gemacht (Ex 19,5; Dtn 7,6; Ps 135,4; Mal 3,17 u. ö.). Das Angesicht YHWHs verbindet die vorexilische Präsenztheologie stark mit dem Tempel auf dem Zion, wohingegen das genaue Hinsehen häufig Gott im Himmel explizit voraussetzt (Jes 63,15; Ps 33,13; 80,15; 102,20; Ijob 28,24), aber auf das erbarmende Eingreifen zugunsten des Bedrohten zielt. Der Vers verkehrt das ausgesprochen positive Wirken des Angesichts ins Gegenteil und markiert zunächst in paradoxer Verkehrung die abgewandte Seite Gottes. Wenn dann Gott aufhört, hinzublicken, reißt der Gotteskontakt ab und das Angesicht Gottes kehrt sich ab. Man findet wenig Aussagen, die eine so starke poetische Verdichtung in wenigen Worten schaffen. Dass YHWH *nicht* hinschaut, wird sonst so nirgendwo gesagt. Vergleichbar sind die Wendungen, in denen YHWH sein Angesicht verbirgt (Ps 102,3; 104,15; 143,7), abwendet (Ez 7,22; 2 Chr 20,9) oder das Gegenüber von seinem Angesicht entfernt, verstößt etc. (2 Kön 13,23; 18,23; 24,3; Jer 7,15; 32,31). Es ist der Entzug der Gnade, der in V.16 zum Ausdruck gebracht werden soll. Insofern die Geblendeten ihn nicht mehr anschauen können und Gott sie nicht mehr anschaut, entsteht eine bizarre Gottesferne. Das Band zwischen beiden scheint zerrissen und nicht wiederherstellbar. Der Vers evoziert ein Dunkel, das der Erblindung aus V.14 gleichkommt.

Die zweite Vershälfte passt dazu auf den ersten Blick gar nicht, denn Subjekt ist jetzt nicht mehr Gott, sondern am wahrscheinlichsten sind es die Feinde (der hebräische Text hat pluralische aktivische Verben). Auch scheint der Vorwurf gegenüber den Priestern aus V.13 wie vergessen, wenn jetzt beklagt wird, dass die Priester nicht geehrt wurden. Dennoch könnte die nochmalige Erwähnung der Priester eine Rahmung zu V.13 andeuten. Von den Alten war jedoch bisher gar nicht die Rede. Die einzige und sprachlich sehr ähnliche Parallele ist Dtn 28,50, wo Israel für den Fall des Bundesbruches angedroht wird, dass YHWH „ein Volk mit unbeweglichem Gesicht, das sich dem Greis nicht zuwendet und für das Kind kein Mitleid zeigt“ gegen Israel aufbringt.

Vielleicht kann man das „Erheben des Angesichts“ (= EÜ „keine Ehrfurcht zollte man“) doch auch mit dem Angesicht YHWHs verbinden, das nicht mehr anschaut. Auffallend ist jedenfalls die dreifache Verneinung („nicht mehr anschauen“, „keine Ehrfurcht“, „keine Gnade“), die ebenfalls beide Vershälften verbindet. Das Changieren zwischen den Subjekten könnte als poetisches Stilmittel durchaus Absicht sein. Für eine engere Verbindung der beiden Vershälften könnte schließlich auch das letzte Wort sprechen. Das Verbum *ḥnn* kommt zwar auch mit menschlichem Subjekt vor, jedoch weit häufiger mit göttlichem Subjekt. Handeln die Feinde also auch hier als Instrument YHWHs wie in V.14–15? Die Erwähnung von Ältesten und Priestern, die sonst selten in deuteronomistischen Texten vorkommen (Dtn 31,9; 1 Kön 8,3; Jer 19,1), hat in den Klageliedern nur die Parallele in 1,19, wo Priester und Älteste als Repräsentanten der Führungselite in der Stadt verhungern. Dass diese vom Feind nicht geachtet werden, unterstreicht noch einmal, dass die Eroberer niemanden verschonten als sie die Stadt eingenommen und bestraft haben.

ע (*Ayin*) 17 Die folgenden vier Verse V.17–20 verbindet, dass ein „Wir“ spricht, das aber wie der Sprecher zuvor nicht wirklich identifizierbar ist. Die im Hintergrund stehende Situation ist eindeutig die der Belagerung der Stadt und ihrer Folgen. Jerusalem oder Zion werden aber nicht genannt. Erneut arbeitet der Dichter mit der gedanklichen Bewegung im Raum, die aus der Stadt hinaus zunächst ins Weite und dann in die Gefangenschaft führt. V.17 beginnt auf einer Zinne, V.18 ist auf der Straße innerhalb der Stadt verortet, V.19 im freien Raum außerhalb der Stadt, in V.20 endet die Sequenz in „ihren Gruben“ in erneuter Enge. Mit den Augen knüpft das Lied an die vorhergehende Einheit an und setzt damit die Prominenz der visuellen Wahrnehmung fort. Wo das erste Lied mit einem klagend-seufzendem Grundton aufwartete und das zweite Klagelied Geräusche aufrief (Festpilger, lärmende Feinde, verstummende Älteste, Klatschen und Zischeln der Nachbarn, Maul Aufreißen der Feinde), arbeitet das vierte Klagelied mit Bildern und will Bilder bei den Leserinnen und Lesern erzeugen. Sinnenfälliger Ausdruck sind hier die Augen, die nach Hilfe ausschauen. Wo YHWH wegschaut (V.16), richten sich die Augen hier sprichwörtlich ins Leere. Das Blicken ist *hæbæl* „vergeblich, nichtig, leer“ und damit nicht besser als die orientierungslose Blindheit der Geblendeten (V.14), denn die Blicke suchen nach Halt in der Ferne und finden keinen. Neben den Augen ist das Visuelle durch die „Warte“ im Hebräischen präsent, denn das Wort ist aus der gleichen Wurzel gebildet wie das Verb „spähen“. Mit zwei verschiedenen Worten sucht der Vers nach Hilfe, was die EÜ nicht wiedergibt. Kunstvoll drückt der Text dabei das Schwinden der Hoffnung aus. Ist es im ersten Versteil noch „unsere Hilfe“, ist es am Ende des Verses die kategorisch verneinte Rettung. Hinter dieser Gestaltung steht die Realpolitik der letzten Jahre vor der Eroberung. Die einzige politische Macht, die den Neubabyloniern die Stirn hätte bieten und Jerusalem Schutz bieten können, war Ägypten. Dazu muss man sich noch einmal die Wirren der letzten Jahrzehnte vor der endgültigen Eroberung der Stadt vergegenwärtigen. Spätestens die Schaukelpolitik Jojakims (608–598 v. Chr., s. o. Einleitung VI.3) zeigte, dass das Kräfteverhältnis

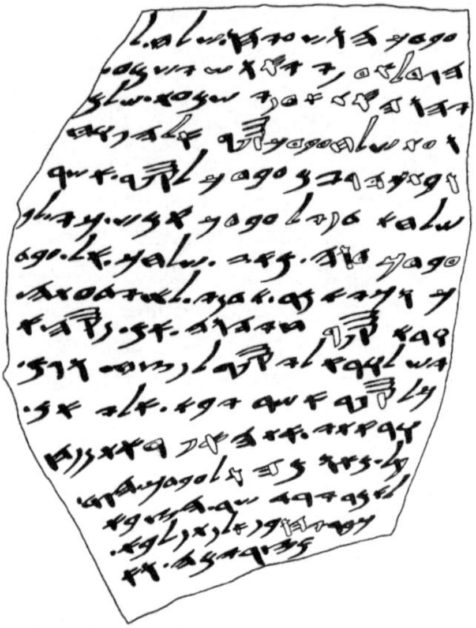

Abb. 25: Diplomatische Korrespondenz aus dem 6. Jh. v. Chr. in einem Brief aus Lachisch, Nr. 3

zwischen Ägypten und den Neubabyloniern zunächst ausgeglichen war. Als sich der König 601 v. Chr. in der entscheidenden Auseinandersetzung zwischen Nebukadnezzar und Necho auf die Seite Ägyptens schlägt, macht er einen schweren politischen Fehler. Die Folge ist die erste Strafaktion gegen Jerusalem. Zwar kann sein Sohn Jojachin (598/77 v. Chr.) durch die Kapitulation die schmachvolle Eroberung und Zerschlagung, aber nicht die Plünderung der Stadt durch die neubabylonischen Truppen verhindern. Jojachin wird mit der Regierungsmannschaft 597/96 v. Chr. nach Babylon in die Gefangenschaft verbracht. Sein Onkel Zidkija wird als Vasallenkönig eingesetzt, agiert aber ungeschickt, als er sich 595 v. Chr. aufgrund von Aufständen in Babylon lossagt. In Ägypten war Pharao Apries (589–570 v. Chr.) an der Macht, der stärkeres Interesse an der Syrienpolitik hatte als sein Vater. Entsprechend versuchte Zidkija sich gegen Babylon abzusichern, indem er sich den Beistand Ägyptens zusichern ließ. Damit befriedigt er zwar die Nationalen in der Stadt, die die Stärke Jerusalems überschätzen, muss jedoch kurze Zeit später einlenken und erneut Tribut zahlen. Ägypten stellt in dieser Zeit immer wieder Hilfe in Aussicht (Ez 17,7.15.17; 29,6; Jer 37,6–10, vgl. Jes 31), um den Pufferstaat für sich zu gewinnen und zum Widerstand gegen Babylon zu bewegen. Ägypten will jedoch nicht Juda um seiner selbst willen stützen – dafür ist es wirtschaftlich viel zu unbedeutend –, sondern die Kontrolle über die Küstenebene und die wichtigste Handelsstraße, die *via maris* halten. Damit ist der Erhalt Jerusalems nur ein Nebenschauplatz für die ägyptischen Interessen, für den es sich nicht lohnt ein größeres Risiko einzugehen. In Lachisch, einem wichtigen Stützpunkt im Süden des Landes, wurden auf Tonscherben geschriebene Briefe, sog. Ostraka gefunden, die Einblick in die Politik dieser Jahre geben. So z. B. der Lachisch-Brief Nr. 3 (Abb. 25), der aus dem Jahr 589 v. Chr. stammen könnte. Der Autor, selbst Kommandant einer Festung, wehrt sich zunächst gegen den Vorwurf, die Korrespondenz nicht gelesen und verstanden zu haben und berichtet dann:

> Und deinem Diener wurde Folgendes gemeldet: Der Oberbefehlshaber des Heeres Konyāhû, der Sohn des ʼElnātān, ist heruntergekommen, um nach Ägypten zu gehen und Hodawyāhû, den Sohn des ʼAḥiyāhû und seine Männer hat er geschickt, um Proviant aufzunehmen. (Übersetzung M. Weippert)

Es scheint der Versuch zu sein, Ägypten mit ranghohen Gesandten um Hilfe zu bitten. Als Nebukadnezzar durch seinen Feldherrn 587 v. Chr. ein zweites Mal zur Bestrafung des abtrünnigen Jerusalem ansetzt und sich die Aufmerksamkeit des neubabylonischen Heeres auf Juda und Jerusalem richtet, während der König in Ribla verbleibt, versucht Pharao Apries die Situation zu nutzen. Er zieht mit seinem Heer heran, um die Küstenstädte und den Handelsweg nach Damaskus unter seine Kontrolle zu bringen. In Jerusalem wird man das begrüßt haben, doch wird der Ägypter bald zurückgeschlagen, was Jerusalem nur eine Belagerungspause verschafft. Es geht drunter und drüber. Ägypten jedenfalls eilt Jerusalem nicht zur Hilfe als es nach einer Belagerungspause am 29. Juli 587 v. Chr. zu Ende geht und eine Bresche in die Mauer geschlagen wird.

Der kurze Einblick in die Stadtgeschichte kurz vor der Eroberung zeigt die Rolle Ägyptens als *gobal player* und lässt die Hoffnung verstehen, mit der die Jerusalemer das Eingreifen des Verbündeten erwartet haben. Doch die Hoffnungen wurden bitter enttäuscht. Wahrscheinlich ist V.17 vor diesem Hintergrund zu verstehen. Das Volk, nach dem Ausschau gehalten wird, wären dann die Ägypter. Die Wendung „die Augen ausschauen" ist dieselbe wie in 2,12. Sie meint das blass werden der Augen und drückt so das sehnsüchtige Warten und die letztlich enttäuschte Hoffnung aus (Ps 69,4; Jer 14,6; Ijob 17,6; 31,16 u. ö.).

צ (*Tzade*) 18 Wegen der zunehmenden Bedrohung und der ausbleibenden Hilfe ist das Ende nah. V.18 setzt die bedrohliche Belagerungssituation aus V.17 voraus. Befand man sich dort auf einem erhöhten Punkt, um nach dem Anrücken der ersehnten Unterstützung zu spähen, so scheinen die Betroffenen jetzt schon dem Angriff ausgesetzt. Man traut sich nicht mehr auf die Straße, weil man dort den Zugriff des Feindes befürchten muss. Wer auf die Straße raustritt, ist „Freiwild". Die Gefahr, von Pfeilen oder Wurfgeschossen getroffen zu werden, ist lebensbedrohlich. Der Feind nimmt jede Bewegung in der Stadt wahr, er achtet auf jeden Schritt. In den atl. Belegen ist es meist YHWH, der auf die Schritte achtet, ihren Raum weit macht oder die Schritte lenkt (2 Sam 22,37; Ijob 14,16; 31,4.37; Spr 16,9 u. a.), doch hier jagt der Feind als Jäger unerbittlich jeder Bewegung hinterher. Das Verb „jagen" kann zwar den menschlichen Jäger meinen, ist aber auch offen für Raubtiere und deren Jagd auf Beute (Ijob 10,16; 38,39). Da der Feind im Text nur durch das Verb „sie jagten" präsent ist, bleibt der Text in beide Richtungen offen. Doch unabhängig davon, ob ein Raubtier oder der Jäger jagt, am Ende ist die Beute tot. Die Straßen, schon in V.1.5.8 Sinnbilder des Todes, führen auch die Überlebenden in die Nähe der Vernichtung. Der Vers beginnt mit einer Alliteration, um dann in der zweiten Hälfte mit einer geschickten Inklusion durch das Wort „Ende" nicht nur den Einschluss in der Stadt, sondern auch die Lebensbedrohung poetisch nachzuahmen. Vom Ende eingeschlossen werden die „Tage", womit neben die räumliche Dimension die zeitliche gestellt wird. Ist das Ende zunächst nur „nahe" (so nur hier!), so ist es am Versschluss bereits „gekommen" (Jer 51,13; Ez 7,2.6; Am 8,2). So wie V.17 die letzte Hoffnung im trüb gewordenen Blick geschwunden war, so jetzt das verbliebene Leben im Sog des bevorstehenden Endes.

ק (*Qof*) 19 In der Stadt ist weder Zukunft noch Hoffnung. Das hatten V.17–18 meisterlich poetisch zugespitzt. Konsequent tritt der Dichter mit V.19 jetzt aus der Enge der Stadt heraus in die Weite des Landes, doch gibt es auch da kein Entrinnen. War schon der offene Raum *in* der Stadt lebensgefährlich, so erst recht das Hinaustreten *aus* der Stadt. Führten die Straßen in der Stadt in die Nähe des Todes, so auch Wege, die aus der Bedrohung vermeintlich herausführen. Denn auch dort lauert der Feind wie ein Raubtier. Zunächst ruft der Vers das Bild der Flucht auf. Der Verfolger setzt nach und ist schneller als Adler (besser übersetzt mit: Geier) am Himmel. Das Verb, mit dessen Partizip der „Verfolger" gebildet wird, ist ein Klassiker in Kriegskontexten. Wer verfolgt wird, wird in den allermeisten Belegen im AT auch eingeholt. Da ist kein Entrinnen, zumal der Feind weiterhin wie in V.18 jeden Schritt verfolgt. Das Bild des Raubvogels am Himmel lässt keinen Winkel unbeobachtet. Die Drohung aus Dtn 28,49a steht im Hintergrund: „Der Herr trägt zum Kampf gegen dich ein Volk aus der Ferne herbei, von den Enden der Erde, das wie ein Adler herabstößt." Da Adler in der Bildwelt Palästinas in vorhellenistischer Zeit nur eine geringe Rolle spielen, wird es sich wie bei den meisten Belegen von *næšær* um den Gänse- oder Schmutzgeier handeln. Vielleicht ist der Vergleichspunkt auch nicht so sehr die Geschwindigkeit, mit der der mächtige Assfresser am Himmel Entfernungen überwindet, sondern die verblüffend kurze Zeit, in der sich Scharen von Geiern beim Kadaver niedergelassen haben. Die Schnelligkeit des Raubvogels wird auch in Jer 4,13; Hab 1,8; Hos 8,1 zur Charakterisierung des übermächtigen Feindes gebraucht. Das Bild des Assfressers lässt den Tod assoziieren, noch dazu den unehrenhaften Tod auf offenem Feld ohne Begräbnis. Von allen schlimmen Möglichkeiten zu sterben, gilt das Sterben auf offenem Feld als eine der schlimmsten. Das wird jedoch nicht ausgeführt, sondern nur angedeutet. Auch im zweiten Versteil spielt der Text mit der Raubtiermetapher. Beide Verben sind offen, das Beuteverhalten von Raubtieren zu beschreiben, werden aber auch im Kontext von Kriegshandlungen gebraucht. Die Offenheit zielt darauf, die Unmöglichkeit der Flucht zu betonen. Zunächst fliehen die Stadtbewohner in die unzugänglichen Berge, wo die Bewaldung vermeintlichen Schutz bietet. Durch die „Vogelperspektive" ist dieses schützende Moment sofort zunichte gemacht. Der Feind reagiert durch das in Brand setzen des Waldes, sodass der Feind nicht entrinnen kann (Jer 21,14; Jes 10,18). Der Doppelsinn des Verbs, dass sowohl die hitzige Verfolgung (Gen 31,36; 1 Sam 17,53) als auch „anzünden" meinen kann (Ez 24,10; Obd 1,18; Ps 7,14) nutzt der Text geschickt aus. Bieten also die Berge keinen Schutz, bleibt nur noch die menschenleere Wüste, doch auch da droht die Vernich-

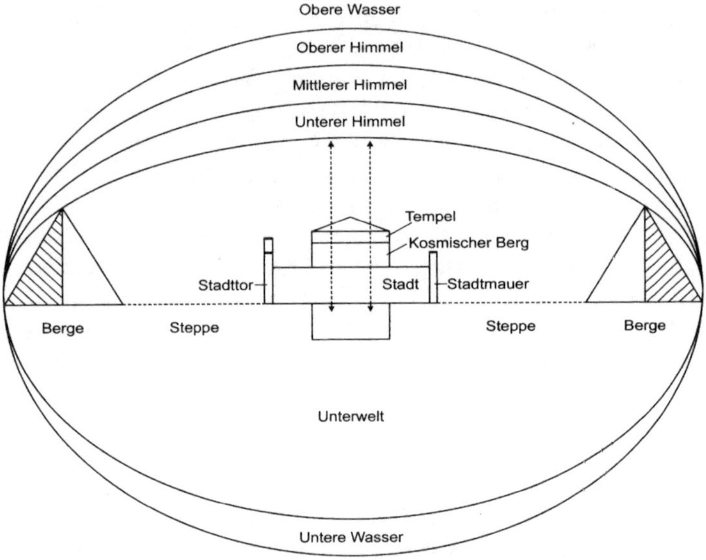

Abb. 26: Schematisierte Darstellung des altorientalischen Weltbilds

tung. Der Schluss des Verses benutzt ein Verbum, dass „in feindlicher Absicht auflauern“ oder „einen Hinterhalt legen“ meint und in 3,10 für den Bären benutzt worden war (vgl. Ps 10,9 für Löwen). Im Hinterhalt des Feindes in der Wüste endet die Bewegung, die in V.17 im Zentrum in der Stadt begonnen hat. Der übermächtige Feind ist überall. Die Wüste ist dabei mehr symbolischer als wirklicher Ort. Die Wüste ist lebensfern, durch die wilden Tiere auch lebensbedrohlich. Sie steht selbst für die Nähe des Todes und den Übergang zur Unterwelt. Das Weltbild, das im Hintergrund steht, ist → konzentrisch aufgebaut (Abb. 26). Die Stadt mit ihrem Tempel ist der Mittelpunkt „der Welt“ (s. o. V.12), wo sich vertikale und horizontale Achse schneiden. Das bewohnte Umland der Stadt ist auf das Zentrum hingeordnet, aber symbolisch nicht mit der gleichen Intensität an Lebensfreude, Vitalität, Wohlergehen etc. verbunden. Das unbewohnte Bergland ist schon bedrohlich, weil in den dichten Wäldern der Berge wilde Tiere das Leben bedrohen. Die Wüste schließlich bildet die lebensferne Peripherie, in der die Entfernung vom Schutz, den das ummauerte Zentrum bot, nicht größer sein könnte. „Hinter" der Wüste am äußeren Rand ist symbolisch gesehen nur noch der Eingang zur Unterwelt und damit der Tod. V.19 nutzt diesen Gegensatz von Zentrum und Peripherie geschickt aus. Die Flucht aus der schützenden Stadt endet schutzlos in der lebensfernen Wüste.

ר (*Resch*) 20 Der Vers setzt die mentale Bewegung vom Zentrum in die Peripherie fort. Lebensferner ist nur noch die Grube, die in die tiefste Finsternis herabreicht und für die Unterwelt steht. Mit Grube kann aber nicht nur das Grab, sondern auch das Gefängnis bezeichnet werden (3,47.53.55). Hier ist allerdings keines der Worte aus Kap. 3 verwendet, sondern ein ähnliches Wort wie für Jeremia in Jer 18,20.22, das so noch in Ps 107,20 für „Verderben" auftaucht. Der Plural ist ungewöhnlich. Einerseits löst er die Assoziation Grube, Grab, Unterwelt, Tod aus, andererseits scheint er die Hetzjagd der V.17–19 aufzunehmen und in Fanggruben zu beenden. Der Beginn des Verses spielt das Todesthema an, wenn er von „unserem Lebensatem" spricht. Noch sind die Stadtbewohner im Fokus der Flucht. Dass die *rûaḥ* – in der Grundbedeutung bewegte Luft vom Säuseln bis zum Sturm, aber auch „Geist" – hier für den Atem der Nase gebraucht ist, ist ungewöhnlich formuliert und sicher auch dem Alphabet (*Resch*-Strophe) geschuldet. Vielleicht wird aber dadurch auch die metaphorische Doppeldeutung vorbereitet. Denn der Lebensatem ist auch übertragen verwandt, da er die besondere Bedeutung des „Gesalbten" ausdrücken soll. Als „Gesalbter" können unterschiedliche Personen bezeichnet werden. Bei der Priesterweihe werden Aaron und seine Söhne gesalbt. Daher wird in späten nachexilischen priesterlichen Texten der oberste Priester als Gesalbter bezeichnet (Lev 4,3.5.16; 6,15.22; Sach 4,14). In 1 Kön 19,16 ist von der Salbung Elischas zum Propheten die Rede, doch bleibt das eher ein Einzelfall (vgl. Jes 61,1, wo aber 1 Sam 16,13 Pate gestanden hat). Der Verweis auf eine königliche Gestalt ist für V.20 wahrscheinlicher. So wie Saul und David zum Gesalbten YHWHs wurden, so galt der König als Gesalbter und in der Jerusalemer Königstheologie auch als „Gesalbter YHWHs" oder „sein Gesalbter" (1 Sam 2,10; 16,6; 2 Sam 1,14.16; Ps 2,2; 20,7; 28,8; 89,52; 2 Chr 6,42 u. ö.). Er steht stellvertretend für das Königtum als Institution (s. die Fußspuren des Gesalbten Ps 89,52). Die

Salbung ist mit Erwählung, Legitimation und Schutz verbunden und drückt eine besondere Beziehung zwischen Gott und König aus. Mit dem Gesalbten verbindet sich die Hoffnung auf Stabilität, Ordnung und Gerechtigkeit. Das macht die Bezeichnung als „unser Lebensatem" deutlich. Wenn der Gesalbte in „ihren Gruben" gefangen ist. Die Hoffnung auf eine eigenständige und von den Nachbarn respektierte Politik durch den König in Jerusalem ist nicht mehr möglich. Mit der zerbrochenen Hoffnung auf eine tragfähige Politik verbindet sich der Vers mit den zerbrochenen außenpolitischen und militärischen Hoffnungen (V.17).

Die Bewegung aus Jerusalem heraus und die Gefangennahme in „ihren" Gruben hat immer wieder an das Schicksal Zidkijas denken lassen. Als die Einnahme der Stadt im Juli 587 v. Chr. abzusehen war, versucht der König zu fliehen, um Schlimmeres zu verhindern. Folgt man den Berichten im Jeremiabuch und in 2 Kön 25,4, erfolgte die Eroberung in Etappen. Nachdem eine Bresche in die wahrscheinlich südöstliche Befestigungsmauer geschlagen war (wörtlich: die Stadt aufgebrochen worden war, s. z.B. auch Abb. 15, 17 und 18), gelangen die Truppen in die Stadt bis zum Mitteltor in der Neustadt (Jer 39,3, s. Abb. 3). Der König erkennt, dass die Stadt nicht zu retten ist und flieht unter großem Geleit mit seiner Familie und den obersten Beamten. Die Flucht soll „auf dem Weg des königlichen Gartens durch das Tor zwischen den beiden Mauern" (Jer 52,7; 39,4; 2 Kön 25,4) erfolgt sein. 2 Kön 25,4 würde sogar die Variante erlauben, dass die Bresche von innen in die Mauer geschlagen wurde, um die Flucht zu ermöglichen. Doch da der König die Stadt auch in dem Bericht der Königebücher *durch das Tor* zwischen den Mauern beim königlichen Garten verlässt, ist diese Variante eher unwahrscheinlich. Die Stadt ist jedenfalls anschließend aufgegeben, da der König „mit allen Kriegern" flieht. Der königliche Garten deutet auf den Bereich zwischen Palastareal und Stadtbesiedlung hin. Auf dem Südosthügel verlief die Stadtmauer auf halber Höhe des Abhangs zur Gihon-Quelle (s. Abb. 3). Die Hauptmauer wurde ergänzt durch eine Vormauer am Fuß des Abhangs. Die Flucht erfolgte wahrscheinlich durch das Kidrontal und sollte, nachdem die judäischen Berge und die judäische Wüste überwunden waren, entweder durchs Jordantal bei Jericho ins Ostjordanland oder an der Westseite des Toten Meeres auf Umwegen durch die Araba nach Ägypten führen. Die Flucht wurde bald entdeckt und die neubabylonischen Truppen setzten den Flüchtenden nach. Der abtrünnige Vasall Zidkija wurde daraufhin zu Nebukadnezzar nach Ribla in Syrien verbracht und in härtester Weise bestraft. Er musste mit ansehen, wie seine Söhne als potentielle Nachfolger im Königsamt getötet werden. Anschließend wurde er geblendet, sodass als „letztes Bild", abgesehen von der verhöhnten Vaterliebe, der Abbruch der genealogisch gegründeten Herrschaft bleibt. Danach wird Zidkija als Gefangener nach Babel verschleppt (2 Kön 25,1–7; Jer 52,4–11; 39,1–7). Zwar scheint der Bericht vereinbar mit V.17–20, sodass „unser Lebensatem" mit Zidkija zu identifizieren wäre, doch gibt es umgekehrt nichts Zwingendes, dass das nahelegen würde. Die in der Auslegung entfaltete symbolische Bedeutung, dass mit dem Gesalbten das Ende des Königtums und der Eigenstaatlichkeit zum Ausdruck gebracht wird, ist mindestens ebenso wahrscheinlich wie der konkret historische Bezug auf Zidkija, der auch nicht ausgeschlossen werden kann.

Der Nachsatz formt ein indirektes oder sogar direktes Zitat, mit dem die zerbrochene Hoffnung ausgedrückt wird. Vielleicht handelt es sich sogar um eine Redensart, die hier wiedergegeben wird („von dem wir zu sagen pflegten:"). Dass der Gesalbte nicht ausdrücklich genannt wird, spricht aber vielleicht doch eher für einen erläuternden „Kurzsatz", welche Hoffnungen mit dem Königtum verbunden waren. Das „wir werden leben" ist dabei betont dem Sog des Todes entgegengesetzt, der in V.17–20 entfaltet wurde und zeigt noch einmal den Gegensatz auf. Dass der König mit einem hoch aufragenden schattenspendenden Baum verbunden wird, ist nicht ungewöhnlich (Ri 9,15; Ez 17,23; vgl. Ez 31,6.17). In V.20 ist gemeint „in der Mitte der Nationen", sodass nicht auf das Leben im Exil angespielt wird. Die Exilssituation steht aber dennoch im Hintergrund, denn der Gesalbte ist gefangen und die „Wir" wohnen nicht in seinem Schatten. Die Bewegung aus der Stadt heraus in V.17–20 endet in den Gruben, sodass die Stadt im Bild verlassen zurückbleibt. Die Monarchie ist zerbrochen und eine Zukunft für die Bewohner nicht in Sicht. Mit V.20 ist ein Tiefpunkt erreicht, der in den zwei folgenden Versen radikal gewendet wird.

Die positive Sicht auf das Königtum (V.20) muss ebenso wie die mehr oder minder ungebrochene Zionstheologie (V.12) mit der

Kritik am Fehlverhalten der Propheten und Priester (V.13) für eine Verortung der Trägerkreise dieses Liedes in Anschlag gebracht werden. Es scheint sich um einen Teil der Jerusalemer Elite zu handeln (V.1–5.7–8), die einerseits einen klar nationalistischen und darin zionstheologischen Hintergrund hat, die aber nicht identisch mit den am Tempel dominanten aristokratischen Kreisen ist, denen die Verantwortung für das Desaster zugeschrieben wird. Angesichts der durch die Eroberung entstandenen Krise idealisieren sie ihren vormaligen Status und Wohlstand und beklagen, dass nichts davon übrig geblieben ist. Eine Hoffnung auf Restitution Jerusalems findet sich in V.1–20 nicht, da die Stadt in ihren Augen vollständig zerstört und das Königtum ohne Gesalbten nicht restituierbar ist. Eine Perspektive wird allerdings klar in V.22 entfaltet werden.

שׁ (*Schin*) 21 Die letzten beiden Verse haben als einzige im vierten Lied einen klar benannten Adressaten. Angeredet wird V.22 „die Tochter Zion“, gerahmt von zwei Anreden an die „Tochter Edom“ in V.21.22. Die Anrede und das Nebeneinander der beiden Größen lässt die Situation wie ein Völkertribunal erscheinen. Der Sprecher ist dabei nicht klar, jedenfalls ist er nicht von dem Sprecher der V.1–20 abgehoben. Die in V.22 angesprochen Handlungen „in die Verbannung führen“ und „Schuld bestrafen“ kommen Gott zu, sodass er als Sprecher ausfällt. Das Gesagte klingt jedoch wie eine von Gott getroffene endgültige Entscheidung, die den beiden Adressatinnen mitgeteilt wird. Deshalb hat man in der Auslegung die Verse oft als „prophetisches Heilsorakel“ gedeutet, das von ehemaligen Kultpropheten an Jerusalem ergangen sei. Doch ist eine solche liturgische Verortung kaum nachzuweisen und passt auch nicht so recht zu der Anrede Edoms, die noch dazu deutlich dominanter ist als die Anrede Zions. Voraussetzung der beiden Verse ist die Annahme, dass es eine übergeordnete Gerechtigkeit auch in der Völkerwelt gibt, die von Gott durchgesetzt wird. Edom soll für sein Handeln zur Rechenschaft gezogen werden. Da es sich bei Edom um einen der östlichen Nachbarstaaten Israels handelt, wirft das noch kaum die Frage des Universalismus auf, denn dem Nationalgott YHWH wurde durchaus zugetraut, dass er über die Landesgrenzen hinweg agiert. Zugleich zeigt sich in der vermeintlichen Ungleichheit Stadt (Jerusalem) – Land (Edom), dass in Klgl 4 zwischen Jerusalem und Juda kaum ein Unterschied gemacht wird, und der Stadtgott Jerusalems auch der Landesgott Judas ist.

Mit der Gerichtsandrohnung über Edom reiht sich der Text in die Reihe von prophetischen Texten ein, die eine tiefe Feindschaft zu dem südöstlichen Nachbarn ausdrücken und ihm das Gericht ansagen (Jes 34,5–17; Jer 49,7–22; Ez 25,12–14; Am 1,11; Joël 4,19; Obd 1,1–21). Begründet wird das vor allem mit dem Verhalten Edoms in den Jahrzehnten des größten Drucks gegen Juda. Edom wird vorgeworfen, sich an Strafaktionen der Babylonier gegen Juda willig beteiligt zu haben (2 Kön 24,2, wo wohl Edomiter statt Aramäer gemeint sind) und auch der Aufforderung Nebukadnezzars, in das Land einzufallen, vor allem im Süden nachgekommen zu sein. Damit hätten sich die Edomiter gegen die zuvor wahrscheinlich im Jahr 594/93 v. Chr. geschlossenen Allianzen (Jer 27,3) gestellt und sich als unzuverlässige Bündnispartner erwiesen. Was aber in der alttestamentlichen Beurteilung noch schwerer wiegt, ist der Vorwurf, sie hätten sich an der Eroberung Jerusalems und der Zerstörung des Tempels beteiligt, ja sogar Schadenfreude über den Untergang Jerusalems gezeigt (Ez 25,12; 35,5–6.15; Obd 1,10–14). Obd 1,11 drückt die Mittäterschaft aus und behauptet, Edom sei „mittendrin“ gewesen: „Am Tag, als du dabei standest, am Tag, als Fremde sein Heer abführten und Ausländer seine Tore betraten und das Los über Jerusalem warfen, da wurdest auch du wie einer von ihnen.“ Daneben steht Ps 137,7, der die Mittäterschaft der Edomiter in die Form einer Vergeltungsbitte kleidet und dabei sogar ein vermeintliches Zitat der Edomiter wiedergibt: „Gedenke, HERR, den Söhnen Edoms den Tag Jerusalems, die sagten: Reißt nieder, bis auf den Grund reißt es nieder!“ Es ist sehr schwer einzuschätzen, wie viel an Historizität hinter diesen Notizen tatsächlich steht. Edom hat sich bis auf wenige Ausnahmen eigentlich aus dem Konflikt der Großmächte Babylonien und Ägypten herausgehalten und seine Truppen eher gezielt im Süden eingesetzt, um zu expandieren und um die für das Auskommen der Edomiter lebenswichtigen Handelsverbindungen im Negeb zu sichern. Das südöstlich von Juda gelegene Kerngebiet Edoms („Land Uz“ ist eine → synonym mit Edom verwendete Bezeichnung, die nach Nordwestarabien weist), war für die Großmächte verkehrsgeographisch wie ökonomisch wenig interessant. Lediglich die sog. Königsstraße stellt eine Süd-Nord-Achse zur Verfügung, die Damaskus mit der arabischen Halbinsel verbindet. Die Assyrer haben kräftig in den Fernhandel mit Nordarabien investiert und der letzte Herrscher der Neubabylonier Nabonid (556–539 v. Chr.) hat den Großteil seiner Regierungszeit in der Oase in Tayma in Nordarabien verbracht, wahrscheinlich auch um den Fernhandel zu kontrollieren. Ob Edom dabei involviert war, ist unklar, doch sind organisierte größere Koalitionen der Neubabylonier mit dem in Stämmen organisierten „Staat" Edom nicht unbedingt wahrscheinlich. Dass die Edomiter im ausgehenden 6. Jh. v. Chr. an der Seite der Neubabylonier kämpften und in Jerusalem einfielen, ist nicht ausgeschlossen, aber auch nicht wahrscheinlich.

Zwischenfälle und punktuelle Auseinandersetzungen zwischen Juda und den Edomitern gab es im südlichen Grenzbereich des Staates Juda im 8.–6. Jh. v. Chr. häufiger. Da die Edomiter zunehmend mit nordarabischen Stämmen kooperierten, um den Arabien-Handel zu kontrollieren (Ez 25,13), hatten sie ein vitales Interesse am Zugang zur *via maris* vornehmlich im Beerscheba-Becken und über den Endpunkt in Gaza. Ein Arad-Ostrakon (Nr. 24) etwa gibt am Anfang des 6. Jhs. v. Chr. Zeugnis von Truppenbewegungen im Negeb, die verhindern sollen, dass die Edomiter von Juda reklamiertes Territorium besetzen. Dass aber die Edomiter den Babyloniern größere Truppenverbände gestellt haben könnten oder sogar wie in der → Septuaginta 3 Esra 4,45 es vorgibt, maßgeblich den Tempel zerstört hätten, ist historisch kaum glaubwürdig. Zu großen Teilen ist Edom sicherlich Chiffre für die politischen Kräfte im Raum der südlichen Levante, die letztlich zum Untergang Judas und der Tempelzerstörung geführt haben. Dass es zum Feind *par excellence* werden konnte, hat wohl mehrere Gründe. Tatsächlich wurde Edom von den Machtverschiebungen und der imperialen Politik später erfasst, als etwa die nördlich davon gelegenen Kleinstaaten Moab und Ammon, die kurz nach Juda und Jerusalem von Nebukadnezzar 582 v. Chr. eingenommen wurden. Ob Edom überhaupt in gleicher Weise liquidiert wurde, ist umstritten, doch ist der Araberfeldzug des Babyloniers Nabonid 553 v. Chr. ein Ereignis, bei dem die Eigenständigkeit des Staates Edom nachhaltig gelitten hat, auch wenn archäologisch keine größeren Zerstörungen nachweisbar sind. Der Einfluss der arabischen Stämme jedenfalls nahm ebenfalls zu, sodass Edom in der Mitte des 6. Jhs. v. Chr. als Akteur von der politischen Weltbühne mehr und mehr verschwindet. Aber alleine das Faktum, dass Edom noch „überlebte" als Juda schon untergegangen war, hat den Wunsch nach Gleichbehandlung bestärkt und wohl auch die Mythen begründet, Edom habe sich an der Eroberung beteiligt. Der zweite Punkt ist sicher, dass Edom ökonomisch und politisch vom Untergang Judas profitiert hat (Ez 35,10.12). Durch den Zusammenbruch des Staates entstand vor allem im Süden ein Machtvakuum, das die Edomiter in Koalition mit arabischen Stämmen wie den Qedaritern geschickt ausnutzten. Sowohl in der materiellen Kultur als auch in der Epigraphie lässt sich zeigen, dass der edomitische Einfluss in der Perserzeit im Negeb dominant war und das Gebiet „edomitisch" kontrolliert wurde, bis dass es schließlich in der fortgeschrittenen Perserzeit sogar zur Provinz „Idumäa" wurde. Auch die Dominanz im Süden wird dazu beigetragen haben, die Edomiter als „Kriegsgewinnler" zu sehen und entsprechend ihre Bestrafung herbeizuwünschen. In diesen Kontext gehören V.21–22.

V.21 beginnt mit der zweifachen Aufforderung an Edom, sich zu freuen und fröhlich zu sein, die eine bittere Ironie widerspiegelt. Ps 40,17; 68,4; 70,5; Jes 66,10 zeigen, wie die Verwendung der beiden Verben sonst im AT belegt ist: Alle, die Gott suchen, die gerecht sind, die sein Heil lieben, sollen sich freuen. Jes 66,10 fordert alle auf, sich mit Jerusalem zu freuen, nachdem sich YHWH ihr wieder zugewandt hat. Hier aber soll Edom jubeln, dass Gott zum Gericht kommt. Vergleichbar ist lediglich Jer 50,11, wo das Gericht an Babel erwartet wird: „Ja, freut euch nur, jubelt nur, die ihr mein Erbteil geraubt habt! Ja, hüpft nur wie ein springendes Kalb und wiehert wie Hengste!" Im Hintergrund der fast geradezu zynischen Aufforderung, dass Edom sich ruhig freuen soll, scheint der Vorwurf der Schadenfreude (Obd 1,12) zu stehen, der auch in Ez 35,14–15 erhoben wird:

> So spricht GOTT, der Herr: Wie doch das ganze Land sich freut, dass ich dich zur Wüste mache: So wie du dich freust, am Erbbesitz des Hauses Israel, weil er als Wüste daliegt, so werde ich an dir handeln; das Bergland von Seïr und ganz Edom insgesamt werden zur Wüste werden. Dann werden sie erkennen, dass ich der HERR bin.

Die zweite Vershälfte V.21 benutzt das Bild von einem Becher, der getrunken werden muss. Das Bild ist ein Gerichtsmotiv vor allem aus der Prophetie (Jer 25,15.17.28; 49,12; 51,7; Jes 51,17.22; Ez 23,31–33; Hab 2,16). Auch hier scheint eine enge Verbindung zu Texten im Jeremiabuch auf, denn dort wird gegenüber Edom argumentiert: „Denn so spricht der HERR: Siehe, jene, die nicht verurteilt waren, aus dem Becher zu trinken, müssen daraus trinken, und da solltest du verschont bleiben? Du bleibst nicht verschont, du musst trinken." (Jer 49,12) Das Trinken des Zornbechers kann auf der Bildseite unterschiedliche Folgen haben: Trunkenheit, Taumeln oder Tollheit. Nur hier steht das Trinken mit dem Verbum *'rh*, was „bloßlegen" meint (und erst über Lev 20,18.20 sexuell konnotiert wird). Die Edom angekündigte Selbstentblößung zielt auf die damit verbundene Schmach und Erniedrigung in der Eroberung (Jes 20,4; 47,2–3; Ez 16,37; 23,29; Hos 2,12; Mi 1,11; Nah 2,8; Klgl 1,8, s. dort). Die christlichen → Septuaginta-Handschriften ergänzen den „Becher" in Klgl 4,21 (wie sonst nirgendwo im AT) zum *potḗrion kuríou* „Kelch des Herrn", was den Becher einerseits dem Handeln Gottes deutlicher zuordnet, was sachgerecht ist, darin aber zugleich einen Ansatzpunkt für eine frühe christologische Typologie bietet (vgl. 1 Kor 10,21; 11,27; Mk 14,36).

ת (*Taw*) 22 Der letzte Vers stellt die Schuld Edoms und die Schuld Jerusalems in einem Wortspiel gegenüber. War die Schuld der „Tochter meines Volkes" (V.6) noch größer als die Schuld Sodoms, so ist sie jetzt zu Ende, wörtlich „vollständig, aufgebraucht", was nicht anders als „getilgt" verstanden werden kann. Vergleichbare Wendungen gibt es in Ez 22,15; 24,10–11; Dan 9,24. Entsprechend ergeht die Zusage, dass *er* nicht fortfahren wird in die Verbannung zu führen. Die Wendung meint tatsächlich „ein zweites Mal", was das „nicht wieder" der EÜ erklärt. Im Kontext der Klagelieder ließe sich darin eine Anspielung auf 1,3 lesen, wo Juda unter Verwendung von *glh* in die Verbannung gegangen war. Wenn Klgl 4 tatsächlich einmal eine Sammlung der Klagelieder abgeschlossen hat, wäre darin ein Rahmen zu erkennen, der im jetzigen Kontext mit dem folgenden Klgl 5 nicht mehr greift. In früheren Auslegungen ist das „nicht wieder" auch auf die zweite oder dritte Deportation 587/86 bzw. 582 v. Chr. bezogen worden. Nichts im Lied deutet aber auf eine solche Situierung entweder zwischen den Exilierungen 597 (erste Eroberung), 587 (zweite und endgültige Eroberung) und 582 v. Chr. (Ermordung Gedaljas und erneute Deportation) oder dann klar nach 539 v. Chr. (Ende des Exils) hin. Da zudem eine dritte Deportationswelle nach der Ermordung Gedaljas zweifelhaft bleibt (s. o. Einleitung VI.), erscheint nur die nach der Zerstörung des Tempels erfolgte Deportation 587/86 v. Chr. als Bezugspunkt. Diese Deutung setzt ein Abfolgeschema voraus, das Klgl 1 auf 597 v. Chr. bezieht und Klgl 2 auf 587/86 v. Chr. Ein Bezug auf eine bestimmte Deportationswelle in V.22 erscheint damit eher unwahrscheinlich.

Das „nicht wieder" kann aber auch wörtlicher als „er wird nicht fortfahren, dich in die Verbannung zu führen" verstanden werden. Das ist dann als Ankündigung zu verstehen, die mit dem Tilgen der Schuld in Zusammenhang steht und das Ende des Exils verheißt: „nicht länger lässt er dich in der Verbannung." Die Verbannung ist in V.22 eindeutig als Bestrafung für die Schuld verstanden. Die Zerstörung Jerusalems und das ganze damit verbundene Leid, von dem in V.1–20 die Rede war, wird durch die Verbannung noch verlängert. Während die in Jerusalem Verbliebenen die Zerstörung und ihre Folgen für die schlimmste Strafe hielten, kam mit zunehmender Dauer der Situation die Sicht auf, dass die Exilierung die eigentliche Strafe war. Diese Deutung wurde vor allem in der deuteronomistischen Theologie und bei Jeremia weiterentwickelt (s. z. B. Dtn 28,64; 29,21–27; Jer 10,18; 16,10–13). In der zweiten Generation nach der Katastrophe wird dann immer neu hinterfragt, wie sich konkrete persönliche Schuld und Strafe zueinander verhalten (Ez 18,2; Jer 31,19.21; Klgl 5,7 u. ö.). Darauf könnte sich V.22 beziehen: es gibt ein Ende der Bestrafung (vgl. 5,22).

Der aufgehobenen Schuld der Tochter Zion wird die Schuld der Tochter Edom gegenübergestellt. Ihre Schuld sucht er heim und deckt die Sünden auf. Durch die beiden Sündenbegriffe wird auf V.6.13 zurückgegriffen und damit die Entsprechung der Schuld beider herausgestellt. Während aber die Schuld Zions bereits durch das Gericht und die Verbannung getilgt ist, steht für Edom eine Rechenschaft aus. Dabei spielt der Text mit der Doppelbedeutung des Verbums *glh*, das nicht nur „in die Verbannung führen", sondern auch „aufdecken, entblößen" meint. Edom wird schutzlos ausgeliefert und beschämt werden. Durch die Entblößung wird der Bezug zu dem Edom-Vers (V.21) unterstrichen. Die Aufhebung der Schuld der Tochter Zion wird so von der bestehenden Schuld Edoms gerahmt.

V.22 ist aus der Sicht Jerusalems auf jeden Fall ein – wenn auch zaghaftes – positives Ende des Klageliedes. Darin unterscheidet sich das vierte Lied ebenso markant vom ersten wie vom zweiten Lied. Wenn es sich dabei nicht um ein nachträgliches Ende handelt, das einen ursprünglichen dunklen Schluss verdrängt hat – das wäre möglich, ist aber nur durch den Stimmungswechsel angeregt – stellt sich die Frage nach der Einordnung. Zum einen wird damit eine weitere Spur zur Verortung der Trägerkreise gelegt, die zur königsnahen Elite Jerusalems gehörten. Sie waren bestürzt über den totalen Verlust, den sie sich nicht hatten vorstellen können. Offenbar gehörten sie als Oberschicht nicht zu den Deportierten, hatten aber Bekannte oder Verwandte unter den Weggeführten. Nachdem sie selbst wieder einigermaßen Fuß gefasst hatten, setzten sie sich mit der Möglichkeit auseinander, dass das Exil zu Ende gehen könnte. Vieles spricht dafür, dass das noch vor dem tatsächlichen Ende des Exils geschah, womit das vierte Lied relativ gesehen im Vergleich zum ersten und dritten alt ist. Vielleicht wurde der Araberfeldzug Nabonids 552 v. Chr. in der Rückschau als Bestrafung Edoms gewertet, sodass das Lied entstand, bevor sich die Edomiter von den Folgen dieses Feldzuges wieder halbwegs erholt hatten (Mal 1,4). Das Ende des Exils wäre in dem Jahrzehnt danach absehbar gewesen bzw. hätte sich schon mehr oder minder abgezeichnet. Ist das richtig, dann datiert das vierte Lied spätexilisch in das letzte Jahrzehnt vor das Ende der babylonischen Herrschaft (550–540 v. Chr.) oder unmittelbar danach.

Der positiv gestimmte Schluss dürfte einmal die Sammlung abgeschlossen haben, die vielleicht sogar zunächst nur aus Klgl 2 und 4 bestand. Da es weit engere Bezüge zum zweiten als zum ersten Lied gibt, ist gut denkbar, dass das vierte Lied vor dem ersten entstand. Doch das ist kaum sicher zu entscheiden (s. o.). Denn einige Formulierungen und Themen weisen – wie die Auslegung gezeigt hat – auch im vierten Lied auf eine nachexilische Entstehung hin (s. o. zu V.6.13.15). Mit dem zaghaft positiven Schluss reiht es sich zudem in die Texte ein, die überwiegend in *nachexilischer* Zeit der Tochter Zion neues Heil verheißen (Jes 33,19, 40,2; 41,27; 46,13;

49,14–17; 60,14; Sach 1,14.17; 2,11.14; 8,2–3 u. a.). Einer der markantesten und vielleicht auch frühen Texte ist Zef 3,14–18, worin deutlich wird, wie weit das zaghafte Heil in V.22 noch von voller Zuversicht entfernt ist:

> Juble, Tochter Zion! Jauchze, Israel!
> Freu dich, und frohlocke von ganzem Herzen, Tochter Jerusalem!
> Der HERR hat das Urteil gegen dich aufgehoben und deine Feinde zur Umkehr gezwungen.
> Der König Israels, der HERR, ist in deiner Mitte; du hast kein Unheil mehr zu fürchten.
> An jenem Tag wird man zu Jerusalem sagen: Fürchte dich nicht, Zion! Lass die Hände nicht sinken!
> Der HERR, dein Gott, ist in deiner Mitte, ein Held, der Rettung bringt.
> Er freut sich und jubelt über dich, er erneuert seine Liebe zu dir,
> er jubelt über dich und frohlockt, wie man frohlockt an einem Festtag.
> Ich mache deinem Unglück ein Ende, dass du seinetwegen nicht mehr Schmach tragen musst.

Die Nähe zu Zef 3,14–18 und anderen Texten zeigt zugleich, dass Klgl 4 nicht an den Anfang, sondern frühestens an das Ende des Exils gehört. Es ist kein Lied, dass auf die Katastrophe unmittelbar reagiert, sondern schon in einem gehörigen Abstand zu den Ereignissen steht und die desolate Situation in Jerusalem in der spätbabylonischen (oder vielleicht sogar frühpersischen) Zeit beklagt.

Trifft das zu, verschiebt sich in der Konsequenz der Datierungsansatz der Klagelieder insgesamt und macht deutlich, dass die Threni insgesamt schon in einem deutlichen Abstand zu den Ereignissen stehen und an die Zeit des zweiten Tempels heranreichen. Wenn überhaupt, dann ist nur dem zweiten Lied eine Augenzeugenschaft zuzuschreiben.

V. Anhaltende Bedrängnis und ein ewig thronender Gott – Klgl 5

Anders als die vier ersten Lieder ist das fünfte Lied keine akrostichische Dichtung, d. h. die Zeilen fangen nicht mit den Buchstaben des Alphabets an. Dennoch entspricht die Anzahl der Verse der Anzahl der Buchstaben im hebräischen Alphabet, weshalb man von einer alphabetisierenden Dichtung spricht. Das fünfte Lied ist allerdings deutlich kürzer als die übrigen, weil es nur einen → Stichos pro Zeile aufweist. Klgl 5 unterscheidet sich auch sonst von den übrigen Liedern: Die Stadt ist nicht personifiziert und tritt kaum in den Vordergrund. Lediglich V.11 und V.18 reden vom Zion bzw. dem Zionsberg, V.14 passt mit dem Tor in einen städtischen Kontext, setzt diesen aber auch nicht zwingend voraus. Ansonsten ist nicht erkennbar, dass es in dem Lied *nur* um Jerusalem geht. Sprecher des gesamten Liedes ist ein Kollektiv. Lediglich V.11–14 könnten von einem Beobachter gesprochen sein, doch zwingt umgekehrt nichts dazu, wie in den übrigen Liedern einen Sprecherwechsel anzunehmen. Ebenfalls in deutlichem Kontrast zu Klgl 1 und 2 tritt Gott erst in den Schlussversen implizit als der Verursacher der Katastrophe auf, wenn er derjenige ist, der verwirft und vergisst. Die geschilderten Probleme scheinen eher die *nach* als *vor* oder *in* der Katastrophe zu sein. In V.7 wird sogar explizit die Sprechergeneration von einer Vätergeneration, die die Lage verursacht hat, abgegrenzt. Anders als die Lieder 1–4 ist das fünfte Lied auch nicht durch Zitate und Anspielungen oder gleiche Motive, Wendungen und gleiche Worte mit den übrigen Liedern vernetzt. Nur in V.1 und V.17 hat man den Eindruck, dass eine Nähe zu Klgl 1 besteht. Ein wirkliches kompositorisches Widerlager zum ersten Lied, sodass sich eine aufeinander abgestimmte → chiastische Komposition mit dem dritten Klagelied als → konzentrischer Mitte ergeben würde (1 ↔ 5 und 2 ↔ 4), ergibt sich dadurch aber nicht. Dafür ist die Nähe zum ersten Lied deutlich zu gering. Vielfach weist das fünfte Lied eine größere Nähe zu den Asafpsalmen als zu den übrigen Klageliedern auf; es könnte auch für sich oder als Volksklagelied im Psalter stehen. Insgesamt gewinnt man den Eindruck, dass sich das fünfte Lied in Sprache, Stil und Theologie von den übrigen Liedern unterscheidet und weder auf den Untergang Jerusalems direkt bezogen noch ursprünglich Teil der Sammlung der Klagelieder 1–4 gewesen ist. Nimmt man die Beobachtung hinzu, dass 4,22 einen ursprünglichen Schluss der Sammlung gebildet haben könnte (s. o.), lässt sich vermuten, dass das fünfte Lied erst sehr spät – vielleicht erst im zweiten Jahrhundert – zu der Komposition hinzugesetzt worden ist (s. das Schema zur Enstehung der Komposition S. 39), um die Zahl der Lieder von vier auf fünf zu erhöhen. Damit könnte innerhalb des entstehenden Kanons eine Angleichung an die fünf Bücher des Pentateuch und die fünf Bücher des Psalters vorgenommen worden sein. Entstanden ist das Lied allerdings früher, am ehesten spätexilisch oder (früh-)nachexilisch im 6./5. Jh. v. Chr.

Anders als die übrigen Lieder (bes. signifikant darunter das zweite und das vierte) hat das fünfte Lied *keine* kompositorische Mittelachse. Es hat nur insofern einen klaren Aufbau als V.1 und V.21 durch die an Gott gerichteten Imperative eine Art Rahmen bilden, wobei V.21 eingebettet ist in einen Schlussabschnitt, der mit einer bewundernden Doxologie in V.19 beginnt. Eingerahmt ist in V.2–18 eine Notschilderung eines „Wir“, wobei die V.11–14 einen Einschub darstellen, in denen eine neutrale Beschreibung an der Textoberfläche das sprechende Kollektiv zurückdrängt. Eine zeitliche Abfolge oder räumliche Ordnung ist in der Notschilderung nicht zu erkennen. Gegenwärtige und vergangene Erfahrungen fließen ineinander. Die Notschilderung gipfelt in der Beschreibung des desolaten Zustandes des Zionsberges (V.18). Darin erkennbar ist der Grundtenor, der die gesamte Notschilderung durchzieht: Die Verkehrung der vorherigen Ordnung ins Chaos. Sklaven herrschen, die vormals legitimen Herrscher sind ermordet, Ausländer haben den Besitz der Einheimischen okkupiert, Freude ist der Trauer gewichen, das zuvor Kostenlose muss bezahlt werden etc. In all dem kommt die Demütigung und Erniedrigung der Bevölkerung Jerusalems und Judas durch den Feind zum Ausdruck. Dabei bleibt auch hier offen, ob es noch die Neubabylonier oder schon die Perser sind, die als Fremdherrscher Druck ausüben (s. dazu die Einleitung VI.).

Theologisch hat das Lied ein klares Ziel: Gott soll die Situation wahrnehmen und ändern. Anders als in Klgl 2 wird ihm *wieder* zugetraut, sich dem Volk gnädig zuzuwenden. Sein Tempel mag zerstört und seine Präsenz in Jerusalem nicht mehr unmittelbar sichtbar sein, aber sein (unsichtbarer) Thron als Zeichen seiner uneingeschränkten Macht existiert für immer (V.19). Weil das so ist und die Strafe der Lebensminderung schon zu lange anhält, bittet das fünfte Lied um die Erneuerung der Tage. Demgegenüber fällt auf, dass das explizit anklagende Moment in Klgl 5 ganz fehlt. Dass Gott hinter dem als Strafe gedeuteten Geschehen steht, wird nur am Rande sichtbar. Verursacht wurde die Katastrophe durch die Schuld der Vätergeneration, doch die ist Vergangenheit. So gesteht die gegenwärtige Generation zwar in V.16 auch Schuld ein, doch zeigt sie gleichermaßen Reue V.21 als Voraussetzung der Umkehr. Die Überzeugung, dass alles am Erbarmen Gottes hängt, führt zu der gnadentheologischen Spitzenaussage in V.21, die um die Zuwendung Gottes als Voraussetzung der Umkehr bittet. Mit der Hoffnung auf ein baldiges gnadenhaftes Eintreten zur *Wiederherstellung* Judas, Jerusalems und des engen Erwählungsverhältnisses zwischen YHWH und seinem Volk schließt sich das fünfte Lied gut an das vierte an. Doch im Unterschied zum Schluss des vierten Liedes 4,21–22 oder zu 1,21–22 fehlt eine Vergeltungsbitte vollständig. Vielleicht ist auch das Anzeichen dafür, dass das fünfte Lied einen zeitlichen Abstand zu den Ereignissen spiegelt.

1 Das fünfte Lied hebt sich schon im ersten Vers von den übrigen Liedern ab. Es beginnt nicht mit dem ersten Buchstaben des Alphabets und damit auch nicht mit *'êkāh* „Weh!" wie Klgl 1, 2 und 4. Kein anderes Lied beginnt mit der „Wir"-Gruppe, und keines der anderen Lieder mit einer Anrede Gottes. Von den Verben her versammelt es bereits im ersten Vers alle zaghaften Versuche aus Kap. 1–2, die zerbrochene Kontaktaufnahme wieder herzustellen. Klgl 5 scheint aber von einem vergleichbaren Abbruch der Gottesbeziehung nichts zu wissen und beginnt gleich mit drängenden Bitten an YHWH. Vielleicht kann man schon darin erkennen, dass der Standort später, d. h. jenseits des unmittelbaren Schocks durch die Katastrophe des Zusammenbruchs zu suchen ist. V.7 scheint nahezulegen, dass mindestens eine Generation dazwischen liegt: hier spricht eine „Nachkriegsgeneration"! Es ist die Perspektive derer, die unter den Folgen der Katastrophe leiden, auch wenn sie sie selbst nicht erlebt haben.

Die erste Bitte „Denk daran!“, wörtlicher „Gedenke YHWH!“, ist als Überschrift über das ganze Lied zu sehen. Der Kontrast zum zweiten Lied springt sofort ins Auge: Begann dieses mit der Feststellung, dass YHWH *nicht* gedacht hat, so wird er hier zum Gedenken aufgefordert. Der Imperativ „Schau!“ (1,9.11.12.18.20; 2,20, vgl. 3,36.50.59.60) besonders in Kombination mit dem „Blick genau hin!“ (1,11.12; 2,20, vgl. 3,63; 4,16) war ja Kennzeichen der ersten beiden Lieder. Hier ist wie in 1,11 die Beschämung das Objekt, allerdings mit dem Wort aus 3,30.61. Nur in wenigen Versen sind die Bezüge zu den übrigen Klageliedern so dicht. Möglicherweise wurde das fünfte Lied im ersten Vers bewusst angepasst, um es für die Sammlung der Klagelieder passender zu machen (s. auch V.17). Dafür könnte auch sprechen, dass es zwar nicht ausgeschlossen ist, ein Volksklagelied mit einer Bitte zu eröffnen (Ps 80; 83; 132), die meisten vergleichbaren Psalmen das aber nicht tun, sondern etwa mit der Wir-Klage beginnen (Ps 60,3; 79,1). Diese beginnt im fünften Lied jedoch erst in V.2.

Wie dem auch sei, das Lied bedrängt YHWH, die im Mittelteil in V.2–18 geschilderte Situation wahrzunehmen und zugunsten der Sprecher einzugreifen und sich der Wir-Gruppe erneut zuzuwenden. Auffallend ist, dass das fünfte Lied das → Tetragramm YHWH nur in den Rahmenversen (V.1.19.21) gebraucht, wo Gott auch direkt angesprochen wird. Über Gott und sein Handeln wird im fünften Lied, anders als in den übrigen Liedern, im beschreibenden Mittelteil nicht gesprochen.

2 Mit V.2 beginnt die Beschreibung der schmachvollen Zustände, die Gott doch (endlich) wahrnehmen soll. Die Sachverhalte werden geradezu nüchtern gelistet, jeweils in Umschreibungen: Enteignungen von Eigentum, Ermordnung der erwachsenen Männer, Unterdrückung, Nahrungsmittelknappheit, Vergewaltigung etc. Obwohl die Zustände objektiv schlimm sind, fehlen nahezu jegliche Hinweise auf Emotionen oder Reaktionen der Betroffenen. Erst V.15.17 lassen erkennen, wie schmerzlich die Zustände für die Bevölkerung sind. Der Ton ist ein ganz anderer als in den Liedern 1–4.

V.2 beginnt mit der Leidschilderung und stellt die Eigentumsverhältnisse an die Spitze. Wie die meisten Verse in Lied 5 ist er in einem einfachen synonymen → Parallelismus aufgebaut. Die

Übersetzung ordnet die Glieder zusätzlich → chiastisch an, was im hebräischen Text nur die Schlussverse auszeichnet. „Unser Erbe“ und „unsere Häuser“ stehen parallel, sodass ausgeschlossen scheint, das „Erbe“ wie in Ps 16,6; 28,9; 33,12; 47,5; 68,10; 74,2 u. ö. auf das Volk oder das ganze Land zu beziehen. Es geht um den Familienbesitz, der nach dem Erbrecht an die kommende Generation weitervererbt wird. Dabei ist nicht nur an Wohneigentum zu denken, sondern zu berücksichtigen, dass die Häuser als Landgüter, Gehöfte, Werkstätten, Läden etc. zugleich Produktionsmittel waren. Das verwendete Verb, das beide Vershälften regiert, ist in dem Zusammenhang außergewöhnlich, es wird nirgendwo sonst auf Eigentum bezogen. Es bezeichnet ein Umstürzen, Umwenden, Wandeln, Verkehren oder Zerstören. Ijob 12,15 beschreibt, wie Sturzbäche das Land umkehren, in Ps 66,6 wandelt Gott das Meer für den Durchzug in Trockenes, Jer 13,23 fragt, ob ein Schwarzer seine Hautfarbe ändern kann und Am 5,7 beklagt, dass Recht in Wermut verkehrt wurde. Auch in 1,20; 3,3; 4,6 war das Verb mit je anderen Konnotationen verwendet. Es geht dabei oft um das Unvorstellbare, die Umkehrung eines Naturgesetzes oder das „auf den Kopf stellen“ einer fest geglaubten Ordnung. Auch hier geht es um die Umkehrung eines quasi Naturgesetzes, der Erbfolge. Es ist die Enteignung von Land und Produktionsmitteln durch den Eroberer. Er nimmt sich die besten Stücke, um den Provinzgouverneur und seine Verwaltungsbeamten zu versorgen. Jer 39,10 berichtet zudem darüber, dass nur Besitzlose im Land verblieben seien und der Babylonier Nebusaradan das Land – Acker und Weinberge – an sie umverteilt habe. Die Maßnahme verfolgt weniger sozial-egalitäre oder caritative Ziele als dass der Besatzer die verbliebenen Ressourcen und Produktivkräfte des Landes nicht verfallen lässt, sondern zu seinen Gunsten neu organisiert, um zumindest eine Verwaltung des zerstörten Landes zu ermöglichen. Für eine Landreform, die sich an den sozialen Grundsätzen des Deuteronomiums orientierte, fehlen jedenfalls belastbare Hinweise, selbst wenn man in Rechnung stellt, dass die Neubabylonier am ökonomischen Erhalt der Provinz wenig Interesse gezeigt haben. Dass die Einweisung von Landlosen in das bebaubare Land in der Folgezeit etwa bei Rückkehr der Anspruchsberechtigten zu Eigentumskonflikten geführt hat, kann man sich gut vorstellen (vgl. Ez 11,15; 33,24; Rut

3, vgl. Mi 2,4; Joël 4,2). Doch V.2 beklagt ja nicht eine Umverteilung an Israeliten, sondern die Übereignung von Familienbesitz an Ausländer. Inwieweit es aber in Jerusalem und in Juda tatsächlich zu Enteignungen gekommen ist, lässt sich nicht mehr sagen, denn darüber fehlen verlässliche Informationen. Nach der Eroberung und Schleifung der Mauern Jerusalems wird Gedalja zum Verwalter eingesetzt. Er entstammt nicht der davidischen Königsfamilie, sondern der Linie der Schafaniden, der einflussreichsten Familie in den letzten Jahrzehnten vor dem Niedergang (s. o. zu 4,13). Gedalja, der kurze Zeit später schon von restaurativen Kräften ermordet wird, residiert aber nicht in Jerusalem, sondern nördlich davon in Mizpa, das in dem von Zerstörung weitgehend verschonten Landstrich Benjamin liegt. Darin setzen die Babylonier ein Zeichen der bewussten Diskontinuität. Weit darüber kommt man nicht hinaus, denn es gehört zu den Topoi der Eroberung, das Fremde eindringen und im Eigenen „hausen" (Jer 51,51; 1 Makk 1,38; 3,45, vgl. Ps 80,13–14). Dass in vielen prophetischen Ankündigungen auf den Verlust von Wohneigentum Bezug genommen wird (Ez 7,21.24; Zef 1,13; Jes 61,5; Jer 5,17; 6,12; 8,10; Mi 2,1–5; vgl. Dtn 28,30; Spr 5,10), lässt die Aussage von V.2 jedenfalls durchaus wahrscheinlich scheinen. Sie formuliert allerdings umfassend und generalisierend. V.2 betrauert, dass der Feind *alles* genommen hat.

3 V.3 beklagt den Bevölkerungsschwund durch die Zerstörung und Eroberung. Das „Waisen wurden wir" wird noch einmal pleonastisch ergänzt. Hinter dem „vaterlos" der EÜ steht der Satz „und ohne Vater", was auch sprachlich den Abbruch unterstreicht. Dass es um den *pater familias*, den Familienvorstand und Versorger, geht, macht auch der zweite Versteil deutlich, denn die Mütter sind *wie* Witwen geworden. Die Vergleichspartikel im hebräischen Text überrascht und löst eine Spannung aus: Während in der ersten Vershälfte die Kinder tatsächlich Waisen geworden sind, scheinen die Männer in der zweiten nicht tot, sondern „nur" abwesend. Geht es um die Deportierten oder die Getöteten? Da wie bei den Assyrern (Abb. 6–8) auch in der neubabylonischen Deportationspraxis in der Regel die ganze Familie ins Exil verbracht wurde, ist die erste Deutung unwahrscheinlich. Eine andere Lösung bietet vielleicht die Textgeschichte, denn außer V.3 verbindet nur noch 1,1 das Wort

„Witwe“ mit einer Vergleichspartikel. Vielleicht ist also doch ernster zu nehmen, dass in Qumran der Text lautet: „unsere Mütter haben keine Töchter und *sind* Witwen.“ Das könnte dafür sprechen, dass V.3 im Blick auf 1,1 angeglichen wurde. Wenn, dann wäre allerdings die Änderung im hebräischen Text *vor* der griechischen → Septuaginta erfolgt, denn auch die bezeugt „wie Witwen“. In den Blick geraten sollen jedenfalls diejenigen, die ohne Versorger zu Bedürftigen, zu *personae miserae* geworden sind, die der solidarischen Versorgung bedürfen, wenn sie nicht Hunger leiden sollen. Dazu wird auf die Väter als Versorger abgehoben und vorausgesetzt, dass die erwachsenen Männer im Kampf oder durch Hinrichtung gestorben sind.

Über die Frage des Bevölkerungsschwundes während der Zeit der Belagerung und Eroberung Jerusalems existieren derzeit sehr unterschiedliche Einschätzungen. Biblisch finden sich hierzu keine belastbaren Angaben (s. bereits o. Einleitung VI.5 und VI.9). Dort werden lediglich Zahlen der nach Babylon Deportierten angegeben, doch schon die gehen erheblich auseinander (2 Kön 24,14.16; Jer 52,28). Zum Teil soll in den Texten sogar der Eindruck entstehen, dass das ganze Land leer gewesen sei und vor allem die Stadt Jerusalem unbewohnbar und *menschenleer* war (Jer 44,2, vgl. 9,10). Diesen „Mythos des leeren Landes“ schreibt Klgl 5 nicht fort, macht aber auch keine Angaben, wie viele Menschen konkret betroffen waren. Jer 52,28–30 nennt die konkretesten, aber auch niedrigsten Zahlen: 597/96 v. Chr. 3023 *y^ehûdîm* („Judäer“), 587/86 v. Chr. 832 Personen aus Jerusalem und 582 v. Chr. 745 Personen, insgesamt die runde Zahl von 4600 Personen. Da diese Angaben selbst für Skeptiker zu gering scheinen, wurde zu bedenken gegeben, dass die Zahlen nur erwachsene Männer nennen, aber immer ganze Familien exiliert wurden (s. Abb. 6–8). Rainer Albertz will in den 832 Jerusalemern nur den letzten Rest der aus der Stadt Deportierten, aber nicht deren Gesamtzahl sehen, doch scheint der Text tatsächlich von geringeren Zahlen auszugehen. Nähert man sich von der anderen Seite, der Bedeutung der Exilsgemeinde in Babylon, so kann die Zahl der Deportierten auch nicht zu gering angesetzt werden. Über die Frage, wie viele Opfer die Strafaktionen Nebukadnezzars tatsächlich gefordert haben und wie desolat die Situation in Juda im fortgeschrittenen 6. Jh. v. Chr. tatsächlich war, gibt das noch keine Auskunft. Eine Beurteilung fällt schwer, da belastbare Informationen fehlen. Für Angaben zum demographischen Niedergang zwischen dem Ausgang des 7. Jhs. und dem Beginn des 5. Jhs. v. Chr. ist man auf Schätzungen der Gesamtbevölkerung angewiesen und hier schwanken die Angaben ebenfalls sehr. Diese beruhen auf Berechnungen, die von der besiedelten Fläche in beiden Perioden ausgeht und dazwischen eine großflächige Zerstörung der Siedlungsfläche annehmen, die höher als 70 % liegen dürfte. Im 6. Jh. v. Chr. verbleiben jedenfalls auch optimistisch nicht mehr als 30.000 Menschen in der gesamten Provinz Jehud. Folgt man Israel Finkelstein reduziert sich diese Zahl mindestens um die Hälfte und in Jerusalem lebten nur einige Hundert Personen. Oded Lipschits geht hingegen von etwa 3000 verbliebenen Stadtbewohnern aus. Wie man die Zahlen auch immer ansetzt, sie zeigen über die besiedelte Fläche einen erheblichen Schwund der Bevölkerung gegenüber der späten Königszeit an. Zwar sind Massengräber außerhalb von Aschdod und Lachisch nachgewiesen, die zeigen, dass der Verlust durch Belagerung und Eroberung sowie anschließenden Hinrichtungen enorm gewesen sein muss, doch fehlen bisher solche Massenbestattungen aus dem frühen 6. Jh. v. Chr., die von massenhaft getöteten Bewohnern der Städte während der Eroberungswellen zeugen würden. So werden neben Flucht, Vertreibung und Deportation sicherlich auch Krankheiten und Seuchen aufgrund der desolaten Situation zu den Faktoren gehört haben, die die Bevölkerungszahl dezimierten.

Die Klage von V.3 mag also neben aller Stilisierung einen wahren Hintergrund haben. Wie V.2 mit den enteigneten Produktionsmitteln, nimmt sie dabei die wirtschaftliche Situation in den Blick, die zuallererst die Schwachen der Gesellschaft trifft. In einer intakten erweiterten Großfamilie ist der *pater familias* die zentrale Person. Er sorgt in verwandtschaftlicher Solidarität auch für die, denen in ihrer Kleinfamilie in Krisenzeiten keine ausreichende Versorgung sichergestellt werden kann. Das sind zunächst vor allem Witwen und Waisen, denen der Versorger fehlt, dann weitere verarmte Verwandte. Für die exilisch-nachexilische Zeit ist generell ein Auseinanderbrechen dieser verwandtschaftlichen Sippensolidarität zu beobachten, die sich auch in einer Tendenz zur Kleinfamilie zeigt. Damit wurde die Situation von Witwen und Waisen noch prekärer. Da die Gesellschaft durch die Verallgemeinerung in V.3 nur noch aus diesem „Prekariat" besteht, scheint die Lage insgesamt miserabel.

4 Das nimmt V.4 auf, indem er die Verknappung lebensnotwendiger Güter beschreibt und damit die bedrängende Situation illustriert. Es fehlt am Nötigsten, denn Wasser und Holz braucht man zum täglichen Überleben. Zu beidem gibt es in der Regel freien Zugang und es ist kostenlos zu beschaffen. Aber Notzeiten sind durch Verknappung gekennzeichnet, weshalb auch Güter, die sonst frei verfügbar sind, reglementiert werden (vgl. das Gegenbild Jes 55,1). Mit dem Holz ist vermutlich Brennholz gemeint, mit dem man den Ofen zum Brotbacken und die Kochstelle befeuert. Ohne Holz lassen sich keine Speisen und kein Gebäck, nicht mal das Grundnahrungsmittel Brot zubereiten. Brennholz ist immer knapp. Während der Holzhandel Brennholz aus den nahegelegenen Wäldern des Umlandes importiert und vermarktet, sammeln diejenigen, die sich das nicht leisten können, in weitem Umkreis um die Städte, Dörfer und Gehöfte das abgestorbene Holz und dürre Sträucher, um damit zu kochen und zu backen. Offenbar ist diese Möglichkeit erschöpft oder durch den Besatzer kontrolliert. Zumindest beklagt V.4, dass nur noch Holz zum Kauf zur Verfügung steht. Wie das Holz ist auch Wasser nicht mehr kostenlos zu bekommen. Der Zugang zur Wasserversorgung, insbesondere zu Quellen, Brunnen und Zisternen, ist zwar durchaus reglementiert, insbesondere dann, wenn die Wasserquellen auf privatem Grund liegen (Gen 21,25; 2 Sam 17,18, vgl. nicht zuletzt die vielen Brunnenerzählungen im AT). Unausgesprochen gibt es so etwas wie ein Grundrecht auf Wasserversorgung, sodass jeder freien Zugang zu einer erreichbaren Wasserstelle hat. Gesichert wird das in der Regel durch die lokalen Autoritäten oder Verträge (Gen 21,32; 26,15–18; Num 20,17; 21,17–18). Wenn der Besatzer nun auch die Frischwasserversorgung kontrolliert, mit Steuern belegt und damit die letzten finanziellen Ressourcen abschöpft, ist das ein hartes Los für die verbliebenen Bewohner. Aus den persischen Satrapien sind solche „Wassersteuern" belegt. In dem babylonischen Archiv des Familienbetriebs *Muraššu* findet sich ein Dokument, in dem vertraglich horrende jährliche Beträge für die Bewässerung von Feldern an einem Kanal fällig werden.

Diese Steuern waren an einen Kanalverwalter zu zahlen, der sie auf die nächsthöhere Ebene weitergab. Ähnliches berichtet auch der Historiker Herodot (Historien III, 117). Bei den Belegen handelt es sich jedoch um die Besteuerung von Bewässerungsanlagen, nicht um eine Trinkwassersteuer, wie sie auf den ersten Blick V.4 nahelegt. Dennoch könnte hinter der Klage die hohe Steuerlast der Perser stehen. Die lokalen Statthalter hatten dem Satrapen jährlich eine bestimmte Summe an Steuern zu übergeben (Esra 4,20; 6,8; Neh 5,4). Das Steueraufkommen wurde jedoch nicht unbedingt der tatsächlichen Wirtschaftskraft angepasst, sondern zentral von der Persischen Administration festgelegt. Entsprechend kam es zu außerordentlichen Belastungen der Bevölkerung, wenn die Wirtschaftsleistung nicht genügend Surplus erbrachte, um die Steuern aufzubringen. Sondersteuern und Abgaben waren die Folge (Neh 5,1–4). Zwar sind weder Trinkwassersteuern noch Brennholzsteuern in den Quellen für die fragliche Zeit belegt, jedoch zeigen fiskalische Experimente aus anderen Kontexten, dass es nichts gibt, was nicht besteuert werden kann. Die 1698 eingeführte Bartsteuer unter Zar Peter I. oder die 1909 erhobene Zündholzsteuer sind nur einige Beispiele dafür.

5 Der Vers ist textlich schwierig, geht aber offenbar auch auf den durch die Fremdherrschaft erzeugten Druck ein. Wörtlich heißt es „auf unserem Hals verfolgten sie uns“, was keinen wirklichen Sinn zu geben scheint. Auf dem Hals liegt aber oft das Joch und die dazu notwendige Textänderung, die in EÜ vorausgesetzt ist, ist nur sehr geringfügig. Mit einem Joch werden Zugtiere eingespannt, um einen Wagen oder einen Pflug zu ziehen. Das Joch steht symbolisch für harte Arbeit und hohen Druck, vor allem aber für Zwang (1 Kön 12,4.14; Jes 9,3; 10,27; 14,25; Jer 5,5). Verschärft wird das Bild noch durch die Vorstellung, dass ein Treiber mit einem Stock das Gespann antreibt. Die zweite Vershälfte verstärkt das Bild. Es gibt keine Pause und kein Entrinnen. Der Treiber ist unerbittlich und versagt die Ruhe selbst da, wo die Erschöpfung offensichtlich ist. Der Vers beklagt Freiheitsentzug und Zwangsarbeit. Auch das hat die Situation nach der Eroberung, wenn nicht eher die frühe Perserzeit im Auge. Nebukadnezzar gilt als Herrscher, der die in den eroberten Ländern erbeuteten Ressourcen intensiv zum Aus-

bau von Städten mit Prachtbauten und Tempeln nutzte und dafür auch Zwangsarbeiter einsetzte. Dass darunter auch einige Judäer waren, ist anzunehmen. Ez 34,27 kündigt den Exilierten an, dass YHWH ihr Joch zerbrechen wird und er sie der „Gewalt derer entreiße, von denen sie versklavt wurden“. Möglicherweise handelt es sich dabei – wie der Kontext nahelegt – um landwirtschaftliche Zwangsarbeit der Exilierten. Doch hat das fünfte Lied sonst nicht die Situation der Exilierten im Blick, sondern die der im Lande Verbliebenen. Dass die Neubabylonier dort auch Zwangsarbeiter eingesetzt haben ist weder durch andere Texte belegt noch wahrscheinlich. Gleiches gilt auch für die ab 539 v. Chr. einsetzende persische Herrschaft. Dort setzte allerdings durch die hohe Steuerlast (s. V.4) eine zunehmende Versklavung der Landbevölkerung ein, die die Steuern nicht aufbringen konnte. Entsprechend verpfändete sie die Arbeitskraft der arbeitsfähigen Familienmitglieder an wohlhabendere Großgrundbesitzer. Davon gibt Neh 5,1–5 in der Klage der Landbevölkerung gegenüber Nehemia Zeugnis:

> Die Männer des einfachen Volkes und ihre Frauen erhoben aber laute Klage gegen ihre jüdischen Stammesbrüder. Die einen sagten: Wir müssen unsere Söhne und Töchter verpfänden, um Getreide zu bekommen, damit wir zu essen haben und leben können. Andere sagten: Wir müssen unsere Felder, Weinberge und Häuser verpfänden, um in der Hungerzeit Getreide zu bekommen. Wieder andere sagten: Auf unsere Felder und Weinberge mussten wir Geld aufnehmen für die Steuern des Königs. Wir sind doch vom selben Fleisch wie unsere Stammesbrüder; unsere Kinder sind ihren Kindern gleich, und doch müssen wir unsere Söhne und Töchter zu Sklaven erniedrigen. Einige von unseren Töchtern sind schon erniedrigt worden. Wir sind machtlos, und unsere Felder und Weinberge gehören anderen.

Der letzte Vers dieses Textes ruft noch einmal die Klage über die Besitzverhältnisse aus V.2 in Erinnerung. Gegen einen Bezug von V.5 auf diese Situation spricht allerdings, dass sich die Klage auf die ungerechte Besitzverteilung unter Judäern richtet. Die Verarmung derjenigen, die in einer Krise – einem schlechten Erntejahr oder gar einem Ernteausfall wegen anhaltender Dürre – die Steuern nicht mehr bezahlen können, begünstigt andere, die auf Vorräte zurückgreifen können oder anders abgesichert sind. Dadurch geht die

Schere zwischen Arm und Reich unerträglich weit auf. Das „Joch" der Steuern ist das im Hintergrund angesprochene Problem; V.5 wäre dann übertragen zu verstehen. Vor allem aber das „haben sie uns verfolgt", das die EÜ durch „wir werden getrieben" in das Bild der Zugtiere einpasst, spricht gegen einen Bezug auf die Situation der Perserzeit, denn die Perser werden sonst im Alten Testament nie kritisch als Zwingherren oder Verfolger wahrgenommen.

Somit ist vielleicht doch gegen das Verständnis der EÜ zu überlegen, ob der Vers mit V.6 zusammengehört und eine Art Rückblende bietet. Er wäre dann näher am hebräischen Text etwa mit der Zürcher Übersetzung wiederzugeben: „Die uns verfolgen, sitzen uns im Nacken." Dann würde er auf die Situation der Jahre unmittelbar vor der Eroberung durch die Neubabylonier Bezug nehmen, die wie in 1,3.6; 4,19 als Verfolgung und zunehmende Bedrohung wahrgenommen wird, in der es keine Ruhepause gibt.

6 Auch dieser Vers stellt vor Probleme in der Interpretation. An der Textoberfläche geht es um Nahrungsversorgung, „um uns mit Brot zu sättigen". Im eigenen Land scheint es nicht genügend „Brot" zu geben, um die Bevölkerung zu ernähren. Ob die Ernteausfälle durch Naturkatastrophen wie Dürrejahre oder durch den Zusammenbruch der Agrarwirtschaft in der Kriegs- und Nachkriegszeit bedingt sind, sagt der Text nicht. Während man in Palästina in Krisenzeiten traditionell auf die im Schwemmland des Nils erwirtschafteten größeren Getreidevorräte zurückzugreifen suchte (Gen 12,10; 41,36; Jer 42,10.15–19; 44,12–13; Jdt 5,10), gilt das nicht gleichermaßen für Assyrien. Dort ist der Überschuss in der Agrarwirtschaft nicht so hoch, dass Getreide in größeren Mengen exportiert werden könnte. Ägypten und Assur können zwar für die ganze Welt stehen, denn die beiden Großmächte sind die *global player* in der ersten Hälfte des 1. Jts. v. Chr. (Jes 7,18; 10,24; 19,23–25). Dabei geht es aber oft um die Rückführung der Exilierten aus den Weltgegenden (Jes 11,11; 27,13; Hos 11,11; Sach 10,10–11), sodass sich dieses Verständnis hier nicht nahe legt. Vielmehr ist der Vers übertragen zu verstehen und auf die Außenpolitik zu beziehen. Ägypten und Assur sind Bündnispartner, die das Überleben sichern sollen. Die Hand wird also nicht bittend ausgestreckt, sondern zum Vertragsschluss gereicht. Immer wieder haben Israel und

Juda versucht, Allianzpartner zu gewinnen, um sich gegen zu starken Druck zur Wehr zu setzen. Wenn die Kosten des Vasallitätseides den Nutzen zu übersteigen schienen oder sich eine günstige Gelegenheit bot, das Joch der Zwingherren abzuschütteln, streckte man die Hand zu Bündnispartnern aus, um im Konfliktfall Hilfe zu bekommen. Diese Schaukelpolitik war höchst gefährlich und gegebenenfalls konnte der Vassalitätsherr die Souveränität des Vasallen noch weiter einschränken und die Lasten noch erhöhen, wenn nicht sogar die Infrastruktur in Strafaktionen militärisch ganz zerstören. Von den Befürwortern der Vasallität wurde diese Außenpolitik scharf kritisiert: „Efraim ist eine Taube, leicht zu betören und ohne Verstand. Sie rufen Ägypten zur Hilfe und laufen nach Assur." (Hos 7,11; 12,2) Ebenso deutlich äußert sich Jer 2,36 „Wie kannst du nur so leicht bereit sein, deinen Weg zu wechseln! Auch von Ägypten wirst du enttäuscht, wie du von Assur enttäuscht worden bist. Auch von dort wirst du wegziehen, die Hände über dem Kopf. Denn der Herr verwirft alle, denen du vertraust; du hast mit ihnen kein Glück." (vgl. Jer 2,18) Mit dem Erstarken der Neubabylonier kommt es 616 v. Chr. vielleicht sogar zu einer vertraglich vereinbarten Koalition zwischen Assur und Ägypten gegen Babylonien, die allerdings erfolglos blieb. Zwar ist die Möglichkeit nicht ausgeschlossen, dass „Assur" hier für „Babylon" steht (wie in Esra 6,22 für die Perser) und auch die spätere Bündnispolitik Judas im Fokus ist, doch könnte der Vers gerade auf die Zeit der letzten Jahrzehnte zurückblicken, in der die Neubabylonier als Großmacht entstanden und ihre zerstörende Dominanz in Syrien-Palästina zu entfalten begannen.

7 Der Vers lenkt den Blick zurück auf die bedrückende Gegenwart der Sprechenden, allerdings nicht ohne über die Väter eine Brücke zwischen beiden Seiten zu schlagen. Die gegenwärtige Lage wird auf Fehler der Väter zurückgeführt und zugleich wird ein Generationenwechsel angezeigt: „sie sind nicht mehr". Dadurch wirft der Vers die Frage auf, warum die nachgewachsene Generation für die Fehler der Väter bezahlen muss. Diese haben ihre Fehler schon mit dem Tod bezahlt („sie sind nicht mehr"), warum also sind die Folgen für die Generation der Söhne und Töchter immer noch so hart? Das „wir müssen ihre Schuld tragen" wählt nicht das übli-

che Verbum, wenn es um die Übernahme von Verantwortung geht, sondern ein Verbum, das sonst Fronarbeit bezeichnet und nur in Jes 53,4.11 vergleichbar verwendet ist. Wäre auch in V.5 von der Fronarbeit die Rede, würde ein recht eindeutiger Bogen zurückgeschlagen. Die von den Sprechern erlebte gegenwärtige Bedrückung durch Fronarbeit wird auf die außenpolitischen Fehler der Vätergeneration zurückgeführt. Entsprechend wird YHWH aufgefordert, die Bestrafung zu beenden, da die Schuldigen bereits nicht mehr leben. Die Begriffe, die die Schuld bezeichnen, können zwar auch auf direkte Verfehlungen gegen Gott bezogen werden (Jer 14,7; 16,10; 33,8; Ps 51,7.11; 103,10), meinen hier aber eher – auch wenn sich die Ebenen im AT nicht trennen lassen – wie in Dtn 19,15; Hos 12,9 „profane" bzw. moralische Vergehen. Das stimmt mit der Auffälligkeit überein, dass die falsche Bündnispolitik in den Klageliedern nicht wie häufig in den Propheten ausdrücklich als Abfall von Gott oder Verstoß gegen das erste Gebot gewertet wird.

Die beiden Schuldbegriffe weisen aber zugleich auf eine Diskussion, die in exilischer Zeit beginnt und die in nachexilischer Zeit fortgesetzt wird. Wie weit reicht die Generationenhaftung? Die sog. Gnadenformel in Ex 34,7 geht noch wie selbstverständlich davon aus, dass Gott die Schuld der Väter an den Söhnen verfolgt, auch bis in die dritte und vierte Generation. Diese Position spiegelt sich in Gen 15,7; Num 14,18 und vor allem in den Dekalogen Ex 20,5/Dtn 5,9. Es wird also recht unhinterfragt davon ausgegangen, dass es eine Kollektivhaftung gibt, die in die nächste Generation überwechselt. Auch Jer 14,20 spiegelt eine solche Position, wenn es die Sünden der Väter mit den Sünden der „Wir" gleichsetzt. „Wir erkennen, HERR, unser Unrecht, die Schuld unsrer Väter: Ja, wir haben gegen dich gesündigt." (vgl. Neh 9,2; Dan 9,16) Die Konzeption einer „Wüstengeneration", die vollständig für ihre Sünden in der Wüste sterben muss (Num 14,22–23; Dtn 1,35), deutet hingegen eine andere Perspektive an. Die Entbehrungen während der vierzig Jahre in der Wüste hat die nachwachsende Generation zumindest zum Teil auch zu ertragen, doch dann bekommt sie anders als die Väter die Chance zu einem Neuanfang im Land. In der Auseinandersetzung mit dem Spruch „Die Väter haben saure Trauben gegessen und den Söhnen werden die Zähne stumpf" (Jer 31,29–30; Ez 18,2–4) zeigt sich dann eine Position, die eine Haftung *nur* für persönliche Sünden für angemessen hält (Dtn 24,16). Dabei ist sich vor allem das Kapitel Ez 18 durchaus bewusst, dass es generationenübergreifende Strukturen gibt, die in Schuldzusammenhänge umschlagen können. In diesen Diskussionskontext ist V.7 einzuordnen. Die abschließende Klage in V.20–22, die ein Ende der als Strafe empfundenen Situation einfordert, setzt eine Position voraus, die die Generationenhaftung entsprechend V.7 begrenzt. Die Sprechergeneration von Klgl 5 sieht sich zu Unrecht mit den Folgen der Fehler der Väter belastet, wenn sie auch in V.16 durchaus ein Sündenbekenntnis für sich formuliert. Aber wie im zweiten und dritten Lied geht es um die Verhältnismäßigkeit der Strafe.

8 Der Vers kehrt ganz in die Gegenwart der Sprecher zurück und beschreibt die Situation als vollständige Verkehrung des Status. „Wohlleben steht dem Toren nicht an, noch weniger einem Knecht, über Fürsten zu herrschen“ formuliert die Spruchweisheit in Spr 19,10 (vgl. Spr 30,22; Koh 10,7). Das jedoch ist in der Sicht der Sprecher eingetreten. Abhängige, die selbst Befehlsempfänger sind, üben Herrschaft aus. *mšl* ist dabei ein Verbum, das oft die königliche Herrschaft meint, die hier offenbar fehlt. Das unterstreicht die Verkehrung der Verhältnisse, die der Vers beklagt. Entfernt klingt die Drohung aus Dtn 28,44 nach. Es ist eine Herrschaft, die gegen die „normale“ Ordnung steht, wenn sie nicht sogar illegitim ist. Die „Sklaven“ sind dabei wohl nicht Landlose, die unter Gedalja in Felder eingewiesen wurden (s. V.2) und jetzt zu Macht und Ansehen gekommen sind, sondern die Fremdherrscher oder wenn man so will „Besatzer“. Die fehlende Eindeutigkeit dürfte daher rühren, dass der implizite Vorwurf einer illegitimen Herrschaft eine scharfe Kritik darstellt, die gegenüber dem Besatzer bzw. Großkönig kaum offen ausgesprochen werden kann, ohne ernste Folgen zu haben. Der Text bedient sich daher eines geschickten Spiels mit den Bedeutungen von *'æbæd*. Das Wort kann nämlich nicht nur „Knecht, Diener, Sklave“ meinen, sondern steht oft auch für Minister, höher gestellte Beamte, alle in der Verwaltung Beschäftigten und selbst Soldaten (Gen 21,25; Num 22,4; 1 Sam 17,8; 19,1; 21,7; 2 Sam 10,2; 2 Kön 24,10; 2 Kön 25,24; Neh 2,10 u. ö.). Das subtile Spiel zeigt sich, wenn auch der Vasall als *'æbæd* bezeichnet wird (2 Sam 8,2.6.14; 2 Kön 10,19; vgl. die Bezeichnung

Nebukadnezzars als „Knecht YHWHs“ in Jer 25,9; 27,6; 43,10). Eindeutigkeit wird jeweils durch einen Zusatz (z.B. des Königs, der Babylonier etc.) erreicht, der hier fehlt, weshalb die „Sklaven“ zu allen Seiten offen sind. Dass es jedoch um die Fremdherrschaft geht, macht die zweite Vershälfte deutlicher. Das dort verwendete Verbum *prq* meint zunächst ein „Losreißen mit Gewalt“ (Ex 32,2; Ps 7,3; Ez 19,12; Sach 11,16). Entsprechend wird damit das Abstreifen einer Fremdherrschaft ausgedrückt (Ps 136,24), wie vielleicht am ehesten der Spruch im Segen Esaus Gen 27,40 zeigen kann: „Von deinem Schwert wirst du leben. Deinem Bruder wirst du dienen. Doch reißt du dich los, so schüttelst du ab sein Joch von deinem Nacken.“

Die Hand steht dabei für Herrschaft und oft meint „aus der Hand“ dabei eine Zwingherrschaft oder militärische Überlegenheit (Ri 10,12; 12,2; Jer 38,23; Ez 34,10; Sach 11,6 u. ö.). Sie drückt eine Not aus, in der sich die „Wir“ befinden und zielt auf das Eingreifen Gottes. Er soll die Sprecher aus der Hand der „Sklaven“ erretten.

Der Vers ist eines der wenigen Beispiele, in denen die Fremdherrschaft, sei es der Neubabylonier oder eher der Perser, kritisiert wird. Die Herrschaft wird subtil als illegitim und als Verkehrung der Ordnung gekennzeichnet. Mit deutlicher Kritik an der hohen Steuerlast und ähnlichem Akzent auf der Not, beklagt Neh 9,34–37 die Fremdherrschaft der Perser als „Versklavung“, die in V.34–35 als Folge der Sünden der früheren Könige gewertet wird:

> Darum sind wir heute Knechte. Du hast unseren Vätern dieses Land gegeben, damit sie seine Früchte und seinen Reichtum genießen; wir aber leben darin als Knechte. Sein reicher Ertrag geht an die Könige, die du wegen unserer Sünden über uns gesetzt hast. Sie verfügen über uns selbst und unser Vieh nach ihrem Belieben. Darum sind wir in großer Not. (Neh 9,36–37)

Dass letztlich die konkrete Not den Anlass für die Klage V.8 bietet, werden die folgenden Verse zeigen, die sich erneut auf die Folgen der Eroberung und Fremdherrschaft beziehen. Die Rede vom Herrschen hingegen hat noch mehrfachen Widerhall im fünften Lied. Dabei wird wie in V.8 der Druck auf Gott erhöht, als Instanz der Gerechtigkeit und Barmherzigkeit einzugreifen. Zunächst beklagt V.12, dass die Fürsten getötet worden sind, was den Niedergang der

Monarchie einschließt, auch wenn er nicht explizit adressiert wird. Das ist kennzeichnend für das fünfte Lied, denn auch in V.16 wird der Niedergang der Monarchie nur angespielt, wenn beklagt wird, dass die Krone, das königliche Signum, vom Haupt gefallen ist. Dort ist die zuvor herausgehobene Stellung der „Wir" gemeint, wobei auch dort der Verlust der Monarchie mitschwingt. Das fünfte Lied hegt jedoch keine Hoffnung auf die Restitution des irdischen Königtums. Das zeigt der „krönende" Abschluss in V.19, wenn er im Kontrast zum irdischen König YHWH als den „eigentlichen" Herrscher preist, dessen Thron in Ewigkeit bleibt. Damit gibt es dann keine Alternative mehr zu seiner Herrschaft: Die frühere Monarchie ist vergangen und das „wir" hofft nicht auf Restitution des Königtums, die gegenwärtige Herrschaft ist illegitim und eine Drangsal. Nur noch in der Gottesherrschaft liegt Hoffnung.

9 Der Vers verbindet den notwendigen Lebensunterhalt „Brot holen" mit Lebensgefahr. Er deutet damit wie V.4 eine Verknappung der wichtigsten Güter an, die in V.10 grausame Hungerqualen zur Folge hat. Ganz klar wird das, was im Hintergrund der knappen Formulierung steht, allerdings nicht. Wenn der Ausgangspunkt die Stadt ist, muss diese Sicherheit des geschützten Raums verlassen werden, um Grundnahrungsmittel außerhalb zu besorgen, wo das Schwert der Wüste wütet. Aber warum? Ist die Infrastruktur so weit zusammengebrochen, dass es in Jerusalem, wo es doch eine Bäckergasse gab (Jer 37,21), kein Brot mehr zu kaufen gibt? In der „Wüste" jedenfalls gibt es kein Brot, das man holen könnte. Kommt also das Schwert der Wüste bis in die Nähe der Stadt? Muss man vielleicht Brot, Schwert und Wüste übertragen verstehen? Das Wort für „Brot" kann die Nahrung insgesamt bezeichnen. Die „Wüste" ist ein lebensferner Ort, der dem Leben schlechthin entgegengesetzt ist, sodass mit der „Wüste" der Mangel und dem „Schwert" der Tod ausgedrückt würde. Das ist denkbar, hat aber so keine Parallelen, sodass für das „Schwert der Wüste" nach anderen Bedeutungen Ausschau gehalten werden muss. Vielleicht stehen ökonomische Verschiebungen im 6./5. Jh. v. Chr. hinter dem Vers. Für die Wüste kommen geographisch die gänzlich unfruchtbare judäische Wüste Richtung Osten und der im Süden gelegene semiaride (ca. 200 mm Niederschlag) nördliche Negeb in Frage. Während

erstere weitestgehend unbesiedelt ist, ist der Negeb wirtschaftlich und geopolitisch von größerer Bedeutung. Durch den Negeb ziehen sich weiträumige Wadis (Trockentäler), durch die die aus dem Osten kommenden Handelswege zum Mittelmeer verlaufen, die in Gaza enden. Schon im 7. Jh. v. Chr. wächst der Einfluss der Edomiter in diesem Gebiet. Mit dem Aufkommen der Neubabylonier nehmen die Edomiter im Verbund mit proto-arabischen Stämmen den Negeb mehr und mehr in Besitz und greifen nach Norden in die Schefela und das judäische Bergland bis über Lachisch und Hebron nach Norden aus (s. o. zu 4,21). Dadurch geriet immer mehr fruchtbares Land unter die Kontrolle der Edomiter, Edom wurde zu einem wichtigen ökonomischen Faktor. Zugleich nimmt die geopolitische Bedeutung des Negeb als Transitzone zwischen der südlichen Levante und Ägypten zu. Sowohl im nördlichen Negeb als auch im westlichen Beerscheba-Becken gab es eine Reihe von Getreidespeichern und -silos, die von den Persern kontrolliert wurden und vermutlich primär der Versorgung der persischen Truppen bei ihren Vorstößen nach Ägypten (526, 455, 385–383 und 373 v. Chr.) dienten. Dafür wurden sehr große Mengen von Getreide geliefert und es ist nicht unwahrscheinlich, dass diese zunehmend auch aus der Provinz Jehud stammten. Die hier skizzierte Entwicklung könnte im Hintergrund stehen, liegt aber zu großen Teilen bereits zeitlich nach der Entstehung des fünften Liedes im ausgehenden 6./5. Jh. v. Chr. Mit dem „Schwert der Wüste" könnten aber edomitische Streifscharen gemeint sein, die immer weiter in die fruchtbaren und für die Versorgung der verbliebenen Bevölkerung lebenswichtigen Gebiete im judäischen Bergland und der südlichen Schefela vordringen und damit den Binnenmarkt für Getreide in Juda in der zweiten Hälfte des 6. Jhs. v. Chr. mehr und mehr unter Druck setzen. Das wird als lebensbedrohliche Gefährdung der ökonomischen Situation gewertet.

10 Der Vers beschreibt wie 4,8–9 die Folgen des Hungers und die mit ihm verbundenen Qualen. Die dafür verwendeten Bilder sind in alttestamentlichen Texten singulär und heben auf die empfundene Hitze ab. Der Vers nimmt die Haut als größtes Organ des Menschen in den Blick. Die Haut wird rissig und heiß wie ein Ofen. Der *tannur* ist ein aus Lehm gemauerter Ofen, der eine raue, spröde

Außenwand hat, die sehr heiß wird, wenn man den Ofen befeuert. Deshalb ist die Hitze des Ofens häufiger Bildspender (Ps 21,10; Jes 31,9; Hos 7,7; Mal 3,2). Der über längere Zeit leere Magen erzeugt jenseits des „Heißhungers" ein schmerzhaftes Gefühl, nämlich: dass der Körper von innen heraus verglüht, was bis auf die Außenseite ausstrahlt und die Haut erhitzt. Zusätzlich spielt das Paradox hinein, dass die realen Öfen kein Brot liefern, weshalb die Hungernden *wie* Öfen glühen. Die Haut wird vom Nahrungsentzug spröde und rissig und mit zunehmendem Hunger stellt sich Fieber ein. Dabei spielt es keine Rolle, ob die Fieberschübe durch den extremen Hunger ausgelöst wurden oder die Folge von Infektionen wegen des zusammengebrochen Immunsystems sind. Der Nachsatz führt das in der Phrase „Gluten des Hungers" in einem starken Bild zusammen.

Sprachlich ist hier wie im gesamten Lied kaum zu entscheiden, ob sich die Klage auf die Gegenwart der Sprecher bezieht oder wie die folgenden Verse auf die Situation der Eroberung. Da aber die Probleme der Nahrungsbeschaffung in V.9 auf einen Hintergrund deuteten, der deutlich *nach* der Eroberung Jerusalems lag, dürfte sich auch V.10 nicht auf die Situation der Belagerung, sondern die Zeit danach beziehen.

11 Es gehört zu den traurigen Konstanten der Geschichte, dass in Kriegs- und Notzeiten Menschen gebeugt, erniedrigt und mit Gewalt bedrückt werden. Dazu gehört im Besonderen auch sexuelle Gewalt, die als Mittel der Demütigung und Einschüchterung eingesetzt wird. Frauen sind nicht nur, aber in besonderem Maße betroffen. Massenvergewaltigungen von Frauen sind daher in nahezu allen militärischen Konflikten bis in die Gegenwart etwa im Bosnienkrieg, im Irak, in Syrien oder in Mali belegt. Die UN wertet daher seit 2008 Vergewaltigung in Kriegskontexten als Kriegswaffe, und die massenhafte Vergewaltigung von Frauen gilt als Verbrechen gegen die Menschlichkeit. Zahlreiche Quellen der Antike von Lukian über Livius, Diodor, Apollodor etc. zeigen, dass sich die Situation nicht wesentlich verändert hat. Die Kriege im Alten Orient machen da keinen Unterschied, auch dort ist diese Form der Gewaltanwendung, Unterdrückung und Demütigung Mittel des Krieges und seiner Rhetoriken gewesen (s. den aramäischen Sefire

Abb. 27: Assyrische Truppen dringen skrupellos in Beduinenzelte und schänden Araberinnen. Detail eines Reliefs aus dem Palast Assurbanipals (669–631 v. Chr.) in Ninive

Vertrag Z. 40: „so sollen die Frauen des Matiʿ-Il und die Frauen seiner Nachkommen und die Frauen seiner Gro[ßen] entblößt werden" [Übersetzung Otto Rössler]). Assyrische Textquellen nutzen die Vergewaltigung der Frauen unterlegener Gegner nicht extensiv als Propaganda. Die Darstellung der von assyrischen Soldaten überwältigten proto-arabischen Frauen in ihren Zelten (s. Abb. 27) sind da vielleicht eine Ausnahme. Wenn auch nicht eindeutig die Vergewaltigung der Frauen ins Bild gesetzt ist, gehen die Handlungen der Soldaten doch über die bloße Tötung der Opfer, die im unteren Register dargestellt ist, hinaus. Dass jedenfalls in Beutelisten Frauen und junge Frauen oft separat geführt werden, lässt auch Zwangsprostitution und Zwangsverheiratung im Hintergrund erahnen. Auch biblische Texte geben Zeugnis von sexueller Gewalt in Kriegskontexten. Dazu gehört die Entblößung von Kriegsgefangenen ebenso wie die Vergewaltigung. So wird Babel in Jes 13,16 angedroht: „Ihre Kleinkinder werden vor ihren Augen zerschmettert, ihre Häuser geplündert, ihre Frauen geschändet." Dasselbe Verb ist in Sach 14,2, aber auch in Dtn 28,30 und Jer 3,2 verwendet. Jes 23,12 wird Sidon als „gewalttätig Bedrückte" angesprochen, was zu Recht als „Vergewaltigte" übersetzt wird. Auch in Jer 13,22 ist die Vergewaltigung der Stadt Jerusalem euphemistisch umschrieben (wörtlich wird der Ferse Gewalt angetan), womit aber die Vergewaltigung ihrer Bewohnerinnen gemeint ist. „Wenn du aber fragst in deinem Herzen: Warum hat mich das alles getroffen? Wegen deiner großen Schuld wird dein Gewand aufgehoben und dein Leib vergewaltigt."

Oft hat man in diesen Stellen das Gefühl, dass der Aufschrei gegenüber der sexualisierten Gewalt als Kriegsgewalt ausbleibt. Dass jedoch das antike Wertsystem der Vergewaltigung von Frauen gleichgültiger gegenüber gewesen ist und Frauen als Ware und verfügbare Opfer begriffen habe, ist als Einschätzung grundfalsch. Das Gegenteil ist der Fall, doch die Perspektive ist eine andere. Weniger die ausgeübte und erlittene Gewalt *als Gewalt* steht im Vordergrund als der damit einhergehende Statusverlust der betroffenen Personen. Es ist die Herabsetzung und Beschämung durch die sexualisierte Gewalt, die den Blick bestimmt. Mit der Vergewaltigung von Frauen geht zudem eine doppelte Demütigung einher. Gerade in patriarchalen Kontexten ist mit der Schändung der Frauen nicht nur Scham, Erniedrigung und Verletzung der Frauen verbunden, sondern zugleich die Beschämung und Demütigung der Männer. Für die antike patriarchale Gesellschaft ist die Sexualität der Frau ein in hohem Maße schützenswertes Gut und Sexualität von Frauen nur begrenzt selbstbestimmt. Der Vater verantwortet die sexuelle Unversehrtheit der Töchter, der Ehemann schützt die ihm vorbehaltene Sexualität der Ehefrau. Wenn Frauen vergewaltigt werden, hat dieser Schutz versagt. Das „schützenswerte Gut" ist den Händen entrissen worden, was Enteignung, Erniedrigung und Beschämung bedeutet. Zu der primären Verletzung der Würde der Frauen tritt also die sekundäre, die das im Hintergrund stehende System der Werte impliziert (s. als Beispiel die Erzählung der Vergewaltigung Dinas, Gen 34).

Der Text von V.11 konzentriert sich ganz auf die Frauen und beschreibt die sexuelle Gewalt als allgegenwärtig und übergreifend. Sie betrifft nicht nur die Frauen *in Zion*, sondern auch die jungen unverheirateten Frauen in den Städten Judas. Die „Städte Judas" stehen oft für das ganze Land (2 Kön 18,13; Jer 4,16; 2 Chr 17,2.7.9; Ps 69,36), besonders wenn sie zusammen mit Jerusalem genannt werden (Jer 4,16; 9,10; 11,2; 25,18; 34,7; 44,2). Dass mit *b^{e}tûlāh* die Bezeichnung für sexuell unberührte „Jungfrauen" benutzt wird, ist kein Zufall, da deren Schändung als besonders gravierend gilt und Zion oft mit den „Jungfrauen" in Verbindung gebracht wird oder selbst so bezeichnet wird (1,4.15.18; 2,10.13.21; 2 Kön 19,21; Jes 37,22; Jer 31,21). Die Austauschbarkeit der jeweiligen Aussagen zu Zion und den Städten Judas wird damit auf der Textebene angedeutet und die Vergewaltigung *total*. Der Blick geht vom Zentrum in die Peripherie der Städte Judas und von erwachsenen Frauen hin zu den Mädchen.

Ob in V.11 nur die Vergewaltigung während der Einnahme der Städte oder in unmittelbarer Folge davon beklagt wird, oder auch die Erniedrigung der Frauen durch die stationierten babylonischen Truppen, lässt sich kaum sagen, da der Text zu beiden Seiten offen ist. Nimmt man aber hinzu, dass politisch instabile Verhältnisse auch außerhalb bedrängender Not- und Krisenzeiten zu einer erhöhten Rate sexueller Gewalt führen, greift die Beschreibung auch über die Situation der unmittelbaren Eroberung hinaus. Dann kommen die Täter oft aus der Mitte der Gesellschaft, was Beispiele von Gruppenvergewaltigungen von Frauen in der Gegenwart zur Genüge zeigen. V.11 ist zumindest offen dafür, die sexualisierte Gewalt nicht nur auf die Eroberung zu beziehen, auch wenn das am nächsten liegt. Er benennt das Subjekt der Vergewaltigungen bezeichnenderweise nicht direkt im Text, was ihn mit V.12 verbindet, der sich auch auf die Situation der Eroberung bezieht. Die zuletzt genannte Gruppe, die das Subjekt des Verbs in V.11 konkretisieren kann, sind die „Sklaven", womit die Eroberer und Fremdherrscher bezeichnet wurden.

12 Der Vers wechselt auf den ersten Blick das Thema, setzt aber die Reihe der nach Geschlecht und Status getrennten Gruppen aus V.11 fort. Wurde dort mit Frauen und Jungfrauen begonnen, so greift V.12 Fürsten und Älteste heraus. V.13 wird junge Männer und Knaben nennen und V.14 mit Alte und Junge wieder in das kollektive „Wir" zurückführen, das in V.11 durch die Beschreibung verlassen wurde und grammatisch anders als in V.1–10.15–17 in V.11–14 nicht präsent ist. In den Versen wird durch den Blick auf die einzelnen Gruppen das Ganze abgeschritten. Jeweils ist die ganze Gemeinschaft betroffen, wenn exemplarisch wie in V.2.5.8 auf den Statusverlust Bezug genommen wird. Mit V.11 verbindet

den Vers, dass er auf den Zeitraum der Eroberung und die damit verbundene Verkehrung der Ordnung Bezug nimmt. Beide verbindet der Statusverlust und die verlorene Ehre.

In dem vorausgesetzten Rechtssystem gibt es kein Völkerrecht in unserem heutigen westlich geprägten Sinne. Über den Herrschern stehen nur die Götter. Sie garantieren eine übergeordnete Rechtsordnung. Nur so ist zu verstehen, dass die Völker unter der Voraussetzung seiner Universalität und Einzigkeit von YHWH für ihr Tun zur Rechenschaft gezogen werden. Dann kommt so etwas wie ein „Völkergerichtshof" in den Blick, der im normalen weltlichen Recht keinen Ort hat. In dem vorausgesetzten Rechtssystem gibt es auch nur begrenzte Ansätze eines Verfassungsrechtes in dem Sinne, dass Verletzungen der Rechtsordnung verhandelt werden könnten. Der König und seine Beamten sind die oberste Instanz im Staate, sie entscheiden über Recht und Unrecht. Das erklärt vielleicht auch, warum in den Klageliedern eine Gruppe professioneller Richter, die es in den Städten durchaus gegeben hat, nicht genannt wird. Sie sind in den königlichen Beamten und Ältesten eingeschlossen. Mit Rechtsbrüchen oder der Rechtsordnung werden hingegen der König, seine Beamten und die Priester in Verbindung gebracht (1,19; 2,6.9.20; 4,13.16). V.12 nennt als erste Gruppe die höheren Beamten, die „gehängt" wurden. Die häufige Übersetzung mit Fürsten wie in der EÜ führt in die Irre, wenn man darunter adelige Herrscher oder „Landesfürsten" neben dem König sieht. Die ursprüngliche Wortbedeutung führt eher in die richtige Richtung, wenn man sie als „Erste, Vorderste, Oberste" versteht. Das kann in einem verfassungsrechtlichen Sinn die Riege der obersten Beamten, Minister etc. meinen, aber durchaus den König einschließen und für die ganze Regierung stehen. In diesem Sinne war von den „Fürsten" auch in 1,6; 2,2.9 die Rede. Mit dem Wort „Fürsten" verbindet man ein hohes Ansehen und einen höheren Status. Darum genau geht es hier in V.12, sodass die gewählte Übersetzung auch etwas Treffendes hat. Es ist die gegebene Hierarchie der Gesellschaft, die sich in dem „Obersten" spiegelt. Dass es um Status und Ehre geht, macht auch die Fortsetzung deutlich. Mit den Ältesten werden in der Stadt hoch angesehene meist ältere Männer bezeichnet, die beratende, notarielle, schlichtende und richtende Funktionen übernehmen. Sie stehen mit der Monarchie und dem Regierungsapparat in enger, aber nicht verfassungsrechtlich geregelter Verbindung. Zwischen den wegen ihres Greisenalters gesellschaftlich hoch Geachteten und den institutionell gebundenen Ältesten wird sprachlich im Hebräischen nicht unterschieden, sodass es oft schwer ist, zwischen beiden zu differenzieren (s. 1,19; 2,10.21; 4,16; 5,14). Neben den „Fürsten" ist aber recht klar, dass es um die gesellschaftliche Führungsriege geht. Den Ältesten wurde die ihnen zustehende Achtung versagt, ihr Status und ihre Würde (Lev 19,32; Spr 20,29) wurden missachtet. Die Verkehrung gesellschaftlicher Ordnung, die auch in V.2.8 beklagt wurde, kommt darin zum Ausdruck.

Um Ehre und Status geht es daher auch beim „Hängen" der Fürsten. Mit dem Hängen ist wahrscheinlich nicht das Aufhängen am Strick gemeint. Der Galgen als Form der Hinrichtung, bei dem der Gehängte durch Strangulation oder Genickbruch stirbt, war nicht die übliche Todesstrafe (diese waren eher: Steinigung, Verbrennung, Enthaupten, vgl. Dtn 13,11; Jos 7,25; Lev 20,14; 1 Sam 17,51; Jdt 13,8 u. ö.). Mit dem „Hängen" wird weniger eine Art der Hinrichtung gemeint sein als die öffentliche Bloßstellung des Leichnams auf oder an einem Pfahl (s. Abb. 17), die im AT als „Hängen" bezeichnet wird (Dtn 21,22–23; Jos 8,29; 10,26; 2 Sam 4,12; 18,10 u. ö.). Diese wurde als Abschreckung eingesetzt, da sie eine besondere Entehrung der Getöteten bedeutete. Wahrscheinlich sind auch Num 25,4; Est 2,23; 5,14; 6,4 etc. für die Perserzeit so zu deuten (vgl. Esra 6,11, wo das Pfählen als Hinrichtung vorausgesetzt scheint). Mit dem Hängen der „Fürsten", der Obersten der Regierung ist also auch die Verkehrung der gesellschaftlichen Ordnung verbunden. Die zuvor Geehrten und Angesehenen werden öffentlich bloßgestellt und entehrt. Das verbindet V.12 mit V.11, unabhängig von der Frage, ob sich der Vers dabei auf historische Sachverhalte in Jerusalem und den Städten Judas bezieht oder die Entehrung der „Fürsten" eher symbolisch für den Statusverlust steht, der im fünften Lied beklagt wird.

13 Die Übersetzung ordnet die Glieder → chiastisch an, die Anordnung des synonymen → Parallelismus im hebräischen Text ist jedoch nicht anders als in V.12 und 14. Auf den ersten Blick konkretisiert V.13 die Last der Zwangsarbeit am Beispiel von zwei alltäglichen Tätigkeiten, die Voraussetzung für das tägliche Über-

Abb. 28: Ägyptische Skulptur einer Person, die die Handmühle bedient (4.–5. Dynastie, 2670–2350 v. Chr.)

leben sind: Das Mahlen des Getreides und die Holzbeschaffung. Beides ist eine Last nicht nur wegen der damit verbundenen körperlichen Anstrengung, sondern vor allem des Gewichtes wegen. Der oft aus Basalt gefertigte obere Mühlstein einer Handmühle ist für sich genommen nicht schwer. Es ist ein runder oder leicht konischer Stein, der mit beiden Händen gehalten und unter Druck über den unteren Mühlstein geschoben oder gezogen wird (Abb. 28). Der obere Mühlstein wird dann aufgehoben, um das noch nicht vermahlene Korn unter dem Stein zu positionieren. Dabei kniet die Person und schiebt den Mühlstein mit dem Druck des ganzen Oberkörpers mit gebeugten Armen nach vorne. Das ist mit zunehmender Dauer eine sehr anstrengende Tätigkeit, denn das Mahlen von Korn mit der Handmühle ist ein enorm aufwändiges und langwieriges Verfahren. Daher ist das Geräusch der Handmühle allgegenwärtig und beginnt sehr früh am Morgen (Jer 25,10; Koh 12,4). Es ist notwendiges Alltagsgeschäft, weshalb der transportable obere Mühlstein nicht gepfändet werden darf (Dtn 24,6). Mehl und Schrot braucht man nicht nur für das Backen von Brot, sondern auch für die Zubereitung des Grundnahrungsmittels Gerstenbrei. Oft wird die Handmühle in den biblischen Belegen von Frauen oder Mägden bedient (Ex 11,5; Ri 9,53; Jes 47,2), aber das ist nicht notwendig so. Im gesamten Alten Orient galt das Mahlen mit der Handmühle als niedere, ja erniedrigende Tätigkeit. Die Handmühle wird üblicherweise nicht transportiert, sondern gehört zum Hausstand. Wahrscheinlich ist deshalb mit dem „Schleppen“ der Handmühle deren Bedienung durch die jungen Männer gemeint. Oder aber die jungen Männer wurden verpflichtet, für die Besatzungsmacht zu mahlen und dafür den Mühlstein gleich mitzubringen. Dass es sich um Zwangsarbeit der Kriegsgefangenen handelt, wird auch über Ri 16,21 und andere altorientalische Texte nahegelegt (s. u.).

Ist das Mehl gemahlen, kann das Brot in Fladen für den täglichen Bedarf gebacken werden. Dazu bedarf es Holz, um den Ofen zu befeuern. Folgt man der EÜ, ist in der zweiten Hälfte des Verses von der Holzbeschaffung die Rede. Neben die fast erwachsenen Männer treten jetzt jüngere Heranwachsende. Der Terminus kann Kinder ebenso wie Jugendliche bezeichnen. Diese müssen jedenfalls so viel Holz herbei schaffen, dass sie unter der Last straucheln. Vom Holz, das die Bewohner teuer bezahlen müssen, war schon in V.4 die Rede. Das muss nicht unbedingt ein Widerspruch sein, wenn das Holz nicht für den Eigenbedarf gesucht wird, sondern für den Besatzer. Auch die Holzbeschaffung gilt als tägliche niedere Arbeit. Im AT ist vom Holzsammeln durch Kinder in Jer 7,18 die Rede, in 1 Kön 17,10.12 sammelt die Witwe Holz für ihr letztes Brot; in Ez 39,10 sammelt die ganze Stadt kein Holz mehr, sondern nimmt die Waffen als Brennmaterial. In Num 15,32 wird in sehr später Zeit ein Fall geschildert, in der ein Mann meint, auch am streng geschützten Sabbat den täglichen Bedarf an Feuerholz decken zu müssen und dafür hart bestraft wird. Holzsammeln ist also keine Aufgabe, die spezifisch von Kindern oder nur von einem Geschlecht ausgeübt wird. Wenn die Vermutung richtig ist, dass im Hintergrund die Zwangsarbeit für die babylonischen Truppen oder die späteren Fremdherrscher aufscheint, dann steht die Erschöpfung der ohnehin ausgezehrten jungen Männer vor Augen. Dass die jungen Männer und männlichen Jugendlichen nicht so belastbar wie ein erwachsener Mann sind, weiß auch der sprachlich sehr nahe Vers Jes 40,30 (vgl. das Gegenbild in Jes 5,27). Dass es tatsächlich um das Zusammenbrechen unter großer Last geht, legt Neh 4,4 nahe, wo mit demselben Verb vom Schwächeln der Träger, die den Schutt entsorgen sollen, die Rede ist. 2 Chr 28,15 bringt das Straucheln mit der Auszehrung im Gefängnis in Verbindung und das führt noch einmal zu der Frage der Kriegsgefangenen zurück.

Die Spur legt Simson in Ri 16,21, der im Gefängnis die Mühle drehen muss, nachdem er geblendet wurde. König Zidkija wird ebenfalls geblendet und ins Gefängnis verbracht. Dieses wird in auffallender Weise in der griechischen Version von Jer 52,11 als *oikían múlōnos* „Mahlhaus" bezeichnet. Es steht außer Frage, dass die Insassen in Gefängnissen für Zwangsarbeiten herangezogen wurden und es scheinen vor allem die körperlich harten und wenig geschätzten Tätigkeiten wie das Mahlen von Korn dazu gehört zu haben. Das bestätigt eine Reihe von Texten aus Mesopotamien. Das Mahlen mit der Handmühle könnte damit in V.13 besonders für die Zwangsarbeit der Kriegsgefangenen im Lande stehen. Erneut ist in der erniedrigenden Arbeit ein Aspekt des verkehrten Status angesprochen. Freie werden zu Sklaven und Junge mit harten Arbeiten betraut, die sonst nur Erwachsene ausführen. Werden also vielleicht die Jungen auch „im" Holz ihrer Freiheit beraubt, d. h. im Holzblock eingesperrt und dabei ausgezehrt, bis dass sie zusammenbrechen? Vielleicht schlummert da eine mögliche Bedeutung jenseits der Holzlast, für die es keine handfesten Ansatzpunkte gibt. Aber es ist nicht völlig von ungefähr, dass die Rabbinen und die lateinische Vulgata den Vers mit sexueller Nötigung männlicher Gefangener in Verbindung gebracht haben (zur sexuellen Konnotation des Mahlens auch Ijob 31,10).

14 Der Vers gehört zusammen mit V.15 und bindet sich an V.13 zurück, da er die letzte Einheit der in V.11 begonnen Beschreibung zu Ende führt. Er nimmt die „jungen Männer" aus V.13 noch einmal auf. Jetzt sind sie aber nicht neben die Knaben gestellt, sondern neben die „Alten". Das Tor ist ein idealisierter Ort, ein Topos im wahrsten Sinne. Das Tor ist eine dichte Raummetapher, mit der intaktes soziales Leben ausgedrückt wird. Das Stadttor ist der Ort des öffentlichen Lebens, es ist der Ort für „Kultur" und „Freizeit". Für beides haben im alten Israel vor allem diejenigen Zeit, die nicht mehr oder noch nicht in die tägliche Arbeit voll eingespannt sind. Deshalb werden mit dem Tor vor allem die Jungen und die Alten in Verbindung gebracht, auch wenn das Tor der Ort des öffentlichen Lebens für die Gesamtgesellschaft war. Denn durch das Tor gehen die Händler und Bauern ein und aus, durch das Tor treten Besucher ein und kehren Reisende zurück. Vor dem Tor ist meist ein geräumiger Platz, der Raum für Zusammenkünfte, für Verhandlungen und Vertragsschlüsse vor Zeugen, für die Regelung von Sippenangelegenheiten, für Palaver und Vieles mehr bietet. Im Tor erfährt man das Neueste ebenso wie die alten Geschichten. Dieses öffentliche Leben ist zusammengebrochen. Das soziale Netz,

das im Tor geknüpft und repräsentiert wird, ist zerrissen und nicht mehr intakt. Da Leben sich in gelebten Beziehungen ereignet, ist das Stadtleben empfindlich gestört. Im Stadttor hat die Institution der Ältesten ihren genuinen Ort (Dtn 22,15; 25,7; Jos 20,4; Rut 4,11; Spr 31,23 u. ö), weshalb schwer zu entscheiden ist, ob hier wegen des Gegenübers zu den jungen Männern die Greise oder doch die Ältesten gemeint sind. Mit dem Saitenspiel der jungen Männer wird schon zu V.15 übergeleitet und auch auf das öffentliche Leben abgehoben. Das Spiel auf der Laier dient primär der Liedbegleitung, weshalb hier nicht die musikalische Bedeutung oder die kulturelle Funktion des Spiels im Vordergrund stehen, sondern die soziale Funktion gemeint ist. Die Lieder sind Medium der sozialen Kommunikation, in ihnen drückt sich die öffentliche Meinung aus. Der gleiche Terminus ist für das Spottlied (Ijob 30,9; 69,13; Klgl 3,14) ebenso wie in einigen Psalmenüberschriften (Ps 4,1; 6,1; 54,1; 55,1; 61,1; 67,1; 76,1; vgl. Hab 3,19) gebraucht.

15 Mit V.15 kehrt das „Wir" als Subjekt zurück. Die fehlende Freude ist Ausdruck geminderten Lebens und so scheint der Vers wie eine Zusammenfassung der V.11–15. Der Dichter arbeitet weiter mit dem Mittel der Umkehrung und das auch wörtlich. So wie in V.2 die Besitzverhältnisse „umgestülpt" worden waren, so jetzt der Tanz in Trauer. Gemeint ist zunächst nicht irgendeine Traurigkeit, sondern die Trauer um Verstorbene (Gen 27,41; 50,10–11; Jer 16,7; Ez 24,17 u. ö.). Der Reigen steht für ausgelassene Fröhlichkeit, er drückt die Freude des Herzens aus, die für Lebensfreude insgesamt steht (Koh 5,19; Sir 30,16; Ps 119,111). Die verstimmte Lebensfreude ist sichtbarer Ausdruck der lebensfernen katastrophalen Situation (Jer 7,34; 16,9; 25,10; Bar 2,23). Es ist die vollkommene Verkehrung einer lebensfrohen und intakten sozialen Welt, die hier beschrieben wird. Sehr ähnlich fasst Ijob seine desolate Situation in Ijob 30,31 zusammen: „So wurde meine Leier zur Totenklage und meine Flöte zur Stimme der Weinenden." (eigene Übersetzung) Wie sehr die Umkehrung von Jubel in Jammer und Tanz in Trauer für den Zusammenbruch der sozialen Welt und symbolisch für die Abwesenheit von Heil steht, zeigt sich in der Umkehrung in Jer 31,13: „Dann freut sich die Jungfrau beim Reigentanz, ebenso Junge und Alte zusammen. Ich verwandle ihre Trauer in Jubel,

tröste sie und mache sie froh nach ihrem Kummer.“ (Vgl. Jes 61,3; Ps 30,12; Bar 4,23; Est 4,17; 9,22) Über diese Stellen wird zugleich deutlich, wer der eigentliche Adressat der Beschreibung ist. Gott ist derjenige, der die Tränen trocknen und den Reigen als Ausdruck der Lebensfreude zurückbringen kann, wenn er von seinem anhaltenden Strafzorn ablässt und erneut sein Erbarmen schenkt.

16 Von welcher „Krone“, die „uns vom Haupt gefallen“ ist, ist in V.16 die Rede? Aufgrund der engen Verbindung in der europäischen Tradition mit einem Herrscher, wird die Krone meist automatisch als Insignie des Königs verstanden. Sicherlich war das wertvolle, meist aus Gold gefertigte Kopfband auch in Israel mit dem König verbunden. Doch ist das Tragen von Kronen nicht der Königsfamilie vorbehalten und weit wichtiger als die Krönung war die Salbung. Deshalb wird die Königskrone nur selten erwähnt und ist nicht Insignie der Herrschaft, sondern eher Ausdruck besonderen Reichtums (2 Sam 12,30; Ps 21,4; Hld 3,11). Daher trägt auch Jerusalem zusammen mit anderem Schmuck eine Krone (Ez 16,12; 23,42). Die kostbare Krone ist eine Metapher für die Ehre (Ijob 19,9; Ps 8,6; Spr 16,31) oder den besonderen Stand (Spr 4,9; 17,6; Jes 62,3); sie ist eine Auszeichnung (Jes 28,3; Spr 12,4; 14,24). Wenn die Krone vom Haupt genommen wird, wird der Statusverlust symbolisch sichtbar (Jes 28,1.3; Ijob 19,9; Jer 13,18): „So spricht Gott der HERR: Weg mit dem Kopfschmuck, und herunter mit der Krone! Nichts ist, was es ist: Das Niedrige erhöht, und das Hohe erniedrigt! Trümmer, Trümmer, Trümmer mache ich aus der Stadt!“ (Ez 21,31–32a, Zürcher Übersetzung) In Jer 13,9 kündigt ein Gerichtswort an, dass der HERR die „stolze Pracht Judas und Jerusalems, wie groß sie auch sei“, verderben werde. Dann heißt es in Jer 13,17–19:

> Wenn ihr aber darauf nicht hört, so muss ich im Verborgenen weinen über den Hochmut und mein Auge muss ohne Unterlass Tränen vergießen, da die Herde des HERRN weggeführt wird. Sag zum König und zur Herrin: Setzt euch tief hinunter, denn euer Kopfschmuck, die Krone eures Ruhms ist herabgefallen! Die Städte im Negeb sind verschlossen und niemand kann sie öffnen. Weggeführt wird ganz Juda, vollständig weggeführt.

Beachtet man jetzt noch, dass es im hebräischen Text wörtlich heißt „gefallen ist die Krone unseres Hauptes“, liegt in V.15 ein Bezug auf den König viel weniger nahe als der Ausdruck des Statusverlustes der Stadt und seiner Bewohner, der in der Eroberung sichtbar wird. Damit bekommt V.16a ein Janusgesicht, das einerseits V.2–15 zusammenfasst und die darin sichtbare Umkehrung des hohen Status noch einmal markant ins Bild setzt, zum anderen aber schon auf die Zierde der Stadt, den Tempel in V.17–18 vorausweist. Dazwischen steht das knappe, aber durchgreifende Sündenbekenntnis, durch das sich V.16 im gesamten Lied abhebt. Anders als in den übrigen Klageliedern ist nämlich nicht Gott das Subjekt der Zerstörung. Von seinem Zorn ist in V.2–16 nicht die Rede. Damit erhält das Sündenbekenntnis als Ursache der Katastrophe ein besonderes Gewicht.

Der verstärkte Wehe-Ruf findet sich so nur zweimal in Jer 4,31 im Mund der Tochter Zion: „Weh mir, denn mein Leben endet durch Mörder!“ und Jer 45,3, wo Baruch zitiert wird, der sich erschöpft und ruhelos findet. Der Wehe-Ruf gehört auch nahezu ganz in die Prophetie (Jes 3,9.11; 6,5; 24,16; Jer 4,13; 6,4; 10,19; 13,27; 15,10; 48,46; Ez 16,23; 24,6.9; Hos 7,13; 9,12) und findet sich nie in den Psalmen oder verbunden mit einem Sündenbekenntnis. Vergleichbar ist vielleicht noch der Ruf der Philister in der Ladeerzählung 1 Sam 4,7–8: „Weh uns! Denn so etwas ist früher nie geschehen. Weh uns! Wer rettet uns aus der Hand dieses mächtigen Gottes?“ So wie Jesaja sich nicht würdig sieht, seinem Gott zu begegnen, weil er ein Mann mit unreinen Lippen ist (Jes 6,5), so rufen die Sprecher von V.16 „Weh uns!“ aus. In der Regel erwartet der Wehe-Ruf das Unheil als Kommendes, nicht als Geschehenes. Dass der Fokus klagend auf der eingetretenen Situation liegt, findet sich in der Klage Jeremias in Jer 15,10 und Baruchs in Jer 45,3 und den Worten Jerusalems in Jer 10,19–20, die schon in der Kommentierung von Klgl 1–2 wegen ihrer Nähe zu den Klageliedern aufgefallen waren:

> Weh mir ob meines Zusammenbruchs! Unheilbar ist meine Wunde. Ich aber hatte gedacht: Das ist doch nur eine Krankheit, die ich ertragen kann. Nun ist mein Zelt verwüstet, alle meine Zeltstricke sind zerrissen. Meine Kinder gingen von mir fort und sind nicht mehr. Niemand schlägt mein Zelt wieder auf und breitet darüber die Zeltdecken aus.

Die Parallelen und die daraus entfaltete Auslegung bestätigen einerseits, dass V.16 als Zusammenfassung zu verstehen und auf den in der Eroberung und Zerstörung der Stadt manifesten Statusverlust bezogen ist. Andererseits wird dadurch das Gewicht des Sündenbekenntnisses unterstrichen. Dabei bleibt trotz der Betonung das „wir haben gesündigt" ähnlich wie das „Joch meiner Verfehlungen" (1,14), die „vielen Verfehlungen", „die Schuld" (1,5.22; 2,14; 3,42; 4,6.22) oder die Sünden der Väter (5,7) wenig konkret. Es wird nicht wie in 4,13 auf die Schuld einer bestimmten Gruppe abgehoben, sondern es wird ein allgemeines Sündenbekenntnis abgelegt. Es findet sich oft in Krisensituationen und wird manchmal durch Begriffe wie Unrecht und Frevel (1 Kön 8,47; 2 Chr 6,37; Ps 106,6; Dan 9,5.15; Bar 2,12), die Untreue (Jes 42,24; 64,4; Dan 3,29), den Fremdgötterdienst (Ri 10,10.15) oder das fehlende Hören auf seine Stimme (Jer 3,25; Bar 2,5) o. ä. erläutert, steht aber auch oft absolut (Num 14,40; 21,8; Dtn 1,41; Neh 1,6; 9,33; Jer 8,14; 14,7.20; Bar 1,13.17; 3,2). Das knappe Bekenntnis schließt hier allen Widerstand gegen Gott und alles Fehlverhalten ebenso wie die Reue über das begangene Unrecht ein. Gerade in den kollektiven Klagegebeten ist es meist implizit oder auch explizit auf die Bitte des Erbarmens Gottes gerichtet. Gott soll sich wieder zuwenden und das Volk unterstreicht durch das Sündenbekenntnis, dass es zur Umkehr bereit ist. Das wird im fünften Lied in V.21 explizit. Das Sündenbekenntnis kann daher als eine Wende im Klagegebet bezeichnet werden. Es verschiebt den Fokus von der Not auf die Beziehung zu Gott, der in der Notschilderung ja bisher abgesehen von V.1 vollkommen abwesend schien. Dass sich die ganze Schilderung mit dem appellativen Grundton „Erbarme dich!" an ihn richtete, war schon durch die Imperative in V.1 klar. Das wird in V.20–22 erneut offenbar werden.

Neben dem auffallenden Fehlen Gottes als Handelnder an der Stadt und seinen Bewohnern war in V.2–16 aufgefallen, dass Gott nicht adressiert wird. Die Situationsschilderung kommt ganz ohne Gott aus. V.17–19 lenken nun geschickt den Blick von den Trümmern nach oben zu Gott im Himmel.

17 Das „darum" kann in zwei Richtungen interpretiert werden. Es kann zurückverweisen („wegen des zuvor Gesagten") oder

das Folgende in den Blick nehmen. Im ersten Fall wäre die Trauer noch einmal eine Erläuterung dessen, was der Niedergang für die Sprechenden bedeutet. Doch dann wäre die Klage in V.18 isoliert und man würde nicht verstehen, warum nach dieser Zusammenfassung noch einmal die Trümmer in den Blick geraten. Darum nimmt die EÜ V.17–18 zusammen, was auch dem Hebräischen eher entspricht. Die im Hebräischen verwendeten Wendungen für das doppelte „darum“ sind meist nach vorne gerichtet. Zudem wird das *'al*, das man auch als „darum“ auffassen kann, am Anfang von V.18 wiederholt. Nach V.17 ist also ein Doppelpunkt zu setzen. Die Krankheit des Herzens und das Weinen richten sich auf den Ort, an dem die Zerstörung des Tempels und damit das Fehlen der Präsenz Gottes offenbar werden.

Vielleicht nimmt V.17 mit der Krankheit des Herzens die Formulierung Zions aus 1,13 „er machte mich allzeit krank“ (EÜ „siech für alle Zeit“) auf, denn nur an diesen beiden Stellen ist das Wort in diesem Sinn verwandt. Hinzu kommt das in V.17 und in 1,18 im Kontext der überfließenden Tränen verwendete und auch recht seltene „darum“ als *'al 'ellœh.* Die Rede vom kranken Herzen findet sich auch in 1,22. Wenn sich darin eine bewusste Verbindung von V.17 und dem ersten Lied zeigt, könnte der Vers neben V.1 ein weiteres Moment der „Einpassung“ des fünften Liedes in den Kontext aufweisen. Die sehr ähnlichen Stellen Jes 1,5; Jer 8,18 zeigen jedoch auch eine etwas breitere Wendung der Rede vom kranken Herzen. Der zweite Teil des Verses, der wörtlich von verdunkelten Augen spricht und die erblindeten Augen meint (Ps 69,24; Jes 29,18; Koh 12,3), formuliert so anders als 1,16; 2,11.18; 3,48–51, dass nur das Motiv der ausgeweinten Augen die Stellen verbindet. Vielleicht ist die Nähe zwischen 1,13.16.22 und V.17 dann doch nicht bewusst, sondern zufällig – letztlich lässt sich das nicht wirklich entscheiden. Wenn richtig ist, dass Klgl 5 unabhängig von den anderen Liedern entstanden ist – und dafür spricht Vieles – läge Zufall näher.

Das Motiv des übergroßen Schmerzes und der überfließenden Tränen über den Zusammenbruch der Stadt verbindet V.17 mit Klgl 1–3, doch richtet sich die Trauer hier nicht so sehr auf die Eroberung und Zerstörung, sondern auf die Verwüstung des Zionsberges, der zerstört daliegt. Auch darin ist noch einmal der zeitliche Abstand zu den Ereignissen zu erkennen, der das fünfte Lied auszeichnet.

18 Das Heiligtum wird erneut nicht explizit angesprochen, sodass ein engführender Bezug auf den in Trümmern liegenden Tempel nicht angezeigt ist. Ins Auge fällt gegenüber der Rede von der „Tochter Zion“ in den übrigen Klageliedern die Bezeichnung „Berg Zion“, die nur hier in den Klageliedern vorkommt. Mit dem „Berg Zion“ (Ps 2,6; 48,3; 74,2; Jes 8,18; 18,7; Mi 4,7; Sach 8,3 u. ö.) ist nichts Anderes gemeint als mit Zion, doch mit dem „Berg“ ist der besondere symbolische Gehalt Zions angesprochen. Es ist der Ort, der sich durch die Anwesenheit des Zionsgottes ausgezeichnet hat, der als Zentrum der Stadt wahrgenommen wurde und seinen Bewohnern als „Mittelpunkt der Welt“ erschien (s. o. 1,15 mit der Auslegung). Das eigentliche Problem ist nun nicht die Zerstörung des vormals so prächtigen Sakralbaus, nicht der Verlust einer bedeutenden Bausubstanz. Vielmehr wird der Zion durch die Aussage, dass dort Füchse herumlaufen, Jerusalem als verlassener und chaotischer Ort gekennzeichnet. Füchse und Schakale – in der Natur nicht leicht voneinander zu unterscheiden – sind in ihrer symbolischen Bedeutung hier vergleichbar (Ez 13,4; Ps 44,20; Jes 13,22; Jer 14,6; 49,33; 51,37). An menschenleeren, bedrohlichen Orten hausen Schakale, Strauße, Eulen und andere Tiere, denen eine Nähe zu Dämonen nachgesagt wird (Jes 34,13). Der Zionsberg ist zu einem im wahrsten Sinne unheimlichen Ort geworden, weil Gott ihn als Wohnort aufgegeben hat. Die Drohungen aus Jer 9,10; 26,18; Mi 3,12 sind wahr geworden. Der Zion, der in der Zionstheologie als Hort der Ordnung, Sicherheit und Prosperität galt, der *das* herausgehobene Zentrum für seine Bewohner war, ist nun zusammengebrochen. Der Berg Zion, für den die Zionstheologie die Anwartschaft auf den hoch aufragenden Weltberg beanspruchte (Ps 48,3), ist durch den Feind erniedrigt und durch die Abwesenheit des Zionsgottes gedemütigt. Die Stadt ist nicht nur auf „Normalmaß“ zurechtgestutzt, sondern durch die Eroberung herabgesetzt. Das wäre zu erklären, wenn der Grund für die vormalige herausgehobene Sonderstellung nicht mehr gegeben wäre, doch unterstreicht V.19, dass das nicht so einfach ist. Der besondere Status Zions war durch die Erwählung als Wohnort des Gottes Israels, durch seine Präsenz als Stadtgott und den damit verbundenen Schutz gekennzeichnet (s. dazu Einleitung VI.2). Der Schutz ist augenscheinlich dahin, denn die Stadt ist zerstört. Die Präsenz des Stadtgottes ist

ebenfalls nicht mehr erkennbar. Doch ist der Gott nicht tot oder entmachtet – im Gegenteil. Das wäre die Bankrotterklärung jeder Theologie. Gott thront nicht mehr in Jerusalem, aber ist Jerusalem deshalb samt seiner Bewohner nichts mehr wert?

19 Mit V.18 ist ein Schlusspunkt der Beschreibung der Not erreicht. Im wahrsten Sinne „wie aus dem Himmel" bricht dann in V.19 der Lobpreis in das Lied hinein. Für die hebräischen Gelehrten des Mittelalters, die → Masoreten, hat das dazu geführt, hinter V.18 eine Petucha (das ist ein starkes Gliederungssignal, das sonst in den Klageliedern nur am Ende der ersten vier Lieder steht) zu setzen. Damit werden die V.19–22 von dem übrigen Text in Lied 5 abgesetzt und können nicht nur als Schluss des Liedes, sondern auch als Schluss des Buches gelesen werden. Die V.19–22 nehmen die direkte Anrede aus V.1 wieder auf und richten sich direkt an Gott, der im Anschluss an das betont vorangestellte „Du" wie in V.1 auch mit seinem Namen YHWH benannt wird. Die Anredesituation wird wieder aufgenommen, sodass die V.2–18 als Beschreibung dessen, was Gott gedenken solle, umrahmt werden. Doch setzt V.19 nicht direkt mit einer Bitte ein, sondern stellt eine Doxologie voran. Der Lobpreis, der in Klgl 1, 2 und 4 ganz fehlt und auch in Klgl 3 keine bedeutende Rolle spielt, soll die Bitte unterstreichen. Er setzt ein Vertrauensverhältnis voraus, dass in den übrigen Liedern nicht erkennbar war. Gott, so die mit Nachdruck unterstrichene Aussage, ist durch das Geschehen nicht beschädigt. Im Gegenteil hat er das Heft des Handelns zu keiner Zeit aus der Hand gegeben. Durch zwei Zeitbegriffe wird die Perspektive hin zu einer entgrenzten Zeit aufgeweitet: auf unbestimmte Dauer, was meist mit „Ewigkeit" übersetzt wird und die unbegrenzte Gotteszeit meint. Daneben steht „von Generation zu Generation", was die unbegrenzte Menschenzeit kennzeichnet. Die Betonung liegt nicht auf der Überzeitlichkeit oder der Apathie (Leidenschaftslosigkeit) Gottes, die von allen Zeitläuften unberührt bleibt, sondern auf dem Lobpreis der dauerhaften und uneingeschränkten Präsenz Gottes in der Welt. Die beiden Zeitbegriffe finden sich oft in vergleichbaren Zusammenhängen im Psalter, wenn es um die „Berechenbarkeit" Gottes und sein Erbarmen geht (Ps 33,11; 45,11; 85,6; 89,2; 100,5; 102,13; 105,8; 135,13; 145,13; 146,10). Dabei werden Gottes

Name (Ps 135,13), das Gedenken an ihn (Ps 102,13), sein Königtum (Ps 146,10) oder sein Thronen (Klgl 5,19; Ps 102,13) gepriesen.

Vom Thronen Gottes war bereits in 2,1 die Rede. Dort war Jerusalem als Schemel seiner Füße identifiziert worden. Der Ort des Thronens wird hier nicht benannt und das scheint Absicht. Zwar liegt am nächsten, dass vom Thronen Gottes im Himmel die Rede ist (Ps 22,4), aber die „alte“ Jerusalemer Theologie, die das Thronen Gottes im Tempel auf dem Zion als Merkmal der Erwählung betrachtete, soll nicht vollkommen negiert werden. Vom Kerubenthroner (1 Sam 4,4; 2 Sam 6,2; 2 Kön 19,15; 1 Chr 13,6; Ps 80,2; 99,1; Jes 37,16) aber kann nicht mehr geredet werden, weil der physische Ort des Thronens in Jerusalem, Tempel und Lade, zerstört sind. Hier geht es nicht um die Kontinuität der Jerusalemer Kulttradition (Jer 17,12; Ez 43,7), um Jerusalem als Thronsessel (Jer 3,17; 14,21) oder darum, dass Gott doch wieder Wohnung in Jerusalem nehmen solle (Jes 66,1), sondern es geht um den Thron als Insignie der königlichen Herrschaft Gottes (Ps 93,2; 103,19). Der Thron ist Kennzeichen der kosmischen Herrschaft, in der sich Gottes Macht über die Geschichte und ihre Akteure zeigt. Die Verbindung zum Völkergericht, die vor allem nachexilisch mit dem Thron Gottes verknüpft ist (Ps 9,6.8; 11,4; 45,7; 47,9), ist hier nicht vorhanden. Es geht um das Erbarmen gegenüber Israel und Jerusalem. Eine enge Verbindung besteht zwischen V.18–19 und Ps 102,13–15:

> Du aber, HERR, du thronst für immer und ewig,
> dein Name dauert von Geschlecht zu Geschlecht.
> Du wirst dich erheben, dich über Zion erbarmen;
> denn es ist Zeit, ihm gnädig zu sein, die Stunde ist da.
> An Zions Steinen hängt das Herz deiner Knechte,
> um seine Trümmer tragen sie Leid.

Hier allerdings soll sich Gott nicht Zions, sondern seines Volkes erbarmen. Der Vers will also nicht die transzendente Abwesenheit Gottes beklagen, dessen Thron weit ab im Himmel steht, sondern ein Vertrauensbekenntnis formulieren, das die Macht Gottes zur Veränderung in den Vordergrund stellt. Er kann die Not lindern und die bedrängte Situation ändern. Da Gottes Herrschaft dauerhaft (und wohl implizit auch schon universal) ist, scheint er zum

Eingreifen verpflichtet. Niemand sonst kann dic Sprechenden aus ihrer Not erlösen.

20 Zur Motivation dient die angeschlossene rhetorische Frage, die wie V.19 mit zwei Begriffen einer gedehnten Zeit arbeitet und ebenso Aspekte der Gotteszeit und Menschenzeit umgreift: „Auf immer" und „für die Dauer der Tage". Das „auf immer" findet sich häufig verbunden mit Fragen wie Ps 44,24 „Wach auf! Warum schläfst du, Herr? Erwache, verstoß nicht für immer!", die sich (vor allem in den Asafpsalmen) auf die Beendigung des Exils beziehen (Ps 74,1.19; 77,9; 79,5; 89,47; 103,9, vgl. Jes 57,16; Jer 3,5; Ps 9,7). Vergleichbar sind auch die „Wie lange noch"-Fragen etwa in Ps 80,5: „HERR, Gott der Heerscharen, wie lange noch raucht dein Zorn trotz des Bittgebets deines Volks?" (Ps 13,2; 35,17; 74,10; 80,5; 94,3, vgl. Hab 1,2; Sach 1,2) oder die für Klagegebete typischen „Warum/Wozu"-Fragen wie Ps 44,25: „Warum verbirgst du dein Angesicht, vergisst unser Elend und unsere Bedrückung?" (Ps 10,1; 22,2; 42,10; 43,2; 74,11; 88,15) Es ist die von Gott bestimmte Zeit der Strafe, die sich in der Wahrnehmung der Betroffenen schon zu lange ausdehnt (s. o. zu V.7). Für die „Dauer der Tage", die man als „lebenslang" übersetzen kann, bezieht sich hingegen oft auf das ausgedehnte menschliche Leben (Ps 23,6; 91,16, vgl. Dtn 6,2; 30,18.20; 32,47 u. ö.), kann aber auch wie in Ps 93,5 „für alle Zeiten" meinen. Beide Aspekte kommen hier zusammen: Für die Sprechenden ist ein Erbarmen jenseits ihrer Lebenszeit ausgeschlossen. Sie erbitten die Zuwendung Gottes im Hier und Jetzt, in ihrer begrenzten Lebenszeit. Gott soll nicht für alle Zeiten, d. h. über die Generationen hinweg, strafen. Der Eindruck, von YHWH vergessen worden zu sein, ist Ausdruck der empfundenen Gottferne und darin zum Teil auch Ausdruck des über längere Zeit ausbleibenden Heils. Gott soll jetzt seines Volkes gedenken (V.1), die Not wahrnehmen und sich dem „Wir" wieder zuwenden. Dabei korrespondiert die rhetorische Frage mit V.22, wo die Alternative der völligen Verwerfung angesprochen wird. V.20–22 sind auch dadurch verbunden, dass sie ihre Glieder → chiastisch anordnen. Die beiden mit dem Handeln Gottes verbundenen Verben in V.20 haben einen anklagenden Unterton: er hat sein Volk verlassen und vergessen. Da dies nicht mit dem Erbarmen Gottes zusammengeht,

soll Gott sich in seiner Barmherzigkeit wieder zuwenden. Das Verlassen und Vergessen hat eine große Nähe zu Jes 49,13–17, wo es als stehende Redewendung in Jerusalem in V.14 zitiert wird und Gott sich mit Hinweis auf „seine“ Mutterrolle explizit von dem Vorwurf distanziert, Zion im Stich zu lassen:

> Jubelt, ihr Himmel, jauchze, o Erde, freut euch, ihr Berge!
> Denn der HERR hat sein Volk getröstet und erbarmt sich seiner Armen.
> Doch Zion sagt: Der HERR hat mich verlassen, Gott hat mich vergessen.
> Kann denn eine Frau ihr Kindlein vergessen,
> ohne Erbarmen sein gegenüber ihrem leiblichen Sohn?
> Und selbst wenn sie ihn vergisst: Ich vergesse dich nicht.
> Sieh her: Ich habe dich eingezeichnet in meine Hände,
> deine Mauern sind beständig vor mir.
> Deine Erbauer eilen herbei
> und die dich zerstört und verwüstet haben, ziehen davon.

Auf solche Kunde hofft auch V.20, doch ist der Vers noch weit entfernt von solcher Zuversicht. Die Bitte um Zuwendung wird zwar gespeist aus dem Vertrauen, dass Gott sich wieder erbarmt, doch ist die Hoffnung nur zaghaft. Dafür ist das Bewusstsein der Distanz, die in V.21 angesprochen wird, offenbar noch zu stark.

21 Ist in der Formulierung ein ungewöhnlicher Vers, der neben V.1 die einzigen imperativischen Bitten des Liedes formuliert. Während aber etwa Ps 27,9 Gott eher traditionell bittet, sein Angesicht nicht zu verbergen, nicht zu verstoßen und zu verlassen, bittet V.21 um die Hinwendung zu Gott. Dabei setzt die Aussage ein vorgängiges Handeln Gottes voraus. Es handelt sich um eine Spitzenaussage der exilisch-nachexilischen Umkehrtheologie und um ein implizites Bekenntnis zu Gottes Gnade. Der Vers ist allerdings nicht leicht zu übersetzen und die revidierte EÜ 2016 unterscheidet sich in der Akzentsetzung gegenüber der Fassung von 1979. Sie trägt zunächst dem Verbalstamm Rechnung, der eine Veranlassung zum Ausdruck bringt: „Lass uns zu dir zurückkehren“ statt „Kehre uns dir zu“. Wichtig ist, dass in beiden Fällen Gott der Handelnde ist (vgl. Röm 9,16). Während die Fassung von 1979 das Handeln Gottes deutlicher als Voraussetzung sieht (dann *können* wir umkehren), folgt die revidierte EÜ 2016 dem geschriebenen hebräischen Text

(*K^e tîb*) („dann kehren wir um“). Ausgangspunkt ist in beiden Fassungen die zwischen Gott und Sprecher wahrgenommene Distanz, die zu der in V.2–18 beschriebenen Not und Bedrängnis geführt hat. Der Sund, der durch die Sünden der Väter (V.7) und die eigene Schuld (V.16) aufgerissen ist, ist nicht geschlossen. Er hat auch die gegenwärtige Generation von Gott entfernt und verlangt nach Umkehr. Die Sprechenden empfinden Reue, sei es für das Verhalten der Väter oder ihre daraus resultierende eigene Entfernung von Gott. Das bringt das nachgestellte „wir wollen umkehren“ (so mit dem *Q^e rê*, dem „zu Lesenden“ der → Masoreten) zum Ausdruck. Aber aus sich heraus können sie die Spaltung nicht überwinden und die Situation nicht verändern. Die Initiative geht von ihnen in der Bitte aus, aber der entscheidende Akt der Hinwendung nimmt in Gott seinen Ausgangspunkt. Seine Gnade soll den Bittenden entgegenkommen. Dabei ist die Hinwendung Gottes nicht als Bedingung („nur wenn du umkehrst, kehren auch wir um“) zu verstehen, sondern als Voraussetzung („wenn du dich uns wieder zuwendest, können wir zu dir umkehren“).

Damit setzt der Schluss des fünften Klageliedes einen eigenen umkehrtheologischen Akzent. Es ist die alte Frage, ob die Vergebung die Umkehr zur Voraussetzung hat oder die Umkehr die Vergebung. V.21 spricht sich für das Letztere aus. Von Umkehr ist in biblischen Texten oft die Rede und gerade in exilisch-frühnachexilischen Texten schwingt dabei die Rückführung aus der Verbannung oder die entscheidende Heilswende mit. Denn das Verb für „umkehren“ kann auch „zurückführen“ oder „das Schicksal wenden“ meinen. Da die V.2–18 die Situation im Land und nicht im Exil beschreiben, geht es wohl nicht um Rückführung, sondern um Umkehr und Bekehrung. Wenn von Umkehr die Rede ist, findet sich in der Prophetie oft ein Umkehrruf (Hos 14,2; Ez 14,6; 18,30; Bar 4,2) oder es wird die Bitte an Gott herangetragen, sich wieder zuzuwenden oder Gott sagt solche Hinwendung oder Rückführung zu (Jer 12,15; 16,15; 23,3; 30,3; Ps 68,23) oder es wird ausgesagt, dass die Reue der Betroffenen zu einer inneren Umkehr führen wird (Klgl 3,40; Jer 3,7; 4,1; 36,3). Doch nur selten wird das Ineinander von Handeln Gottes und Handeln des Menschen so eindrücklich in Worte gefasst wie hier. Die umgekehrte Reihenfolge formulieren Mal 3,7: „Kehrt um zu mir, dann kehre ich mich euch zu, spricht der HERR der Heerscharen." (vgl. Jer 3,22; Sach 1,3) oder auch Joël 2,13–14: „Zerreißt eure Herzen, nicht eure Kleider, und kehrt um zum HERRN, eurem Gott! Denn er ist gnädig und barmherzig, langmütig und reich an Huld und es reut ihn das Unheil. Wer weiß, vielleicht kehrt er um und es reut ihn und er lässt Segen zurück, sodass ihr Speise- und Trankopfer darbringen könnt für den HERRN, euren Gott." (vgl. Jona 3,9) Dort steht die Hinwendung zu Gott am Anfang, nicht die Hinwendung Gottes. Dagegen macht V.21 deutlich, dass es ohne Gottes Bereitschaft nicht geht. Ähnlich wie V.21 formuliert etwa Jer 31,18 die Vorgängigkeit der Gnade Gottes: „Führ mich zurück und ich will umkehren!" oder wörtlicher „Lass mich umkehren, dass ich umkehre!" (Eigene Übersetzung) Es ist die Zuversicht der Heilsprophetie, die Gottes erbarmendes Handeln als Voraussetzung für die Umkehr nennt. So etwa bei Deuterojesaja: „Kehr um zu mir, denn ich habe dich erlöst." (Jes 44,22)

Dass das Zusammenwirken von Gnade und Umkehr an den Schluss der Komposition der Klagelieder gesetzt wurde, unterstreicht theologisch die Abhängigkeit des vorgängigen Gnadenhandelns Gottes. Es ist Gott, auf den letztlich alles ankommt.

In der zweiten Vershälfte wird die Bitte noch einmal anders konkretisiert. Für das Verständnis muss man sich zunächst vergegenwärtigen, dass „neu" im biblischen Sinn immer „erneuert" heißt und das „Neue" als das ganz Andere eher negativ konnotiert ist. Der neue Bund ist der erneuerte Väter- oder Sinaibund und die neue Schöpfung ist die erneuerte Schöpfung. Erst mit der Apokalyptik bricht sich das radikal Andere neue Bahn. Deshalb sind „Erneuerung" und das „Werden wie früher" kein Widerspruch. Dabei ist das „früher" zeitlich nicht qualifiziert, sondern eher eine fast mythische Vorzeit, in der alles gut und heil war (Ijob 29,2; Ps 44,2; 74,2.12; 77,6.12; 78,2; 143,5; Jes 23,7; 51,9; Jer 30,20; Mi 7,20; Hab 1,12; Klgl 1,7). Auch hier ist eine besondere Nähe von Klgl 5 zu den Asafpsalmen zu erkennen.

Der erste Teil von V.21 ist in einem traditionellen Gebet des frühen Judentums, dem *Schemone Esre* (Amida oder Achtzehngebet), das bis heute im jüdischen Gottesdienst stehend gebetet wird, aufgenommen. In einer palästinischen Rezension heißt es: „Bringe uns zurück zu YHWH, zu dir, dass wir umkehren." (Billerbeck IV, 211) In der heute üblichen Fassung findet sich der Vers allerdings nicht mehr wörtlich zitiert, sondern die Bitte: „Kehre uns deiner Tora zu!“ Im Toragottesdienst wird der Vers am Schluss in einer traditionellen Melodie gesungen, wenn die Torarolle in den Toraschrein zurückgebracht wird. Während der Verlesung der Klagelieder im Gottesdienst des 9. Av, wird V.21 nicht vom Lektor, sondern von der ganzen Gemeinde gesprochen. Oft wird der Vers auch nach der Verlesung noch einmal singend wiederholt. Entsprechend oft ist er vertont worden, vielfach auch arrangiert in der eingängigen klagenden traditionellen Melodie.

22 Der letzte Vers der Klagelieder klingt auf den ersten Blick düster, weil er von Zorn und Verwerfung spricht. Gemäß dem Talmud fallen die Klagelieder daher unter die Bücher, die den vorletzten Vers bei der Verlesung wiederholen, um nicht zu negativ zu enden. Allerdings ist der Vers bei genauerem Hinsehen nicht wirklich negativ. Doch auch hier ist in der Forschung viel über die Übersetzung diskutiert worden und manche sehen V.22 gar als den negativen Höhepunkt an. Doch schreibt der Vers nicht ein dunkles Ende fest, sondern stellt wie V.20 eine rhetorische Frage, die in einem Irrealis die Bitte um Zuwendung aus V.21 konterkariert. Nur wenn Gott ganz verworfen *hätte*, gäbe es keine Hinwendung und keine Umkehr. Die Sprecher von V.22 nehmen nicht wirklich an, dass Gott gänzlich verworfen haben könnte. Der Vers ist nicht von einem bleibenden Zweifel getragen, sondern von dem Grundvertrauen, das auch in 3,31 zum Ausdruck kam: „Nicht für immer verwirft der HERR.“ (Vgl. Mi 7,18; Jes 57,16; Dan 3,34; Ps 44,24; 74,19; Jdt 7,30 u. ö.) So enden die Klagelieder in der Fünf-Lieder-Komposition zuversichtlich. Nicht, dass die in V.2–18 geschilderte Not nicht belastend wäre, aber die Überzeugung von Klgl 5 ist, dass der Appell an Gott, der hier wie in Klgl 1 und 3 souveräner Herr der Geschichte ist, nicht ohne Erhörung bleiben wird. Die Zeit der Bedrängnis wird zuende gehen und Umkehr – so könnte man paraphrasieren – auf beiden Seiten stattfinden. Gott kehrt sich seinem Volk wieder zu und das Volk kehrt sich seinem Gott wieder zu. Vielleicht wurde gerade um dieser Perspektive willen das fünfte Lied an die *'êkāh*-Komposition der Lieder 1–4 angeschlossen. Gott kann und wird sein geliebtes Israel, das er liebt wie eine Mutter ihr Kind, nicht vergessen (Hos 11,8; Jes 49,15). Aus diesem Vertrauen,

das dem Sprecher von Klgl 2 nicht möglich war und dass in Klgl 3 über den Rückgriff auf die Tradition erarbeitet war, speist sich die Zuversicht, die die rhetorische Frage am Schluss der Klagelieder negativ beantwortet.

Deutlicher im Modus der Bitte formuliert das exilisch-nachexilische Klagegebet in Jes 63,15–64,11: „Zürne nicht allzu sehr, HERR, denk nicht für immer an die Schuld! Schau doch her: Wir alle sind dein Volk." (Jes 64,8) Als Frage formuliert Ps 85,6: „Willst du uns ewig zürnen, soll dein Zorn dauern von Geschlecht zu Geschlecht?" Es gibt nur einen, der Herr über die Geschichte ist. In V.19 war emphatisch betont worden, dass YHWHs Thron auf immer steht. Genau diese Souveränität des königlichen Gottes wird jetzt für sein Erbarmen vorausgesetzt.

Von der Verwerfung des Volkes ist im Gerichtskontext die Rede (Jer 6,30; 7,29; 14,19; Ps 53,6; vgl. Ps 60,3.12) und auch das Sprechen vom Zorn gehört in diesen Rahmen (Jes 34,2; 47,8; 54,8–9; 60,10), wobei auffallend ist, dass beide Begriffe aus V.22 in Klgl 1, 2 und 4 nicht verwendet werden. Wäre Klgl 5 auf die übrigen Lieder hin gedichtet worden, hätte man hier einen Bezug erwarten dürfen. Der Gegenbegriff zur Verwerfung ist die Erwählung, die hier nur implizit angesprochen wird. Gottes Treue richtet sich auf die Erwählung, weshalb sein Zorn nicht für immer auf dem Volk und der Stadt ruht. In unnachahmlicher Dichte versteht es Deuterojesaja, die liebende Nähe der Zusage YHWHs an Jerusalem in Jes 54,7–8 dahingehend zu formulieren: „Nur für eine kleine Weile habe ich dich verlassen, doch mit großem Erbarmen werde ich dich sammeln. Einen Augenblick nur verbarg ich vor dir mein Gesicht in aufwallendem Zorn; aber in ewiger Huld habe ich mich deiner erbarmt, spricht dein Erlöser, der HERR." So weit wagt sich V.22 nicht vor, doch hört man auch hier die entschiedene Antwort auf die rhetorische Frage, ob Gott denn sein Volk verworfen habe: „Hat Gott sein Volk verstoßen? Keineswegs!" (Röm 11,1)

DRITTER TEIL

Anhang

I. Rezeption der Klagelieder

1. Altes Testament

Wie die Auslegung gezeigt hat, sind die Klagelieder ein sehr stark vernetzter Text; zumindest lassen sie sich als ein solcher lesen. Vielfach sind vor allem einzelne Aussagen aus Psalmen und Propheten aufgenommen worden bzw. es wird auf sie angespielt. Nicht immer war dabei klar, ob die Klagelieder auf die anderen Stellen kontrastierend Bezug nehmen oder umgekehrt den Klageliedern etwa in Jes 40–66 oder der nachexilischen Heilsprophetie in Sach 9–14 auch gezielt widersprochen wurde. Besonders aufgefallen waren die vielen Verbindungen zwischen Jeremia und den Klageliedern. In kanonischer Perspektive legen sich die beiden Bücher gegenseitig aus. Durch die vielen Bezüge lag jedenfalls Jeremia als „Autor" der Klagelieder schon früh nahe. Bezüge zu Pentateuchtexten und -traditionen waren etwa in 1,10 (Gemeindegesetz), 4,6 (Sodom) oder 4,15 (Unreinheit, Priester) zu erkennen, aber es war kaum auszumachen, ob die Klagelieder diese Texte bereits in schriftlicher Form voraussetzen. Klgl 1 und 4 wiesen auch vielfältige Bezüge zur frühnachexilischen Prophetie (Obdadja, Haggai, Sacharja) auf, ohne dass immer eine eindeutige literarische Abhängigkeit festzustellen war. Dass hingegen Klgl 3 bereits auf einen großen Teil der biblischen Literatur schon zurückschaut und viele Texte – vor allem die Psalmen – als argumentativen Hintergrund nutzt, schien demgegenüber eindeutig zu sein. Doch auch Klgl 3 wird innerbiblisch aufgenommen und ist nicht nur ein Text, der andere biblische Texte im Hintergrund weiß. So wird etwa der Aussage von 3,44 („du hast dich in Wolken gehüllt, kein Gebet kann sie durchstoßen“) durch die Kombination mit 3,50 („bis der HERR vom Himmel her sieht und schaut“) in Sir 35,21 widersprochen, wenn gesagt wird: „Das Gebet eines Demütigen durchdringt die Wolken und bevor es nicht angekommen ist, wird er nicht getröstet und er lässt nicht nach, bis der Höchste daraufschaut.“

Insgesamt erweisen sich die Klagelieder in der Zusammenschau als ein biblischer Text, der kanonisch stark vernetzt ist, und der bereits in der übrigen biblischen Literatur eine vielfältige Rezeption ausgelöst hat. Dazu zählt auch das erste Makkabäerbuch, in dem in den Beschreibungen der Tempelschändung 169/68 v. Chr. und an anderen Stellen *unter anderem* auf die Klagelieder zurückgegriffen wird (z.B. 1 Makk 2,9.11; 3,45). Die traumatische Schändung des Heiligtums durch die Schergen Antiochus' IV. Epiphanes (175–164 v. Chr.), die den Makkabäeraufstand mit ausgelöst hat, wird deutlich parallel zur Eroberung Jerusalems geschildert, mit dem Eindringen in das Heiligtum, dem Abtransport der Tempelgeräte etc. „Da kam große Trauer über das ganze Land Israel.“ (1 Makk 1,25) beginnt danach ein Abschnitt, der zwar die Klagelieder nicht wörtlich zitiert, sich aber eng daran anlehnt: „Die Vornehmen und Alten stöhnten; die Mädchen und jungen Männer verloren ihre Kraft, und die Schönheit der Frauen verfiel. Jeder Bräutigam stimmte die Totenklage an, die Braut saß trauernd in ihrem Gemach.“ (Vgl. Klgl 1,4.6.15.18; 2,6.9.20–21; 3,28; 4,1; 5,12) Auch hier ist der Zusammenhang mit Jeremia zu erkennen, denn der Schluss dürfte auf Jer 7,34; 16,9; 25,10 Bezug nehmen. 1 Makk 1,37 spielt auf Klgl 2,20; 4,13 an, 1 Makk 1,38 erinnert an Klgl 5,2.8 und 1 Makk 1,39 scheint Klgl 2,6 im Hintergrund zu haben. Darin zeigt sich ein Grundmuster auch der späteren Rezeption der Klagelieder, die diese aus ihrem ursprünglichen Kontext gelöst und auf andere traumatische geschichtliche Ereignisse bezogen hat. In der Forschung haben die engen Bezüge zwischen den Klageliedern und dem ersten Makkabäerbuch häufiger zu einer Spätdatierung der Klagelieder in das 2. Jh. v. Chr. geführt. Wahrscheinlich aber handelt es sich eher um frühe Belege dafür, dass die Klagelieder zur kanonischen biblischen Literatur gerechnet wurden und auch schon mit dem Propheten Jeremia verbunden waren. Dass nicht jede Anspielung auf andere Texte entstehungsgeschichtlich auszulegen und vor allem die Richtung der Abhängigkeit selten eindeutig ist, hatte die Auslegung auch an vielen anderen Stellen gezeigt.

Ein weiteres Beispiel aus der → Septuaginta bieten die Psalmen Salomos, die sich vielleicht auf die Schändung des Allerheiligsten durch Pompeius 63 v. Chr. (oder eine spätere Eroberung Jerusalems) beziehen und sich in ihrer Darstellung an die Klagelieder anlehnen. Auch hier spielen das stark emotionale erste Lied und das auf die Stadtfrau Jerusalem bezogene zweite Lied eine besondere Rolle. Zwar ist Jerusalem nicht als Stadtfrau personifiziert und spricht auch nicht selbst, doch ergreift in PsSal 2,14 ein Sprecher das Wort, dessen Worte sehr an 2,11 erinnern: „In meinem Inneren und meinen Eingeweiden leide ich daran.“ Dabei steht aber eher die hebräische als die griechische Textform im Hintergrund.

2. Neues Testament

Anders als die Psalmen, die zu den häufigsten im NT zitierten und angespielten Texten gehören, sind die Klagelieder nur an wenigen Stellen direkt aufgenommen. Ob das *Kopfschütteln der Vorübergehenden* in der Passionserzählung Mk 15,29//Mt 27,39 dazu gehört, bleibt unsicher, weil die Geste des Kopfschüttelns auch an anderen Stellen vorkommt (Ps 22,8; 64,9; 109,25; Jer 18,16). Sieht man darin einen gewollten Bezug auf die Klagelieder, dann gibt die Aufnahme der Stelle Zeugnis von einer frühen christologischen Lektüre der Klagelieder, die das Schicksal Jerusalems und das Schicksal Jesu miteinander verschränkt. Da auch Ps 22 in der ältesten Passionserzählung intensiv aufgenommen worden ist, scheint eine christologische Lektüre von Klgl 2,15 nicht ausgeschlossen, doch wahrscheinlich wurde die Parallelisierung von Zion und Christus erst bei den Kirchenvätern entwickelt. Das gilt auch für die Beziehung zwischen Mt 23,35 und Klgl 4,13. Beide Stellen sprechen auffallend ähnlich vom gerechten Blut, das im Fall von Zacharias auch im Tempelbezirk vergossen wird. In Kombination mit Mt 23,37, das auch Klgl 2,20 im Hintergrund haben könnte, würden dann die Zerstörung des ersten und zweiten Tempels parallelisiert (was auch im aramäischen Targum der Fall ist) und das Schicksal Jesu mit dem Schicksal der Propheten gleichgesetzt. Doch für die Passage gibt es in der Prophetie weit mehr Anschlussmöglichkeiten, sodass auch hier eine christologische Rezeption nur im Ansatz zu erkennen ist.

Am markantesten ist aber sicher die sachliche Aufnahme von Klgl 3,50 in dem Wort Jesu Mt 5,39//Lk 6,29, in dem die Feindesliebe durch das Beispiel erläutert wird, dem Schlagenden auch die andere Wange hinzuhalten.

3. Antikes Judentum

Die Fragmente aus den Qumran-Höhlen in der judäischen Wüste am Toten Meer können als die älteste außerbiblische Bezeugung der Klagelieder gelten und belegen die Wertschätzung des Buches in der Tradition, die die Gemeinschaft in Qumran zu bewahren suchte. Die Fragmente entstammen drei unterschiedlichen Höhlen und bieten zum Teil nur eine Reihe von Buchstaben, die sich in ihrem Zusammenhang dem hebräischen Text der Klagelieder zuordnen lassen (3Q3 in zwei Fragmenten: 1,10–12 und 3,53–62; 4Q111 in vier Fragmenten: 1,1b–18 und einige Buchstaben von 2,5; 5Q6 in über fünfzig Fragmenten: 4,5–8.11–16.19–22; 5,1–13.16–17 und 5Q7: 4,17–20). Die Handschriften entstammen dem 1. Jh. v. Chr. und dem 1. Jh. n. Chr. Anspielungen auf das erste und vierte Lied gibt es auch in einer Klage in einem parabiblischen Text 4Q179 (4QApocryphal Lamentations), der aus herodianischer Zeit stammt. Neben einer Reihe von anderen Texten aus der vierten Höhle (4Q282, 439, 445, 453) gibt es Anspielungen auf einige Verse aus dem fünften Lied (5,1.2.10) in 4Q501, einer Klagekomposition, hinter der vielleicht eine liturgische Verwendung zu erkennen ist. Möglicherweise war der Bezug auf die Tempelschändung(en) 167 v. Chr. (Antiochus IV.) oder 63 v. Chr. (Pompeius) ausschlaggebend für die starke Rezeption. Vielleicht haben die Bewohner von Qumran, die sich ja gezielt vom Jerusalemer Tempel abgewandt haben, die Klagelieder aber auch auf den von ihnen stark kritisierten Zustand Jerusalems bezogen und so aktualisiert.

Deutlich später als die Qumranbelege ist die Sammlung der aktualisierenden Auslegungen der Klagelieder, die im Midrasch

Eikah rabbati/Klagelieder Rabba (KlglR) überliefert sind. Die Klagelieder werden dort überwiegend auf unterschiedliche Ereignisse in der Geschichte bezogen, u.a. die Eroberungen Jerusalems 587 v. Chr. und 70 n. Chr. sowie die Niederschlagung des Bar Kochba Aufstandes 135 n. Chr. Der Titel des im Mittelalter in Europa sehr beliebten Midrasch, der aber vielleicht schon im 5. Jh. n. Chr. in Palästina entstanden ist, lehnt sich an das „die Große unter den Völkern" aus 1,1 an. 36 Petichot („Eröffnungen") sind dem Text vorangestellt, vielleicht weil der Zahlenwert des hebräischen Wortes *Eikah* 36 (*Aleph*=1, *Jod*=10, *Kaph*=20, *He*=5) ist. Jeweils wird ein Rabbi zitiert, dessen Auslegung sich auf einen Bibelvers außerhalb der Klagelieder bezieht und oft mit dem Wort *'êkāh* („Ach!, Weh!") aus 1,1; 2,1 und 4,1 endet. Die Bibelstellen scheinen von Ferne auf die in den Klageliedern beschriebene Situation bezogen und deuten die Katastrophe als Folge der Sünde Israels. Das betrübt Gott, der darum einsam da sitzt und der mit Israel leidet. Nach den Eröffnungen kommentiert der Midrasch die Klagelieder mit einer Fülle von Gleichnissen und Hinweisen auf die Hoffnung, dass Gott sein Volk auf keinen Fall verstoßen habe. Die Frage aus 5,22 („Hast du uns denn ganz verworfen?") wird als Trost und Aufruf zur Umkehr verstanden.

Klgl 5,21 ist in der *Hashivenu Avinu* „Führe uns zurück, unser Vater" genannten fünften Bitte des Achzehn(bitten)gebetes noch wiederzuerkennen. Dort heißt es (in einer Übersetzung des Sidur Sefar Emet von 1964): „Führe uns zurück, unser Vater, zu deiner Lehre, und bringe uns, unser König, deinem Dienst nahe und lass uns in vollkommener Rückkehr zu dir zurückkehren. Gelobt seist du, Ewiger, der du an der Rückkehr Wohlgefallen hast!" Das Achtzehngebet (auch *Schemone Esre* „Achtzehn" oder *Amida*, „Stehend", weil es stehend vorgetragen wird, oder einfach *Tefilla* „Gebet", weil es das wohl wichtigste Gebet im synagogalen Gottesdienst ist) ist eines der ältesten Gebete, dessen Wurzeln vor die Zeit der zweiten Tempelzerstörung zurückreichen. In der palästinischen Rezension, wo die Bitte Teschuva „Umkehr" genannt wird, wird 5,21 auch wörtlich zitiert.

4. Kirchenväter

Die Kirchenväter haben auch die Klagelieder kommentiert oder dazu in ihren Schriften Stellung genommen. Bedeutend ist vor allem der Kommentar des Origenes aus dem 3. Jh., der die Klagelieder allegorisch deutet. Den Kirchenvätern ist die christologische Lektüre der Klagelieder ebenso selbstverständlich wie die Übertragung der geschichtlichen Situation der Bedrängnis und Zerstörung Jerusalems auf andere Kontexte (Zerstörung des zweiten Tempels, Bedrängnis Roms, Christenverfolgung etc.). Augenfällig wird das christologische Verständnis in Klgl 4,20, wo der lateinische Kirchenvater Hieronymus in Aufnahme der → Septuaginta das „gefangen in ihren Gruben" auf die Sündenlast bezieht. Das hat bei Augustinus und anderen lateinischen Kirchenvätern stark nachgewirkt. Den Gesalbten (im Gr. *christós*) liest Hieronymus als Eigennamen „Christus" und verändert (wie die meisten christlichen Handschriften) die Genitivkonstruktion (der Gesalbte *des* HERRN) zu *Christus Dominus* „Christus, der Herr": „Der Hauch unseres Mundes, Christus, der Herr, wurde gefangen in unseren Sünden, über den wir sagten: in deinem Schatten werden wir in den Völkern leben." Damit ist die Eroberung Jerusalems auf den Tod Jesu bezogen. „In seinem Schatten" wurde bei Origenes anthropologisch als Anteil aller Menschen an Tod und Auferstehung Christi gelesen.

Auch der „Schmerzensmann" in Klgl 3,1 wird in der Patristik und im Mittelalter auf Christus bezogen, der am Kreuz gelitten hat. Hier gehen dann allegorische Deutungen zum Teil sehr weit, wenn sie etwa die Grube in 3,53 auf die Grablegung Christi beziehen. In den christologischen Streitigkeiten der ersten Jahrhunderte wurde Klgl 4,20 in den Argumentationen eingesetzt, weil dort „Geist" (hebr. *rûᵃḥ*, gr. *pneuma*, in der EÜ „Lebensatem") und „Christus, der Herr" (hebr. *mašiᵃḥ yhwh*, gr. *christós kuríou* bzw. *christós kuríos*) zusammen vorkommen.

5. In der Liturgie

Die Verwendung der Klagelieder im Kult beginnt vielleicht schon früh in Gottesdiensten, die sich auf den Jahrestag der Zerstörung des Tempels beziehen (Sach 7,3.5; s. dazu o. Einleitung VI.10). Die Verwendung der Klagelieder am Vorabend des 9. Av, dem Tag, auf den traditionell die Zerstörung des ersten (587 v. Chr.) und des zweiten Tempels (70 n. Chr.) datiert wird, ist jedoch erst relativ spät belegt. Sie wird im Babylonischen Talmud und im Midrasch zu den Klageliedern erwähnt, doch kommt man damit für die Datierung einer regelmäßigen Praxis nicht über das 7./8. Jh. hinaus. Der früheste Hinweis auf eine solche jüdische Verlesung der Klagelieder stammt aus einer christlichen Quelle, der *Didaskalia Apostolorum* aus dem 3. Jh. v. Chr., wo auf Versammlungen und die Verlesung der Klagelieder Bezug genommen wird, wobei die dort für „die Juden“ bezeugte Praxis durchaus älter sein kann. Bis heute ist der 9. Av neben Jom Kippur der wichtigste jüdische Fasttag, dem eine längere Frist des Verzichts vorausgeht. Das Fasten am 9. Av ist strenger als an anderen Fasttagen und beginnt bereits am Vorabend, an dem in der Synagoge die Klagelieder halblaut gelesen werden. Die Prophetenlesung am nächsten Morgen gibt noch einmal ein Zeugnis für die Verbindung von Jeremia mit den Klageliedern, vor allem wenn Jer 8,13–9,23 vorgetragen wird, der Abschnitt, der im Jeremiabuch die größte Nähe zu den Klageliedern hat. Der 9. Av stellt den emotionalen Tiefpunkt des liturgischen Jahres dar. Auf ihn folgt bis zum Neujahrsfest eine siebenwöchige Trostzeit, in dem der Zuspruch aus Jes 40–55 eine wichtige Rolle spielt.

Der Aspekt der Klage dominiert auch für die Verwendung der Klagelieder in der christlichen Liturgie, die eng mit der christologischen Rezeption des gefangenen Gesalbten in 4,20 verbunden ist. Auch hier lässt sich der Anfang der Tradition ihrer Verwendung nicht sicher ausmachen. Spätestens im Mittelalter sind die Klagelieder im Stundengebet der Karwoche fest verankert. „Kar“ leitet sich von althochdeutsch *kara* „Klage, Trauer, Kummer“ ab, lässt mit der griechischen Mythologie Vertraute aber auch das griechische *kér* „Todesgeschick, Tod“, die Verkörperung des gewaltsamen Todes in der griechischen Mythologie, assoziieren. Klgl 2,19 entsprechend, werden die Klagelieder zunächst in der Nacht zum Gründonnerstag, Karfreitag und Karsamstag in den *Tenebrae* (lat. „Dunkelheit, Schatten“) genannten Trauermetten (Matutin und Laudes) gesungen. Später werden die Gottesdienste mit Vortrag der Klagelieder auf den Vorabend verlegt und feierlich gestaltet. Eindrücklich war neben der musikalischen Gestaltung der sog. Tenebrae-Leuchter, auf dem 14 bzw. 15 Kerzen angeordnet waren, die nach und nach im Anschluss an die Antiphonen der Lesungen gelöscht wurden. Die letzte mittlere Kerze symbolisierte den Tod Jesu und wurde erst am Karsamstag gelöscht. Die hoch emotionalen und symbolträchtigen Metten boten zunächst den auf drei Tage verteilten Text der Klagelieder, wurden jedoch schon im Mittelalter selbst verkürzt und im Trienter Konzil (1545–1563) auf je drei Lesungen an den drei Tagen standardisiert: 1,1–5.6–9.10–14 am Gründonnerstag, 2,8–11.12–15; 3,1–9 am Karfreitag und 3,22–30; 4,1–6; 5,1–11 am Karsamstag. Die Auswahl zeigt eine Zuspitzung im Bezug auf das Leiden Christi, die auch in den auf die Lesung folgenden Responsorien vorgenommen wird. Jerusalem wird aufgefordert, sich dem Messias und *seinem* Leiden zuzuwenden. Dabei spielt der Ruf *Jerusalem, Jerusalem, convertere ad Dominum Deum tuum* „Jerusalem, Jerusalem, bekehre dich zum Herrn, deinem Gott" eine entscheidende Rolle. Der Umkehrruf, der Hos 14,2 (Vulgata: „*Convertere Israhel ad Dominum Deum tuum*") aufnehmend Klgl 5,21 abwandelt, ist in der von 1955 von Pius XII. eingeführten Fassung der Karfreitagsfürbitte für die Juden aufgenommen, die *Pro Conversione Judaeorum* „Für die Bekehrung der Juden" überschrieben war. Diese Fassung wurde 1965 von Paul VI. wieder in *Pro Iudaeis* „für die Juden" abgeändert und 1970 in eine Bitte um die Treue der Juden zu ihrem Gott weiterentwickelt. Durch die Wiederzulassung des tridentinischen Ritus der Messfeier entstand auch ein Streit um die Karfreitagsfürbitte, die 2008 dafür so abgeändert wurde, dass erneut unter der Überschrift *Pro conversione Judaeorum* „Für die Bekehrung der Juden" um die Erleuchtung der Herzen der Juden gebetet wird. Der Streit, der sich theologisch darum dreht, ob eine Bekehrung der Juden zu Christus notwendig und daraus eine Judenmission abzuleiten ist oder eine Begegnung der Juden mit ihrem Gott keiner innergeschichtlichen Vermittlung durch Christus bedarf, ist weiterhin nicht beigelegt und belastet das christlich-jüdische Verhältnis. Von daher kann es nur als problematisch bezeichnet werden, wenn die musikalische Aufführung der Klagelieder mit dem *Jerusalem, Jerusalem convertere ad Dominum deum tuum* unkommentiert in die Liturgie integriert wird (und etwa neben die Improperien gestellt wird, in denen dem „treulosen“ Volk der Juden mit der Stimme Jesu im *popule meus* „mein Volk“ Vorhaltungen gemacht werden).

In der gegenwärtigen katholischen Liturgie haben die Klagelieder auch in der Karliturgie ihre prominente Stellung eingebüßt. Sie sind nur noch in Auszügen in der Tagzeitenliturgie der Karwoche präsent. In der römisch-katholischen Leseordnung der Wochentage kommen sie lediglich am Samstag der 12. Woche (Jahr II) vor, wo 2,2.10–14.18–19 gelesen werden. Im evangelischen Gottesdienst ist in der Perikopenordnung der EKD lediglich ein Ausschnitt aus dem dritten Lied 3,22–26.31–32 am 16. Sonntag nach Trinitatis vorgesehen.

6. In der Musik

Kaum eine biblische Literatur ist so oft vertont worden wie die Klagelieder. Vor allem im 16. und 17. Jh. gibt es kaum einen Renaissancekomponisten, der sich nicht mit den Klageliedern beschäftigt hat. Darunter sind bekannte Namen wie *Thomas Tallis, Giovanni Pierluigi Palestrina, Orlando di Lasso, Claudio Monteverdi, Carlo Gesualdo* oder *Girolamo Frescobaldi*, aber auch unbekanntere wie *Christóbal de Morales, Francesco Durante, Pedro Rimonte, Alonso Lobo* oder *Paolo Isnardi*. Die von Rom über ganz Europa ausgehenden Kompositionen gehen in die Hunderte, weil seit dem Mittelalter die Klagelieder in den Trauermetten am Ende der Karwoche ihren festen Platz hatten, zunächst einstimmig, später polyphon (meist mit vier oder fünf Stimmen) aufgeführt wurden. Vertont wurden sowohl die Lesungen als auch die zum Teil aus den Klageliedern entnommenen Antiphonen und Responsorien. Klgl 1,21, das „O vos omnes“ („Ihr alle, die ihr des Weges zieht“), spielt dabei als Aufforderung, das Leiden Christi und der Mutter Jesu zu betrachten, eine besondere Rolle und wurde aufwändig als Antiphon und Responsorium vertont. *Giovanni Matteo Asola, Sebastián Durón, Tomás Luis de Victoria* oder *Antonio Lotti* sind neben den bekannten *Gesualdo* und *di Lasso* einige der Beispiele. Vor allem in der Schule *Palästrinas* und der italienischen Kirchenmusik gehört es zum guten Ton, die Lamentationes für die Tenebrae genannten Metten in der Karwoche (s. o.) zu komponieren.

Im Hoch- und Spätbarock nehmen die eigenständigen Klageliedervertonungen in liturgischer Verwendung ab, verschwinden aber nicht. So etwa die „klassische" *Tenebrae*-Komposition „Leçons de ténèbres" (H 380–389) der Klagelieder mit Responsorien durch *Marc-Antoine Charpentier* (1643–1708) oder die 1750 in Rom entstandenen Komposition „Le Lamentazioni del profeta Geremia per il Mercoledi Santo" von *Nicolò Jomelli* in drei Sätzen, in der die Orchesterstimmen als Begleitung der Singstimmen deutlich wichtiger werden. Daneben entstehen aufwändige Kompositionen mit Orchesterbegleitung, wie z.B. die in den 1720er Jahren entstandenen Lamentationes Jeremiae von *Jan Dismas Zelenka* (ZWV 52 und 52). In den geistlichen Werken sind weiter Verse der Klagelieder sehr präsent. So etwa in *Georg Friedrich Händels* bekanntestem, dem Messias von 1741, wo im zweiten Teil Klgl 1,12 aufgenommen ist und entsprechend der seit der Antike eingeübten Deutung auf Christus bezogen wird: „Behold, and see if there be any sorrow like unto *His* sorrow." („Schaut doch und seht, ob ein Schmerz ist wie *Sein* Schmerz!") Daneben hat Händel die Klagelieder aber auch etwa in der Komposition zum Begräbnis von Queen Caroline 1737 verarbeitet (Funeral Anthem for Queen Caroline, HWV 264), das „die Wege Zions trauern" überschrieben ist und mit einer Kombination von Klgl 1,4; 1,11 und 2,10 beginnt („The ways of Zion do mourn and she is in bitterness; all her people sigh and hang down their heads to the ground") und als Refrain Klgl 1,1 in Kombination mit 2 Sam 1,19 („How are the mighty fall'n. She that was great among the nations and princess of the provinces!") auf Queen Caroline bezieht. Der erste Teil der Begräbnismusik wurde von Händel anfänglich in dem 1738 Oratorium „Israel in Egypt" wiederverwendet und auf das Begräbnis Josefs in Ägypten bezogen. In dem Bezug auf Amtsträger und bedeutende Personen zeigt sich eine Konstante in der Rezeption der Klagelieder, wobei auch immer wieder Klgl 4,20 und 5,16 verwendet werden. So beispielsweise auch beim Tod Karls I. von England 1649.

Auch *Johann Sebastian Bach* nimmt mehrfach Verse aus den Klageliedern in seinen Kantaten auf. So etwa in der 1723 entstandenen Leipziger Kantate BWV 46 „Schauet doch und sehet, ob irgendein Schmerz sei", die im Eingangschor Klgl 1,12 aufnimmt und dann im Rezitativ eine Zitatenkollage aus den Klageliedern bietet. Die Lesung des 10. Sonntags nach Trinitatis war Jesu Weinen über Jerusalem in Lk 19,41–49. In den Vertonungen spielt erwartbar die Klage in den ersten beiden Liedern eine größere Rolle als die reflexiven Passagen in Klgl 3. Eine Ausnahme bildet Bach in seiner „Mein Gott, wie lang, ach lange?" überschriebenen Weimarer Kantate BWV 155 zum zweiten Sonntag nach Epiphanie (1716), deren Text von Salomon Franck stammt und von Passagen aus Klgl 3 inspiriert scheint. Rezitative und Arien sind durchzogen von Splittern aus den Klageliedern, und die Arie „Du musst glauben, du musst hoffen, du musst gottgelassen sein" scheint Klgl 3,20–35 zu beherzigen. Das anschließende Rezitativ formuliert „Wenn er dich kurze Zeit verlässt, Herz glaube fest. … Ach denke nicht, dass er von Herzen dich betrübe" und bezieht dabei Klgl 3,31.33 auf den „liebsten Freund" Jesus.

In der Klassik nehmen die eigenständigen Klageliederkompositionen weiter ab, *Joseph Haydn, Wolfgang Amadeus Mozart* oder *Ludwig van Beethoven* vertonen die Klagelieder nicht. Die großen para-liturgischen Aufführungen in den Karmetten bzw. die Responsorien in den Nokturnen gehen mit der Säkularisierung zurück, sodass Aufträge dafür fehlen. Einzelne Rezeptionen gibt es bis ins 20., Jh. beispielsweise das 1932 „O vos omnes" von *Pablo Casals*, das wie die Renaissance-Kompositionen Klgl 1,12 aufnimmt und die Umstehenden in die Klage einbindet. Eindrücklich ist *Leonhard Bernsteins* 1942 geschaffene und 1944 uraufgeführte erste Symphonie „Jeremiah", die sich an dem Propheten orientiert und drei Sätze hat: Prophezeiung, Entweihung und Klage. In dem längsten dritten Satz singt ein Mezzo-Sopran auf Hebräisch Teile der Klagelieder 1,1–3.8; 4,14–15; 5,20–21a, endend mit dem *Hashivenu* „Kehre uns um, zu dir, Adonai"-Gesang. Bei der Vertonung der Singstimme nimmt Bernstein die traditionellen synagogalen Melodien, in denen die Klagelieder am Vorabend des 9. Av vom Kantor gesungen werden, auf. *Igor Strawinsky* komponiert seine Threni, ein zur Biennale in Wien 1958 in Zwölftontechnik geschaffenes Werk in drei „Elegien" genannten Sätzen, die sich am ersten (1,1.2a.5a.11b.20), dritten (3,1–6.16–21.22–27.34–36.40–45.49–57) und fünften Lied (5,1.19.21) orientieren.

Eine bedeutende Rezeption der Klaglieder in der Moderne stellt die *a-capella* Komposition von *Rudolf Mauersberger* „Wie liegt die

Stadt so wüst“ dar, die sich auf das im Bombenhagel der Alliierten im Februar 1945 zerstörte Dresden bezieht. Der Kantor der Kreuzkirche nimmt den Text der Klagelieder und bezieht ihn auf die zerstörte Stadt. Die Komposition wurde am Karfreitag desselben Jahres erstmalig auf den Trümmern der Kirche aufgeführt.

7. In der Kunst

In der darstellenden Kunst wird die Zerstörung der Stadt Jerusalem meist mit der Zerstörung des zweiten Tempels verbunden. So etwa in der 1637 entstandenen einflussreichen Darstellung von *Nicolas Poussin*, der als einer der bedeutendsten klassizistischen Maler des französischen Barock gelten kann. Das Bild, das heute im Kunsthistorischen Museum in Wien aufbewahrt wird, zeigt den in Flammen stehenden Tempel im Hintergrund und chaotische Szenen von brutaler Gewaltanwendung vor einer säulenbestandenen Vorhalle. Die Menora, der siebenarmige Leuchter, wird abtransportiert. Viele Erschlagene säumen das Feld. Der berittene Titus scheint wie seine Soldaten vom Geschehen ergriffen.

Seltener findet sich ein klarer Bezug auf die Ereignisse 597/87 v. Chr. Manchmal ist es jedoch nicht leicht zu entscheiden, worauf sich eine Darstellung bezieht. *Gustave Doré* stellt etwa auf einem seiner Holzschnitte, die er für die 1866 erschienene „Illustrated Bible“ angefertigt hat, Klagende vor einem Turm oder hohen Mauerwerk dar. Die Personen richten entweder ihren Blick deprimiert zu Boden, vollziehen Klage und Verzweiflungsgesten oder schauen zu dem Bauwerk sehnsüchtig auf. Im Druck ist das Werk unterschrieben „The People Mourning Over the Ruins of Jerusalem“ und mit einem Zitat von Klgl 1,1 versehen. Ohne diese Unterschrift wäre eine Zuordnung zu den Klageliedern kaum möglich, da Details aus dem Text gänzlich fehlen. Das ist etwas anders in dem 1867 gemalten monumentalen Werk von *Francesco Hayez*, auf dem zentral ein haushoher Hörneraltar dargestellt ist, von dem Leute herabstürzen. Aus dem Eingang des Tempels im Hintergrund schlagen Flammen, Tempelgeräte werden abgerissen. Hervorgehoben ist wie auf dem Titusbogen in Rom (s. Abb. 13) der siebenarmige Leuchter. Auf dem ganzen Bild verteilt liegen Erschlagene oder werden gerade getötet. Frauen versuchen sich gegen den Zugriff von Soldaten zur Wehr zu setzen. Es herrscht Chaos. Das Motiv ist erkennbar an Vorbilder wie *Nikolas Poussin* oder *Nikolai Ge* angelehnt. Doch obwohl Vieles an Verse aus den Klageliedern erinnert, ist wie bei anderen Bildern ein direkter Bezug nicht auszumachen.

Wenn, dann steht meist die Person Jeremia als Sinnbild für die Zerstörung der Stadt. Am bekanntesten ist *Rembrandts* Darstellung des Propheten, der vor dem Hintergrund der zerstörten Stadt den traurig geneigten Kopf mit der Linken stützend zu Boden schaut. Der Ellbogen stützt sich auf ein „BiBeL" beschriftetes Buch, das sich unter der Last des sich stützenden Propheten verbiegt. In einer verzierten Schale befinden sich Schmuck, eine silberne Schale und ein goldenes Gefäß. Darunter ein kostbarer Teppich oder ein brokatbestickter Vorhang, auf dessen Ende der linke Fuß Jeremias ruht. Ob es sich hierbei in Ausdeutung von 2 Makk 2,1–8 um Andeutungen der Tempelgeräte oder in Aufnahme von Jer 40,5 um das Geschenk Nebusaradans handelt, ist nicht klar. *Rembrandt van Rijn* malte diese Darstellung des Propheten, die sich im Rijksmuseum in Amsterdam befindet, im Jahr 1630. Das Motiv des Jeremia, der vor den Trümmern der zerstörten Stadt steht, hat auch der russische Realist *Ilja Jefimowitsch Repin* 1870 aufgenommen. Der Prophet steht, den Blick mit verschlossenen Augen nach oben gerichtet, sich mit der Rechten die Stirnhaare raufend, vor zerborstenen Mauern, auf die er sich mit der Linken abstützt. Durch Gestus und Körperhaltung werden Betroffenheit und Verbundenheit augenscheinlich.

Mehrfach hat *Marc Chagall* Jeremia als Klagenden dargestellt, mal in dunkler Gestalt, die Hände zur Klage erhoben, mal mit geöffnetem Mund, sich die Tränen aus dem rechten Auge wischend. Eindrücklich ist vor allem die Darstellung Jeremias auf einer „Klagelieder Jeremias" überschriebenen Lithographie von Marc Chagall, die auf das Jahr 1956 datiert ist. Über der im Hintergrund erkennbaren Stadt schwebt eine Feuerwolke. Der Prophet sitzt gekrümmt im Vordergrund, den Blick zu Boden gerichtet und die Stirn in Falten. Mit beiden Händen umschließt er liebevoll eine Torarolle wie eine Mutter ihr Kind.

8. Aktualität

Würde man die Rezeptionen der Klagelieder auf einer Perlenkette aufreihen, ließe sich eine Geschichte traumatischer Zerstörungen von Städten zumindest im jüdisch-christlichen Kulturkreis schreiben. Jerusalem, Rom, Konstantinopel, London – zu allen großen Katastrophen von der Antike bis zur Gegenwart sind die Klagelieder als Fluchtpunkt der Klage intensiver rezipiert worden. Herausgehoben sind auf der viel zu langen Kette die Stadtzerstörungen, die ihrerseits zu Sinnbildern von Katastrophen geworden sind. Darin verdichten sich symbolisch Kontexte und Deutungen von Bedrohungen oder Abbrüchen. Für das 20. Jh. ließen sich da etwa die im Bombenhagel 1945 vollkommen zerstörte Stadt Dresden, die Belagerung Sarajewos im Bosnienkrieg 1992–1996 oder die im Syrienkrieg seit 2012 zerbombte Stadt Aleppo anführen. Sie rufen wie die beiden am 9/11 2001 in sich zusammenstürzenden Twin-Tower des World Trade Center von New York fast kanonisierte Bilder der Zerstörung auf, die die Zusammenbrüche zu Sinnbildern moderner Katastrophen machen. In den sehr unterschiedlichen Zusammenhängen der Verarbeitung dieser Ereignisse ließ sich immer auch eine Rezeption der Klagelieder wahrnehmen, die von Zitatsplittern im Feuilleton bis hin zu Nachdichtungen reichen. Jerusalem wird dabei zur Chiffre leidvollen Schicksals auch moderner Städte. Wie in einem Brennglas verdichten sich in „Jerusalem" zerbrochene Perspektiven ebenso wie neu aufbrechende Hoffnungen. Sicherlich liegt das ebenso an der eigentümlich zeitlosen Konkretheit der Klagelieder, wie an der Personifikation Jerusalems, die zur Identifikation einlädt und schließlich an der Fülle der Bilder, mit denen die Katastrophe beschrieben wird. Zum anderen liegt das auch an der Geschichte Jerusalems, deren mehrfache Zerstörung zum Sinnbild für das Schicksal der Stadt, ihrer Bewohner, aber auch der damit verbundenen kulturellen Identität geworden ist. Dieses Sinnbild schließt – und das sollte bei aller Kraft der dunklen Erinnerungen an die Zerstörung Jerusalems nicht vergessen werden – genauso kraftvolle Bilder der Hoffnung und Lebensfülle ein (Ps 48; 84; 87), die von einer Stadt des Friedens (Ps 122), der Gerechtigkeit (Jes 1,26; Jer 33,16) und der Treue (Sach 8,3) träumen, wo die Tochter Zion die „nicht mehr verlassene Stadt" (Jes 62,12) ist, jubelt, weil Gott in ihrer Mitte wohnt (Sach 2,14). Diese Texte, die vom Wiederaufbau der Stadt (Jes 44,24–28; 62,7; 66,13; Sach 1,16–17; Ps 147; Tob 13,17; Jdt 5,19) bis zum himmlischen Jerusalem (Offb 3,12 ; 21,2) reichen, treten dann neben die Bilder der Zerstörung und Gewalt und überblenden sie schließlich. „Denn so spricht der HERR zu den Leuten von Juda und zu Jerusalem: Nehmt Neuland unter den Pflug, und sät nicht in die Dornen!" (Jer 4,3)

II. Literatur

Es gibt eine Fülle von Auslegungs- und Spezialliteratur zu den Klageliedern. Die folgende Auswahl beschränkt sich auf *deutschsprachige* Literatur.

1. Kommentare

Berges, Ulrich, Klagelieder (Herders Theologischer Kommentar zum Alten Testament), Freiburg i. Br. u. a. 2002.

Boecker, Hans-Joachim, Klagelieder (Zürcher Bibelkommentar 21), Zürich 1985.

Brandscheidt, Renate, Das Buch der Klagelieder (Geistliche Schriftlesung. Erläuterungen zum Alten Testament 10), Düsseldorf 1988.

Groß, Heinrich, Klagelieder (Neue Echter Bibel. Kommentar zum AT mit der Einheitsübersetzung 14), Würzburg 1986.

Kaiser, Otto, Klagelieder, in: Müller, Hans-Peter/Kaiser, Otto/Loader, James Alfred, Das Hohelied, Klagelieder, Das Buch Esther (Das Alte Testament Deutsch 16/2), Göttingen ^{4}1992, 91–198.

Koenen, Klaus, Klagelieder (Threni) (Biblischer Kommentar XX), Neukirchen-Vluyn 2015.

Kraus, Hans-Joachim, Klagelieder (Biblischer Kommentar XX), Neukirchen-Vluyn ^{4}1983.

Rudolph, Wilhelm, Das Buch Ruth. Das Hohe Lied. Die Klagelieder (Kommentar zum Alten Testament XVII,13), Tübingen ^{2}1963.

2. Sonstige Literatur

Albertz, Rainer, Die Zerstörung des Jerusalemer Tempels 587 v. Chr. Historische Einordnung und religionsgeschichtliche Bedeutung, in: Hahn, Johannes (Hg.), Zerstörungen des Jerusalemer Tempels (Wissenschaftliche Untersuchungen zum Neuen Testament 147), Tübingen 2002, 23–39.

Albertz, Rainer, Die Exilszeit. 6. Jahrhundert v. Chr. (Biblische Enzyklopädie 7), Stuttgart 2007.

Bail, Ulrike, Die verzogene Sehnsucht hinkt an ihren Ort. Literarische Überlebensstrategien nach der Zerstörung Jerusalems im Alten Testament, Gütersloh 2004.

Baumann, Gerlinde, Gottesbilder der Gewalt im Alten Testament verstehen, Darmstadt 2006.

Dietrich, Walter/Link, Christian, Die dunklen Seiten Gottes, Neukirchen-Vluyn 1995 u. 2000.

Diller, Carmen, Zwischen JHWH-Tag und neuer Hoffnung. Eine Exegese von Klagelieder 1 (Arbeiten zu Text und Sprache im Alten Testament 82), St. Ottilien 2007.

Emmendörfer, Michael, Der ferne Gott (Forschungen zum Alten Testament 21), Tübingen 1998.

Frevel, Christian, Zerbrochene Zier. Tempel und Tempelzerstörung in den Klageliedern (Threni), in: Keel, Othmar/Zenger, Erich (Hg.), Gottesstadt und Gottesgarten. Zu Geschichte und Theologie des Jerusalemer Tempels (Questiones Disputatae 191), Freiburg u.a. 2002, 99–153.

Frevel, Christian, Zerstörung bewegt. Zur Spiritualität der Klagelieder Jeremias, in: Hölscher, Andreas/Middelbeck-Varwick, Anja (Hg.), Frömmigkeit. Eine verlorene Kunst (Theologie der Spiritualität 8), Münster 2005, 6–28.

Frevel, Christian, Von fremden Händen und bloßgestellten Frauen. Ein Zwischenruf zur Inflation sexueller Gewalt in der Deutung von Klagelieder 1, in: Grund, Alexandra u. a. (Hg.), Ich will dir danken unter den Völkern, Gütersloh 2013, 373–393.

Frevel, Christian, Geschichte Israels (Kohlhammer Studienbücher Theologie 2), Stuttgart 2015.

Häusl, Maria, Die Klagelieder. Zions Stimme in der Not, in: Schottroff, Luise/Wacker, Marie-Theres (Hg.), Kompendium feministische Bibelauslegung, Gütersloh [2]1999, 270–277.

Janowski, Bernd, Ein Gott, der straft und tötet? Zwölf Fragen zum Gottesbild des Alten Testaments, Neukirchen-Vluyn [2]2013.

Keel, Othmar, Die Geschichte Jerusalems und die Entstehung des Monotheismus (Orte und Landschaften der Bibel IV,1–2), Göttingen 2007.

Koenen, Klaus, Die Klagelieder Jeremias. Eine Rezeptionsgeschichte (Biblisch-Theologische Studien 143), Neukirchen-Vluyn 2013.

Maier, Christl, Tochter Zion im Jeremiabuch. Eine literarische Personifikation mit altorientalischem Hintergrund, in: Fischer, Irmtraud u.a. (Hg.), Prophetie in Israel, Münster 2003, 157–167.

Maier, Christl, Die Biographie der heiligen Stadt, Evangelische Theologie 70, 2010, 164–178.

Spieckermann, Hermann, Stadtgott und Gottesstadt. Beobachtungen im Alten Orient und im Alten Testament, Biblica 73, 1992, 1–31.

Urbanz, Werner, Das Ende der Klagelieder. Notizen zu Klgl 5, Protokolle zur Bibel 14, 2005, 49–60.

Wagner, Thomas, Die Schuld der Väter (er)tragen – Thr 4 im Kontext exilischer Theologie, Vetus Testamentum 62, 2012, 622–635.

Westermann, Claus, Die Klagelieder. Forschungsgeschichte und Auslegung, Neukirchen-Vluyn 1990.

Für Grundlageninformationen sei zusätzlich verwiesen auf die vielen Artikel im Wissenschaftlichen Bibellexikon im Internet (www.wibilex.de), z. B. zu den Stichworten Jerusalem, Klagelieder, Stadtgott, Stadtklagen, Tochter Zion, Zerstörung Jerusalems etc.

III. Glossar

Akrostichon → Von griechisch *akron* „Spitze, Höchstes" und *stichos* „Vers, Zeile". Bezeichnet einen Text, in dem die Anfänge der Verse, Zeilen, oder Absätze hintereinander einen Sinn oder eine besondere Ordnung ergeben. Oft handelt es sich dabei um ein aus den Anfangsbuchstaben gebildetes Wort:

Fröhlich feiern, tanzen, springen,
Einer greift des Ander'n Hand,
Schunkeln und zusammen singen,
Trinkend außer Rand und Band.

In Klgl 1–4 ist die besondere Form belegt, in der jeweils die Anfangsbuchstaben der Verse das Alphabet ergeben. Der erste Vers beginnt mit Aleph, der zweite mit Beth usw. Klgl 3 lässt sogar je drei Zeilen mit demselben Buchstaben am Alphabet entlang beginnen (s. weiter Einleitung IV.3).

Chiasmus → Bezeichnet die kreuzweise (wie der griechische Buchstabe χ/Chi, daher chiastische) Anordnung der Glieder, wie z. B. in 5,20: „Warum willst du uns für immer (A) vergessen (B), uns verlassen (B) fürs ganze Leben (A)?" „Für immer" entspricht „fürs ganze Leben" und „vergessen" entspricht „verlassen".

Figura etymologica → Wiederholung einer Wortwurzel („flüchtige Fluchten", „Essen essen"), im Hebräischen meist in Form eines Infinitivs gefolgt von einer finiten Verbform. Wird in Poesie und Prosa oft als Stilform der Verstärkung eingesetzt.

Konzentrik → Anordnung der Glieder auf ein in der Mitte herausgehobenes Zentrum hin (ABC – D – CBA), s. auch → Palindrom. Die Anordnung der fünf Klagelieder mit dem dritten als Mitte ist konzentrisch. Das erste, zweite und vierte Lied sind kompositorisch in je unterschiedlicher Intensität an einer Mittelachse in V.11–12 orientiert, wobei sich aber der vordere und hintere Teil nur bedingt entsprechen.

Masoreten → Mittelalterliche jüdische Gelehrte, die sich um die Überlieferung des hebräischen Textes gekümmert haben. Meist bezeichnet „masoretisch" die Textgestalt, wie sie in heutigen kritischen Editionen des hebräischen Textes abgedruckt ist.

Metonymie → Ist eine Stilfigur, in der das Gemeinte über das Gesagte hinausgeht. Dabei wird nicht der naheliegende Ausdruck, sondern ein anderes ähnliches Wort gebraucht, dessen wörtliche Bedeutung abweicht, z. B. „Gas geben", „Schiller lesen", „ein Glas trinken", „Lorbeeren ernten". Eng verwandt ist die → Synekdoche, in der die Ersetzung durch einen Oberbegriff erfolgt. Oft steht dabei ein Teilbegriff für das Ganze (*pars pro toto*): „unter einem Dach leben", „unser täglich Brot".

Parallelismus → Die Entsprechung von zwei Gliedern, meist zwei Vershälften. Daher oft die lateinische Bezeichnung *Parallelismus membrorum* (lat. *membrum* „Glied, Körperteil"). Dabei sind vier Grundformen möglich: 1. Der synonyme Parallelismus, bei dem die beiden Glieder die gleiche Aussage machen und nur anders formuliert wird. 2. Der synthetische Parallelismus, in dem sich die beiden Glieder ergänzen und die Aussage weitergeführt wird. Die Grenzen zwischen dem synonymen und dem synthetischen Parallelismus sind fließend. 3. Der antithetische Parallelismus, in dem

sich die beiden Glieder widersprechen und so die Aussagen voneinander abgesetzt werden. 4. Der klimaktische Parallelismus, bei dem sich die beiden Glieder steigernd aufeinander beziehen. Oft wird dabei die Kernaussage oder ein Stichwort des ersten Gliedes wiederholt. In den Klageliedern kommen vor allem synthetische und synonyme Parallelismen unterschiedlicher Länge und Gestalt vor. Ein einfacher synonymer Parallelismus ist z. B. Klgl 3,22 „Die Huld des HERRN ist nicht erschöpft, sein Erbarmen ist nicht zu Ende.“ Beide Glieder entsprechen sich. Einen klaren synthetischen Parallelismus bietet z. B. Klgl 3,44 „Du hast dich in Wolken gehüllt, kein Gebet kann sie durchstoßen.“ Der zweite → Stichos gibt eine Information, die den ersten weiter führt und erläutert. Wie fließend die Grenze zwischen synonymem und synthetischem Parallelismus ist, zeigt Klgl 3,58 „Du, Herr, hast meine Sache geführt, hast mein Leben erlöst.“ Beide Vershälfte machen nahezu dieselbe Aussage und laufen auf eine Rettung raus. Die hinter der zweiten Hälfte stehende Vorstellung ist die einer Rechtsfigur, in der ein Schuldner freigekauft wird. Als „Erlösung“ geht sie aber über die Aussage des ersten Stichos zum Rechtsstreit hinaus.
Parallelismen, in denen der erste Stichos in einer Ellipse endet, bietet vor allem das zweite Lied wie in Klgl 2,8: „Er spannte die Messschnur und zog nicht zurück seine Hand vom Vernichten.“ Das Objekt für das „er zog nicht zurück“ bietet erst der zweite Stichos.
In Klgl 4 ergänzen sich je zwei synthetische Parallelismen, z. B. in Klgl 4,8: „Schwärzer als Ruß sehen sie aus, man erkennt sie nicht auf den Straßen. Ihre Haut schrumpft ihnen am Leib, trocken wie Holz ist sie geworden.“

Palindrom → Gr. rückwärts laufend. Im engen Sinn eine Buchstabenfolge, die vorwärts wie rückwärts gelesen den gleichen Sinn ergibt. Das kann auf Buchstaben ABCBA, Worte „Otto, Gog, stets“, Phrasen „Ave Eva“, „Bau ab!“ oder Sätze „Die Liebe fleht, helfe bei Leid“, „Tarne nie deinen Rat“ bezogen sein. Häufig bezeichnet Palindrom die Anordnung von Worten, Phrasen, Motiven oder Sätzen in einer Komposition. Dabei lässt sich zwischen einer chiastischen Anordnung, in der sich die Glieder kreuzweise entsprechen (ABBA), und einer konzentrischen Anordnung (ABCBA) mit einer herausgehobenen Mitte unterscheiden. Oft wird eine chiastische Anordnung auch palindromisch genannt.

Pragmatik → Mit dem Substantiv oder dem Adjektiv „(text-)pragmatisch" wird die kontextabhängige Äußerungsbedeutung eines Textes angesprochen. Das, worauf der Text zielt, was er „eigentlich" gegen oder über den Wortlaut hinaus sagt, bzw. was davon beim Adressaten oder Rezipienten ankommt. So zielt die Frage am Ende des fünften Liedes „Oder hast du uns denn ganz verworfen?" nicht auf eine Ja/Nein-Antwort, sondern sie bringt die empfundene Unangemessenheit der zeitlichen Dauer des Gerichts gegenüber Gott zum Ausdruck. Die Antwort auf die rhetorische Frage lautet „nein", die Botschaft geht darüber hinaus: „Dann greif auch ein, Gott, und beende die bedrückende Situation!" Die Klage zielt pragmatisch auf das Eingreifen Gottes zugunsten des oder der Klagenden, auch wenn das nicht ausdrücklich gesagt wird.

Semantik → Ist die Lehre von der Bedeutung der Zeichen. Worte bezeichnen etwas. In der Semantik geht es um die Beziehung zwischen Bezeichnetem und Bezeichnendem. Was bedeutet das Wort „Zorn", d. h welche Sachverhalte werden mit dem Wort bezeichnet?

Septuaginta → Die älteste griechische Übersetzung der Hebräischen Bibel, die ab dem 3. Jh. v. Chr. entstand. Zunächst wurde die Tora übersetzt, dann die Propheten und schließlich die Schriften. Die Septuaginta wird auch LXX genannt, was für 70 steht, weil nach der Legende im Aristeasbrief 72 Übersetzer gleichzeitig zu dem gleichen Ergebnis kamen. Die Klagelieder wurden relativ spät wahrscheinlich in Palästina ins Griechische übersetzt, zwischen 50 v. Chr. und 50 n. Chr., wobei sich die Übersetzung an manchen Stellen vom hebräischen Text löst, aber wie die jüdischen Rezensionen der Septuaginta in der Regel sehr nahe am hebräischen Text bleibt. Das geht sogar so weit, dass an einigen Stellen im dritten Lied das → Akrostichon nachgeahmt wird (3,25–27.31–33.34–36). Immer wieder wurde ein Zusammenhang mit dem Untergang des zweiten Tempels 70 n. Chr. gesucht und gefunden, doch bleibt ein Bezug und damit eine noch etwas spätere Entstehung sehr umstritten. Die ältesten vollständigen Manuskripte der griechischen Übersetzung der

Klagelieder sind der Codex Vaticanus (4. Jh. n. Chr.), der Sinaiticus (4. Jh. n. Chr.) und der Codex Alexandrinus (5. Jh. n. Chr.), in dem 3,55–57 fehlen. Die griechische Übersetzung stellt den Klageliedern einen überschriftartigen Einleitungsvers (Incipit) voran, in dem der Prophet Jeremia ausdrücklich als Sprecher identifiziert wird.

Stichos → Bezeichnet als poetische Untereinheit die einzelne Zeile in einem Vers (gr. *stichos* „Vers, Zeile"). Meist steht im Hintergrund der Einteilung eine feste Folge von Hebungen und Senkungen in der Metrik. Für die Klagelieder wird of von einem *Qina*-Metrum gesprochen, das im Hebräischen eine „hinkende" Anzahl von Hebungen in einem Stichos/einer Zeile kombiniert (3:2 oder 4:3). Zur Bezeichnung der Versteile wird auch die Unterteilung V.1a (erster Stichos), V.1b (zweiter Stichos), V.1c (dritter Stichos) gebraucht. In Klgl 1,1 bestehen z. B. die Verse aus in der Regel drei Zeilen, deren Stichoi in der EÜ jeweils durch einen Schrägstrich / poetisch unterteilt sind. Ein Verspaar bezeichnet man als Distichon, einen Dreizeiler als Tristichon.

Synekdoche → Ersetzung eines Begriffs durch einen anderen verwandten, der dazu im Verhältnis von Teil und Ganzem oder Ganzem und Teil steht. Oft steht ein Teil für das Ganze (*pars pro toto*): „Unter Lebensgefahr holen wir unser Brot." (Klgl 5,9) Hier steht Brot synekdochisch für „Nahrung". In den Klageliedern kann Jerusalem synekdochisch für das ganze Land stehen. Oft steht Zion (ursprünglich ein Teil Jerusalems) auch synekdochisch für die ganze Stadt (s. auch → Metonymie).

Synonym → Wenn unterschiedliche Worte annähernd das Gleiche bezeichnen, spricht man von Synonymen, wie etwa bei Zorn und Grimm, die von ihrer Wortwurzel verschieden sein mögen, aber dasselbe bezeichnen.

Syntax → Ist auf die Satzgrammatik, den regelhaften Bau von Sätzen, bezogen. Es ist z. B. bedeutsam, ob die Satzglieder zueinander kongruent (d. h. in der regelhaften Übereinstimmung) sind.

Tetragramm → Die vier Buchstaben des hebräischen Gottesnamens. YHWH ist die Transliteration (eine in das lateinische Alphabet übertragende Wiedergabe der geschriebenen Buchstaben), die in diesem Kommentar für das in der Literatur häufiger zu findende Jahwe steht, was aus Respekt vor der jüdischen

Tradition unterbleibt, in der der Name G'ttes in der Regel weder ausgesprochen noch ausgeschrieben wird. In der Einheitsübersetzung steht für das Tetragramm („Vierbuchstabenwort") YHWH meist und in den Klageliedern durchgehend „HERR" (was so von *'ᵃdonāy* Adonai „Herr" unterschieden wird). Die Kombination von Adonai und YHWH (nur außerhalb der Klgl belegt) schreibt das Wort „GOTT" in Kapitälchen.

IV. Abbildungsverzeichnis